45,153A

Zu diesem Buch

Der Name Heinz Kohuts verbindet sich in erster Linie mit dem Begriff der Selbstpsychologie. Gar nicht zu überschätzen ist der Einfluß, den die Überlegungen Kohuts zur Entwicklung des Selbst international auf die Tiefenpsychologie ausgeübt haben und – in steigendem Maße – wieder ausüben.

In diesem Buch wird die praktische psychotherapeutische Umsetzung der Selbstpsychologie aufs Anschaulichste dargestellt. Zugrunde liegen die Texte einer Seminar-Reihe, die Kohut mit Studenten an der Chicagoer Universität durchführte. Seine damalige Schülerin Miriam Elson, heute selbst renommierte Psychotherapeutin, nahm die Seminare auf Band auf und legt sie nun – in überarbeiteter Form – als Buch vor. Einzigartig an diesem Band ist die Möglichkeit des Lesers, Heinz Kohut »in Aktion« zu erleben, nachzuvollziehen, wir er, ausgehend von einem konkreten therapeutischen Fall die Theorie der Selbstpsychologie ins Spiel bringt, um dann mit einem tieferen Verständnis zur Praxis zurückzukehren. Im Mittelpunkt des Buches steht die Arbeit mit Jugendlichen und jungen Erwachsenen. An zahlreichen Fallstudien zeigt Kohut in erster Linie, worin die narzißtische Persönlichkeitsstörung bei Jugendlichen gründet, wie sie sich entwickelt und welche Formen sie annehmen kann. Ein weiterer Schwerpunkt liegt auf der Ablösungsproblematik bei Jugendlichen.

Psychotherapeuten, die sich nicht nur für die tiefenpsychologischen Theorien interessieren, sondern auch nach ihrer praktischer Relevanz fragen, werden aus diesem Buch Gewinn ziehen.

Heinz Kohut war nach seiner Emigration aus Wien in Chicago tätig. Er lehrte die Fächer Neurologie und Psychiatrie an der Universität Chicago bis zu seinem Tod 1981. Zahlreiche Veröffentlichungen zur Psychologie des Selbst.

Heinz Kohut/Miriam Elson

Auf der Suche nach dem Selbst

Kohuts Seminare zur Selbstpsychologie und Psychotherapie
mit jungen Erwachsenen

Herausgegeben von Miriam Elson

J. Pfeiffer Verlag · München

Die amerikanische Originalausgabe ist unter dem Titel »The Kohut Seminars on Self Psychology and Psychotherapy with Adolescents and Young Adults« ed. by Miriam Elson erschienen bei: W.W. Norton © 1987 by Miriam Elson und Elizabeth Kohut.

Aus dem Amerikanischen übersetzt von Isabella Bruckmaier, München

Die Übersetzung des Buches ist durch die finanzielle Unterstützung der Köhler-Stiftung, Darmstadt, gefördert worden. Dafür danken wir Frau Dr. med. Lotte Köhler.
Für die gründliche und kompetente Fachkorrektur bedankt sich der Verlag bei Herrn Dr. Hans-Peter Hartmann, Langgöns.

Die Deutsche Bibliothek - CIP-Einheitsaufnahme
Kohut, Heinz:
Auf der Suche nach dem Selbst : Kohuts Seminare zur Selbstpsychologie und Psychotherapie mit jungen Erwachsenen / Heinz Kohut ; Miriam Elson. Hrsg. von Miriam Elson.
[Übers. von Isabella Bruckmaier]. - München : Pfeiffer, 1993
   (Reihe leben lernen ; 86)
   Einheitssacht.: Kohut's seminars <dt.>
   ISBN 3-7904-0599-X
NE: Elson, Miriam:; GT

Reihe »Leben lernen«
Nr. 86
herausgegeben von Monika Amler und Siegfried Gröninger

Alle Rechte vorbehalten!
Printed in Germany
Satz: PC-Print GmbH, München
Druck: G. J. Manz AG, Dillingen
Umschlagentwurf: Michael Berwanger, München
Umschlagbild: »Narziß« von Caravaggio
(1570-1626), Rom, Galleria Nazionale di Arte Antica
© Verlag J. Pfeiffer, München 1993
ISBN 3-7904-0599-X

Inhalt

Vorwort von Elizabeth Kohut 7
Einführung 9

I. Teil
Theorie

1. Werturteile und Narzißmus 17
2. Die getrennten Entwicklungslinien von
   Narzißmus und Objektliebe 31
3. Frühe Phasen der Entstehung des Selbstwertgefühls 43
4. Empathisches Umfeld und Größen-Selbst 58
5. Die Bildung einer psychischen Struktur zur
   Regulierung des Selbstwertgefühls 71
6. Das bewundernde Selbstobjekt und das idealisierte Selbstobjekt 87
7. Der Erwerb innerer Werte, Ideale und Ziele 104

II. Teil
Fallbeispiele

8. Die Sucht nach einem bewundernden anderen zur Regulierung
   des Selbstwertgefühls 120
9. Das körperliche Symptom als Reflektion des Bedürfnisses nach
   Selbstachtung 139
10. Zum tieferen Verstädnis von körperlichen Symptomen,
    ihrem Auftauchen und Verschwinden in Übergangszeiten 158
11. Die Trennung von der Familie und der Kampf, Idealen und Zielen
    Macht zu verleihen 175
12. Das Teilen einer Einstellung als Erweiterung des
    empathischen Verstehens 192
13. Die Rolle der Empathie bei der Bildung des Selbstwertgefühls
    und bei der Wiederherstellung der Initiative 206
14. Emotional erlebtes Verstehen von Verletzlichkeit 225
15. Die Rolle der idealisierenden Übertragung (Dankbarkeit)
    bei der Strukturbildung 246
16. Der Unterschied zwischen Ausagieren und
    ich-dominiertem Agieren 261
17. Plagiieren als Form des Ausagierens 279
18. Selbstwertgefühl und Ideale 298

Literaturverzeichnis 310

Vorwort

Wer Menschen durch Psychotherapie helfen will, wird Miriam Elson dafür dankbar sein, daß sie Vorlesungen und Diskussionen meines Mannes auf Band aufgezeichnet und mit großer Sorgfalt herausgegeben hat. Ich denke, durch diese Aufzeichnungen wird auf einzigartige Weise klar, wie mein Mann lehrte, wie er Psychotherapie sah und welchen Beitrag seiner Ansicht nach die Psychoanalyse zur Psychotherapie zu leisten vermag. Sein in den kurzen Fallbeispielen beschriebenes Einfühlungsvermögen für Studenten tritt deutlich hervor. Er konnte feinste Gefühlsnuancen wahrnehmen und ihre Wirkung auf die Beziehung zwischen den Studenten und ihren Familien erklären. Dabei waren seine Erklärungen für die Verhaltensweisen der Studenten nie eindimensional und stets klar artikuliert.

Die folgenden Kapitel vermitteln nicht einfach nur Theorie, sondern eine Sichtweise für unsere Patienten und Klienten, was vielleicht wichtiger ist. Wir lernen, den Kern ihres Selbst zu sehen bzw. uns darum zu bemühen, und das Ringen dieses Selbst, das überleben und sich verwirklichen will. Miriam Elsons Geduld, ihr Durchhaltevermögen und ihr Wissen ermöglichten, daß diese Vorlesungen nun einer breiten Öffentlichkeit zugänglich sind. Ich zumindest bin ihr dafür sehr dankbar.

Elizabeth Kohut

Einführung

Wenn man die Seminare eines überragenden, geistreichen Lehrers herausgibt, fällt es einem schwer, sich von der Kraft des gesprochenen Wortes zu lösen. Man ist bestrebt, seinem Stil gerecht zu werden, um dem Leser ein getreues Bild zu vermitteln. Doch bei der gesprochenen Sprache muß manches mehrmals umschrieben werden, damit der Hörer die Argumentationsnuancen aufnehmen kann. Dem Leser dagegen, der nur einen weiteren Blick auf einen Ausdruck oder einen Satz zu werfen braucht, kann dies als unnötige Aufdringlichkeit erscheinen. Bei der Arbeit mit den Tonbändern versuchte ich, die Erfahrungen der Seminarteilnehmer zu erfassen und auf Papier zu übertragen: das Gefühl, Entdeckungen zu machen; den lebhaften Austausch; das Erarbeiten komplexer theoretischer Überlegungen oder die Hoffnung, sich weiter mit theoretischen Fragen zu beschäftigen und sie sich im Laufe dieser Studien zu erarbeiten.

Neun Monate im Jahr teilte Dr. Heinz Kohut mit den Mitarbeitern der Student Mental Health Clinic der University of Chicago seine in der psychoanalytischen Praxis und Forschung gesammelten Erfahrungen auf dem Gebiet des Narzißmus. Er arbeitete an einer Monographie, die später unter dem Titel *The Analysis of the Self: A Systematic Approach to the Psychoanalytic Treatment of Narcissistic Personality Disorders* (dt.: Narzißmus. Eine Theorie der psychoanalytischen Behandlung narzißtischer Persönlichkeitsstörungen, 1973) erschien. Die klinische Anwendung dieser Theorien auf unsere Arbeit mit Studenten schien besonders relevant.

Viele dieser jungen Menschen kamen mit der Vorstellung an die Universität, sich bereits auf dem einen oder anderen Gebiet die ersten Lorbeeren verdient zu haben. Das Versprechen zukünftiger Größe erhält Nahrung durch die Eltern, Mentoren und Freunde. In der neuen Umgebung erwarten sie das gleiche Getragensein von Zustimmung, die Erfüllung der verheißenen Größe. Die Konkurrenz anderer, ebenso erwartungsvoller wie gut vorbereiteter Studenten erscheint als plötzliche Störung auf einem bis dahin scheinbar hindernisfreien, wohlgeplanten Lebensweg. Sie werden gezwungen, ihre Gefühle und Gedanken über sich und ihr Leben neu zu organisieren. Davon sind sowohl die Studenten betroffen, deren Noten sich weiterhin auf einem sehr hohen Niveau bewegen, als auch diejenigen, deren Noten auf eine nicht ganz so gute Vorbereitung, eine nicht ganz so glanzvolle Zukunft oder ein geringeres Interesse oder Engagement im Studium schließen lassen als ursprünglich angenommen. Diese Studenten erleiden eine schmerzliche Einbuße in ihrem Selbstvertrauen. Sie stellen sich selbst, ihren Wert und den Wert ihrer lange verfolgten Ziele in Frage. Sie beklagen eine innere Leere, fühlen sich ungeliebt und unfähig, auf andere zuzugehen. Manche werden schwer depressiv und von Alpträumen geplagt, andere erfaßt eine lähmende Tatenlosigkeit oder frenetische Aktivität. Zusätzlich können schmerzhafte körperliche Symptome auftreten. Um es zusammenzufassen: der Übergang bringt die Infragestellung ihres Selbst-Systems mit sich und läßt sie für Krankheiten anfällig werden. Zwar ging durch soziale Umwälzungen viel von der Starrheit verloren, die bislang die Menschen in ihrer Entwicklung hemmte, doch parallel dazu wurde auch die Einbettung in stützende Strukturen ausgehöhlt. Wohl zum erstenmal in der Geschichte trat das Individuum so deutlich sichtbar hervor, gaben seine Bedürfnisse so sehr zu Sorgen Anlaß. Gleichzeitig erschien eine Untersuchung des Innenlebens des einzelnen Menschen selten so vergeblich angesichts der globalen Bedrohung der Menschheit.

Den Studenten ist dieses Paradoxon bewußt. Eine Untersuchung der Rolle, die der Narzißmus mit seinen Zuständen von Ausgewogenheit und Unausgewogenheit in der Jugend spielt, eröffnet uns neue Sichtweisen. Wir lernen, jungen Menschen den Weg für neue Ideale und Ziele, persönliche wie gesellschaftliche, freizumachen. Die Wechselfälle im Schicksal der einzelnen waren immer von folgenschwerem und weitreichendem Einfluß auf Gemeinschaften und Nationen. Die daraus hervorgehenden Führungspersönlichkeiten werden die Symbole der Zukunft.

Zwischen den ersten Jahren am College bis zur Promotion durchlaufen die jungen Männer und Frauen verschiedene Übergangsstadien. Dabei kämpfen sie mit inneren Anforderungen und äußeren Belastungen, die ihr Selbstwertgefühl ernsthaft auf die Probe stellen und ihre Ideale, Werte und Ziele zu beschädigen drohen. Die meisten Studenten bestehen diesen Übergang. Auch wenn es für sie schwierig und schmerzlich ist, gehen sie daraus stärker, mit größerem Selbstwertgefühl, ausgeprägteren Idealen und Werten und genaueren Zielvorstellungen hervor. Ohne sich verstricken oder ersticken zu lassen, scheinen sie eine fruchtbare akademische Arbeit mit den Dingen vereinbaren zu können, die das Leben bereichern: eine liebevolle Beziehung, Freunde, kulturelle und körperliche Aktivitäten oder einfach spielerisches Verhalten. Aufwühlenden Erlebnissen scheinen sie mit geeigneten Maßnahmen begegnen zu können, die ihre Ausgeglichenheit wiederherstellen.

Worin unterscheiden sich diese jungen Menschen von anderen, die keine Genugtuung aus ihrer Arbeit und anderen Tätigkeiten und aus der Beziehung zu ihrer Familie und ihren Freunden beziehen? Warum können manche Studenten die inneren und äußeren Anforderungen nicht modulieren? Warum ziehen sie sich statt dessen von der Gesellschaft zurück oder suchen sich Gruppen, die sie davon abhalten, mit aller Energie nach Lösungen für ihre Probleme und für die der Gesellschaft zu suchen?

Um diese Fragen mit uns zu studieren, stellte Kohut zuerst seine Theorien über die Entstehung des Narzißmus, seine Entwicklungslinien und Wechselfälle in der Jugend vor. Anschließend brachten Psychiater, Sozialarbeiter und Mitarbeiter der Psychiatrie Fallbeispiele in die Diskussion ein. Meistens handelte es sich bei diesen zufällig ausgewählten Bruchstücken aus Fallgeschichten um mildere Verlaufsformen einer Störung, da ein sich im Übergang befindendes System besser am Beispiel leichter Formen des Gleichgewichtsverlustes untersucht werden kann.

Die Frage, inwiefern sich die in ausgedehnter psychoanalytischer Behandlung narzißtischer Störungen erlangten Erkenntnisse auf die Arbeit mit Studenten anwenden lassen, ist durchaus berechtigt. Die Arbeit mit diesen jungen Menschen ist in einer Hinsicht einfacher: sogar Studenten, die bislang einsam und isoliert lebten, stehen unter einem großen Mitteilungsdruck. Der gewohnten Unterstützung durch die Familie und der vertrauten Umgebung beraubt, stehen sie vor der wachsenden Anforderung, als Erwachsene zu agieren und zu funktionieren. Ihre Wahrnehmungsfähigkeit wird geschärft. Alles, was sie im Wach- oder Traumzustand sehen, lesen oder erleben, rührt an frühere Entwicklungsstadien. Eine gewisse Dringlichkeit liegt in der Luft, wenn sie um Hilfe nachsuchen. Es liegt ihnen viel daran, diese Hilfe zu bekommen. Die frische Eindrücklichkeit ihrer Erfahrungen und die Macht und Fülle ihrer Erinnerungen und ihrer Phantasie ermöglichen eine relativ rasche Hilfe.

Natürlich gibt es viele junge Studenten, deren emotionale Probleme eine längere Behandlung erfordern oder die ihre Ausbildung unterbrechen müssen, um diesem Prozeß die nötige Priorität einräumen zu können. Aber in seinen Seminaren gab Kohut uns niemals das Gefühl, unsere Erkenntnisse seien weniger gültig, da sie aus verhältnismäßig kurzen Behandlungssequenzen stammten. Vielmehr vermittelte er uns, in sein weites und tiefes Verständnis des menschlichen Organismus eingebunden zu sein. Er teilte mit uns wie mit Kollegen die Schwierigkeiten, auf die er bei der Arbeit mit den komplexen Problemen psychischer Krankheit stieß. Und er erweiterte unseren Horizont, was das gesunde Potential in dem Ringen der Menschen angeht, wofür oft der Begriff unreife Persönlichkeitsverzerrung verwendet wird. Als Vortragender, Lehrer und Kollege trachtete er danach, ein bestimmtes Denken zu fördern. Der Gegenstand selbst war uns nahe, so wie er dem Leser nahe sein wird. Daher brauchten wir bei der Kommunikation darüber nur bestimmte Konfigurationen von Erfahrungen bei anderen anzutippen, um diese Gefühle zu wecken.

Diese Seminare tragen zu einem besseren Verständnis der Genese und der Entwicklung des Narzißmus bei, und zu einem besseren Verständnis all seiner Formen und Wandlungen im Laufe eines Lebens in seiner Eigenschaft als Ursprung unseres Selbstbewußtseins und unserer Ideale und Werte. Die komplexe Rolle des Narzißmus in unseren Beziehungen zu anderen sowie die Beziehung zwischen Narzißmus und der parallel laufenden Entwicklung der Objektliebe werden ausführlich dargestellt und mit klinischem Material aus Kohuts Forschung und von Seminarteilnehmern eingebrachten Fallbeispielen illustriert.

Ein Dutzend Jahre sind verstrichen, seit Heinz Kohut diese Seminare durchführte, die ich ursprünglich unter dem Titel *Self Esteem and Ideals: The Development of Narcissism and Its Vicissitudes in Youth*[1] veröffentlichte. Doch an ihrer Bedeutung, was die Arbeit mit jungen Leuten angeht, hat sich nichts geändert, ganz gleich, ob es sich dabei um Studenten handelt, die versuchen, ihre Begabung herauszufinden und daran zu arbeiten, oder um junge Menschen, die sich in keiner schulischen Ausbildung mehr befinden, aber sich selbst und ihren Wert in der Arbeitswelt und in der Gesellschaft suchen.

Bis zu seinem Tod 1981 beschäftigte sich Kohut mit den grundlegenden Konzepten der Psychologie des Selbst, wie seine zahlreichen Veröffentlichungen widerspiegeln. Andere Psychotherapeuten führten ihre Entwicklung auf seine Arbeit zurück, wie Paul Ornstein in seinem Einführungskapitel zu *The Search for the Self: Selected Writings of Heinz Kohut: 1950-1978* (1978). Den einzigartigen Wert dieser Seminare aber macht aus, daß sie einen Einblick in das spontane Denken Kohuts geben, sein Wechseln von klinischer Erfahrung zu Theoriebildung und zurück zur lebendigen klinischen Erfahrung, die Sorgfalt, mit der er etablierte Konzepte auf ihre Nützlichkeit hin abklopfte, oder das Bedauern, mit der er sie aufgab, wenn er zu dem Schluß kam, daß sie nichts mehr zur Erhellung von Verhalten oder Gefühlszuständen beitragen. Und seine einfühlsame Art der Beobachtung, seine Fähigkeit, zuerst den Menschen als Ganzes zu sehen und erst dann das symptomatische Verhalten als Teil im Ringen um ein ausgeglichenes Selbstbewußtsein, um Beziehungen und um Ziele.

Kohuts Konzept des Selbst läßt sich in einer frühen Form im Säuglingsalter nachweisen, die sich dann in der Kindheit festigt und entwickelt bis ins Erwachsenenalter. Er stellte die einzigartige Funktion der Selbstobjekte für den Übergang von der Jugend ins Erwachsenenalter dar und zeigte anhand klinischer Beispiele auf, daß die Heilkraft der Selbst/Selbstobjekt-Matrix in der Möglichkeit liegt, daß ein neues Selbstobjekt auf die von dem Betroffenen gezeigten Bedürfnisse reagiert, gespiegelt und idealisiert zu werden.

Desweiteren beschrieb er, wie diese Selbstobjektfunktionen in Selbstfunktionen umgewandelt werden, wenn beim Verfolgen von gesetzten Zielen neue Aufgaben gemeistert werden. In Fußnoten versuche ich den Leser auf verwandtes Material in späteren Publikationen Kohuts hinzuweisen, in denen die in diesen Seminaren ansatzweise entwickelten Konzepte weiterentwickelt wurden. Ich habe diese Fußnoten mit Absicht knapp gehalten, um den Lesefluß nicht unnötig zu stören.

Bei dieser zweiten Bearbeitung der Seminare für eine Veröffentlichung half mir Elizabeth M. Kohut, eine langjährige Kollegin und eine alte und geschätzte Freundin. Die ursprüngliche Ausgabe der Seminare wurde nur wenig geändert, lediglich an manchen Stellen schien eine Klärung nötig. Das gesprochene Wort Kohuts und seine außergewöhnliche Begabung, den Prozeß zu beschreiben, durch den er klinische und theoretische Formulierungen erlangte, geben dem Leser Gelegenheit, einen geistreichen Gelehrten, Theoretiker und klinischen Praktiker bei Arbeit zu beobachten.

Miriam Elson
Chicago 1987

---

[1] Copyright 1974. Exemplare gingen an die Seminarmitglieder und Dr. Paul Ornstein, der sie 1974/1975 in einem Seminar für die Fakultät der Psychiatrie und die Mitarbeiter der psychiatrischen Abteilung an der University of Cincinnati Medical Center verwandte. Weitere Exemplare erhielten Mitglieder des Chicago Institute for Psychoanalysis.

1. Teil
Theorie

I. Teil
Theorie

1. Werturteile und Narzißmus

Was das Lernen, die Arbeit, den Umgang – vielleicht sogar mit Patienten, vor allem aber mit Kollegen – angeht, ziehe ich eine zwischen konkretem klinischem Material und theoretischem Verständnis ausbalancierte Position als Grundlage vor. So etwas wie die reine, von jedem Vorverständnis freie klinische Beobachtung gibt es nicht. Jede klinische Beobachtung läuft vor dem Hintergrund der Ordnungsprinzipien des Beobachters ab. Ohne ein gewisses Maß an Vorurteilen oder Vorverständnis kann man nichts sehen. Ein Blinder, dem zum ersten Mal in seinem Leben das Augenlicht gegeben wird, sieht nichts. Alles, was er wahrnimmt, ist ein diffuses Konglomerat von Eindrücken. Er muß in seiner eigenen Wirklichkeit lernen, was er zu erwarten hat. Zum Beispiel muß er lernen, daß bestimmte Konfigurationen »Tische« genannt werden und bestimmten Zwecken dienen, bevor er sie »sehen« kann. Das bedeutet, es gibt keine von Vorurteilen und Theorien unbehelligte Beobachtung, auf alle Fälle nicht auf unserem Gebiet. Es geht nicht um: Theorie und Vorurteil – ja oder nein, sondern es geht nur um eine gute Theorie und/oder die Entwicklungsfähigkeit der Theorie.

Eine Theorie ist immer hypothetisch. Aber es gibt axiomatische Theorien, die nicht hypothetisch sind. Sie sind reine Ordnungsprinzipien. Man kann vorschlagen, die Leute unter dem Gesichtspunkt ihrer Größe zu betrachten und sie nach den Kriterien groß, klein und mittel einzuordnen. Daran läßt sich nichts aussetzen. Aber dann vorzuschlagen, danach auf ihr Eßbedürfnis zu schließen, wäre ohne jeden heuristischen Wert. Schließlich essen große Menschen nicht notwendigerweise mehr als kleine Menschen. Trotzdem ist die Unterteilung der Menschen nach ihrer Körpergröße axiomatisch und kann von daher nicht in Frage gestellt werden. Zur Debatte kann nur stehen, inwieweit diese Unterteilung sinnvoll oder nützlich ist.

Sobald man eine Theorie entwirft – wie zum Beispiel ich, wenn ich mich entschließe, über Narzißmus zu sprechen – geschieht dies auf der Basis bereits vorhandener theoretischer Annahmen. Falls jemand mein grundsätzliches Recht, über Narzißmus zu sprechen, in Frage stellen möchte, könnte er viele Argumente ins Feld führen und wir müßten unsere Zeit mit der Rechtfertigung des Themas verschwenden. So wie Coleridge (1907, S.6) vom »bereitwilligen Zurückstellen des Zweifels (willing suspension of disbelief)« sprach, gibt es auch die Notwendigkeit des *bereitwilligen Zurückstellens des Zweifels*, wenn man einem auf eine bestimmte Weise vorgetragenen Thema seine Aufmerksamkeit schenkt. Damit meine ich nicht bereitwilliges Zurückstellen des Zweifels für alle Zeit. Ich schlage nur vor, daß das bereitwillige Zurückstellen des Zweifels solange währt, bis Sie verstanden haben, was Ihr Gegenüber meint. In anderen Worten: man widerspricht nicht, bevor man sich nicht bis zu einem gewissen Maß auf die Sichtweise seines Gegenübers eingelassen hat.

Was ich Ihnen hier vorschlage, ist eine Vorlesungsreihe über Narzißmus, besonders über die Ideen, die ich, wie ich denke, in den letzten Jahren auf diesem Forschungsgebiet einbringen konnte. In den ersten Vorlesungen möchte ich Sie vor allem ermutigen, sich aktiv zu beteiligen, uns jeweils ihre eigenen Gedanken und theoretischen oder praktischen Erfahrungen dazu mitzuteilen. Später wird dann aktuelles klinisches Material stärker im Mittelpunkt stehen.

Zuerst werden wir mit Hilfe klinischen Materials untergeordnete theoretische Probleme illustrieren und konkretisieren. Später jedoch werden wir dieses klinische Material anhand der vorgestellten Ideen überprüfen, um so ihre Anwendbarkeit zu erproben. Kann der Therapeut dank ihrer Erklärungskraft die menschlichen Probleme besser verstehen und dadurch auch besser helfen? Ist er dadurch in der Lage, spezifische Probleme zu meistern, die wir Heilung, Hilfe, Beistand, Anpassungshilfe nennen können oder welch mehr oder weniger normative Werturteile nun hierfür eingeführt werden? Das kann sich auf die Bandbreite von Reifung und Wachstum bis hin zur enger gefaßten anfänglichen, sofortigen oder zeitweisen Anpassung beziehen.

Im folgenden nun sämtliche von uns eingeführten Werturteile: Der Patient sucht Hilfe, um reifer zu werden – das zumindest erzählt er uns und nach dieser Maxime glauben wir zu handeln. Dieses Ziel verfolgend, gehen wir davon aus, daß unser Verständnis von den inneren Vorgängen des Patienten uns dabei hilft, ihn bei seiner Anpassungsleistung zu unterstützen. Ein weiteres Axiom, eine Annahme, die zu hinterfragen für unsere Belange nicht notwendig ist. Zwar kann dies zur Disposition gestellt werden, aber in unserem Kreis gehen wir davon aus, daß dies eine axiomatische Wahrheit ist. Damit will ich nicht sagen, die Behandlung sei über jeden Angriff erhaben. Nur wäre das ein Thema für eine andere Diskussionsgruppe. Und ich möchte mein Thema klar umreißen, um nicht zwischen X und Y hin und her zu pendeln und keine Antwort zu finden.

Ziemlich alle psychiatrischen Richtungen stimmen stillschweigend darin überein, daß die wichtigste Dimension der menschlichen Entwicklung und des menschlichen Lebens sich über die Beziehung des einzelnen zu anderen bestimmen läßt – vor allem zu anderen Menschen natürlich, aber weiter gefaßt auch zu Objekten. Der Ausdruck *Objekte* wird in der Psychoanalyse wie in der Psychiatrie und anderen anthropologischen Gebieten, die sich mit dynamischer Psychiatrie beschäftigen, am häufigsten verwendet, wenn nicht nur Menschen, sondern auch andere *foci* menschlichen Interesses bezeichnet werden sollen, die außerhalb des Individuums liegen. *Objekte* kann sich auf andere Menschen, auf Tiere, Hobbys und Interessengebiete wie Kunst, Musik oder ähnliches beziehen. Und im allgemeinen wird seelische Gesundheit daran gemessen, in welchem Maße sich Menschen frei und intensiv ihrem Interesse an mannigfaltigen Objekten hingeben können.

Diese Betrachtungsweise – der Mensch in seiner Objektwelt – erlaubt ein ungemein differenziertes Herangehen. Allein die Verwendung des Worts *Objekt* statt *Mensch*, die Fülle dieses Ausdrucks im Gegensatz zu einem Ausdruck wie *andere Beziehungen*, der sich auf andere Menschen beschränkt, diese Fülle und breite Anwendbarkeit macht eine weitere Rechtfertigung unnötig. Das impliziert auch, daß Einsamkeit und ein großes Maß an Gesundheit einander nicht ausschließen. Einsamkeit oder Zurückgezogenheit stehen nicht im Widerspruch zur Objektliebe. Wie allgemein bekannt ist, lassen sich bei Menschen, die sich problemlos von Objekten trennen, die einen anscheinend geliebten Menschen verlieren und sich sofort einem anderen als Ersatz oder Substitut zuwenden, die heute ein Haustier verlieren und sich morgen das nächste kaufen, häufig oberflächliche Objektbeziehungen nachweisen. Wir wissen, daß zu dieser Gruppe Menschen gehören, die früh in ihren Objektbeziehungen traumatisiert wurden. Wie streunende Hunde schließen sie sich jedem an, ohne einen Unterschied zwischen den einzelnen Personen – oder Objekten – zu machen und ohne jede wirkliche Kontinuität. Sie halten das Alleinesein nicht aus, und sie halten es nicht aus, daß sie es nicht aushalten. Sie können sich nicht wirklich binden. Ist man wirklich bindungsfähig, geht tiefergehender Verlust einher mit *dem* Kennzeichen der Objektliebe: der Fähigkeit zu leiden, wenn man ein Objekt verliert; der Fähigkeit, bei Abwesenheit des Objekts zu trauern oder es herbeizusehnen. Wer schnell und mit Leichtigkeit von einer Bindung zur nächsten wechselt, braucht in der Tat ein Objekt, aber diese Objekte sind Pseudo-Objekte.

Aber ich möchte hier nicht über Objektliebe sprechen. Das ist ein anderes Gebiet. Ich möchte nur darauf aufmerksam machen, daß das Thema Objektwelt eine gewisse Differenziertheit verlangt.

Die Erklärungskraft eines psychologischen Systems läßt sich unter anderem an der Vielfalt der Objekterfahrungen aufzeigen. Es gab die unausgesprochene Annahme, die zwar theoretisch oft verworfen wurde, die Fähigkeit zur Objektliebe sei *das* Zeichen für emotionale Reife. Man ging davon aus, daß die Entwicklung von der Beschäftigung mit sich selbst hin zur Beschäftigung mit Objekten ginge, vom Interesse an sich selbst hin zum Interesse an anderen und, um es einfach auszudrücken, vom Egoismus hin zum Altruismus. Ich befürchte, man wird mir vorwerfen, ich hätte dies zu überzeichnet dargestellt, um meinen Standpunkt darzulegen. Schließlich spricht einiges für diesen Ansatz. Später werde ich noch einmal darauf zurückkommen und mich etwas differenzierter ausdrücken, um diesem Vorwurf vorzubeugen.

In der Theorie heißt es oft, der Ausdruck *Narzißmus* sei kein Werturteil. Doch praktisch gesehen ist er zweifelsohne genau das. Und nicht nur im psychoanalytischen Smalltalk bedeutet »Er ist narzißtisch« soviel wie »Mieser Typ!«, und »Er verfügt über eine große Bandbreite von Objektliebe« soviel wie

»Dufter Typ!«. Er stellt ein Werturteil dar, was die weitaus sublimeren Konzepte der Entwicklungs- oder Reifestufen anbelangt. Unausgesprochen (oft auch nicht ganz so unausgesprochen) werden Entwicklungsphasen mit Werturteilen belegt. Mit anderen Worten, reif sei gut und unreif sei schlecht. Zum Beispiel werden Ausdrücke wie *Fixierung* und *Regression* subtile Werturteile, obwohl sie nur bestimmte Momente der Entwicklung beschreiben. »Er regrediert« oder »er bleibt fixiert auf dieser Stufe« impliziert, wir müßten ihm helfen, sich aus der Fixierung zu lösen und sich schnell dahin zu entwickeln, wo er hingehört. Wieder habe ich übertrieben und damit etwas Verabscheuungswürdiges gesagt und wieder muß ich es zurücknehmen. In gewisser Weise stimmt es, oder zumindest ist es nicht ganz falsch. Aber was genau sind Werturteile? Was bedeutet, Reife sei besser als die Fixierung in einer Regression? Warum ist es besser, reif statt unreif zu sein? Ordnet man diese Bewertungen epigenetisch, wie es zum Beispiel Erikson (1956, dt.: Das Problem der Ich-Identität, 1966) tat, erkennt man, daß sie wirklich Werturteile sind. Vertrauen zu können ist gut, nicht vertrauen zu können ist schlecht. Es ist gut, autonom zu sein; symbiotisch zu sein ist nicht gut. Unter der Vorgabe, eine Beschreibung, einen Tatsachenbericht zu liefern, wird eine Reihe sich diametral gegenüberstehender Werturteile eingeführt, von denen jeweils eines gut und das andere schlecht ist. Falls man seinen Standpunkt definiert, von dem aus man die Dinge in gut und schlecht einteilt, ist alles in Ordnung. Aber wie hat man sich diese Standpunkte vorzustellen? Ehrlich erscheint mir der von Heinz Hartmann in die Psychoanalyse eingeführte Standpunkt, den er entwickelte, als er über Anpassung schrieb. Er sagt nicht, ob Anpassung nun notwendigerweise gut oder schlecht ist, er betrachtet die Phänomene vom Standpunkt der Anpassung aus, und zusätzlich unter dem Blickwinkel der Anpassung an eine gemeinhin zu erwartende Umgebung (Hartmann 1958). Ein recht intelligentes Konzept, das die Aussage erlaubt, daß in einem normalerweise erwarteten Umfeld das, was gewöhnlich Reife genannt wird, die optimale Funktionsweise ist und zu Anpassung führt. Auf Umgebungen, die nicht den gemeinhin erwarteten, »normalen« Umgebungen entsprechen, muß dies nicht notwendigerweise zutreffen. Unter extremen politischen Umständen zum Beispiel haben vielleicht nur Paranoiker den Mut, Widerstand zu leisten, während die durchschnittlich reifen Menschen ins Nichtstun und den Tod dahinschwinden. Unter extremen Umständen, um ein weiteres Beispiel zu wagen, werden messianisch veranlagte Menschen, die sich für unverwundbar halten und keine Angst vor dem Tod haben, die Fahne hochhalten und vielleicht ein paar andere dazu bringen, ihnen zu folgen und gegen die Unterdrückung zu kämpfen. Dies soll zeigen, daß Anpassung sich über die Umstände definiert und daß unter bestimmten Umständen eine schlechte Anpassung die beste ist.

Unter normalen Umständen gewählte Führerfiguren unterscheiden sich sehr von Führerfiguren, die von ihren Nationen unter extremen Umständen eingesetzt wurden. Mit gutem Grund wird ein Churchill unter normalen Umständen in England nicht gewählt. Aber in einer verzweifelten Lage, die nach einer Person verlangt, die in enormem Ausmaß von ihrer eigenen Unverletzlichkeit, der Richtigkeit ihrer Ideen und der eigenen Größe überzeugt ist, wird so ein Mensch nach vorne getragen, der die anderen wieder aufzurichten vermag. Ein Politiker, der eine Reife an den Tag legt wie dieser ständig Zigarren paffende Churchill, der sich bei Konferenzen wie ein glückliches Baby hätscheln ließ, der morgens zum Frühstück Champagner trinken mußte und der als Teenager phantasierte, er könne von einer Brücke springen und überleben, wurde immerhin gewählt. Meiner Meinung nach ist es sehr wahrscheinlich, daß Churchill der grandiosen Phantasie anhing, unverletzbar zu sein und fliegen zu können. Doch unter bestimmten Umständen braucht es genau so eine Person, um die Anpassung voranzutreiben.

Aber auch das muß wieder differenziert betrachtet werden. Eine Flugphantasie allein dient noch nicht der Anpassung. Eine Fixierung auf eine frühe Entwicklungsphase dient niemals der Anpassung. Aber die Entwicklung innerhalb einer Fixierung kann der Anpassung sehr wohl dienen. Gerade die Fixierung auf alte Entwicklungsstufen kann, wenn sie überstrahlt wird von einer differenzierten Gesamtpersönlichkeit, zu überragenden Ergebnissen führen.

Was soll beurteilt werden? Worauf will ich hinaus? Mein Punkt ist, daß bis vor nicht allzu langer Zeit Narzißmus trotz manch entlegener gegenläufiger Theorien nach diesen vorurteilsbehafteten Wertvorstellungen nicht gut wegkam. Hier verband sich etwas an sich Richtiges mit etwas völlig Falschem. Natürlich gibt es eine Menge Formen von Objektliebe, die der Anpassung nicht dienen und die, so könnte man sagen, einfach krank sind. Aber sogar diese Konzepte, Krankheit und Gesundheit, sind Werturteile. Man kann Krankheit nicht definieren, deshalb läuft es wieder auf »schlecht für die Anpassung« hinaus. Es bleibt dabei: das Ideal gesunder Entwicklung und voller Funktionsfähigkeit eines abstrakten Organismus oder einer abstrakten Seele kann lediglich vor dem Hintergrund eines »normalen« Umfelds gesehen werden und nicht eines x-beliebigen Umfelds.

Wir werden uns mit der Pathologie des Narzißmus beschäftigen. Wir werden aufzeigen, wie bestimmte Narzißmusformen die Anpassung behindern, das Wohlbefinden, das Glücksempfinden und die Beziehung zur Umgebung, zur Arbeit und all dem, was uns mit Recht als wertvoll erscheint. Dasselbe ließe sich über bestimmte Objektfixierungen sagen. Meiner Meinung nach ist es zwar durchaus gerechtfertigt, den nicht der Anpassung dienenden, nicht wertvollen Aspekten bestimmter Narzißmusformen nachzugehen, doch Narzißmus an sich kann nicht als non-adaptiv abqualifiziert werden.

Woher stammt dieses Werturteil? Wie gesagt, es erhält von zwei Seiten Nahrung. Das erste tiefsitzende Vorurteil ist, Objektliebe entwickle sich aus dem Narzißmus (mit anderen Worten, der Narzißmus verschwände im gleichen Maße, wie die Objektliebe entsteht), und der Narzißmus sei an seinem tiefsten Punkt angelangt, wenn die Objektliebe ihren Höhepunkt erreiche. Eine reizende Facette dieses Werturteils ist die Anschauung, ein reifer Mensch sei erfüllt von Objektliebe. Das zweite Vorurteil ist, daß man mit zunehmendem Alter, wenn man die Fähigkeit verliert, mit der Welt umzugehen, wieder narzißtischer wird, also auf die Stufe der Kindheit oder des Säuglingsalters regrediert. Das mag alles in gewissem Maße zutreffen, aber es beweist noch lange nicht, daß Narzißmus schlechter ist als Objektliebe. Es zeigt lediglich, daß non-adaptiver Narzißmus, pathologischer Narzißmus, vielleicht weniger wertvoller Narzißmus – die Einschränkung »vielleicht« ist mir wichtig – manchmal wie die frühe Kindheit in einer späteren Lebensphase wirkt. Wenn man sich auf dem Höhepunkt seiner Kraft befindet, scheint sie zurückgedrängt zu sein. Doch die Angelegenheit ist komplizierter.

Ganz offensichtlich muß man zum Beispiel im Falle einer Krankheit narzißtisch sein, um wieder gesund zu werden. Wenn man selbst mit einer schweren körperlichen Krankheit kämpft, kann man sich nicht sonderlich um andere kümmern. Ich würde einen Menschen nicht als psychisch ausgeglichen beurteilen, der krank ist und nicht im Bett bleiben kann, selbst wenn er hohes Fieber hat und wirklich seiner Gesundung Vorrang einräumen sollte. Auch wenn es bewundernswert ist, daß er sich trotz seiner Krankheit noch immer um andere sorgt.

Und selbstverständlich muß man, wenn man älter wird und die Kräfte nachlassen, mit diesen sparsam umgehen und auf sich achten. Dann wird man natürlich narzißtischer und dieser Narzißmus dient der Anpassung. Ich habe nichts gegen Werturteile einzuwenden wie:»Am liebsten sind uns die Leute in den besten Jahren und im Vollbesitz ihrer Kräfte.« Warum nicht? Aber das sagt nichts über Narzißmus per se aus.

Aus der tiefsitzenden Vorstellung, Objektliebe entwickle sich aus dem Narzißmus heraus, jede Rückkehr zum Narzißmus sei eine mehr oder weniger wertlose Regression, lehnen wir u.a. Narzißmus ab und sehen ihn als etwas, das zu überwinden und durch Beziehungsfähigkeit zu ersetzen ist. Unterschätzen Sie dabei nicht die Kultur, in der wir leben. Seit beinahe 2000 Jahren wird im westlichen Kulturkreis Altruismus als die höchste Tugend gepriesen. Seinen Nächsten mehr als sich selbst zu lieben, im Grunde genommen Selbstverleugnung zu betreiben, ist offensichtlich das einzige Ziel geworden. Und auch wenn nicht alle einem organisierten Glauben anhängen, sich vielleicht sogar zum Atheismus bekennen, ist es immer noch leichter, Atheist zu sein, als sich einem kulturellen Konsens wie dem des alles überstrahlenden Altruismus zu entziehen.

In unserer Kultur wurde und wird Altruismus überbewertet. Dadurch wurde einer bestimmten Art von Vorurteil Vorschub geleistet und, wie ich denke, unsere Sicht eingeengt, was die Bewertung psychologischer Phänomene angeht. Das kann die Form eines echten religiösen Glaubens annehmen oder einer vagen Vorstellung davon, wie Menschen leben sollen. Oder es zeigt sich in Gestalt einer soziopolitischen Übersetzung einer Religion oder der sozialistischen Idee. Wie auch immer, die Verbindung dieser Art von kultureller Vorstellung mit einem Entwicklungs- und Reifeideal zeitigt ihre eigenen Bewertungsschemata. Seit Darwin trifft dies ganz besonders zu: die höhere Entwicklungsstufe gilt als besser als die niedrigere. Diese beiden Herangehensweisen zusammen engten unsere Auffassung von Narzißmus ein, besonders was die Grundidee angeht: Es ist nicht nur so, daß sich einfache Formen der Objektbeziehung in höhere Formen entwickeln, auch der Narzißmus selbst weist seine eigene Entwicklung auf, eine Abfolge verschiedener Entwicklungsstufen. Der Narzißmus hat genauso seine epigenetischen Phasen wie die Objektliebe, doch diese müssen differenziert gesehen werden.

Wir werden uns die niedrigeren und früheren Stufen des Narzißmus ansehen und ihr Auf und Ab im Laufe der weiteren Lebensentwicklung untersuchen. Allgemein können wir festhalten, daß wir bestimmte Formen des Narzißmus anderen Formen vorziehen. Zum Beispiel finden wir es in Ordnung, daß eine Mutter ihr Kind in ihren Narzißmus einbezieht. Das ist guter Narzißmus. Aber wenn jemand gebannt auf seine Kontoauszüge starrt und sich mit den Nullen vor dem Komma verbunden fühlt, gehört das zur analen Phase und ist schlechter Narzißmus. Wir müssen differenzieren und dürfen den Ausdruck Narzißmus nicht als Werturteil verwenden. Vielmehr sollten wir uns mit seinen Entwicklungsformen beschäftigen. Diese Entwicklungsphasen des Narzißmus – Anna Freud (1963) nannte sie die Entwicklungslinie des Narzißmus – sollten wir genauso differenziert untersuchen und bewerten.

Wir müssen das Vorurteil in Frage stellen, daß das, was später kommt, immer besser ist. Wir müssen dies dahingehend einschränken, daß in einer normalen Umgebung die spätere Form wahrscheinlich die bessere ist. Unter bestimmten Umständen kann sich die frühere Form so ausdifferenzieren und so ungewöhnlich entwickeln, daß sie kulturell gesehen (und Werturteile beziehen sich gewöhnlich auf kulturelle Normen) wertvoller ist als spätere Formen.

Ich möchte hier noch auf einen weiteren wesentlichen Punkt hinweisen. Narzißmus ist per Definition die Besetzung des Selbst, die triebmäßige, libidinöse Besetzung des Selbst. (Ich verwende hier die psychoanalytische Terminologie, weil ich damit nun einmal vertraut bin.) Das Maß an Aufmerksamkeit, an Lust, das Maß des Wunsches, etwas haben zu wollen, das sich über den Trieb und die Vorstellung vom Objekt definiert – das nennen wir Besetzung eines Objekts. Das Gegenteil der Besetzung von Objekten oder – um den allgemeinen und einfachsten Ausdruck zu verwenden – von Objektliebe ist Narzißmus, d.h. die Liebe des Selbst, die Besetzung des Selbst mit all dem, wodurch sich Liebe auszeichnet. Man möchte es behalten, man möchte es herzeigen, man möchte es ganz nahe haben. Narziß war in sich selbst verliebt. Selbstverständlich ist das eine grobe symbolische Darstellung eines viel komplexeren Sachverhalts – wie wir es überall in der Mythologie finden. Und die narzißtischen Objekte? Um mit einem hartnäckigen Mißverständnis aufzuräumen: Narzißmus schließt Objektbeziehungen nicht aus. Objektbeziehungen sind nicht mit Objektliebe gleichzusetzen. Viele Beziehungen zu anderen haben nicht das Geringste mit Liebe zu tun, sondern stehen im Dienste narzißtischer Ziele. Nicht wenige der intensivsten Objektbeziehungen dienen narzißtischen Zwecken.

Es gibt so etwas wie einen theoretischen Nullpunkt in der Entwicklung, und es ist wirklich nur ein theoretischer Nullpunkt, der oft primärer Narzißmus genannt wird (S. Freud, 1914c). Ich möchte Ihnen nicht dieses Konzept vorstellen, sondern nur auf seine Nützlichkeit hinweisen. Es ist nicht wirklich existent, aber, wie der Nullpunkt im Unendlichen auf der einen Seite einer mathematischen oder geometrischen Gleichung, recht zweckdienlich. Es ist ein Ordnungsprinzip für die Dinge, die man tatsächlich bei Säuglingen beobachtet (wenn man nicht gerade ein extremer Vertreter der Umwelttheorie ist). Man findet angeborene Neigungen, durch die sich ein Baby mehr oder weniger stimulieren läßt. Sagen wir, eine bestimmte Anzahl von Babys reagiert auf eine bestimmte Anzahl von Stimulierungen durch eine bestimmte Sorte »guter Mutter«. Aber einige Säuglinge müssen stärker stimuliert werden und einige Babys reagieren auf die beste Stimulation nicht. Anderen wiederum reicht bereits die geringste Anregung durch die Umwelt, um sich nicht zurückzuziehen. In extremen Fällen mangelnder Stimulation werden sich einige Babys (nicht alle) völlig abschotten (Spitz, 1945, dt.: Hospitalismus I, 1946, dt.: Hospitalismus II). Hier scheint sich das Leben selbst zurückzuziehen.

Primärer Narzißmus ist also kein klinisches Phänomen, sondern eine Art gerichtete Kraft. Am sinnvollsten erscheint mir das Konzept im Zusammenhang mit dem Gegensatzpaar narzißtische Fixierung bzw. die Fähigkeit, höhere Formen des Narzißmus oder ein reiches, vielfältiges Objektleben zu entwickeln. Was wir als Narzißmus erfahren und beobachten, läßt sich nicht von den Objektbeziehungen seit Anbeginn des Lebens trennen. Doch dieses Objekt wird unter diesen Umständen nicht geliebt, es wird nicht als eigenständig wahrgenommen, sondern als Teil des primitiven Selbst. Oder es wird benutzt, um die Selbst-Liebe, die Selbst-Besetzung: den Narzißmus aufrechtzuerhalten.[1]

Einfacher ausgedrückt: wenn ein Exhibitionist seinen Penis sexuell oder nichtsexuell in einem Park einer Frau mit einer Brille zeigt, liebt er diese Person nicht. Er braucht sie zwar entschieden, aber Liebe spielt dabei keine Rolle. Diese Person hat nichts, was eine andere Person nicht auch hätte. Ich beziehe mich hier auf einen klinischen Fall, bei dem vielleicht die Tatsache, daß die

Person Brillenträgerin sein mußte, zumindest auf eine beginnende rudimentäre Differenzierung des narzißtisch besetzten Objekts hindeutet. Dabei handelt es sich nicht um ein geliebtes Objekt, sondern der Exhibitionist benützt dieses Objekt zur Bestätigung, wie eindrucksvoll sein Penis ist, wie schrecklich dieser sein kann, wie er die Leute, denen er gezeigt wird, erröten und außer sich geraten läßt. Er braucht diese Stütze draußen, aber es ist ein narzißtisches Hilfsmittel. Es dient ihm auf ganz spezifische Weise zur Erhöhung seines Selbstwertgefühls, d.h. zur Machtfülle seines Penis. Ob dem nun eine Fixierung auf eine alte Machtphantasie oder die Identifikation mit einem eindrucksvollen Penis zugrunde liegt, den er sehr früh in seinem Leben sah – sich so darzustellen erhöht ihn in seinen Augen. Es hat jedoch nichts mit Liebe zu der Person zu tun, der der Penis gezeigt wird.

Und doch wäre mein erster Gedanke, wenn dieser Mann sich von mir analysieren ließe, nicht: »Hoffentlich kann ich ihm helfen, andere Menschen zu lieben.« Eher würde ich denken: »Moment mal! Dieser Mann sieht die Welt bereits etwas differenziert. Das Mädchen, vor dem er sich zur Schau stellt, ist Brillenträgerin. Darauf kann man bauen. Er ist nicht völlig mit sich selbst beschäftigt.« Eventuell bietet sich irgendwann einmal eine Möglichkeit, hier anzuknüpfen. Nein, nicht um ihm beizubringen, die Menschen zu lieben, vor denen er sich entblößt, sondern ihm zu zeigen, daß die narzißtische Welt, in der er lebt, vielfältiger sein kann und nicht nur darauf beschränkt sein muß, daß er seinen Penis auspackt und sich sein Selbstwertgefühl hebt, wenn die Frau wegsieht, rot wird und offensichtlich erschrickt.

Wie Sie sehen, beeinflußt der theoretische Hintergrund, die Einstellung und das Erkennen der Komplexität des psychologischen Materials unmittelbar und auf subtile Weise die Einstellung gegenüber dem Patienten, Strategie, Ziele und Verlauf der Therapie und die Art, wie man mit dem Patienten umgeht. Das klinische Material, mit dem wir uns beschäftigen, ist zu einem großen Teil mit einer wichtigen Lebensänderung, einer Übergangsphase, verbunden.[2] Aber in Übergangsphasen entfalten sich nicht nur die Fähigkeiten, sich von einer Objektgruppe zu lösen, z.B. den Elternobjekten, und eine neue Objektgruppe zu besetzen, z.B. den Ehepartner; der Schritt von der Adoleszenz zum Erwachsensein erschüttert auch in gewisser Weise das Selbstbild. Es rührt daher an alte Traumata des Selbst, alte Erschütterungen des Selbstwertes. Populäre und in mancher Hinsicht erhellende Begriffe wie »Identitätskrise« oder »Identitätsdiffusion« erscheinen in ganz anderem Licht, wenn man sie von dem Standpunkt aus sieht, wie sich Reaktionen entwickeln. Aber dies darf nicht einfach so verstanden werden, daß in einem bestimmten Augenblick eine Aufgabe vollbracht und der Schritt von der Adoleszenz zum Erwachsensein getan wird. Gleichzeitig wird nämlich gewissermaßen ein Versagen zu einem früheren Zeitpunkt wiederholt, als die Entwicklung des Selbst, der Selbstsicherheit, nicht ganz glückte.

Wenn junge Studenten diese Übergangsphase durchleben und von ihren Schwierigkeiten berichten, neigt man unwillkürlich dazu, diese zu bewerten, d.h., scheinbar wertfreie Ausdrücke zu verwenden, als wären diese objektive Fakten. Desweiteren werden bestimmte Entwicklungsphasen mit Unreife oder Krankheit gleichgesetzt. Doch Krankheit und Gesundheit sind selbst Werturteile. Sie beziehen sich nicht auf objektive Realitätsdefinitionen. Und wenn wir über einen Entwicklungsablauf von einer zeitlich frühen bis späten oder von einer am Anfang rudimentären und einer voll ausgebildeten Funktion sprechen, beziehen wir uns damit auf die Ereignisfolge, sei sie nun psychologisch oder psychophysiologisch. Mit Werturteilen sollten wir uns dabei jedoch zurückhalten.

Mit anderen Worten: eine ausgebildete Funktion ist nicht notwendigerweise besser als eine nicht ausgebildete Funktion. Dies läßt sich nur dann sagen, wenn die Art der Aufgabe und die Umstände bekannt sind, unter denen die Funktion als besser erachtet wird. Besonders naiv ist, wenn Entwicklungsschemata zu einer solchen Pseudo-Bewertung eingesetzt werden. Freud hat dies nie getan. Darunter fällt, was man »gesunde Moral« nennt. Damit ist dann gemeint, daß das Gesunde auch gut ist, weil es gesund ist, was keinem Maßstab genügt.

Wir haben festgestellt, daß viele der in unserer Kultur als groß erachtete Leistungen nicht das Geringste mit reifen Funktionen zu tun haben. Vielmehr verdanken sie ihr Entstehen oft sehr ausgebildeten unreifen Funktionen oder Teilfunktionen. Was wir uns unter dem »genitalen Menschen« vorstellen, dem voll ausgebildeten psychosozialen und psychophysiologischen Prototyp, wäre dementsprechend nicht unbedingt sehr wertvoll. Auf einer an der Norm ausgerichteten Entwicklungsskala wird diese Stufe wohl die letzte sein. Doch auf jeder Maßeinheit zuvor kann eine Verästelung erfolgen, die zu einer ungemeinen Entwicklung und kulturellen Höchstleistungen führen kann.

Zum Beispiel gibt es bei Michelangelo eine oral-sadistische Fixierung, die ihn später dazu drängte, aus weißem Marmor Formen herauszumeißeln, weil er zornig auf die weißen Brüste seiner Mutter war. Ich habe Michelangelo nicht analysiert. Doch es gibt einige Argumente für diese Theorie. Allerdings geht es hier nicht darum, ob diese Theorie nun richtig ist oder nicht. Wichtig ist, daß eine Fixierung auf einer relativ frühen psychosexuellen Entwicklungsstufe und die Ausdifferenzierung dieser Fixierung zu einem Ergebnis führte, das nach den kulturellen Maßstäben als Meisterwerk zu gelten hat.

Die Aussage, genital sei besser als anal und anal etwas besser als oral und alle drei besser als primärer Narzißmus, ist also Unsinn. Diese Konzepte sind nicht mit Werturteilen gleichzusetzen. Mit anderen Worten, ich will herausarbeiten, daß die *Bewertung* psychologischer Funktionen nicht mit etwas vermischt werden darf, für das eine *Beschreibung* angemessener ist: eine Beschreibung der Abläufe, der Integration in die Persönlichkeit und der Zweckdienlichkeit.[3]

Regression im Schlaf spricht zum Beispiel für große Anpassungsfähigkeit. Zwar ist das Gegenteil, nämlich das Bedürfnis, eine höhere Bewußtseinsstufe beizubehalten, an sich ein reiferer, ausgewogenerer psychischer Zustand, doch es ist nicht zweckdienlich und adaptiv in Zeiten, in denen diese Art von Regression zulässig und notwendig ist.

Ein Schlafloser fürchtet möglicherweise, niemals mehr aus der Regression aufzutauchen; oder er kann sich nicht entspannen aus Angst, primitive Impulse könnten sich unbewacht entladen; oder er setzt Schlaf mit Tod gleich – um nur einige mögliche Ursachen zu nennen. Doch die Fähigkeit zur sogenannten Regression im Schlaf ist die Fähigkeit zur Gesundheit – und Gesundheit ist natürlich wieder ein Werturteil. Sie dient langfristig der Selbsterhaltung und der Erhaltung eines psychophysiologischen Gleichgewichts. Dasselbe gilt für die Fähigkeit von Eltern, zu regredieren und mit einem kleinen Kind zu spielen. Wer nicht in der Lage ist, auf dem Boden zu krabbeln und mit einem Kind zu spielen, versagt gegenüber der Forderung nach Regression (hier haben wir wieder ein Werturteil). Er ist nicht empathisch mit dem Kind und seiner Freude am Spiel mit Klötzchen, Bällen und ähnlich einfachen Dingen. Diese Fähigkeit ist jedoch adaptiv.

Ich habe bereits wiederholt betont, daß Narzißmus weder unterschwellig noch offen als Werturteil verwendet werden sollte. Es gibt, je nach der anstehenden Aufgabe, guten oder schlechten Narzißmus. Die Fähigkeit, sich an das Unerwartete, und auch an das Erwartete, anzupassen, wird unter bestimmten Umständen die Spreu vom Weizen trennen. Eine normale Anpassungsspanne kann in einer normalen Umgebung durchaus reichen, aber unter ungewöhnlichen Umständen werden nur Menschen überleben, die unter normalen Umständen pathologisch zu sein scheinen.

In Freuds Werk finden wir ein implizites Werturteil, das er, glaube ich, nur einmal explizit ausdrückte: »Wo Es war, soll Ich werden. (Freud 1932, S. 86)« Anders ausgedrückt, das höchste Maß an Bewußtsein, das höchste Maß an Bewußtheit, die größte Ausweitung des Ichs sind anzustreben, sind gut. (Ich gebrauche die drei Ausdrücke hier der Einfachheitshalber als Synonyme, obwohl sie es natürlich nicht sind.) Freud (Jones, 1957, III, S. 144, dt.: Sigmund Freud, Leben und Werk, 1969) tolerierte nicht die geringste Abweichung von der Wahrheit, weder in der Form von Verleugnung noch in der Form der bewußten Lüge. Sein ganzes Lebenswerk war der Erweiterung des Bewußtseins gewidmet. Neues Wissen sollte gewonnen werden, ob es sich um Tiefenwissen über die Menschen oder die wissenschaftliche Erforschung der Umwelt handelte, um erfreuliches oder unerfreuliches Wissen. Sie werden sagen, das geeignete Motto für einen großen Wissenschaftler. Aber Umstände sind denkbar, unter denen diese Haltung nicht mehr ganz so unumstritten ist. Kann man, zum Beispiel, sagen, daß es immer der Anpassung dient, wenn man genau weiß, was vorgeht? Hilft es, wenn man sterbend in der Sahara liegt, zu erkennen, daß man am Ende seiner Kräfte ist, und sich bis zum letzten Atemzug darüber klar zu sein, daß man sterbend in der Sahara liegt? Wäre es für die Anpassung nicht besser, unter solchen Umständen zur Halluzination fähig zu sein und zu träumen, daß man trinkt, und vergleichsweise friedlich zu sterben?

Ein anderes, weniger extremes Beispiel: Es gibt eine interessante Studie über langfristige Auswirkungen von Einzelhaft. Inhaftierte, die sehr lange und sehr strenge Einzelhaft überlebten und während dieser Zeit nie halluziniert hatten, sich immer darüber klar waren, daß sie allein und psychisch depriviert waren, wiesen nach ihrer Entlassung andauernde, offensichtlich irreversible Persönlichkeitsveränderungen auf. Sie schienen stumpfer und anderen gegenüber gefühlsärmer. Genau dieselbe irreversible Persönlichkeitsveränderung finden wir manchmal bei den Überlebenden der europäischen Konzentrationslager (Krystal 1968). Sie heiraten, bekommen Kinder, ahmen die anderen nach und leben wie sie. Aber ihre Gefühle der neuen Familie gegenüber sind unklar. Und wenn man sie sich selbst überläßt, suchen sie immer wieder den Kontakt zu anderen Überlebenden aus den Konzentrationslagern. Denn die sind die einzigen, mit denen sie noch ein Band alter Beziehungen verbindet. Ich bin mir nicht sicher, ob ich mit diesem Beispiel ganz übereinstimme, aber es klingt wahr in meinen Ohren.

Ein weiteres, alltäglicheres Beispiel sind alte und senile oder nach Operationen verwirrte Menschen. Wenn sie sich nachts in einem dunklen Zimmer befinden, sind sie absolut überzeugt, in Gesellschaft lange verstorbener, ihnen nahestehender Menschen zu sein. Diese Halluzinationen führen zu lange dauernden, starken Psychosen, wie sie in Einzelhaft auftreten. Im Gegensatz dazu wird in der oben genannten Studie beschrieben, daß die Häftlinge, die während der Haft nach sämtlichen Kategorien als psychotisch gelten mußten, die halluzinierten (und es sich nicht bloß vorstellten), von ihrer Familie umgeben zu sein, und sich mit ihr unterhielten, nicht mehr halluzinierten, sobald sie entlassen wurden. Es zeigte sich, daß die Inhaftierten, die halluziniert hatten, schneller und mit weniger Folgeschäden gesundeten als die »Gesunden« ohne Halluzinationen. Sie hatten auch weniger Schwierigkeiten, sich wieder an ihre Umgebung anzupassen als diejenigen, die starr an der Wirklichkeit festgehalten hatten.

Mit diesen Beispielen möchte ich folgendes Paradoxon herausarbeiten: Was für uns die Krankheit an sich ist, der Verlust jeglichen Realitätsbezugs durch das Ich, ja sogar des Suchens nach Realität, kann unter bestimmten Umständen ein Vorteil für die Persönlichkeit sein, anders ausgedrückt, das Fehlen von Realitätsverlust kann auch schaden. Freuds Haltung, der Wahrheit ins Gesicht zu sehen, sei sie erfreulich oder unerfreulich, ist für uns alle ein Ansporn. Und es ist eine geziemende Haltung für einen Wissenschaftler. Aber wir sind nicht alle dafür geschaffen. Freud konnte so leben bis zu dem Tag, an dem er starb.

Freud erfuhr kurz vor seinem Tod, daß er nur noch ein paar Tage zu leben hätte und daß sein Arzt mit seiner Familie darüber gesprochen hatte, ob man ihm dies mitteilen solle. Er wurde wütend, daß man es auch nur in Betracht gezogen hatte, ihn nicht zu unterrichten. »Mit welchem Recht kann man so etwas Wichtiges vor mir geheim halten? Welches Recht haben sie, mich zu schonen?« (Jones, 1957, III, S. 144-145, dt.: a.a.O.). Mit anderen Worten: das war Freuds Persönlichkeit. Er konnte eine solche Wahrheit aushalten. Nicht verwunderlich, in Anbetracht der Entdeckungen, die er ohne Hilfe und ohne Unterstützung gemacht hatte. Er mußte also über das normale Maß hinaus fähig gewesen sein, realistisch unerfreuliche Wahrheiten auszuhalten. Doch ich denke, für jeden Menschen gibt es Situationen, wo seine Toleranzgrenze erreicht ist. So schloß Freud mit seinem Arzt einen Pakt. Wenn keine Hoffnung mehr bestünde und nur noch Schmerzen blieben und er nicht mehr arbeiten könne, dann wolle er eine größere Dosis Morphium erhalten. Aber er wollte darüber informiert werden und seine Zustimmung geben. Und so geschah es, mit vollem Bewußtsein und mit Absicht, und er starb (Jones, 1957, III, S. 246, dt.: a.a.O.).

Erstens: Narzißmus muß als etwas Eigenständiges gesehen werden und darf nicht mit etwas verwechselt werden, das schlechter ist als Objektliebe. Zweitens: Narzißmus ist nicht das Gegenteil von Objektbeziehungen; er ist das Gegenteil von Objektliebe. Einige der wichtigsten Objektbeziehungen sind im Kern narzißtisch. Doch ich will dies hier nicht vertiefen. Drittens: Narzißmus muß, was Entwicklung und Reife angeht, *parallel* zu Objektliebe bewertet werden. Mit anderen Worten, die Entwicklungsskala des Narzißmus reicht von frühem Narzißmus bis zu spätem Narzißmus, von primitivem bis zu ausgebildetem, von unreifem bis zu reifem. Doch wieder muß ich Sie davor warnen, dies mit Werturteilen gleichzusetzen. Auch der primitive Narzißmus mag seine Berechtigung haben. Auf alle Fälle aber gilt es im Auge zu behalten, daß Narzißmus an sich nicht schlecht ist. Als nächstes müssen wir uns darüber klar sein, daß es eine Entwicklungslinie oder Entwicklungskala des Narzißmus gibt, die man jedoch erst wahrnehmen kann, wenn der erste Schritt gemacht ist. Solange Sie Narzißmus für schlecht halten, können Sie Ihr Augenmerk nicht auf die Entwicklungsskala richten. Er bleibt immer die primitive Vorstufe der Objektliebe. Aber wenn Sie den Schritt gemacht haben und sich sagen: »Nein, er ist nicht die Vorstufe der Objektliebe, sondern ist in sich wertvoll«, können Sie erkennen, daß der Narzißmus sich durch eigene Entwicklungslinien auszeichnet. Es gibt einen primitiven Narzißmus, der sich auf Situationen aus der Säuglingszeit bezieht, es gibt gesunde Formen des Narzißmus, ausgebildete Formen, reife Formen. In diesem Sinn sind sowohl *Gesundheit, Reife* wie *Ausbildung* wertfrei. Vielleicht sollte man auf den Ausdruck Gesundheit überhaupt verzichten. Auf jeden Fall sind Narzißmusformen bei einer reifen, entwickelten Person adaptiv und haben ihre Berechtigung (siehe Kohut 1966, dt.: Formen und Umformungen des Narzißmus, 1975). Unter dieser Voraussetzung lassen sich Narzißmusformen und ihre Entwicklung auf dieselbe Weise betrachten wie die Entwicklung von Objektbeziehungen und Objektliebe. Nach der Klärung dieser drei Punkte können wir die allgemeine Ebene verlassen und uns Details zuwenden wie der Entwicklung und Ausbildung des Narzißmus im einzelnen.

---

[1] Ein Hinweis auf die Entwicklung des Konzepts des Selbstobjekts (siehe Kohut 1978, Vol. II, S. 54).

[2] Siehe Kohut, 1966, »Forms and Transformations of Narcissm.« dt.: Formen und Umformungen des Narzismus, 1975

[3] Ein Hinweis auf Kohuts eigene Weiterentwicklung bezüglich des im Verzichtes auf die klinische Triebtheorie.

2. Die getrennten Entwicklungslinien von Narzißmus und Objektliebe

Bei der Definition von Narzißmus wird eine mit einem Objektkonzept korrespondierende psychologische Struktur vorausgesetzt – zumindest ab einem gewissen Punkt im Entwicklungskonzept des Selbst. Irgendwann erkennt sich ein Kind als begrenzt in einem räumlich orientierten Universum. Ein Körper, mit seinen Grenzen, seinen Funktionen, seinen bewußtseinsnahen internen Prozessen wie Denken und Fühlen, wird in einem bestimmten Zeitrahmen als zusammengehörig, als kohäsiv erlebt. Dieses Selbst, dieses Ich wiederum wird entlang einer bestimmten Zeitachse als kohäsiv erlebt. Das sind die zwei entscheidenden Orientierungslinien auf der Welt. Was jetzt ist, das bin *ich*, auch wenn es später etwas anderes ist. Was im Laufe eines Lebens manchmal etwas anstrengend werden kann. Man guckt in den Spiegel und stellt fest, daß man graue Haare hat. Und das ist derselbe junge Kerl, als der man sich tief drinnen noch immer fühlt.»Wie ist das möglich! Das muß jemand anders sein.« Aber nein, wir wissen, daß es nicht jemand anders ist. Es gibt ein Kontinuum. Selbst wenn wir uns nicht an jeden einzelnen Moment erinnern können, bleibt dieses Wissen, dieses Gefühl um ein Kontinuum. Die zeitliche und die räumliche Kontinuität von etwas, das wir *ich* nennen und das die anderen als solches erkennen, formen also zusammen das Selbst. Und so, wie Objekte – d.h. alles außerhalb unseres Selbst wie ein Buch, ein Haustier, ein Freund, ein Ehemann, eine Ehefrau, Kinder – uns mit Sehnsucht erfüllen, wichtig für uns werden können, kann auch das Selbst libidinös besetzt werden. Um einen der häßlichsten psychoanalytischen Ausdrücke zu gebrauchen.

Eine alte und unter bestimmten Einschränkungen richtige Beobachtung ist, daß die Besetzung des Selbst, also wie wichtig wir uns selbst sind, in antithetischer Beziehung zur Wichtigkeit steht, die wir Objekten einräumen. In gewissem Maße und unter bestimmten Einschränkungen eine korrekte Hypothese für eine Theorie, die Gültigkeit für ein solch weites Feld beansprucht. Gern wird hier das alte Beispiel zitiert, es sei schwer vorstellbar, daß man verliebt sei, wenn man gerade unter starken Zahnschmerzen leide. Mit anderen Worten: die Besetzung eines Objektes wird im allgemeinen verhindert durch eine starke Beschäftigung mit sich selbst, durch den vermehrten Narzißmus, der sich um den kranken Teil des Selbst zu bilden beginnt. Verliebtsein und starke, andauernde Schmerzen schließen einander aus. Andersherum kann man auch sagen, daß Menschen, die in etwas außerhalb ihres Selbst Gelegenem völlig aufgehen, die Bedürfnisse des Selbst ignorieren. Zum Beispiel der Verliebte, der auf dem Weg zur Geliebten durch Hagel, Graupel und Regen marschiert, wird diese Unbill kaum bemerken, weil er ganz auf das Beisammensein mit dem geliebten Objekt konzentriert ist. Und wie so häufig, ist es die Besetzung der inneren Repräsentation des Objekts kurz bevor man mit ihm beisammen ist, die das höchste Maß an Objektliebe freisetzt. Sobald das Beisammensein mit dem Objekt selbst erreicht ist, ist die Balance wiederhergestellt und die Besetzung läßt nach.

Es muß nicht extra betont werden, daß sich dies nicht nur auf Objekte im üblichen Sinne bezieht. Das völlige Aufgehen in einer äußeren Aufgabe ist für die Objektliebe unerläßlich. Allgemein bekannt sind Geschichten von Soldaten, die darauf brennen, loszustürmen und die Festung zu erobern, und dabei erlittene Verletzungen schwerster Natur, sogar den Verlust von Gliedmaßen, nicht merken. Das heißt, daß der von einer Aufgabe, einem Ziel Besessene dem Verliebten entspricht, der weder von Hagel, Graupel noch Regen Notiz nimmt.

Diese Theorie von der antithetischen Beziehung zwischen Objektlibido und narzißtischer Libido erklärt ein weites Feld beobachtbarer Daten – wie so viele andere Theorien auch. Sie unterstützt eine alte Entwicklungstheorie, die besagt, Narzißmus sei primitiver und Objektliebe entwickelter und letzteres entwickle sich aus ersterem. Und sie enthält verborgene Werturteile. Wir beginnen als egoistische Babys und enden als Sozialarbeiter, als sozial engagierte Menschen. Wir haben Berufe, kümmern uns um andere. Diese Theorie stimmt zwar nicht – sie ist unvollständig –, aber große Bereiche deckt sie zufriedenstellend ab. Es ist nicht abzuleugnen, daß ein kleines Kind hauptsächlich mit sich selbst beschäftigt ist und sein sollte. Im Laufe der Zeit und im Laufe unseres Lebens inmitten eines komplexen sozialen Umfelds fügen wir uns in die Notwendigkeit und kümmern uns um die Gefühle und die Wünsche der anderen. Und da Elternschaft in unserer Kultur und zum Behufe der Fortpflanzung der menschlichen Rasse in reifem Alter eintritt, wird auch von Eltern verlangt, das Wohlergehen ihres Nachwuchses dem eigenen voranstellen.

Seit langem ist bekannt, daß nicht die Menschen mit niedrigem Selbstbewußtsein die größten Liebenden sind oder sich am stärksten um die anderen kümmern. Auf der anderen Seite wissen wir, daß eine gutentwickelte Fähigkeit zu Objektliebe, ein großes Interesse an anderen das Selbstbewußtsein erhöhen und uns nicht erschöpfen. Die beschriebene Antithese zwischen bestimmten Narzißmusarten wäre also bestätigt. Sie kann gesund sein im Falle körperlicher Krankheit und pathologisch bei psychotischer Hypochondrie.

Ich denke, bei manchen Schizophrenen ist die Fähigkeit zur Objektliebe völlig intakt und hoch entwickelt, wenn auch möglicherweise eng definiert. Und doch liegt bei ihnen eine starke narzißtische Fixierung vor, wobei der Narzißmus primitiv scheint. Meine Erklärung hierfür unterscheidet sich von den landläufigen: Hier handelt es sich nicht um eine *Regression* von Objektliebe auf Narzißmus, sondern um einen *Zusammenbruch* der höheren Narzißmusformen und einer Regression auf niedere Narzißmusformen, oft ganz unabhängig von der Fähigkeit zur Objektliebe. Wir werden bei der konkreten Diskussion klinischer Daten darauf zurückkommen.

Bis vor kurzem war die gängige Meinung, die Entwicklungslinie reiche von Narzißmus zu Objektliebe. Nur eine Minderheit konnte, zumindest theoretisch, die Tatsache akzeptieren, daß Narzißmus nicht notwendigerweise ein Werturteil impliziert. Doch auch sie verstanden Narzißmus als Regression von der Objektliebe – nicht als etwas Schlimmes, Schlechtes, Verwerfliches oder Krankes, doch als eine Regression, so wie man beispielsweise im Schlaf regrediert. Auch die hübsche Formulierung Hartmanns (1939) »Regression im Dienste des Ichs«[1], verdeckte einige Ungereimtheiten. Mit anderen Worten, man konnte sagen, daß Regression nicht schlecht, verwerflich oder krank ist, sondern daß sie der Anpassung dienen kann. Mehr ist damit nicht gemeint. In diesem Sinne war Narzißmus akzeptabel. Doch von der Grundannahme einer Entwicklungslinie mit Narzißmus an dem einen Ende und Objektliebe am anderen Ende wurde damit nicht abgerückt.

Ich dagegen schlage zwei voneinander unabhängige Entwicklungslinien vor. Wir müssen uns die Entwicklung der Objektliebe als Linie vorstellen, die von sehr primitiven Arten der Objektwahrnehmung und –besetzung zu hochentwickelten, ausdifferenzierten und nuancierten Formen führt, sowohl im kognitiven Bereich, wenn das Objekt erkannt wird, als auch im emotionalen Bereich, wenn ein bestimmtes Ausmaß an bestimmten Gefühlen auf dieses Objekt gerichtet wird. Aber dasselbe gilt für den Narzißmus. Für die Untersuchung der Narzißmusentwicklung als eigenständige Entwicklungslinie spricht genausoviel wie für die Untersuchung der Objektliebe.

Allerdings möchte ich keine Seite beziehen in der Frage, ob es sich nun um einen oder zwei Triebe handelt. Für mein Dafürhalten sollte man sich nicht darüber die Köpfe einschlagen, ob sich die beiden Entwicklungslinien Narzißmus und Objektliebe vielleicht nicht doch einen gemeinsamen Ursprung sehr früh im Leben haben. Meinetwegen können wir uns darauf einigen, daß es einen primären Narzißmus oder eine primäre Objektliebe gibt, die sich jeglicher Einfühlung entziehen, etwas, aus dem diese beiden Entwicklungslinien hervorgehen. Sobald wir uns in solch primitive, ursprüngliche Gefilde vorwagen, bringen meines Erachtens psychologische Festlegungen die Forschung nicht mehr weiter. Hier, denke ich, sollten wir uns eher auf die psychophysiologischen Korrelationen konzentrieren. Außerdem glaube ich, sind wir hier zu weit entfernt von den entscheidenden Bereichen. Doch ich erwähne das hier als bislang offenes theoretisches Problem. Für die eine oder andere Seite lassen sich Argumente finden, doch unser Thema ist ein anderes.

Mir geht es darum, Ihr Augenmerk auf einen Moment der psychologischen Entwicklung zu lenken, der sich mir als äußerst wichtig aufdrängte, als ich mich mit der Entwicklungslinie des Narzißmus als etwas Eigenständigem zu beschäftigen begann. Wie Sie wissen, ist mein Forschungsgebiet, mein experimentelles Setup, mein Beobachtungsgegenstand das Individuum über längere Zeiträume hinweg und unter bestimmten Beobachtungsbedingungen, gemeinhin bekannt unter dem Ausdruck »psychoanalytische Situation«. Wir können hier nicht Vor- und Nachteile dieser besonderen Beobachtungssituation diskutieren. Dies wurde bereits relativ befriedigend an anderer Stelle getan. Die psychoanalytische Situation hat einen großen Vorteil: sie ermöglicht einem, ein ganzes Leben unter genau definierten Umständen seine Fähigkeiten zu verfeinern. Man könnte dies mit der Erfahrung eines geschulten Mikroskopierers vergleichen. Ich weiß nicht, ob Sie über viele Jahre Übung am Mikroskop verfügen wie ich. Wenn man sich Jahr um Jahr die einzelnen Proben ansieht, bilden sich allmählich gewisse Fertigkeiten heraus. Für den Nichteingeweihten sind nur ein paar Blasen zu sehen, die nicht viel auszusagen scheinen. Aber ein Mikroskopierer erkennt etwas bisher als bloßes Artefakt Gehandeltes als neue Entdeckung. So entwickelt sich die Wissenschaft weiter. Und wenn Sie mich fragen, trifft dies auch auf die Wissenschaft zu, auf die ich mich berufe.

Ich muß hervorheben, daß die entscheidenden Hinweise zum Narzißmus, die ich Ihnen hier vorstelle, nicht aus der direkten Beobachtung kleiner Kinder stammen. Auch wenn diese in einem bestimmten Augenblick durchaus die von mir rekonstruierte Veränderung in der Entwicklung durchleben können. Doch ich extrapoliere hier die frühen Erfahrungen mit Rückschritten und Vorwärtsschritten auf der Entwicklungsleiter, nachdem meine analytischen Patienten dieses Auf und Ab längst hinter sich gelassen haben.

Das hat seine Vor- und seine Nachteile. Ein unschätzbarer Vorteil ist, daß der Patient sich selbst beobachtet und die regressive Phase beschreibt, also verbal in der Lage ist, Vorgänge jederzeit und direkt mitzuteilen. (Meines Erachtens vor allem dann ein Vorteil, wenn zu diesen Selbstaussagen analytisch differenzierte, direkte Beobachtungen von Kindern kommen.) Wie beim Mikroskopieren müssen bestimmte Verdachtsmomente vorhanden sein. Ohne eine Vorstellung von dem, was man zu sehen erwartet, sieht man nichts. Dasselbe gilt vice versa: ohne konsistente Ergebnisse kann man eine falsche Erwartung nicht widerlegen. Diese Methode, das Auf und Ab der Entwicklung zu beobachten und frühe Situationen zu rekonstruieren, ermöglicht uns das Herantasten an die normalen Ausprägungen der frühen Entwicklungsphasen. Natürlich bringen solche Rekonstruktionen Fehler mit sich. Mit ähnlichen Fehlermöglichkeiten hat die Archäologie zu kämpfen. Allerdings ist die Situation der Archäologen meines Erachtens noch schwieriger. Wir haben es mit noch vorhandenen Vergangenheiten zu tun, die Archäologen graben nur noch Überbleibsel aus.

Wir gehen davon aus, daß irgendwo im Erwachsenen noch das Kind existiert, daß sein gesamtes Potential noch beobachtet werden kann, selbst wenn es von intermediären Schichten überlagert und gebrochen wurde, die sich im Laufe der Zeit darum herum abgelagert haben. Der ursprüngliche Stamm lebt noch irgendwo. Man findet nicht nur ein paar Tonscherben und die historischen

Spuren früherer Ereignisse. So geht die Geschichtsschreibung vor. Man zieht Schlußfolgerungen aus den Endresultaten historischer Entwicklungen und beschreibt schließlich die Sprache eines bestimmten Volkes.

Nehmen wir an, in einem kleinen Schweizer Tal wird eine Sprache entdeckt, wie *Rätoromanisch*, die viele lateinische Elemente enthält. Diese lateinischen Elemente legen die Schlußfolgerung nahe, daß die Vorfahren dieser Volksgruppe irgendwann einmal mit der römischen Kultur Kontakt gehabt haben müssen. So unbestritten das ist, so ungeklärt bleibt die Art und Weise dieses Kontakts. Falls Sie in diesen Dörfern oder den größeren Städten dieser Gegend auf Relikte stoßen, die beweisen, daß es hier tatsächlich Römerlager gab, können Sie bestimmte Rückschlüsse auf die Ahnen dieser *rätoromanisch* sprechenden Gruppe ziehen. Durch die Analyse dieser Hinweise finden Sie vielleicht weitere Hinweise aus anderen Quellen. Doch diese historische Methode ist sehr beschränkt. Sie wird auch in der Analyse verwendet, aber sie ist keine spezifisch analytische Methode.

Tiefenpsychologisch orientierte Psychiater oder Entwicklungspsychologen treffen mit Hilfe dieser historischen Methode, also der Befragung des Betroffenen zur Vergangenheit, Aussagen über sein gegenwärtiges Befinden. Die psychoanalytische Methode geht noch einen Schritt weiter und gibt sich nicht damit zufrieden festzustellen, daß der alte Stamm Kontakt zu den Vorfahren der jetzigen Gruppe hatte. Oder, anders ausgedrückt, daß da einmal ein Kind war, dessen Erfahrungen die Funktionen des Erwachsenen beeinflußten. Sie behauptet vielmehr, und meines Erachtens spricht einiges dafür, daß dieses Kind noch immer irgendwo da ist. Unter bestimmten Umständen wird sich dieses Kind noch ziemlich genauso wie früher verhalten. Wobei leichte Überlagerungen durch erwachsene Verhaltensweisen möglich sind. Diese Abwehrfunktionen des Erwachsenen sind nicht völlig auszuschalten. Dieses Kind kann also ohne die Befragung des Erwachsenen gesehen werden. Es geht mir hier um die Feststellung, daß sehr wohl relativ genaue Rekonstruktionen durch sorgfältige und konsistente psychologische Verhaltensbeobachtung über einen längeren Zeitraum möglich sind, z.B. in einem psychoanalytischen Setup. Selbstverständlich sollten diese Erkenntnisse am direkt beobachtbaren Verhalten von Kindern gemessen werden. Allerdings sollte man sich nicht zuviel von dieser direkten Beobachtung von Kindern erwarten, da sich zwar das Verhalten beobachten läßt, nicht aber, was das Kind fühlt und wie es seine Umgebung wahrnimmt. Hierzu braucht man die Hinweise aus dem regressiven Verhalten Erwachsener, die den Blick auf das Wesentliche lenken und die Frage ermöglichen: Wie paßt das zu dem, was ein Kind in einem bestimmten Augenblick fühlt?

Es ist eine alte Erkenntnis, daß psychologische Vorgänge – und wahrscheinlich auch physiologische – am besten an sich im Übergang befindenden Systemen studiert werden. Eine starre, festgefügte, ausbalancierte und gut funktionierende Einheit ist im allgemeinen weniger aufschlußreich als ein System, das leicht aus dem Gleichgewicht geraten ist. Ein völlig aus der Balance geratenes System zu studieren ist ebensowenig zweckdienlich. Das heißt, am meisten lernt man in der Regel von labilen Systemen im Übergang. Das mag nicht immer der Fall sein, doch im allgemeinen trifft es zu. Lassen Sie mich hier wieder auf eine Analogie zurückgreifen. Einen Forscher wird das Verhalten einer normalen Zelle wahrscheinlich weitaus weniger interessieren als die Entwicklungen in einer abnormalen Zelle, die unter dem äußeren Einfluß gerade dabei ist, pathologisch zu werden. Einen befähigten Histologen werden genau diese Zellen interessieren.

Deshalb will ich Ihr Augenmerk weder auf das völlig zerstörte noch auf das lautlos funktionierende, sichere Selbst lenken. Am stärksten macht sich das kranke Selbst bemerkbar, das etwas verunsicherte Selbst, das weder völlig vernichtet noch so sehr regrediert ist, daß auch alle Kommunikations- und Beobachtungsfunktionen darniederliegen. In dieser Situation kann der Patient uns seine Erfahrungen nämlich nicht mitteilen – und die würden uns interessieren. Ebensowenig wird sich jemand über sein Selbst bewußt werden, der wohl etabliert und sicher als Individuum lebt. Ein solcher Mensch lebt einfach naiv vor sich hin. Am ehesten lernen wir also von der leichten Störung, dem in der Auflösung begriffenen Selbst. Und wahrscheinlich lernen wir etwas über die Entwicklungsphase, in der sich das Selbst oder dieser spezifische Teil des Selbst sich bildete.

Freuds ursprünglicher theoretischer Beitrag zu diesem Thema bezog sich auf Beobachtungen an Psychotikern. Er interessierte sich besonders für Hypochonder. Das normale Körpergefühl, das Wohlbefinden, ist immens wichtig für unser Selbst-Konzept.

Genau das fehlte einem Patienten, den ich vor Jahren behandelte. Dieser berichtete von frühen Träumen, in denen er sich als Kopf mit sehr schematischen Anhängseln träumte. Er stellte die Gestalt als einen an eine Giacometti-Figur erinnernden dünnen Körper mit einem gut ausgebildeten Kopf dar. Und wie mir im Nachhinein klar ist, versuchte er sehr früh, mir etwas über sein gestörtes Körper-Selbst mitzuteilen – daß er sich nur als denkendes Individuum empfinden konnte, daß sein Selbst nur lebte, wenn seine Intelligenz ins Spiel kam. Mit gutem Grund konnte er sein Körper-Geist-Selbst nicht als abgegrenztes Ganzes wahrnehmen, das es ihm ermöglichte, in der Welt zu handeln, sich in der Welt zu sehen und sich auf die Welt zu beziehen. Freud (1914 c) diskutierte die Hypochondrie, die pathologische Version dieses »runden« Körperselbstwertgefühls, das wir automatisch haben, auch wenn wir uns darüber nicht im klaren sind. Er sagte, unter bestimmten Umständen fände eine Regression statt, bei der einzelne Körperteile in extremem Ausmaß mit narzißtischer Libido besetzt würden. Der Patient nimmt eine Art unangenehmen Druck von diesen Körperteilen wahr, der sich unterscheidet von dem Gefühl, das von den Körperteilen ausgeht, die zu den führenden Persönlichkeitsteilen geworden sind.

Natürlich kann ein Boxer großartige Gefühle entwickeln: »Ich und mein Bizeps, ich und meine Muskulatur, meine Beinarbeit, mein wahnsinniger linker Aufwärtshaken...« – oder auf was immer er nun besonders stolz ist. Aber hier handelt es sich nur um den führenden Bereich eines zur Gänze besetzten Selbst – gewissermaßen nur die Konvergenz eines kohäsiven Selbstgefühls. Und wenn wir zum Beispiel über die Entwicklungsphasen der Libido sprechen, über die Bedeutung des Penis für den Fünfjährigen oder den koketten Körper eines ödipalen Mädchens, dann ist uns klar, daß es sich dabei nicht um eine hypochondrische Besetzung des einen oder anderen Körperteils handelt, sondern um den Körperteil, der gerade die Konvergenz des gesamten Selbst anführt. Eine Gefährdung derselben kann ein Auseinanderbrechen des Selbst-Gefühls zur Folge haben.

Oft sind die Diagnosekriterien nuancierter, wenn man zu seinen Gefühlen noch zusätzlich einen theoretischen Hintergrund hat. Angenommen ein Patient klagt über körperliche Beschwerden und Sie stehen vor der Frage, ob es sich dabei um eine hysterische Episode oder eine psychotische Regression handelt: Wie läßt sich das unterscheiden? Es gibt eine Reihe von Unterscheidungsmöglichkeiten! Einen großen Unterschied macht es, wenn Sie den Hintergrund dieser beiden Strukturen kennen. Einen großen Unterschied macht es, wenn Sie wissen, daß eine Hysterikerin aufgrund einer Regression leicht in Richtung oraler Schwängerung phantasiert, sie könne nicht mehr richtig schlucken und es ekle sie. Etwas ganz anderes ist es, wenn eine Schizophrene während einer Regression sagt: »Meine Lippen sind anders.«
»Was ist los damit?«
»Sie sind größer.«
»Nein, sie sind nicht wirklich größer.«
»Ich kann es Ihnen nicht beschreiben. Sie sind so groß und so voll.«
Sie werden allmählich spüren, daß Ihnen diese arme Frau zu beschreiben versucht, daß sich etwas vom übrigen Körperschema abgelöst und eine eigene Bedeutung angenommen hat; ein Teil des Körpers ist libidinös besetzt worden. Das ist etwas anderes als bei dem Schluckproblem, bei dem die Lippen, der Mund oder der Rachen Teil einer hysterischen Phantasie geworden sind, in der es um den inzestuösen Wunsch des kleinen Mädchens und seine Zurückweisung geht. Das ist bizarr, aufwühlend, möglicherweise wird es sehr stark abgewehrt und führt zu einer Dysfunktion. Aber es ist bei weitem nicht so bizarr und merkwürdig, so losgelöst vom gesamten Körper-Selbst wie bei der schizophrenen Regression, die zu einer übermäßigen libidinösen Besetzung etwa der Lippen, des Körpers überhaupt oder der Gedanken führt, wenn an sich zusammengehörende Funktionen auseinanderzufallen beginnen.

Was also haben wir vor uns? Freud (1915a) postulierte eine sehr frühe Phase, die er autoerotische Phase nannte, die der narzißtischen Phase vorangeht. Um es mit Freud zu sagen: Wir haben eine autoerotische Phase, in der das gesunde Kind jederzeit jede Funktion spüren kann, zusammen wie auch isoliert. Bei einer Regression, einer psychotischen Desintegration, wird diese Phase erneut belebt.

In der frühen Kindheit gibt es eine Phase, in der jeder einzelne Moment, jedes Hochgenommenwerden, jeder Schluck, jeder Anflug eines Gedankens, jedes Erkennen für sich steht und ein ungemeiner Genuß ist, jedoch noch nicht in das Konzept integriert ist: »Das ist nur ein Teil von mir.« Aber allmählich trägt der zunehmende Reifedruck (ontogenetisch und phylogenetisch über Jahrmillionen wiederholt) zur Entwicklung der Rasse bei. Heute wiederholt sich das als Vorwärtsbewegung der noch isolierten, fragmentierten Erfahrungen hin zur Einswerdung. Sie werden unter der Erfahrung des ganzen Selbst subsummiert. Diese Bewegung von isolierten Funktionen, isolierten Körperteilen hin zur Besetzung des gesamten Selbst ist der Übergang von der autoerotischen zur narzißtischen Phase. Diese Terminologie ist etwas auf die Libidotheorie zugeschnitten, aber völlig ausreichend für die Erkenntnisse Freuds zu Beginn dieses Jahrhunderts, als er seine Theorie formulierte. Heute würden wir sagen, es handelt sich um den Übergang von einer Phase des fragmentierten Selbst oder von singulären Erfahrungen zu einer Phase eines kohäsiven, nicht fragmentierten einheitlichen Selbst.

Mit dem Ausdruck »einheitliches Selbst« wollen wir allerdings nicht andeuten, daß dieses einer Teilung des Selbst vorausginge. Wie bereits gesagt, die Freude an der eigenen Körperlichkeit, an der eigenen Fähigkeit zur Objektliebe und an intellektuellen Herausforderungen sind nicht nur vereinbar mit dem Gefühl eines kohäsiven Selbst, sondern sie unterstützen es. Aber die einzelnen Teile werden dabei immer als Bereiche eines unzerstörten ganzen Selbst gesehen. Auf der anderen Seite ist es ungemein aufschlußreich zu sehen, wie Patienten im Laufe einer langen Behandlung wieder zu einem Gefühl des ganzen Selbst finden, sich als Einheit zu empfinden beginnen und auf der Basis dieser Ganzheit Neues ausprobieren, das ihnen vorher nicht möglich war.

Ich erinnere mich zum Beispiel an einen Patienten, den ein Kollege in einer anderen Stadt behandelt hatte. Dabei handelte es sich um einen äußerst gestörten Mann, der als Kind adoptiert worden und bei sehr kalten Adoptiveltern aufgewachsen war. Dieser Mann entwickelte ein alles durchdringendes Unsicherheitsgefühl seiner Person und ein merkwürdiges Beschwerdebild. Die Menschen bemühen sich, ihre Leiden in Worten auszudrücken. Nach Jahren hervorragender Behandlung war dieser Mann nicht nur in der Lage, seine Pathologie zu begreifen und Mitgefühl für sich selbst zeigen – ein wichtiger Schritt in der Behandlung – , sondern er fand auch allmählich zu einem Selbst. Die Kohäsion seiner Persönlichkeit und seines Selbst zeigte sich in dem Enthusiasmus, mit dem er sich Neuem zuwandte, zum Beispiel der Musik. Er beschrieb seinen Unterricht in Folkmusic. Er lernte zu singen und Akkordeon zu spielen und holte dabei Phasen nach, die er in seinem frühen Leben so sehr vermißt hatte: sich vor einem bewundernden Publikum darzustellen und den für ein kleines Kind angemessenen Beifall einzuheimsen. Eines Tages verlor er sich im Akkordeonspiel und bekam schreckliche Angst. Der Therapeut verstand zunächst nicht, was passiert war, bis wir darüber sprachen. Unsere Erklärung für diese Angst wurde später öfter bestätigt und auch der Patient fühlte sich dadurch völlig verstanden. Durch das Aufgehen in einer Funktion, nämlich dem begeisterten Akkordeonspiel, geriet sein wiederhergestelltes, aber noch zerbrechliches Selbst in Gefahr, erschöpft zu werden und wieder auseinanderzubrechen. Was also bei einem gesunden Selbst die Funktionsfähigkeit bestätigt, kann bei einem labilen Selbst sehr bedrohlich werden. Auf diese Weise kann sogar Erfolg beängstigend werden. Nicht weil er Schuldgefühle auslöst, was häufig die negative therapeutische Reaktion genannt wird, sondern weil *sogar Erfolg das Selbst erschöpft*, wenn es noch nicht gesichert genug ist. Wir brauchen ein kohäsives Selbst und die Fähigkeit, die einzelnen Funktionen und Körperteile als solche zu erkennen.

Wie verhält sich das Umfeld zu dieser Übergangsphase, zur Bildung des kohäsiven Selbst? Wie trägt die Mutter in der Mutter-Kind-Interaktion zur Bildung des Selbst-Konzepts bei? Wie kann sie diese normale Phase in der Entwicklung des Narzißmus ver- oder behindern? Damit werden wir uns in den folgenden Seminaren beschäftigen.

Die theoretischen Konzepte, die ich hier vorstelle, entstanden nicht durch induktive Ableitung. Das würde auch gar nicht meiner Art zu denken entsprechen. Sie sind empirisch abgeleitet. Sie wurden nicht aus rein theoretischen Konzepten heraus entwickelt. Sie entstanden auf der Grundlage einer Vielzahl klinischer Beobachtungen, aus denen sie sich im Laufe der Zeit herausschälten, und nicht auf der Basis einiger grundlegender Axiome. Wenn ich also über den Gegensatz zwischen Objektliebe und Objektbeziehungen spreche, was mein Hauptanliegen ist, möchte ich zum Ausdruck bringen, daß Narzißmus in hohem Maße mit intensiven Objektbeziehungen kompatibel ist. Viele Objektbeziehungen werden für narzißtische Zwecke eingesetzt.[2] In der Umgebung des Kindes gibt es wie in unserer Umgebung auch Objekte, die narzißtischen Zwecken dienen. Wenn das Kind zum Beispiel einen Sinn für den eigenen Wert entwickelt, für die Kohäsion, dafür, jemand zu sein, braucht es andere Menschen, die das bestätigen. Das ist ein starkes Bedürfnis. Aber diese anderen werden nicht um ihrer selbst willen geliebt. Sie sind nicht als unabhängige Wesen mit eigener Willenskraft, eigener Initiative oder eigenen Zielen wichtig. Sie sind nur insofern wichtig, als sie dem Baby oder uns zur Erhaltung oder Vermehrung des Selbstwertgefühls dienen. Dabei ist es sinnvoll, zwischen den Objektbeziehungen, die narzißtischen Zwecken dienen, und der Objektliebe zu unterscheiden, bei der man sich nach dem anderen sehnt, ihn jedoch erkennt und ihn mit Liebe und Libido bedenkt – sich für ihn als Menschen mit eigenen Zielen interessiert, ihn als getrennt von sich selbst und unabhängig vom eigenen Selbstwertgefühl erlebt.

Ich möchte dies kurz am Beispiel des Schenkens illustrieren. Wenn Sie ein Geschenk hauptsächlich unter dem Gesichtspunkt auswählen, sich der Dankbarkeit des Beschenkten zu versichern, kann man diese Betonung als narzißtisch bezeichnen. Wenn es Ihnen jedoch darum geht, dem Beschenkten, den Sie als unabhängig erleben, eine Freude zu machen, liegt die Betonung auf der Objektliebe.

Sicher finden wir bei Objektliebe stets eine Spur Narzißmus. Aber daraus ein Kontinuum von Narzißmus und Objektliebe zu entwickeln ist logisch falsch. Das funktioniert nicht. Man kann immer beweisen, daß hell und dunkel dasselbe sind, weil dazwischen nur verschiedene Grauabstufungen liegen. Es bleibt die Tatsache, daß es Beziehungen zu anderen gibt, in denen das Selbst in den Hintergrund tritt und die Freude aus dem Erkennen des anderen bezogen wird.

Es gibt aber auch andere Beziehungen, bei denen der Schwerpunkt auf dem Selbst liegt. Die extremen Fälle sind am leichtesten zu erkennen. Wenn man verliebt ist, denkt man nicht an sich. Das Denken und Fühlen eines Verliebten dreht sich zur Gänze um den anderen – wie sie aussieht, was sie möchte, wie sie lächelt. Mit anderen Worten, man beschäftigt sich kaum mit sich. Das trifft nicht nur auf andere Menschen zu, sondern auch auf Aufgaben, die einen ausfüllen. Darüber haben wir bereits gesprochen. Als Beispiel führte ich dabei einen Menschen an, der so in einem nationalen oder idealistischen Ziel aufgeht, daß er dabei sich selbst vergißt. Das kann soweit gehen, daß er keine Verletzungen spürt. Eine Erfahrung, die die meisten wohl unter narzißtischer Besetzung einordnen würden. Wenn man jedoch auf der anderen Seite sehr mit sich beschäftigt ist, sei es mit dem Körper, mit der Persönlichkeit oder mit einem anderen hoch besetzten Teil des Selbst, beachtet man oft die anderen nicht mehr.

Meines Erachtens besteht ein Unterschied zwischen einem reifen Menschen, der liebt, und jenen primitiven Verschmelzungsphantasien, die eigentlich eine Erweiterung des Selbst oder Aufgehen im Selbst sind. Tatsache ist, daß im Zustand der Verliebtheit häufig sämtliche narzißtischen Phantasien aktiviert werden. Bei der Diskussion der Konzepttrennung auf dieser Ebene hilft es in der Regel wenig, sich die Komplexität des aktuellen empirischen Geschehens zu betrachten. In einer normalen Liebesbeziehung, denke ich, fließen immer narzißtische Faktoren ein, die der Beziehung zum anderen untergeordnet werden. Meiner Meinung nach enthält jede Liebesbeziehung, besonders unter jungen Leuten, einen Gutteil narzißtischer Elemente. Paradoxerweise kommt bei der Liebe die Überschätzung des Objekts, wenn man genau hinsieht, nicht von der stärkeren Besetzung der Objektliebe oder Objektlibido, sondern wird eher durch die narzißtischen Elemente hervorgerufen, d.h. durch ein altes Selbstbild, das auf den anderen projiziert wird. Diese Details können nur bei der klinischen Untersuchung solcher Beziehungen analysiert werden.

Am wichtigsten ist mir jedoch zu vermitteln, daß die bloße An- oder Abwesenheit von Objektbeziehungen noch nichts über den *narzißtischen Stand* des Individuums aussagt. Wenn Menschen zum Beispiel alleine leben, ist dies nicht gleichzusetzen mit einer narzißtischen Regression, einem narzißtischen Rückzug oder – ohne Werturteil – mit Narzißmus. Vielleicht steht nur die Sehnsucht nach einem Menschen dahinter, der einen sehr liebt. Wenn man zum Beispiel einen oder mehrere geliebte Menschen verloren hat, wenn man die Heimat verläßt, die Familie verliert und alles, was einem etwas bedeutet, ist man vielleicht in der neuen Umgebung sehr lange allein.

Ein anderer jedoch wird sich in einem neuen Umfeld sehr schnell zurechtfinden und den Übergang zu neuen Objekten problemlos bewältigen. Das kann freilich auch daran liegen, daß die Beziehungen des letzteren möglicherweise nicht so tiefgehend und narzißtischer sind als die des ersteren. Ersterer kann nichts mit den neuen Objekten anfangen und bleibt innerlich den alten Objekten verbunden. Er ist allein, aber nicht narzißtisch. Letzterer ist von vielen Menschen umgeben, aber sie bedeuten ihm nichts an sich, sie sind nur in Bezug auf sein Selbst wichtig, weil sie seine Einsamkeit lindern und seine Präsenz bestätigen. Der Hauptpunkt ist, daß die bloße An- oder Abwesenheit von Beziehungen zu anderen noch keine Aussage über die Natur der Beziehungen erlaubt.

Eine komplexe Angelegenheit. Aber ich möchte theoretischen Formulierungen nicht ausweichen, nur weil das Terrain schwierig wird, auch wenn sie hier nicht die wichtigste Rolle spielen. Zum Beispiel beschäftigt uns die Frage, inwieweit wir kognitiv dazu in der Lage sind, die Unabhängigkeit anderer zu erkennen – mit anderen Worten, jemanden zu lieben, der anders ist als wir. Freud (1914c) sprach davon, daß Homosexualität eine Zwischenstufe zwischen Objektliebe und Narzißmus darstelle, man einen anderen mehr liebe als sich selbst. Das gilt es *cum grano salis* zu nehmen. Ich kann ein Diagramm zeichnen und sagen, das hier ist Homosexualität und das da ist Heterosexualität, das hier ist Narzißmus und das da ist Objektliebe. Es gibt heterosexuelle Beziehungen, die in hohem Maße narzißtisch sind, und es gibt sehr entwickelte homosexuelle Beziehungen, in denen der Partner als Individuum anerkannt wird. Es gibt unter Homosexuellen stabile, lange dauernde Beziehungen, in denen der Partner als unabhängiges menschliches Wesen erkannt und geliebt wird, dem man ein gewisses Recht zugesteht, anders als man selbst zu sein.

Und es gibt keine Liebesbeziehung, in der dem Partner erlaubt wird, ganz anders zu sein. Ich denke, das Maß, in dem der Liebespartner anders sein darf, hängt vom Einfühlungsvermögen der Beteiligten ab. Einfühlungsvermögen hat, zumindest historisch gesehen, narzißtische Wurzeln. Es entsteht ursprünglich aus einer narzißtischen Beziehung zu einem anderen Menschen. Die Ähnlichkeit in der Mutter-Kind-Beziehung, das gleichzeitige Fühlen desselben – so entsteht Empathie. Aber man darf die alte Regel nicht vergessen, daß die historische Entwicklung, die Tatsache, daß sich das eine aus dem anderen entwickelt, nicht bedeutet, daß es noch immer ist, was es ursprünglich war. Wir sprechen von einer Funktionsänderung (Hartmann 1939), dem historischen oder genetischen Trugschluß. Es bleibt die Tatsache, daß Empathie den Zielen der Objektliebe dient. Die Objekte lassen sich zumindest grob danach unterscheiden, ob sie erkannt werden und anders sein, eigene Wünsche und Interessen haben dürfen. Sie werden nicht nur trotz der Unterschiede geliebt, sondern weil die Unterschiede die eigenen Interessen komplementär ergänzen. Im Gegensatz dazu sind narzißtisch besetzte Objekte nur insofern interessant, als sie den eigenen narzißtischen Zielen dienen.

Natürlich gibt es keine zwischenmenschliche Beziehung, die nicht sowohl Elemente der Objektliebe wie des Narzißmus aufweist. Auf der theoretischen Ebene sollte man diese beiden Komponenten unterscheiden. In der klinischen Praxis ist jeweils eine der Komponenten entscheidend für das Verständnis des Patienten. Die Fähigkeit, das Selbstwertgefühl des geliebten Partners zu stützen, indem man ihm sein Interesse zeigt, wenn er es braucht – zum Beispiel, indem man ihm zuhört, wenn er eines Zuhörers bedarf –, ist der Liebesfähigkeit untergeordnet und dem Wissen, daß dies auf Wechselseitigkeit beruht. Jede zwischenmenschliche Beziehung besteht also aus einer Vielzahl von Vorgängen auf beiden Seiten, einem komplexen Miteinander. Mit anderen Worten, es wäre falsch, einem Menschen, der an einem fragmentierten Selbst und einem erschütterten Selbstwertgefühl leidet, dies als Störungen in seiner Objektliebe zu erklären. Das würde zu nichts führen, er könnte es nicht verstehen.

Wie so häufig bei diesen komplexen Themen wird vieles klar anhand klinischer Beispiele, was wir hier theoretisch diskutieren. Aber die Theorie sollte bekannt sein, damit man mehr Gewinn aus dem klinischen Material ziehen kann.

---

[1] Hartmann schreibt diesen Ausdruck Kris (1934) zu und zitiert ihn.

[2] Kohut erläutert hier seine empirische Entdeckung des Selbstobjekts und seiner Funktionen.

3. Frühe Phasen der Entstehung des Selbstwertgefühls

Warum sprechen wir dann überhaupt über Erfahrungen der frühen Kindheit? Warum sprechen wir davon, daß es eine normale Entwicklungsphase gibt, in der Kinder physische und psychische Prozesse jeweils getrennt erleben, ohne ein Gespür dafür, daß diese Prozesse zusammen und zu ihnen als einer Person gehören? Warum sprechen wir darüber, wie die Mutter-Kind-Interaktion es dem Kind allmählich ermöglicht, all diese Funktionen der einzelnen Körperteile unter einer kohäsiven Selbst-Erfahrung zu subsummieren? Warum ist das alles so wichtig? Warum verschwenden wir soviel Gedanken und soviel Zeit daran? Für mich ist es wichtig zu erkennen, wie enorm sich Störungen in diesem Bereich auf das Verhalten auswirken.

Mein Interesse daran wurde vor Jahren geweckt, merkwürdigerweise nicht in erster Linie durch klinisches Material. Es entstand zu einer Zeit, als ich kaum Gelegenheit zur klinischen oder theoretischen Arbeit hatte, sondern, man stelle sich vor, bis über die Ohren mit Verwaltungsarbeit eingedeckt war. Wie vielleicht bekannt ist, hatte ich vor ein paar Jahren einige hohe Ämter in psychoanalytischen Organisationen inne. Damals, glaube ich, wurden mir die narzißtischen Probleme erst wirklich bewußt. Zum Beispiel, als bisherige Freunde der Psychoanalyse plötzlich zu Feinden wurden und flammende, geradezu bizarr kämpferische Streitschriften dagegen schrieben. Ich lernte darauf zu achten, was in ihrem Leben passiert war, wenn sie die Psychoanalyse als fundamentalen Irrtum erkannten. Meistens erfuhr man, daß dieser Wendepunkt eintrat, als eine Bewerbung scheiterte, eine Veröffentlichung abgelehnt wurde, der Betreffende nicht Chairman eines Kommitees wurde, wie er es sich ausgerechnet hatte, oder sich durch ein anderes dummes Ereignis verletzt fühlte. Das ist keine Seltenheit selbst bei den differenziertesten Menschen, die unweigerlich sehr viel über sich wissen, sich aber über einer narzißtischen Wunde selbst vollkommen aus den Augen verlieren – ich mußte feststellen, daß ich keine Ausnahme von dieser Regel bin.

Zwar lernt man ständig dazu und bekommt sich im Lauf der Zeit selbst besser in den Griff, dennoch wird das Verhalten und Denken größtenteils von narzißtischen Empfindlichkeiten beeinflußt. Sobald man einmal darauf gestoßen wurde, kann man nicht verstehen, wie man die Bedeutung dieser Faktoren bei den Patienten übersehen konnte. Das Fluktuieren des Selbstwertgefühls, die unerwarteten Verletzungen verursachen extremes Leiden. Was Menschen auf sich nehmen, um ein erschüttertes Selbstwertgefühl wieder ins Gleichgewicht zu bringen, ist enorm.

Durch solche Erfahrungen wird klar, wie wichtig die Erforschung der Selbstbildentwicklung ist, der Störungen des Selbstwertgefühls, der persönlichen Geschichte, die jemanden in diesem Bereich besonders verwundbar oder unverwundbar machen. Klinisches Material, besonders zu jungen Menschen in der Übergangsphase von der Adoleszenz zum Erwachsensein, erscheint damit in einem ganz anderen Licht. Anders ausgedrückt: gerade in der späten Adoleszenz und im jungen Erwachsenenalter treten Kohäsionsprobleme des Selbst und Zusammenbrüche auf. In der einen oder anderen Form wird versucht, sich in die Kultur einzupassen oder eine Gegenkultur zu bilden und so das erschütterte Selbstwertgefühl ins Lot zu bringen. Nach meiner Überzeugung läßt sich dieses Selbstwertgefühlsproblem nur verstehen, wenn die genetische Dimension, die Geschichte seiner Entwicklung samt der frühen Wechselfälle sowie die Schwachstellen der Persönlichkeit miteinbezogen werden.

Manchen Menschen gelingen enorme Anpassungen im Übergang von der Adoleszenz zum Erwachsenenalter, ohne daß sie zusammenbrechen, depressiv werden oder sich abzuschirmen versuchen mit Drogen, Berührungstherapie und was es sonst noch gibt, um sich daran zu erinnern, daß man lebt und wirklich und wertvoll ist. Wenn so viele Menschen den normalen Übergangsprozeß und Schmerz durchstehen können, die mit diesem Systemwechsel einhergehen, warum brechen dann andere zusammen? Warum brechen manche Menschen, die in ihrer frühen Kindheit viel erduldeten, nicht zusammen? Welche glücklichen Umstände halfen diesen Zusammenbruch zu vermeiden, für den sie nach allem, was wir über sie erfuhren, prädisponiert waren? Wie konnten sie ihr Selbst und ihr Selbstwertgefühl bewahren? Auf diese Fragen gibt es viele Antworten. Es darf allerdings nicht vergessen werden, daß die auffälligen frühen Faktoren nicht unbedingt die wichtigsten sind. Manchmal können sehr subtile Faktoren die entscheidende Determinante in der Persönlichkeitsentwicklung sein.

Ich habe bereits hervorgehoben, daß für unsere Studie die Übergangsphase von der Bildung der archaischsten Formen des kohäsiven Selbst wesentlich ist. Die normale Entwicklungsphase des Narzißmus ist gegenüber der vorhergehenden – ebenfalls normalen – Phase des noch fragmentierten Selbst ein großer Schritt hin zur Reife.

Wenn wir vom fragmentierten Selbst sprechen, klingt das stets etwas nach Pathologie – nach meinem Dafürhalten zu Recht. Vom klinischen Standpunkt aus kann man im allgemeinen beim Erwachsenen von Fragmentierungserfahrungen in der Persönlichkeit sprechen, das heißt vom Gefühl, man sei nicht wirklich, nicht kohäsiv, hätte keine zeitliche Kontinuität, man sei nicht »ganz«. Die soziale Rolle hilft einem zum Beispiel dabei, sich ganz zu fühlen. Menschen mit einem schwachen Selbstwertgefühl wird durch das Wissen geholfen, daß sie Arzt sind, ein Fachgebiet haben oder sonst etwas, das nur sie haben. Sie brauchen das nicht etwa, weil es so interessant ist, sondern weil es eine Stütze für ihr Selbstwertgefühl geworden ist. Manche Hobbys haben zum Beispiel diese Funktion.

Ein Patient von mir hatte nichts auf der Welt – außer sein Spezialwissen über Kurt Vonnegut. Er las jedes Buch und jede Biographie über Kurt Vonnegut. Er war bekannt als Vonnegut-Spezialist. Ich wußte, wie leicht zu erschüttern dieser Mensch war, und hatte das Gefühl, daß ihm dies einen Halt gab. Er teilte nicht die Ängste der anderen – kein Geld zu haben, im Beruf zu versagen, die Arbeit zu verlieren. Dieser Patient hatte all diese Probleme, kam aber spielend damit zurecht. Aber wenn jemand sein Vonnegut-Hobby nicht ernst nahm, verfiel er in eine Depression.

Fragmentierung des Selbst hat einen Beiklang von Psychopathologie. Aber weil die Desintegrationsprodukte reifer Organisationen frühen Entwicklungsphasen entsprechen, heißt das noch lange nicht, daß die frühen Phasen pathologisch sind. Was einmal ein absolut angemessener Entwicklungsschritt war, wird ein Desintegrationsprodukt, wenn es anachronistisch spät auftritt. Dies ist ein wesentlicher Punkt für das Verstehen von genetisch orientierter Psychologie bzw. von Entwicklungspsychologie. Für einen Säugling sind also nach unserer Meinung Erfahrungen völlig normal, die den hypochondrischen Desintegrationen der schizophrenen Regression entsprechen, diese Phase wird dadurch in ihrer ursprünglichen Form nicht pathologisch. Meiner Meinung nach machte beispielsweise Melanie Klein (1932), deren Theorien zum Teil sehr interessant sind, den Fehler, eine normale Phase in der Entwicklung des Kindes mit normalen Aspekten mit der Psychopathologie des Erwachsenen zu vergleichen. Mit anderen Worten, Arten des Denkens und Fühlens, die in der Pathologie des Erwachsenen als Neuauflagen früher Stadien aufgefaßt werden, werden beim Baby als irgendwie pathologisch angesehen. Was der Essenz entwicklungspsychologischen Denkens widerspricht.

Man sollte demzufolge im Auge behalten, daß es sich hier um normale, gesunde Phasen handelt, wenn man sich in diese frühen Entwicklungsphasen einzudenken und – fühlen versucht (was sehr schwierig und voller Gefahren ist und nie ganz gelingen kann).

Wenn ein Kind sich völlig als *die Hand* wahrnimmt, wenn es nach etwas greift, oder als *den Mund* und *die Zunge*, wenn es saugt, ist das nicht pathologisch, sondern gesund. Pathologisch wird es, wenn sich später ein kohäsives Selbst wegen eines Traumas zu desintegrieren beginnt. Bei einer schizophrenen Regression ist es sinnvoll, wenn der gesunde Teil der Person die Desintegration als Fragmentierung der übrigen Persönlichkeitsteile erkennt und mit allen ihm zur Verfügung stehenden Mitteln diese Vorgänge zu integrieren sucht, indem er sie als Krankheit aufzufassen versucht. Bei einer körperlichen Krankheit, einem Geschwür, das schmerzt, bevor es platzt, haben wir immer noch ein »Ich«-Gefühl, auch wenn wir nur noch an das Geschwür denken. Wir sind noch kohäsiv. Der Schizophrene, der auf diese Fragmentierung seines bislang kohäsiven Selbst regrediert, möchte die bereits fragmentierten Aspekte seiner Erfahrung als körperliche Krankheit interpretieren, als merkwürdiges Geschehen, bei dem aber das Selbst unbeeinträchtigt und ganz bleibt. Er kann

nur einen Mantel der Theorie darüber breiten, aber er kann es nicht wirklich spüren.
Die normale Entwicklung läuft ganz anders ab. Zu Beginn steht das Stadium, in dem der Säugling Denkprozesse und Körperteile als getrennt wahrnimmt. In dieser Entwicklungsphase ist ausschlaggebend, ob das mütterliche Umfeld entsprechend auf die Bedürfnisse des Säuglings reagiert. Damit ist nicht ausschließlich die biologische Mutter gemeint, sondern der Erwachsene, der die Mutterfunktion übernimmt. Das mütterliche Umfeld reagiert auf den jeweiligen Körperteil, ohne bereits das Ganze wahrzunehmen: auf die neu gelernte Fähigkeit, ob das nun das Heben des Kopfes, das erste Umdrehen oder das erste Lachen ist. Allmählich aber lernt das mütterliche Umfeld, neben diesen einzelnen Errungenschaften, rudimentären Denkprozessen und Entdeckungen der Welt, die noch nicht vom Selbst getrennt ist, auf das Baby als Ganzes zu reagieren: das Baby wird bei seinem Namen gerufen – die höhere Besetzung, wenn es auf seinen Namen hört. Diese Ausweitung auf das Baby als Ganzes findet im Einklang mit dessen Bedürfnissen statt. Und am Ende dieser Entwicklung heißt es nicht mehr: »Das ist die Hand vom kleinen Peterchen«, sondern: »Das ist Peters kleines Händchen.« Jetzt ist nicht nur jeder Körperteil wichtig und vom Umfeld akzeptiert, sondern auch Teil des Ganzen, des Selbst.
Dies sind die rudimentären Aspekte der Selbsterfahrung. Das Umfeld kann somit die Entwicklung des Selbst auf vielfältige Weise unterstützen, behindern oder verhindern. Am grundlegendsten und wichtigsten dabei ist, inwieweit das Umfeld fähig ist, auf das zu reagieren, was ich den beharrlichen Exhibitionismus des Babys nenne. Es scheint beinahe, als könne das Baby diesen Wunsch verbalisieren: »Schaut her, da bin ich. Ich bin ich.« Und darauf sollte das Umfeld – normalerweise visuell – mit einem Aufleuchten in den Augen der Mutter, dem Lächeln der Mutter, mit flexiblem Verhalten reagieren. Das unterscheidet sich sehr von anderen Bedürfnissen des Kindes wie z.B. der Reaktion auf das Bedürfnis, gefüttert zu werden.
Würden Sie mich an dieser Stelle fragen, wo die rudimentäre Objektliebe beginnt und wie sie sich vom rudimentären Narzißmus unterscheidet, müßte ich passen. Sie sind manchmal sehr schwer zu unterscheiden und für die ersten Phasen würde ich der These zustimmen, daß sie eine Einheit formen und wir uns über ihre Unterscheidung weiter keine Gedanken machen sollten. Aber aus der Reaktion der Mutter, zum Beispiel auf den Hunger des Babys, entsteht allmählich eine Interaktion, die langfristig zur Wahrnehmung der unabhängigen Bedürfnisse zweier unabhängiger Individuen führt. Das Prahlerische im Verhalten des Kindes, sein Wunsch, in der Mutter Freude zu wecken, das niedrigere Selbstwertgefühl, wenn die Reaktion ausbleibt – das alles führt mit Sicherheit zur Bestätigung – bzw. mangelhaften Bestätigung – der narzißtischen Bedürfnisse des Kindes. Die Bestätigung dieser Bedürfnisse ist für das

Überleben des Kindes genau so wichtig wie die Befriedigung des Bedürfnisses nach Kalorien oder Nahrung. Ungenügende Reaktionen oder Deprivation der narzißtischen Bedürfnisse führt zu so vielen der Symptome, die zum Beispiel Spitz (1945, dt.: Hospitalismus I, 1971, 1946, dt.: Hospitalismus II, 1971) vor langer Zeit bei den Hospitalismus-Babys vorfand. Schwere narzißtische Defekte können erst sehr spät, wie am Anfang der Latenz, auftreten. Doch ich spreche hier über die rudimentären Anfänge einer frühen Entwicklungsphase. Das Höchstmaß an exhibitionistischen Reaktionen werden wir wohl im ersten Lebensjahr finden. Später, vor allem nach dem Entwöhnen, stoßen wir beim Kleinkind vermehrt auf Narzißmus bei seinen Funktionen und Produkten – zum Beispiel rund um die Sauberkeitserziehung, der sichtbare Stolz des kleinen Jungens beim Urinieren und ähnliches. Hier nun kann die entgegengebrachte Reaktion unbefriedigend sein.

Sicherlich sind die narzißtischen Aspekte in der ödipalen Phase von Bedeutung: der phallische Narzißmus des kleinen Jungen und der das gesamte Körperbild umfassende Narzißmus des koketten kleinen Mädchens. Das steht nun Seite an Seite mit den Objektleidenschaften. Die gewaltigen Objektleidenschaften des Ödipuskomplexes[1] sind natürlich bekannt. Gleichzeitig bestehen noch große ödipale Bedürfnisse. Der Schlag der ödipalen Niederlage und die Weise, wie sie erduldet wird, darf also nicht nur unter dem Gesichtspunkt der enttäuschten Objektliebe gesehen werden, sondern auch im Hinblick auf den Dämpfer, den die Phantasie von der eigenen sagenhaften Größe, ein Eroberer zu sein, erleidet. Wie dies ertragen wird, das Ausmaß, die Fraktionierung, ist ein Rätsel. Kein Erwachsener behält den infantilen Narzißmus bei. Aber was geschieht damit? Wir werden später ausführlich über die Transformationen dieses Narzißmus sprechen, seine traumatische Niederlage. Hier finden wir die Wurzel für die zukünftige Verletzbarkeit oder die zukünftige Stabilität.

Mit am wichtigsten ist also die Reaktion der Umwelt. Darin kann man, denke ich, am klarsten die Methode erkennen, durch die wir frühe Entwicklungsphasen aus der Pathologie des Erwachsenen extrapolieren können. Warum können manche Menschen nicht genug Beifall kriegen, während das bei anderen überhaupt nicht der Fall ist? Natürlich gibt es auch eine Pathologie des anderen Extrems, Menschen, die völlig bedürfnislos zu sein scheinen. Nehmen wir zum Beispiel die Grandiosität des messianischen paranoiden Führers, der anscheinend die Bestätigung durch andere überhaupt nicht braucht. Sein Glaube bleibt unerschüttert, und wenn die ganze Welt nicht an ihn glaubt. Bei ihm kann es sich um einen Spinner handeln, möglicherweise bekehrt er aber auch mittels seiner immensen Überzeugungskraft andere. Im Kern scheint sein Narzißmus in Balance, aber natürlich ist er pathologisch. Man könnte sagen, daß Pathologie unter bestimmten Umständen große gesellschaftliche Bedeutung erlangen kann. Das kam bereits zur Sprache. Werturteile können immer nur im Zusammenhang mit dem Kontext gesehen werden, in dem der Ausdruck verwendet wird. Wir wissen, daß ein Paranoiker nach jeder Wertskala krank ist. Wir wollen hier nicht Haare spalten mit der Argumentation, nicht der Paranoiker sei krank, sondern alle anderen. Auch wenn dies vom Standpunkt des Paranoikers, nach seiner Wertskala, richtig ist. Unter normalen Umständen brauchen wir alle ständige Selbstbestätigung, die wir auch bekommen. Natürlich gibt es Höhen und Tiefen. Haben Sie sich schon einmal Gedanken über den narzißtischen Wert des Klatsches gemacht? Es ist eine Übereinkunft zwischen Menschen, die sich zusammensetzen und über andere sprechen, die nicht anwesend sind. Was für Dummköpfe und was für Versager das sind. Die Backen glühen und alle amüsieren sich köstlich. Warum? Das Selbstwertgefühl wird gefördert durch die gemeinsame Abwertung der anderen. Ähnlich förderlich für das Selbstwertgefühl sind Vorurteile gegen andere Gruppen. Ist das gut oder schlecht? Ist das gesund oder krank? In Anbetracht der furchtbaren gesellschaftlichen Auswirkungen, dem Leiden, das es verursacht, handelt es sich dabei um Sozialpathologie. Und doch gibt es Leute, die, ähnlich wie mein Vonnegut-Patient, nur kraft ihres Vorurteils zusammengehalten werden. Es ist beinahe unmöglich, jemanden von einem Vorurteil abzubringen. Vorurteile sind immer komplex, wie alle Wahnvorstellungen mit realistischen Komponenten. Sie sind nicht eindimensional, es ist immer etwas dran. Aber welchem Zweck dienen sie?

Ich betone das, weil das, was wir bei Erwachsenen sehen, ob bei normalen oder abnormalen, ob bei unseren Patienten oder bei uns selbst, indirekt durch die frühe Entwicklung ausgelöst wird. Wir brauchen eine ständige Selbstbestätigung. Bis auf die wenigen paranoid-gleichen messianischen Figuren bekommt jeder Probleme, wenn ihn niemand kennt. Viele Studenten kamen zum Beispiel relativ gut zurecht in kleinen Orten, wo alle sie als den Sohn des Englischlehrers oder des Gemüsehändlers kannten. Doch wenn sie sich plötzlich an einer großen Universität wiederfinden, wo niemand sie kennt, nimmt die Frage »Wer bin ich?« bedrohliche Ausmaße an. Zuvor war ihr Selbstkonzept im Gleichgewicht gehalten worden durch die ständige Bestätigung der kleinen Stadt oder des kleinen Dorfes, wo sie jeder kannte und sie tagaus tagein, von frühmorgens bis abends hörten:»Hallo Peter« oder »Tom« oder wie immer sie heißen. Auf einmal sind sie in einer anonymen Umgebung. Die Professoren wissen ihren Namen nicht. Sie spüren eine Sehnsucht und gehen eine starke Bindung zu jemandem ein, der sie wieder als Person wahrnimmt. Doch es gibt auch andere Studenten, die aus kleinen Orten kommen, die aber bei weitem nicht in solchem Ausmaß leiden und keine so starken Bindungen eingehen müssen. Die Anonymität der riesigen Universität deprimiert sie nicht, verführt sie nicht, Drogen zu nehmen, und gibt ihnen nicht das schizophrene Gefühl, ihre ganze Existenz sei irreal.

Warum geht es den einen so und den anderen anders? Wieder gilt, das Leben ist nicht so einfach. Man muß das Umfeld auf Schwachstellen abklopfen, diese abwägen und den auslösenden Faktor suchen. Aus einsichtigen Gründen zeigt man dem Betroffenen am Anfang sein Verständnis für die Probleme, die diesem Unwirklichkeitsgefühl vorangingen. Vor allem aber muß man ihn darauf hinweisen, daß seine Gefühle das Entscheidende sind. Alleine dadurch, daß man ihm zeigt, wie er fühlt, gibt man ihm das Gefühl, *jemand* zu sein – weil da noch jemand ist, der ihm klar machen kann, was geschieht. Häufig reicht also schon *Verstehen*, daß sich der Betroffene besser fühlt.

Mein Hin- und Herpendeln zwischen den Ursachen in der frühen Entwicklung und unserem Gesprächsgegenstand, dieses rasche Werfen von Blicken auf das Kind und den Erwachsenen soll zeigen, daß die Erforschung dieser frühen Erfahrungen wichtig ist. Schließlich beeinflussen sie unser Alltagsleben und unsere Arbeit als Therapeuten. Darüberhinaus gibt uns ihre Erforschung einen Einblick in den Nuancenreichtum der Störungen der Selbsterfahrung, des Selbstwertgefühls und dem Zusammenspiel, sowohl was ihre Erhaltung wie ihren Zusammenbruch angeht.

Zum Beispiel ist das Spiegeln der Mutter offensichtlich ein grober Fehler. Besonders klar wird dies, wenn man mit Patienten gelebt hat und ihren ewigen Wunsch kennt:»Bitte sagen Sie mir, daß ich recht habe. Sagen Sie es nochmal. Sagen Sie mir, daß es gut war. Sagen Sie mir, daß es ausgezeichnet war. Sagen Sie, daß es das Beste war, was Sie je gehört haben. Sagen Sie, daß das ein Fortschritt ist. Sitzen Sie nicht einfach bloß rum.« Wenn Sie so einen Patienten haben, der unbedingt eine Antwort will und mit diesem Bedürfnis Stunde um Stunde füllt, dann erkennen Sie mit der Zeit, daß da früh im Leben ein Mangel gewesen sein muß. Und wegen dieses Mangels klammert er noch heute und dürstet nach bestätigender Rückversicherung in diesem Übermaß. Ein in der Beobachtung kleiner Kinder Geschulter, der dieses Bedürfnis erkennt, wird Dinge sehen, denen er sonst vielleicht kaum Beachtung geschenkt hätte. Oder er wird jetzt erst die volle Tragweite mancher Dinge erkennen.

Sie sehen, wie wichtig dieses Verhalten und diese Interaktionen in der Kindheit für die spätere Zufriedenheit und Ausgeglichenheit bzw. Unausgeglichenheit und unbefriedigte Bedürfnisse sind. Es hilft Ihnen, sensibler für etwas zu werden, das ich sehen durfte: das vom Kind vermißte Strahlen in den Augen der Mutter.

In Kopenhagen sah ich einen Film, der vielleicht auch hier gezeigt wurde. Dorothy Burlingham hatte ihn gemacht über ihre Behandlung blinder Kinder (Burlingham und Robertson 1966). Der Film zeigte die Interaktionen zwischen diesen von Geburt an blinden Kindern, der Kinderpflegerin und dem Therapeuten. Mir fiel auf, daß diesen Kindern die Reaktionen, die andere Kinder kriegen, völlig fehlen. Sie können das ihre Schönheit bejahende Strahlen in den Augen ihrer Mutter nicht sehen. Nehmen wir weiter an, die Mutter ist wegen der Behinderung ihres Kindes narzißtisch verletzt. Eine normale Mutter würde trotzdem auf das Kind eingehen, ja in einer Überreaktion sogar in verstärktem Maß, um dem kranken Kind zu helfen. Der Film zeigte, wie die geschulten und einfühlsamen Kinderpflegerinnen und Lehrer auf andere Art auf die Kinder eingingen. Sie teilten den Kindern ihre Gefühle durch ihre Stimme mit und indem sie sie in den Arm nahmen. Natürlich gibt es im Aufwachsen jedes Kindes Phasen, in denen der Spiegel per se eine gewisse Rolle spielt. Manchmal stört uns die Eitelkeit der Kinder so sehr, weil wir sie beneiden, und wir sagen:»Schau nicht die ganze Zeit in den Spiegel.« Das fehlt den blinden Kindern.

Es gibt eine wunderschöne Szene in dem Film, in der eines der Kinder ganz nett auf dem Klavier spielt und Beifall erhält – das normale Spiegeln der Erwachsenen, indem sie klatschen oder sagen, daß es ihnen gefällt. Aber der Höhepunkt kam, als das Klavierspiel auf Band wiederholt wurde. Plötzlich merkte das Kind:»Das bin ich!« Und da war diese narzißtische Seligkeit. Eine sehr bewegende Erfahrung.

Auf manche Weise brauchen unsere Patienten genau das. Man gibt jedoch dem Patienten nicht einfach das, was ihm fehlt. Die meisten Patienten sind in diesem Punkt äußerst empfindlich und wollen das gar nicht. Sie fühlen sich dadurch herablassend behandelt, als wären sie Kinder oder Bettler. Meines Erachtens ist es viel geschickter, und ein tatsächliches Geschenk, wenn man das Bedürfnis erkennt und erklärt, und zwar wie ein Erwachsener einem Erwachsenen.[2] Dann ist der Patient frei, selbst herauszufinden, wie er damit umgehen soll. Er kann sagen:»Ja, das weiß ich, aber ich brauche es wirklich.« Vielleicht kann man von Zeit zu Zeit, wenn man ein starkes Bedürfnis spürt, dem etwas nachgeben. Ich habe einen netten Ausdruck für dieses Verhalten: »widerwilliges Einverständnis mit einem Kindheitswunsch.«

Doch wenn dies vor dem Hintergrund einer nicht herablassenden Beziehung zwischen zwei Erwachsenen geschieht, in der Verständnis herrscht und Dinge erklärt werden, so daß der Patient besser mit seinen Bedürfnissen umzugehen lernt, dann ist das etwas anderes, als wenn der Wunsch direkt befriedigt wird. Direkte Befriedigung führt langfristig immer zu einer unzerbrechlichen Bindung. Therapie ist dann nicht mehr Therapie, sondern eine Beziehung, in der einfach der Tag der Abrechnung hinausgeschoben wird, nämlich der Tag, an dem die Beziehung beendet wird. Viele Menschen erleben das als demütigend. Wer dieses Bedürfnis hat, kann es in der Regel außerhalb der Therapie befriedigen.

Die spiegelnde Beziehung zwischen Mutter und Kind läßt sich einfach beobachten. Doch es gibt andere narzißtische Beziehungen, die noch wichtiger, aber ungewöhnlich schwer zu beobachten sind, weil sie sich nicht in äußerem Verhalten zeigen. Es gibt eine stille Erfahrung, bei der die Umwelt als Teil des Selbst betrachtet wird. Dabei gibt es nichts zu beobachten, solange diese

gewünschte Balance nicht gestört wird. Wenn einem Kind die Eltern fehlen, vermißt es nicht nur ihre Reaktionen und damit seine Selbstbestätigung, sondern gleichzeitig einen Teil seines Selbst. Dies läßt sich kaum in der Sprache Erwachsener ausdrücken. Bei bestimmten narzißtisch fixierten Patienten läßt sich dies häufig beobachten. Ihnen geht es gut und sie brauchen keine spiegelnde Bestätigung durch den Therapeuten, solange die Sitzungen regelmäßig stattfinden und eine unausgesprochene Bindung zum Therapeuten vorhanden ist. Doch wenn der andere, mit dem sie sich auf diese primitive Art verbunden fühlten, nicht mehr da ist oder seine Unabhängigkeit demonstriert, dann fühlen sie sich nicht mehr wie lebendige Menschen, eher wie ein Stück Holz oder ein Möbel. Kinder, die ihre Eltern nicht mehr erkennen, wenn diese zurückkommen, und ein Verhalten zeigen, das manchmal als depressiv bezeichnet wird, erleben genau diese Gefühle – nicht etwa eine Depression. Sie leben auf einer niedrigeren Stufe, bis die Beziehung wiederhergestellt ist, falls sie nicht zu lange unterbrochen war. Die anderen Menschen werden auf dieselbe Weise erkannt, wie ein Schizophrener einen Tisch erkennt: »Ja, ich weiß, das ist ein Tisch.«
»Wissen Sie, was das ist?«
»Ja, es ist ein Tisch. Aber es ist nicht wirklich ein Tisch. Das ist nicht derselbe Tisch wie früher.«
Für den Schizophrenen hat der Tisch etwas Entscheidendes verloren, die Libido, mit der er besetzt war, fehlt.
Wenn es also eine frühe oder traumatische Trennung von den Eltern gab, wenn bei der Beziehung zwischen Therapeut und erwachsenem oder adoleszentem Patienten eine Verschmelzung vorliegt, die unterbrochen wurde, »vermissen« sie diese Person. Es ist sinnlos, dem anderen zu erklären: »Du hast mich vermißt, deshalb bist du traurig.« Er hat Sie nicht vermißt und er ist nicht traurig. Er empfand keine Sehnsucht und er empfindet keinen Haß. Der andere ist als solcher nicht wichtig. Er war nur insofern wichtig, als er da und *Teil des Selbst* war. Wieder lassen sich Entwicklungsphasen nur durch die Beobachtung Erwachsener extrapolieren, die sich verbal mitteilen können, die Ihnen detailliert ihre Erfahrungen erklären können. Das Verschmelzen mit einem Objekt, das ich das idealisierte Objekt nenne, d.h. ein Verschmelzen, bei dem die ganze Größe, die ganze Macht, das ganze Ansehen, der ganze Wert beim anderen liegen, das ein Verschmelzen ist wie das eines wahren Gläubigen mit seinem Gott, so ein Verschmelzen ist also etwas vollkommen Normales.
Das Kind muß in der Regel überzeugt sein, daß die Umgebung, die Teil seiner selbst ist, nicht erschütterbar ist, daß sie für Freude, Seligkeit und Zufriedenheit sorgt und durch Balance Angst verhindert. Wenn wir Mutter und Kind interagieren sehen und die Mutter empathisch auf die Bedürfnisse des Kindes reagiert, ist uns klar, daß wir hier zwei Menschen beobachten, eine Mutter und ein Kind, zwei unabhängige Einheiten. Doch damit wissen wir noch nicht, wie

das Kind diese Beziehung erlebt. Für das Kind ist die Mutter es selbst. Es weiß, daß es mit dem Weggehen der Mutter viel weniger wird. Ganz ähnlich sehnt sich jemand, der das (nach unserer realistischen Einschätzung) in hohem Maße überschätzte Objekt verliert, mit dem der eine Beziehung eingegangen war, nicht nach der verlorenen Person, sondern nach dem verlorenen Teil seiner selbst. Sein Selbstwertgefühl ist gemindert. Auch das ist ein Unterschied zur Erweiterung des Selbst, bei der man sich großartig fühlt, aber jemanden braucht, der teilnimmt an dieser Großartigkeit und ihr dient. Dabei blickt man nicht auf zu jemandem, der groß und überaus mächtig ist. Man hält sich selbst für mächtig und unvorstellbar groß. Alerdings braucht man noch andere Menschen zur Erhaltung dieses Selbstbildes. Ein Baby könnte diese Überzeugung nicht lange aufrechterhalten, es sei denn, die Erwachsenen spielen ihre Rolle und helfen ihm dabei. Das Kind weiß nicht, daß die anderen gutwillig und ihren elterlichen Instinkten folgend handeln. Es geschieht, weil das Baby es will, weil es es ist und weil das ein Teil seiner Großartigkeit ist.

Wir unterscheiden also zwischen subjektgebundenem Narzißmus und objektgebundenem Narzißmus. Bei ersterem werden andere zur Aufrechterhaltung benötigt, bei letzterem bedarf es der Anwesenheit eines überschätzten Objekts, an das man sich binden kann. Diese Entwicklungslinien laufen zueinander zur Entwicklung der Objektliebe parallel, d.h., sie sind gleichzeitig präsent. Menschen, die Objektverluste erlitten haben in Phasen, in denen das Objekt noch als Teil des Selbst empfunden wird, leiden später weniger darunter, einen geliebten Menschen verloren zu haben als unter dem Verlust eines Teils ihrer eigenen Psyche. Ihr ganzes Leben jagen sie hinter Objekten her, um diese innere Leere zu füllen.

Manchmal verlieren Menschen einen idealisierten Vater oder eine idealisierte Mutter, bevor sie ihr eigenes idealisiertes Über-Ich gebildet haben, d.h. bevor sie ein System für ihre eigenen Ziele und Werte entwickelt haben. Unsere Werte ändern sich vielleicht, aber ein normaler Mensch hat immer Ideale, sie spielen eine besondere Rolle. Sie werden jetzt anders sein als vor zehn Jahren, aber solange wir unseren Idealen einigermaßen gerecht werden, sind wir mit uns zufrieden. Wer jedoch ein idealisiertes Elternteil so plötzlich verloren hat, daß er sie nicht mehr in seine Ideale integrieren konnte, wird ständig auf der Suche nach jemandem sein, den er idealisieren kann. Er scheint nach Objekten zu hungern. Doch das ist es nicht, er will eine Leere füllen und sucht nach etwas, das ihm fehlt. Er will zu einem anderen aufsehen. Und nur, wenn dieses Ideal sagt: »Ja, du bist gut. Ja, du entsprichst meinen Werten«, empfindet er das Selbstwertgefühl, das wir alle so schätzen.

Im Prinzip geschieht dies vor der Bildung des Über-Ichs. Ich habe jedoch aus praktischen Gründen diese Zeitspanne in die frühe Latenz hinein ausgedehnt. Das neu geformte Über-Ich ist hier noch empfindlich und kann leicht zerstört werden. Aber das ändert nichts an dem Prinzip. Diese innere Leere, diese fehlende Funktion, die Unfähigkeit, Selbstsicherheit zu empfinden, weil man seinen Idealen gerecht wird, hängt ab von der Idealisierung des Über-Ichs, das wiederum nur durch die allmähliche Ablösung vom idealisierten anderen erreicht werden kann. Über einen Punkt bin ich mir noch nicht ganz sicher. Zweifelsohne wird der Grundstein für das Über-Ich am Ende der ödipalen Phase gelegt. Ich denke, daß aber zur Idealisierung des Über-Ichs noch mehr gehört als die inhaltliche Festlegung. Wesentlich erscheint mir noch eine Stabilisierung in der Pubertät. Die Ablösung von den idealisierten Figuren der Pubertät hat also im Gegensatz zur Wiederholung des Ödipuskomplexes in der Pubertät eine Art genetischer Bedeutung. Darüber bin ich mir noch nicht ganz im klaren.

Jeder weiß, wie es sich anfühlt, wenn man sich gut fühlt. Man hat körperlich gearbeitet und fühlt sich gut durchblutet und warm. Oder man hat gute geistige Arbeit geleistet und ist mit sich selbst zufrieden. Man fühlt sich als ein kohäsives Ganzes. Eine ganz andere Erfahrung als dieses Zerrissenheitsgefühl, das man ja auch kennt. Ich weiß, ich spreche jetzt in von der Pathologie weit entfernten Analogien. Man kann diese Phänomen in extremerer Form bei den Patienten sehen, die für mich momentan im Vordergrund stehen: Patienten mit einer narzißtischen Persönlichkeitsstörung. Diese Patienten sind nicht psychotisch. Sie sind keine Borderline-Fälle. Oft sind sie nicht einmal besonders krank. Sie sind für die Einsicht generierende Therapie sehr geeignet. Aber ihr Selbstwertgefühl weist typische Störungen auf. Ihr Problem sind nicht verdrängte Impulse und Konflikte, sondern sie haben Probleme mit dem Selbstwertgefühl. Sie fühlen sich nicht als Ganzes, sie fühlen sich nicht wirklich.

Das klingt vielleicht zunächst mysteriös. Wir kommen näher darauf zu sprechen beim Versuch, diese Störungen von den Psychosen oder larvierten oder verborgenen Psychosen zu differenzieren, die jetzt häufig als Borderline-Fälle bezeichnet werden.

In der klinischen Situation und im Alltagsleben können wir also häufig die Desintegration der kohäsiven Selbsterfahrung beobachten. Diese wird ausgelöst durch den drohenden Verlust einer für das Selbstwertgefühl wichtigen Beziehung oder durch eine schwere Enttäuschung, hervorgerufen zum Beispiel durch verletzten Ehrgeiz. Dadurch fühlt man sich zerrissen in Zeit und Raum. Im Verlauf einer Psychoanalyse zum Beispiel berichten die Patienten häufig, daß es jedesmal so sei, als wären sie noch nie hier gewesen. In der Psychotherapie, wo die Sitzungen seltener stattfinden, wird es nicht anders sein. Sie sagen dann, es käme ihnen vor, als sei seit letztem Mal unendlich viel Zeit vergangen, oder sie hätten keine Ahnung, worüber sie letztes Mal gesprochen hätten. Häufig stellt sich heraus, daß das nicht stimmt – auf der Verstandesebene. Möglicherweise erinnern sie sich an jedes Wort, das gesprochen wurde, und doch bleibt dieses Gefühl – kein entlang einer Zeitachse kohäsives Selbst zu haben.

Ich möchte Sie an einen Patienten erinnern, den ich in einer Veröffentlichung (1968, dt.: Die psychoanalytische Behandlung narzißtischer Persönlichkeitsstörungen, 1969) beschrieben habe. Als der Patient an einem Montag wieder sehr zerzaust und zerrissen und am Boden zerstört ankam, setzte die Analytikerin zu einer Interpretation an. Wie schon gesagt, diese Vernachlässigung der eigenen Person und das zerzauste Aussehen ist ein äußeres Symptom für den inneren Zustand einer mangelnden Kohäsion. Was nicht heißen soll, daß man nicht sehr kohäsiv und ganz bewußt wie ein Hippie aussehen kann. Man sieht nicht auf abstrakte Weise zerrissen aus. Es braucht nicht viel Einfühlungsvermögen, um zu wissen, ob jemand »gut beisammen« ist oder »auseinanderfällt«, vor allem wenn Sie ihn gut kennen.

In diesem besonderen Fall wußte der Patient – und die Analytikerin – bereits, daß er nach einem langen Wochenende der Trennung von Donnerstag bis Montag in diesem aufgelösten Zustand ankommen würde, mit dem Gefühl der Unwirklichkeit und der Angst, auseinanderzufallen. Nachdem sie sich das einige Zeit angesehen hatte, wollte die Analytikerin die tiefere Bedeutung interpretieren. Sie erinnerte sich an eine frühere Bemerkung des Patienten darüber, was mit ihm geschah, als ihn seine Mutter als Kind verließ. Ihre Interpretation leitete sie mit den Worten ein: »Wie Sie mir vor zwei Wochen erzählten ... « Und bevor sie zum Kern ihrer Aussage kam, fühlte sich der Patient herrlich und der aufgelöste Zustand war wie weggezaubert. Warum? Weil er in ihrem Kopf als Kontinuum von zwei Wochen existiert hatte. Sie konnte sich an etwas erinnern, was ihm vor zwei Wochen passiert war. Er wuchs zusammen zu einem Ganzen, weil ihn jemand als ein Kontinuum wahrgenommen und so diesen Zement geliefert hatte, den wir anscheinend nicht mehr brauchen – auch wenn wir ihn in einem bestimmten Maß immer brauchen.

Was geschieht, wenn Menschen völlig abgeschnitten sind von Erfahrungen der Bestätigung und der Spiegelung und sich nicht selbst bestätigen können? Mein Interesse an dieser Frage war bisher nicht groß genug, als daß ich ihr in experimenteller Weise nachgegangen wäre. Doch ich weiß, daß bei Menschen mit pathologischen Kohäsionsproblemen ständig ein Hin- und Herschwingen des Inneren zu beobachten ist. Unter dem Einfluß einer äußeren Person, die die ursprünglich von der Umwelt übernommenen Funktionen übernimmt, brechen sie auseinander und finden sich wieder. Im Laufe der Entwicklung ermöglichten diese Funktionen dem einzelnen, aus den Einzelteilen ein kohäsives Selbst zu bilden.

Wir sprechen von einem kohäsiven Selbst, einem fragmentierten Selbst. In der klinischen Situation oszilliert das Selbst zwischen diesen Zuständen. Entwicklungsmäßig gesprochen, ist der treffendere Ausdruck für die Fragmentationsphase »Phase des Kernselbst«, womit die Phase des Entwicklungspotentials gemeint ist. Danach kommt die Phase des kohäsiven Selbst. Nach der Freudianischen Terminologie gibt es die autoerotische und die narzißtische Phase. Sie bezeichnen etwas Ähnliches, nur ist die Betonung etwas unterschiedlich. Das kohäsive Selbst und das fragmentierte Selbst sind für die aktuelle klinische Situation die besten Ausdrücke. Ein Beispiel: Sie treffen jemanden und er ist gut beisammen. Sie sagen: »Ich kann dich die nächsten zwei Tage nicht sehen«, und er fällt auseinander. Möglicherweise schwingt er oszillierend zwischen Kohäsion und Fragmentierung hin und her. Sie erklären ihm, was soeben passierte, und er wird wieder kohäsiv. Falls Sie auf solche Oszillationen stoßen, ist wohl Fragmentation der richtige Ausdruck. Aber wenn Sie darüber sprechen, daß das Kind »Kernselbst hat«, dann sprechen Sie vom *Entwicklungspotential.*

Mit anderen Worten: Nehmen wir an, daß das Kind früh im Leben Erfahrungen mit sämtlichen sinnlichen Eindrücken, Körperbewegungen und Gefühlen sammelt und daß es dabei mit dem jeweils Erfahrenen eins ist. Wozu auch Dinge gehören, die, wie der Betrachter weiß, außerhalb seiner selbst sind. Zum Beispiel wenn das Kind saugt, ist der Komplex aus Mundhöhle und Brustwarze *eine* Erfahrung. Dieser Komplex aus Mundhöhle und Brustwarze kann zurückgeführt, extrapoliert werden aus schizophrenen Erfahrungen. Das Phänomen läßt sich dann beinahe in Reinkultur beobachten: die Regression geht bis in diese Phase zurück – und noch weiter. Wir werden darauf näher zu sprechen kommen, wenn wir die wesentlichen Unterschiede zwischen den Psychosen, den Borderline-Fällen, bei denen es sich um larvierte oder verborgene Psychosen handelt, und den labileren Zuständen erörtern.

Um es auf den Punkt zu bringen: entwicklungsmäßig gesprochen, werden die kindlichen Erfahrungen im Falle einer narzißtischen Charakterstörung wiederholt – in Form kurzer Oszillationen, die an diese Grundlagen in der Kindheit rühren, aber schnell überwunden werden. In Psychosen ist diese Grundlage stärker besetzt und wird weniger leicht überwunden. Sie gewähren uns einen phantastischen Einblick, wie diese Phase als positive Erfahrung wiederholt wird. Anders ausgedrückt, wenn das kleine Kind gestillt wird, besitzt es nicht einmal ein rudimentäres Konzept wie »Alles, was zu mir gehört, ißt.« In diesem Moment gibt es nichts außer Saugen. Dieser Teil der Mundhöhle und die Brustwarze sind die einzige Erfahrung, es existiert nichts anderes. Und beim nächsten Stillen ist es wieder etwas anderes. Die beiden Erfahrungen werden nicht über das Gedächtnis verknüpft. Das Kind kann noch nicht denken: »Vorher hatte ich diese ekstatischen Erfahrungen an der Brustwarze. Jetzt gebe ich mich wieder freudig dem Schlaf hin.«

Am besten läßt sich die schizophrene Regression in ihren Anfängen beobachten, wenn sie sich herausschält, noch neu ist und noch nicht von sekundären

Manövern verdeckt wird – die die Regression in Wirklichkeit fixieren. In diesem Anfangsstadium der schizophrenen Regression sieht der gesunde Teil der Persönlichkeit hilflos zu, wie die Regression überhand nimmt. In der Regel ging dem ganzen eine Verletzung des Selbstwertgefühls voraus. Diese Regression läuft jedoch nicht in primitiven Phasen eines archaischen kohäsiven Narzißmus aus. Das heißt, es findet kein schnelles Hin- und Herschwingen zwischen zwei Positionen statt, sondern eine massive Regression auf dieses Stadium. Die Richtungen, in die sie anschließend verläuft, werden wir vielleicht in einem anderen Kontext diskutieren. Unter diesen Umständen läßt der Patient einen früheren *normalen* Zustand als *pathologischen* Zustand wiederaufleben.

Dieser Punkt ist wesentlich für das Verständnis der differenzierteren Entwicklungspsychologie. Was einmal eine gesunde, angemessene Entwicklungsphase war, wird nun – vielleicht – zu etwas höchst Pathologischem. Der Schizophrene sieht also zu Beginn der schizophrenen Regression bestürzt der nicht kontrollierbaren Regression in archaische Erfahrungszustände zu, in der Körperteile isoliert und fragmentiert besetzt werden und nicht mehr zu einem Selbst gehören.

Ich möchte zwei Fälle vergleichen, mit denen man manchmal diagnostisch konfrontiert wird und die dasselbe Organsystem betreffen und sich oberflächlich betrachtet recht ähneln können. Bei dem einen handelt es sich um ein zu einer hysterischen Phantasie gehörigen körperlichen Symptom, bei dem anderen um eine schizophrene Regression. Nehmen wir die hysterische Phantasie einer jungen Frau, in der es um Schwängerung über den Mund geht. Das ist eine weitverbreitete Kindheitsphantasie über ödipale Erfahrungen. Sie stammt aus dem Unbewußten der Kindheit: der Penis eines Erwachsenen wurde gesehen und es entstand der Wunsch, diesen zu schlucken. Sie kann auch entstehen, wenn das Kind Gespräche über Schwangerschaft hörte. Das Kind erfährt, daß das Baby irgendwo da unten herauskommt, wo auch die Fäkalien herauskommen. Und es weiß, daß Essen und Fäkalien irgendwie zusammengehören. Also wird es alles kohäsiv miteinander in Verbindung bringen und eine elaborierte Phantasie entsteht. Diese Erfahrung wird nun verdrängt und eine Schwelle des Ekels und der Lächerlichkeit entsteht. Wird der Durchschnittsmann oder die Durchschnittsfrau mit dieser Vorstellung konfrontiert, wird er etwas schaudern oder den Drang fühlen, loszulachen. Anders ausgedrückt, der abwehrende Persönlichkeitsteil wird aktiv. Und nun stellen Sie sich vor, diese Regression zu der ödipalen Phantasie, durch das Schlucken des väterlichen Penis schwanger zu werden, wird in einem Patienten aktiviert. Nehmen wir einmal an, eine junge Frau heiratet einen älteren Mann. Der Mann ist impotent und kann sie nicht befriedigen, um die Geschichte einfach zu gestalten. Aus dieser Enttäuschung heraus löst sie sich von der Gegenwart und regrediert zu einer unbewußten Phantasie. Diese wiederum führt, kaum aktiviert, zu einem hysterischen Symptom. Das hysterische Symptom kann sich nun im Mundbereich festsetzen. Ein sehr großer und für uns bedeutender Unterschied. Übrigens ist das der richtige Weg, um psychiatrische Diagnosen zu stellen – und nicht eine wissenschaftliche Methode, die eins und eins zu zwei addiert. Sie müssen sich in die Bedeutung des Symptoms einfühlen, ganz unabhängig davon, ob hinter dem körperlichen Symptom eine verbalisierbare Phantasie steht. Selbst wenn dies der Fall sein sollte, werden Sie sie vielleicht nie aufdecken. Dieses Symptom ist nicht so unverständlich wie das verzerrte Körpergefühl des Schizophrenen. Sie werden darauf entweder mit Ekel oder Belustigung reagieren. Auf die tiefe Verstörtheit des Schizophrenen über eine Körperveränderung, besonders eines so wichtigen Körperteils wie der Lippen, werden Sie völlig anders reagieren. Bei der Schizophrenie wurde etwas mit autoerotischer Libido besetzt, wenn Sie so wollen. Es wurde vom übrigen Körper losgelöst, selbständig. Es gibt zwar noch ein kohäsives Selbst, aber die Autoerotik hat begonnen, ihren Einfluß geltend zu machen. Etwas wurde vom übrigen Selbst abgetrennt, es ist nicht der führende Teil des gesunden Selbst.

Die Schwierigkeit liegt darin: Bei einem Menschen mit einem schwachen kohäsiven Selbst folgt auf eine körperliche Erkrankung nicht einfach eine gesunde Verschiebung von Objektinteresse hin zu narzißtischem Interesse, was z.B. einen kranken Zahn angeht. Dieser Mensch wird bedroht durch eine mögliche Fragmentierung. Das bedeutet für jemanden, der verletzlich ist und unter einer körperlichen Krankheit leidet, die einen Körperteil betont, eine drohende Regression auf die Stufe des archaischen Narzißmus.

Eine hypochondrische Reaktion auf eine körperliche Krankheit ist etwas ganz anderes, als narzißtisch für sich selbst zu sorgen – eine Entschuldigung zu finden, um zu Bett zu gehen und sich selbst zu verwöhnen. Dieses Verhalten entzieht sich nicht unserem Einfühlungsvermögen. Wir alle wissen, wie hypochondrisches Verhalten aussieht. Es kommt auf die Quantität an. Doch zuerst muß man wissen, wie man diese Quantität mißt. Und bevor wir uns der Quantität zuwenden können, müssen wir uns über die Qualität im klaren sein, d.h. über das, was wir messen wollen.

---

[1] Kohut bezeichnete dies später als das ödipale Stadium. Er sah damit den Ödipuskomplex als in der Triebtheorie eingebettet, ein durch mangelhaftes Einfühlungsvermögen seitens des Selbstobjektmilieus entstandenes Desintegrationsprodukt.

[2] Zu oft geht man davon aus, in der Psychologie des Selbst würden Bedürfnisse befriedigt statt erklärt. Dieser Abschnitt zeigt das Gegenteil.

4. Empathisches Umfeld und Größen-Selbst

Die allmähliche Entwicklung einzelner losgelöster Erfahrungen kann als Vorstufe zum Selbst gesehen werden. Ihr folgt ein zunehmendes Gewahrwerden der einzelnen Funktionen, der Körperteile und des Denkens. Mit dem Bewußtwerden und der Integration dieser Erfahrungen geht das allmähliche Herausschälen des Selbst einher, es nimmt Gestalt an. Das ganze Selbst ersetzt nicht einfach die früheren Erfahrungen, es integriert sie *zusätzlich*. Die Fähigkeit, uns selbst in einer Tätigkeit zu verlieren, ist ein wichtiger Bestandteil der Gesundheit. Wir können eine Tätigkeit, einen Körperteil, einen Gedanken oder eine Träumerei genießen, weil wir wissen, daß wir wieder zurückfinden. Uns ist absolut klar, daß wir jederzeit auf die Erfahrung des ganzen Selbst zurückgreifen können. Ich habe bereits kurz darüber gesprochen, daß für verletzbarere Menschen eine körperliche Krankheit und die damit verbundene Neigung zu narzißtischen Reaktionen eine ernsthafte Bedrohung der mühsam erreichten Kohäsion bedeuten kann. Sie haben im Verlauf einer intensiven Analyse Fortschritte gemacht und können sich jetzt Tätigkeiten zuwenden, die sie zuvor vermieden, um ihr bißchen Selbst zu schützen. Sie gingen mit sich um wie die Gluckhenne mit den Küken. Jetzt sind sie etwas freier und können sich in etwas Neuem engagieren. Doch plötzlich packt sie Angst, das Neue scheint das mühsam erreichte zerbrechliche Selbst zu verzehren.

Das adoptierte Kind, das ich bereits erwähnte, hatte enorme Problem mit dem Selbstwertgefühl und erlebte sich oft als unwirklich. Bei ihm war das Selbst schwach besetzt. Solche Menschen kämpfen oft um Worte. Sie können Zustände der Anspannung oder Unwirklichkeitsgefühle nicht beschreiben. Im Verlauf seiner Therapie arbeitete dieser Patient diese Selbstwertgefühlsprobleme systematisch durch. Und in dem Auf und Ab dieser therapeutischen Beziehung zu seiner Analytikerin entdeckte er für sich das Akkordeonspiel. Eine Phantasie über seine Adoption tauchte in ihm auf, in der eine Mutter durch ein Kinderheim ging und plötzlich fasziniert vor einem Kind, nämlich ihm, stehen blieb und sagte:»Dieses Baby möchte ich haben.«

Mit dieser gesunden Phantasie schützte er sich vor dem Gefühl, daß ihn niemand mochte und er allen egal war. Um kein Mißverständnis aufkommen zu lassen: hier handelt es sich nicht um etwas Pathologisches. Zu solchen Phantasien fähig zu sein ist ein Zeichen für Gesundheit. In seiner späteren Kindheit träumte er davon, die Herzen der Menschen mit Musik zu gewinnen, aber er schaffte es nie. Der Grund ist offensichtlich. Es war zu aufregend, unrealistisch, bombastisch und – als Phantasie selbst – zu gefährlich. Er konnte es sich gar nicht erlauben, in dieser Richtung tätig zu werden. Jetzt jedoch, nach der systematischen Arbeit an seinem Selbstwertgefühl, fühlte er sich dazu in der Lage und lernte wirklich, Akkordeon zu spielen. Und wenn er spielte und allein war, begann er sich vorzustellen, er säße in einem riesigen Auditorium voller Menschen. Die Phantasie übermannte ihn, er bekam schreckliche Angst und mußte aufhören zu spielen.

Eine Förderung des Selbstwertgefühls ist keine pure Freude, so sehr es dies auf den ersten Blick auch zu sein scheint. Selbst Menschen mit einem sehr gut ausbalancierten, kohäsiven Selbst geraten außer sich und bekommen es mit der Angst zu tun, wenn plötzlich ihr Selbstbewußtsein stimuliert wird. Mein Lieblingssprichwort in diesem Zusammenhang ist: »Praise to the face is disgrace.« (Auf deutsch etwa: »Unverblümtes Lob beschämt.«) Das Sprichwort betont den peinlichen Charakter direkten Lobes. Es beschämt einen. Und diese Scham ist der Ausfluß, ein plötzliches Einschießen narzißtischer, exhibitionistischer Libido, die sich nicht auf einmal richtig verteilen kann. Deshalb dieses Erröten, diese Hitze statt der normalen wohligen Wärme des Selbstgefühls.[1]

Übrigens besteht eine enge Beziehung zwischen Körperwärme und Selbstwertgefühl. Damit hängt auch das Entstehen der normalen Erkältung zusammen. Wenn einem kalt ist, man sich deprimiert fühlt und allein gelassen, wird das Selbstwertgefühl beeinträchtigt und eine Erkältung ist häufig die Folge. Und ein warmes Bad zum Beispiel stellt das Selbstwertgefühl wieder her. Ein wichtiges Kriterium bei der Hydrotherapie, auch wenn wir wenig über die Ursachen wissen. Auch andere Erfahrungen wie körperliche Bewegung können das Selbstwertgefühl wiederherstellen.

Folgender Punkt ist mir wichtig: selbst sehr gesunde Menschen fühlen sich durch eine Überlastung des Selbstwertgefühls überstimuliert und angespannt. Vielleicht ist es an dieser Stelle angebracht, näher auf die Entwicklung des Selbstwertgefühls und die damit verbundenen Wechselfälle einzugehen. Von entscheidender Bedeutung ist die psychische Ökonomie, in der die einzelnen Entwicklungsphasen wie Stufen einer Treppe gestaffelt sind. Ein Trauma tritt ein, wenn ein Kind auf einer Entwicklungs- oder Reifestufe zurückgehalten wird, obwohl es eigentlich bereit wäre, weiterzugehen. Das ist der Fall, wenn die Mutter darauf besteht, das Kind weiterhin als Teil ihres eigenen Körperselbst zu erfahren, aber das Kind selbst initiativ werden möchte. Dann will das Kind die Mutter in einem gewissen Maß als getrennt von sich erleben. D.h., ein Echo soll jetzt länger brauchen und nicht mehr sofort kommen. Die Mutter muß sich mit dem Kind ändern.

Die psychische Ökonomie spielt eine wichtige Rolle bei der Entwicklung. Einem Kind einen Reifeprozeß zu schnell und zu unvermittelt aufzuzwingen, führt zu einem Trauma. Wenn die Mutter vom Kind, das völlig mit ihr verbunden ist, verlangt, daß es sie plötzlich aufgeben soll, ist das für das Kind traumatisierend. Es ist ebenso traumatisch, wenn sie es zu lange unter ihren Fittichen hält. Mit anderen Worten: was in der einen Entwicklungsphase gesund ist, ist in der anderen traumatisch.

Es gibt zwei besonders schöne Kindheitsspiele, die paradigmatisch die Ökonomie in wichtigen Übergangsphasen sowohl in der Entwicklungslinie der Objektliebe und des Objektverlusts wie in der Entwicklungslinie des Narzißmus und der Bildung des Selbst veranschaulichen. Ich möchte mit dem entscheidenden Spiel in der Entwicklungslinie der Objektliebe und des Objektverlusts beginnen: dem Kuckuck-Spiel. Das Wichtigste am Spiel ist, wie ich zu sagen pflege, der Platz zwischen den Fingern der Mutter. Warum? Die Mutter verdeckt ihr Gesicht. Sie ist weg. Dieses Spiel muß in der richtigen Lebensphase gespielt werden. Wenn ich mit Ihnen Kuckuck spiele, halten Sie mich für einen Dummkopf. Wenn ich mit einem sehr kleinen Kind Kuckuck spiele, bin ich noch immer ein Dummkopf, auch wenn sich das Kind das nicht denkt. Kuckuck muß man spielen, wenn die Trennungserfahrungen voll im Gange sind. Nur dann hat es eine Bedeutung. Was passiert? Die Mutter bedeckt ihr Gesicht. Das Kind will wissen: »Wo ist Mutter?« Die Mutter beobachtet das Gesicht des Kindes durch ihre Finger, sieht, wie das Kind etwas Angst bekommt und nimmt die Hände weg. Und da ist sie wieder! Sie sieht zu, wie die Angst des Kindes ansteigt, ein bestimmtes Maß erreicht, und dann zeigt sie sich wieder. Und da ist die Glückseligkeit wieder.

Es geht um das Erreichen eines optimalen, psychoökonomisch entscheidenden Levels, das auf verschiedenen Entwicklungsstufen verschieden aussieht. Wichtig dabei ist die Empathie der Mutter, ihr Gefühl für den richtigen Moment, wenn die Trennung vom Objekt genug Angst freigesetzt hat, um die Glückseligkeit der Wiedervereinigung ins Spiel zu bringen.

Hier sehen wir die ganze Theorie künstlerischer Freude. Auf unendlich viele Arten werden Spannungen aufgebaut und wieder gelöst, Haltungen, die wirklich und aufregend scheinen und auf die die Versicherung folgt, alles sei nur Spiel. Es illustriert den psychoökonomischen Faktor und gehört zum Bereich der Objektliebe. Kunst zeigt sich in der Fertigkeit, mit der dieses Spiel gespielt wird.

Das entsprechende Spiel für die Bereiche Selbst-Kohäsion und Selbst-Fragmentierung ist »Das ist der Daumen.« Auch dieses Spiel kann man nicht mit einem älteren Kind spielen. Es würde uns für einen Narren halten. Spielen wir es dagegen es mit einem sehr kleinen Kind, machen wir zwar genauso einen Narren aus uns, auch wenn sich das Kind das nicht denkt. Aber was geschieht, wenn Sie es zum richtigen Zeitpunkt und mit dem richtigen Einfühlungsvermögen spielen? Sie nehmen die Hand des Kindes auseinander: »Das ist der Daumen, der pflückt die Pflaumen u.s.w.« Wenn schließlich die ganze Hand zerpflückt ist, was passiert dann? Dann umarmt die Mutter das Kind und mit einem Lachen ist alles wieder zusammengesetzt – die Hand des Kindes, das Kind mit sich selbst und mit der idealisierten Mutter. Die glückselige Erfahrung entsteht, ein ganzes Selbstobjekt zu sein.

Bei dem Wort Selbstobjekt[2] liegt die Betonung auf *Selbst*. Zur Selbsterfahrung in dieser Phase gehört noch ein Objekt, das Dinge für einen erledigt. Wenn man nur auseinandernähme und die Wiedervereinigung wegließe, bliebe die Freude aus. Es wäre wie das Spielen eines musikalischen Themas, das nicht wiederaufgenommen wird. Hier ist es dasselbe: Sie müssen, nachdem Sie das Kind zerpflückt haben, wieder das Gefühl der Einheit herstellen. An einem bestimmten Punkt der Entwicklung wird die Fragmentierung mit der anschließenden Wiedervereinigung, die das Kind wieder ganz macht, bewußt herbeigeführt.

Hierbei handelt es sich um viel mehr als nur eine interessante theoretische Hypothese. Fragmentierung und Wiederherstellung, Verlust und Wiedervereinigung sind klinisch sehr bedeutend. Natürlich spielen Sie nicht »Kuckuck« oder »Das ist der Daumen« mit ihren Patienten, aber Sie werden mit Selbst-Fragmentierungen konfrontiert. Sie sehen, wie diese Selbst-Fragmentierungen geheilt werden – nicht durch Umarmungen, sondern durch empathisches Verstehen. Manche Patienten kommen zum Beispiel, ohne zu wissen warum, völlig aufgelöst zu Ihnen. Sie machen einige Bemerkungen über die Erfahrung, an einem neuen Ort zu sein, wie zum Beispiel am College, und bieten noch einige ausgezeichnete Interpretationen. Damit glauben Sie, hervorragende psychiatrische Arbeit geleistet zu haben, da sich der Patient besser fühlt. Aber der fühlt sich mitnichten besser wegen Ihrer wunderbaren Interpretationen. Er fühlt sich besser, weil man sich an ihn erinnerte – er hat ein Kontinuum bis zur nächsten Sitzung. Er hat eine Bezugsperson und es gibt eine Praxis, wo er Sie treffen kann.

In diesem Zusammenhang: es ist sehr wichtig, nicht ständig die Praxisräume zu wechseln und den Patienten zu den Sitzungen kreuz und quer und hin- und herzuschicken. Besonders für diese Patienten ist ein verläßlicher Ort wichtig, und auch Details wie zum Beispiel, daß die Pflanzen nicht verrückt werden. Manche Patienten nehmen Anstoß daran, wenn man in Urlaub war: »Ihre Zimmerpflanze ist nicht da. Sie hat ein neues Blatt gekriegt. Wo war ich?« Sie müssen entscheiden, ob das eine alte Objektbeziehungen wiederbelebende Phantasie ist, eine Geschwisterrivalität (ein neues »Baby« wurde in der Zwischenzeit geboren) oder ob er eine Veränderung sieht, wo sich nichts verändern soll. Das macht einen großen Unterschied.

Der unbelebten Umwelt wird manchmal übertriebene Bedeutung beigemessen. Doch auch hier gilt es, Differenzierung walten zu lassen. Denn oft ist anscheinend unbelebte Umwelt durchaus belebt, wenn Sie mit einem Lebewesen verknüpft wird. Dann ist sie eine Erweiterung seiner Person.

Wenn Ihr Bett für Sie gewärmt und aufgeschlagen wurde, ist es Teil der Person, die das für Sie getan hat. Sie legen sich nieder, weil jemand Ihre Bettzeug gewärmt hat. Für Kinder werden ständig Tausende solcher Dienste getan.

Der wichtigste Punkt hierbei ist, daß kein unbelebtes Objekt empathisch auf das Kind eingeht. Bevor ich mich der positiven Seite zuwende, möchte ich die weitaus wichtigeren negativen Punkte untersuchen. Wenn ein Kind oder ein besonders verletzlicher Erwachsener überaus an unbelebten Objekten der Vergangenheit hängt, liegt bereits ein depressives Äquivalent vor. Die Dinge werden benutzt, um das hervorzulocken, zu ersetzen, was in belebter Form hätte da sein sollen.

Ich möchte Ihnen die Rolle nahebringen, die Menschen bei der Erhaltung des narzißtischen Equilibriums[3] von Erwachsenen und Kindern spielen. In der Phase des primären Narzißmus hängt das narzißtische Equilibrium des Kindes vollständig von der Aufrechterhaltung bestimmter physiologischer Gleichgewichte ab. Es darf sich nicht zu sehr abkühlen oder erhitzen, es darf nicht zu lange naß oder schmutzig bleiben. Es sollte nicht allein gelassen werden, wenn es Stimulationen braucht, und wenn es schlafen möchte, sollte es nicht gestört werden. Die Umgebung muß auf tausend sich ständig ändernde Möglichkeiten reagieren. Als Grundlage dafür kann nur die Empathie in das Kind dienen. Später werden diese Funktionen vom älter gewordenen Kind oder dem Erwachsenen selbst ausgefüllt. Denken Sie nur an das Wunder, wie wir beim Gehen ein labiles Gleichgewicht beibehalten. Würden uns nicht Millionen winziger Muskelspannungen helfen – wir halten uns selbst im Gleichgewicht –, würden wir natürlich umfallen, wir sind zu kopflastig. Aber das fällt uns gar nicht mehr auf. Es ist so sehr zu unserer zweiten Natur geworden, daß wir diese großartige Anspannung, das Gleichgewicht zu halten, nicht einmal spüren, wenn es eng wird.

Ähnlich beschäftigt sind wir mit der Aufrechterhaltung des narzißtischen Gleichgewichts. Ein ständiger Fluß von Aktivitäten ist dazu nötig, wir halten uns warm und sorgen dafür, daß uns das richtige Ausmaß an Aufmerksamkeit zuteil wird. Wenn ein Seminarteilnehmer meinen Vortrag satt hat oder dadurch nicht satt wird, wird er mit seinem Stift spielen oder sich kratzen. So vergewissert er sich, daß er lebendig ist.»Niemand tut was für mich. Wenigstens tu' ich selbst was für mich.« Wir tun die verschiedensten Dinge, wenn wir zu lange rumsitzen und jemand zuhören müssen.

Ich möchte klarstellen, daß die Umgebung außerordentlich gefordert ist, um das narzißtische Gleichgewicht des Kindes aufrechtzuerhalten. Das macht die Elternschaft so anstrengend. Im Prinzip kann nichts aufgeschoben werden. Gott sei Dank unterlaufen Eltern Fehler. Denn wenn diese nicht zu traumatisierend sind, ermutigen sie das Kind, sich selbst zu engagieren und einige Funktionen zu übernehmen, die bisher von dem Sorge tragenden Erwachsenen erledigt wurden.

Der Sorge tragenden Erwachsene ist wie ein Radarempfänger empathisch auf das Kind und sein Bedürfnis nach einem narzißtischen Gleichgewicht eingestimmt. Wenn dieses Equilibrium aus der Balance gerät[4], dieser Balanceverlust ausreichend frustrierend ist und im Einklang mit der Entwicklung des Kindes und seiner allmählichen Übernahme der Funktionen, so trägt dies bei zu seiner Entwicklung. Lediglich der schwere Equilibriumsverlust oder Empathiemangel wirkt traumatisch.

Was die andere, die nicht-menschliche Umgebung angeht, kommt es auf die Beziehung zwischen dieser nicht-menschlichen Umgebung zur menschlichen Umgebung an. Wird sie als stellvertretend für die menschliche Umgebung wahrgenommen, übernimmt sie allmählich deren Rolle. Passende Geschenke – ein Tier, das das Kind von Papa und Mama geschenkt bekam, oder Spielzeug, mit dem die Eltern gemeinsam mit dem Kind spielten – können zu einem Sicherheit schenkenden Teil des Umfelds werden. Sie treten an die Stelle von menschlicher Umgebung.

Letztendlich ist alles in der Welt stellvertretend für menschliche Umgebung. Ich möchte in diesem Zusammenhang noch einmal auf das Beispiel mit dem Schizophrenen und dem Tisch zurückkommen. Wenn der Schizophrene sagt: »Ja, das ist ein Tisch. Ich weiß, daß es ein Tisch ist. Ich kenne das Wort dafür. Ich weiß, wie das aussieht. Natürlich weiß ich, daß es ein Tisch ist, aber es ist nicht derselbe Tisch wie früher«, beschreibt er, daß die menschliche Umgebung, die ursprünglich zu seiner Tischerfahrung führte, verschwunden ist. Es liegt an einem tiefen Verlust des Selbst und des Objekts, der diesen Tisch so unwirklich erscheinen läßt. Es liegt an der tiefen Verbundenheit, bei der alles Stellvertreter geworden ist. Diese Verbindungen gingen in der dunklen Vergangenheit verloren. Aber was das Kind angeht, läßt sich sicherlich ein Unterschied ausmachen zwischen Eltern, die ihr Kind mit teurem Spielzeug eindecken, weil sie es loswerden wollen, und Eltern, die bedeutsame Spielsachen schenken. Dazu paßt die alte, rührende Geschichte, an der sehr viel dran ist, daß nichts die einfachen Spielsachen ersetzt, die der Vater oder der Großvater vor den Augen des Kindes anfertigte. Das sind die hochgeschätzten Besitztümer, die man manchmal in eine neue Umgebung mitnimmt.

Wenn jemand eine Puppe oder ein Spielzeug in die Universität oder das College mitnimmt, würde ich einige differenzierte Fragen stellen, bevor ich mich dazu äußern würde. Die Erklärungen dafür können von einem äußerst positiven Verbundensein mit einer glücklichen Kindheit reichen – wobei der Betroffene dann das Spielzeug mitnimmt, obwohl er schon erwachsen ist – bis hin zu einem Menschen, der am Abgrund einer schizophrenen Desintegration steht und hierin seinen letzten, fragilen Halt in einem in gewisser Weise externalisierten Teil seines Selbst findet. Das externe Symbol kann die ganze Geschichte erzählen. Ich denke, hiermit habe ich meine Möglichkeiten ausgeschöpft, zumindest etwas tiefergehend aufzuzeigen, was diese einfachen Dinge bedeuten können.

Als nächstes wollen wir die zwei spezifischen Entwicklungslinien des Narzißmus diskutieren, nämlich die subjektgebundene und die objektgebundene. Das ist ein weites Feld, aber niemand sieht uns dabei über die Schulter. Gibt es Fragen?[5]

Mir bereitet noch immer Schwierigkeiten, wie der primäre Narzißmus und das Übergangsobjekt in Ihre Theorie der Entwicklungslinien des Narzißmus passen.

Diese Frage beantworten und klären zu wollen wäre ein konzeptionelles Projekt erster Ordnung. Ginge man dem Konzept des primären Narzißmus in den Veröffentlichungen Freuds nach, stieße man, je nach Kontext, auf verschiedene Definitionen. Und würde man dem Konzept des Übergangsobjekts auf den Grund gehen wollen, müßte man feststellen, daß es in der Literatur nicht allzu gut definiert wurde. Deshalb liegt der Fehler nicht allein bei mir, wenn ich diese Konzepte nicht nahtlos in meine Theorien einbauen kann. Trotzdem kann man versuchen, sich dem Thema anzunähern. Und durch diese Annäherung wird man weiteres über den Gegenstand des Interesses in Erfahrung bringen. Darauf kommt es schließlich in unserem Gebiet an und nicht darauf, ständig konzeptionelle Klarheit zu haben – zumindest nicht von Anfang an. Freud wußte das. In seiner grundlegenden Veröffentlichung »Zur Einführung des Narzißmus« (1914 c), macht er die berühmte Bemerkung über die Bedeutung der Metapsychologie: Was wir tun, beruht auf Beobachtung, ausschließlich auf Beobachtung, und auf der Interpretation des Beobachteten. Aber die weiter gefaßten Konzepte kommen und gehen. Weder in der Psychoanalyse noch in den verwandten Bereichen haben wir es mit einem Konzeptrahmen auf der Basis einfacher Definitionen zu tun. Wir versuchen ständig, unsere Konzepte an unsere Beobachtungen anzupassen.

Was den primären Narzißmus angeht, würde ich vorschlagen, die Entwicklungsphasen ausgehend von klinischen Erfahrungen zu rekonstruieren. Das ist der klassische tiefenpsychologische Weg.

Mir scheint, das Konzept des primären Narzißmus entzieht sich etwas der Erfahrung, d.h., es handelt sich um eine Libidoverteilung aus der Periode vor Freuds Einführung des Konzepts des Aggressionstriebs, als das Konzept der Objektlibido noch in weiter Ferne war. Aber worauf war die Libido nun diffus gerichtet? Das Selbst war ebenfalls noch nicht gebildet. Mit anderen Worten, es scheint mir ein präpsychologisches Konzept zu sein, das sich auf eine psychologisch noch nicht definierbare Phase bezieht. Doch es ist kein nutzloses Konzept. Folgendes Beispiel zeigt, worin meiner Ansicht nach der Sinn dieses Konzepts liegt:

Kinder reagieren ganz verschieden auf die Stimulationen der Mutter. Manche Kinder brauchen ganz wenig Stimulation, andere reagieren nicht einmal auf sehr starke (und empathische) Stimulation. Vielleicht ist das angeboren, ein Erbfaktor, der die Reaktionsfähigkeit des Kindes in Bezug auf Umweltreize erklärt. Ferner könnte man schließen, daß der primäre Narzißmus des reaktionsschwachen Kindes größer ist als der Narzißmus des relativ leicht zu stimulierenden Kindes.

Damit kommt ein Konzept von einer angeborenen Neigung der Libido zur Zentripetalität statt zur Zentrifugalität diesem Nullpunkt in der Entwicklung ziemlich nahe, als den Freud den primären Narzißmus einmal bezeichnete. Wenn Freud sagt, der Schizophrene regrediere auf die Ebene des primären Narzißmus, scheint er mit primärem Narzißmus das zu meinen, was wir heute die autoerotische Phase nennen – oder in meiner Terminologie die Phase des fragmentierten Selbst. Gerade diese Erfahrungsebenen – oder die Erfahrung des Empathisch-eingefühlt-Werdens, scheinen so archaisch, so weit entfernt von einer Selbstbeobachtungsfunktion und jeglichem reflektierendem Gewahrwerden des Selbst, daß sie sich einer psychologischen Definition oder Konzeptionalisierung, die auf innere Erfahrungen abhebt, entziehen. Sogar wenn wir über Triebe sprechen, beziehen wir uns auf Abstraktionen innerer Erfahrungen. Zum Beispiel wissen wir, was ein Wunsch ist, ein Bedürfnis und ein Drang. Und daraus extrapolieren wir etwas, das wir Trieb nennen: etwas, das Anteil hat an all diese Kräften, die wir kennen und die uns antreiben.

Ich versuchte früher bereits, Sie auf den Schrecken hinzuweisen, den diese Regression auf isolierte Körpergefühle im gesunden Teil des Bewußtseins auslöst – diese Regression, die stattfindet, nachdem das Selbst sich auf nichtmenschliche, maschinenähnliche, entmenschlichte, isolierte, fragmentierte Weise in einzelne Körperteile aufgespalten hat. Die Erfahrung hat etwas präpsychologisches an sich, als ob etwas Nicht-menschliches geschehe. Diesem Absonderlichen kann man sich nicht entziehen. Die Beschreibung der Symptome und Erfahrungen der Schizophrenen, wie man sie in psychiatrischen Lehrbüchern findet, läßt sich etwa wie folgt zusammenfassen: »Nein, ich will das nicht verstehen. Ich kann das nicht verstehen. Das ist bizarr, das ist merkwürdig, das ist anders. Es ist jenseits normaler Erfahrung.« Man könnte das primären Narzißmus nennen. Es ist jenseits jeglicher Empathie, jenseits der Wirklichkeit unserer Welt. Es ist sogar jenseits einer narzißtischen Welt, in der wir uns selbst in anderen Menschen gespiegelt wünschen. Diese Welt können wir sofort verstehen – oder zumindest mit etwas Anstrengung. Aber dieses Auseinanderbrechen in Fragmente, wie es der Schizophrene erfährt, können wir nur als bizarr und merkwürdig bezeichnen. Mit anderen Worten: es ist präempathisch.

Der Schizophrene erlebt diese Regression voll schrecklicher Angst. In der Psychose gibt es ebenfalls eine Spaltung. Dabei wird der gesunde Teil abgespalten und beobachtet, wie ein großer Teil seiner Persönlichkeit regrediert. Und zu sehen, wie ein Teil des eigenen Selbst so weit regrediert, daß es das eigene Verständnis übersteigt, ist eine furchtbare Erfahrung. D.h., da unser geistiger Apparat immer abwehrbereit ist, bildet die Restpersönlichkeit von Anfang an – um mit Glover (1956) zu sprechen –, Theorien über etwas, das nicht mehr verstanden werden kann. Übrigens ist »Abwehr« kein psychiatrischer Schmähausdruck. Es beschreibt hervorragend die psychologische Homöostase. Abwehrend versucht der gesunde, beobachtende Teil des Ichs nun, die Erfahrung der Regression, der Fragmentierung in Körperteile mit den Ausdrücken einer wirklicheren Welt zu beschreiben. Er möchte sie erklären, rationalisieren und beklagt, krank zu sein. Als ob er krank wäre. Doch das Wort »krank« hat sehr wenig mit dieser Erfahrung zu tun. »Mir tut etwas weh.« Jeder weiß, was das in der Erfahrungswelt bedeutet. Aber was mit den Lippen, dem Arm und dem Denken des Schizophrenen geschieht, ist etwas ganz anderes. Der gesunde Teil der Persönlichkeit, der sich noch immer selbst zu retten versucht, versucht dies in einen Als-ließe-sich-das-verstehen-Kontext zu passen – er erklärt es und beklagt sich darüber. Das ist die Hypochondrie in den frühen Phasen der Schizophrenie: der Versuch, das Unerklärliche zu erklären. Vielleicht klingt das ausweichend, und, was den primären Narzißmus angeht, mit Recht, und dennoch denke ich, daß ich zumindest klar mache, wo meine Probleme liegen und wie ich mit ihnen umgehe.

Nun zur Frage nach dem Übergangsobjekt. Der Ausdruck wurde von Winnicott (1951, dt.: Übergangsobjekte und Übertragungsphänomene, 1969) eingeführt. Das Konzept war Freud jedoch bereits bekannt, er verwandte es in »Jenseits des Lustprinzips« (1920). Winnicott betrachtet das Übergangsobjekt, wenn ich ihn richtig verstehe, als ein Stadium in der Entwicklung hin zur Objektliebe.

Lange Zeit wird die empathische erwachsene Umgebung des Kindes keine Objektliebe von ihm verlangen, sondern davon ausgehen, daß das Kind[6] die Umgebung seiner Entwicklung entsprechend narzißtisch benutzt. Dies trifft natürlich nur für eine Umgebung zu, die auf richtige Weise empathisch, einfühlsam und verständnisvoll ist. Wieder können wir uns nur herantasten. Was genau kann ein Erwachsener narzißtisch kontrollieren? Seinen Körper. Sie können sich das kognitive Zentrum in den Augen denken oder im Gehirn oder wie es in Ihre Theorie paßt. Ich spreche hier nicht von der Anatomie, sondern von der psychologischen Erfahrung.

Gelegentlich fühlt man sich einem Körperteil entfremdet. Wenn man halbwach ist und sich selbst entfremdet, wacht man manchmal auf und sieht einen Arm liegen, ohne daß einem klar ist, daß es sich um den eigenen handelt. Ein anderes Gefühl hat man, wenn man die Hand heben will, und diese sich weigert – wie es bei einem Schlaganfall der Fall ist. Man wird schon zornig, wenn die eigenen Anordnungen von Außenstehenden, die ihren eigenen Willen haben, nicht befolgt werden. Aber die Wut der Menschen, die nach einem Schlaganfall einen Funktionsverlust erlitten, ist von einem anderen Kaliber. Sie tritt auf, wenn ein so so zentraler Bestandteil des eigenen Wesens wie die Sprache oder das eigene Denken sich nicht mehr kontrollieren lassen. Es gibt eine neurologische Störung, bei der die Betroffenen klar denken, aber diese Gedanken auf Grund einer organischen Gehirnstörung nicht in verständliche Worte fassen können. Die Wut dieser Menschen, wenn sie etwas sagen wollen, aber nur sinnloses Gemurmel über ihre Lippen kommt, ist ungeheuer. Warum? Weil etwas, worüber man an sich völlige Kontrolle besitzt, sich nun absolut der eigenen Kontrolle entzieht.

Warum erzähle ich Ihnen das? Was die frühen Entwicklungsphasen angeht, zeigen unsere empathischen Experimente, daß das Baby das – für uns Erwachsene – externe Objekt, das über eigene Initiative verfügt und auf Befehle mit *ja* oder *nein* reagieren kann, als Erweiterung von sich auffaßt. So wie wir unseren Arm oder unsere Gedanken als Erweiterung von uns verstehen. Das Schreien des Babys bedeutet, daß nun die Brustwarze in den Mund kommen soll. Genauso möchte ich, daß meine Gedanken meinen Vorstellungen folgen und meine Hand meinen Gedanken.

Deshalb ist es so traumatisch, wenn diese frühe Beziehung zu vehement und zu früh unterbrochen wird. Beim Kuckuck-Spiel reicht der Platz zwischen den Fingern, damit die Mutter sieht, ob das Kind nicht zu sehr Angst hat, sondern nur etwas Angst. Diese kleinen Verzögerungen sind Wasser auf die Mühlen der Entwicklung und fördern den Erwerb neuer Fertigkeiten. Aber wenn eine traumatische Trennung von dem Objekt stattfindet, das die narzißtischen Funktionen[7] des Kindes noch so befriedigen soll, wie unsere Hand, unsere Gedanken und unsere Sprache unseren Vorstellungen Folge leisten sollen, sichert sich das Kind die Kontrolle, indem es sagt:»Nein. Meine Objekte kommen und gehen, wann ich es will.« Vor allem dann ist dies der Fall, wenn die Mutter plötzlich und unerwartet weg ist, wenn das Kind sie braucht, und kein Ersatz da ist. So ist das mit dem Übergangsobjekt.

Nehmen wir zum Beispiel die erste Beschreibung eines Übergangsobjekts, die Beschreibung der Zwirnrolle in Freuds Monographie »Jenseits des Lustprinzips«. Freud (1920) beschrieb darin, daß sein kleiner Enkel beeinflußt durch die Trennung von seiner Mutter mit einer Zwirnrolle spielte. Er befestigte die Rolle an einem Faden unter dem Bett. Er ließ sie verschwinden und dann zog er sie wieder hervor und sagte: »fort« und »da«. Freud (1920) beschrieb damals einen Mechanismus, der sich auf eine rudimentäre Phase der Objektliebe bezieht. Ein Objekt hat sich selbständig gemacht und nun wird das Symbol dieses Objektes durch einen Mechanismus namens aktiver Bemächtigung beherrscht.»Nein, Mutter, du gehst nicht weg. Das bist du, Mutter. Ich lasse dich verschwinden, wann ich will. Und ich hol' dich wieder, wenn ich dich wieder da haben will.« Dann ersetzt die Zwirnrolle die Mutter. Zur Bewältigung dieser spezifischen Trennungsangst übt das Kind in diesem Spiel die Kontrolle aus.

Ich denke, Sie verstehen das sogenannte kindische Verhalten Erwachsener sehr viel besser – das Bestehen auf Kontrolle und die Wut, wenn die Dinge nicht so laufen, wie sie wollen –, wenn sie über das Einfühlen in einzelne Handlungen

hinaus allmählich lernen, die Welt neu zu sehen: die Welt mit den Augen eines kleinen Kindes zu sehen.
Für das Kind gehört die Welt zum Selbst und sollte dem eigenen Willen Folge leisten. Die Frustrationen, die uns allen bekannt sind, werden von diesen Menschen als narzißtische Verletzungen erlebt. Sie sind mehr als die üblichen Enttäuschungen über Dinge, die man nicht kriegen kann oder die einen traurig machen. Das hier ist ein überwältigendes: »Mein Gott, wie kann mir so etwas passieren! Das kann nicht sein. Das gehört alles mir.« Dabei wissen sie verstandesmäßig, daß dem nicht so ist. Es ist nicht einfühlsam, sich über sie lustig zu machen, hart mit ihnen umzuspringen oder sie zu kritisieren. Sie können die Welt nicht anders wahrnehmen. Um ihnen zu helfen, muß man einen ganz anderen Weg einschlagen. Wir werden ihn im Lauf dieser Seminare herausarbeiten. Ich kann nur wiederholen, ich habe keine leichte Antwort auf die Frage nach dem primären Narzißmus und dem Übergangsobjekt.[8]
Wir diskutieren hier die Entwicklung des Selbst-Konzepts. Die archaischen Objekte, die bei der Entwicklung des Selbst-Konzepts eine Rolle spielen, haben nicht unbedingt etwas mit der Entwicklung der Objektliebe zu tun. Dabei handelt es sich um eine getrennte, unabhängige Entwicklungslinie. Über die Frage, ab wann das Selbstobjekt in der Entwicklung des Kindes eine Rolle zu spielen beginnt, kann ich nur spekulieren: daß es irgendwo zwischen Autoerotik – oder Narzißmus – und das entwickelte Selbst gehört. Aber es gehört nicht zu der Entwicklungslinie, mit der wir uns hier beschäftigen. Zumindest soweit ich das beurteilen kann. Übergangsobjekte wie diese Zwirnrolle oder die Decken, die Kinder manchmal mit sich herumtragen, sind Stationen auf dem Entwicklungsweg von der rudimentären oder unreifen Objektliebe zur reifen Objektliebe. Ich bin überzeugt, daß es mit rudimentärer Objektliebe zu tun hat. Es hat zu tun mit einem Objekt, das Initiative hat, selbst tätig wird. Diese Mutter hat sich unabhängig gemacht. Und dieses Kind kämpft darum, der Mutter nur insoweit Unabhängigkeit zuzugestehen, als es was zu sagen hat. Es setzt sich mit dem plötzlichen Verschwinden der Mutter auseinander.
Auch beim primären Narzißmus können wir uns in bestimmte Entwicklungsebenen einfühlen oder sie in groben Umrissen aus unseren erwachsenen Erfahrungen rekonstruieren. Tatsächlich hat man bisweilen das Gefühl, daß sehr frühe Verteilungen, sehr frühe Konzepte des Selbst-Seins zum Beispiel in der Temperaturregulierung wieder aufleben. Ich halte das nicht für eine reine Phantasie meinerseits. Im allgemeinen, denke ich, haben Schizophrene eine schlechte Temperaturregulierung. Sie fühlen sich körperlich kalt an, haben kalte Hände. Ich habe irgendwo gelesen, man habe festgestellt, ihr äußeres Kapillarsystem sei schlecht durchblutet. Ob das nun angeboren ist oder ob die mangelhafte Versorgung der Haut mit Blutgefäßen eine Folge früher Störungen ist – Tatsache bleibt, daß Schizophrenen häufig kalt ist und daß sich

ihre Haut kalt anfühlt. Am anderen Ende der Skala geht es uns allerdings in gewisser Weise ähnlich, ganz egal, wie willkommen wir in dieser Welt waren und wie gesund und gefestigt unsere Selbsterfahrung ist. Wir alle können uns erkälten oder kalt fühlen, wenn wir eine narzißtische Kränkung erleiden, uns des Kontakts mit einem idealisierten Objekt beraubt fühlen.

Ein Zeichen der Empathie und eine recht einfache und wirkungsvolle Hilfe ist es meines Erachtens, wenn man diesen Menschen bei akuten Störungen etwas Warmes zu trinken anbietet. Ich biete meinen Patienten während der Sitzungen nichts zu essen an, aber es kam vor, daß ich zu sehr Kranken sagte: »Ihnen geht es heute schrecklich. Gehen wir doch auf eine Tasse Kaffee nach unten in die Cafeteria.« Es schien das einzig mögliche, denn Worte reichten offenbar nicht aus für ihre Bedürfnisse. Und sie an meiner Körperwärme teilhaben zu lassen, indem ich den Arm um sie legte, wie das manche machen, oder sie berührte, erschien mir zu verführerisch. Aber es sollte einem ein Anliegen sein, ob sich der Patient wohlfühlt: »Ist es kalt hier? Ich drehe die Heizung hoch.« Viele nehmen ein heißes Bad, um sich etwas Gutes zu tun, auch um eine beruhigende Wirkung zu erzielen. Menschen, die unter schweren Frustrationen leiden und das Gefühl haben auseinanderzufallen, finden es sehr erholsam, von diesem warmen Wasser umgeben zu sein. Sie fühlen sich nicht einfach deshalb besser, weil sie in den Mutterleib zurückkehren – eine oft vorgebrachte Erklärung. Es geht ihnen besser, weil Wärme in komplexer Weise das narzißtische Equilibrium auf der sehr primitiven Ebene der Körpertemperatur wiederherstellt.

Im Anschluß möchte ich die frühe Entwicklung des Narzißmus ausführlicher diskutieren, vor allem all das, was Ihnen aus meinen Veröffentlichungen unter den Namen Größenselbst auf der einen und idealisiertes Objekt auf der anderen Seite bekannt ist. Ferner möchte ich beschreiben, wie sich allmählich die psychische Struktur bildet, wie eine innere Selbsterfahrung entsteht und eine innere Regulierung des Selbstwertgefühls – und man mit sich zufrieden ist, wenn man etwas gut gemacht hat.

Nicht immer müssen andere das Selbstwertgefühl stützen. Ich denke, jeder von uns kennt die eine oder andere Möglichkeit, sein Selbstwertgefühl nach einem schweren Schlag wieder aufzubauen. Man kann sich zum Beispiel hinsetzen und gute Arbeit leisten. Niemand weiß es, aber man selbst fühlt sich besser. Für mich funktioniert das mit am besten, wenn ich durchhänge und meinem Selbstwertgefühl etwas Gutes tun will. Mich hinsetzen und arbeiten, wenn ich in meinem Selbstwertgefühl gekränkt wurde, und dann etwas in Händen zu haben, was mir gut erscheint – diese Erfahrung hilft mir sehr. Doch es gibt noch viele andere Möglichkeiten, das Selbstwertgefühl zu regulieren – von ausgiebiger körperlicher Betätigung wie Laufen, über eine kalte Dusche oder ein heißes Bad, womit man den Körper kohäsiv stimuliert, bis hin zu geistiger Arbeit.

Freud (1933) sagte, geistige Arbeit sei mit am besten für die seelische Gesundheit. Ich habe lange gerätselt, was er damit meinte. Er erklärte es nie. Es war nur eine Bemerkung, aber die Frage, was er damit gemeint haben könnte, ging mir nicht aus dem Kopf. Und das hat er wohl damit gemeint – diese Möglichkeit, sich selbst zu bestätigen. Natürlich kann das Selbst, wie Aktienkurse, steigen oder abrupt fallen. Aber sogar bei regredierten Schizophrenen finden wir noch Regulationsmechanismen. Dies trifft auf Schreber zu, der sogar in sehr schlimmen Phasen noch etwas für sich selbst tun konnte, indem er intensiv an Gedankengebäuden arbeitete. So bizarr sie auch gewesen sein mögen, in ihnen war noch immer seine frühere geistig wie moralisch hochstehende Persönlichkeit spürbar. In diesem Zusammenhang ist nicht nur Freuds Geschichte (1911), sondern auch Schrebers Autobiographie (1903) interessant, die Freud analysierte.[9]

Im folgenden möchte ich die Entwicklung früher narzißtischer Erfahrungen ausführlich diskutieren, die uns durch Fixierungen und deren Auswirkungen beim Verständnis klinischer Daten weiterbringen. Außerdem möchte ich auf den Erwerb selbstregulatorischer Fähigkeiten eingehen.

---

[1] Weitere Erläuterungen siehe Kohut 1978, I:69-71, 441-442; II:628-632.

[2] In diesen Seminaren arbeitet Kohut auf eine Formulierung des Konzeptes des Selbstobjektes hin. Weitere Erläuterungen dazu in Kohut 1978, I:60-62, II:554-557; und Kohut 1984 (dt.: Wie heilt die Psychoanalyse?, 1987).

[3] In diesen Seminaren verwendet Kohut desöfteren den Ausdruck »narzißtisches Equilibrium«. Ab 1971 taucht »Selbst-Kohäsion«, die Verwendung von Selbstobjekten zur Regulierung des Selbstwertgefühls, auf.

[4] Kohut wählte schließlich den Begriff »Fragmentierung«, um Störungen und Probleme der Selbswertgefühlregulierung zu beschreiben.

[5] Wir haben versucht, das Charakteristische der Seminare zu erhalten. Hier ermöglicht uns Kohuts Antwort auf eine Frage einen Einblick in seine Theoriebildung. An dieser und allen anderen Stellen sind die Fragen und Kommentare der Seminarteilnehmer kursiv gedruckt.

[6] Mit anderen Worten: die Umgebung hat die Funktion eines Selbstobjekts inne.

[7] Später prägte Kohut dafür den Ausdruck Selbstobjektfunktion.

[8] Kohuts letzte Diskussion des Themas Narzißmus und Objektliebe als getrennte Entwicklungslinien findet sich in Kohut (1984, dt.: Wie heilt die Psychoanalyse?, 1987), S. 185 und S. 226, n.2.

[9] Siehe auch Kohut 1978: I:283-286, 299-300, 305-307; II:833-835.

5. Die Bildung einer psychischen Struktur zur Regulierung des Selbstwertgefühls

Wie lernt man, das Selbstwertgefühl zu regulieren? Natürlich kann die Antwort darauf nur lauten: durch den allmählichen Aufbau von internen Strukturen, die die vom narzißtischen Objekt ausgeführten Funktionen übernehmen. Unter welchen Umständen kann der Verlust eines narzißtischen Objektes einem Menschen einen solchen Schaden zufügen, daß er sein Leben lang nach einem narzißtischen Objekt sucht, das diese Funktionen für ihn ausführt? Und unter welchen Umständen führt der Verlust eines solchen Objektes zu einer internen Übernahme der Funktionen? Was sind das für Leute – und was passiert mit ihnen –, die die bewundernde Mutter auf die eine oder andere Weise verloren haben und nun durchs Leben rennen auf der ständigen Suche nach dem Echo der *Ohs* und *Ahs* für ihr Selbst? Und wie sind die, die ihr bewunderndes Gegenüber verloren und nun keine Mutter mehr brauchen, weil sie selbst die bewundernde Funktion übernehmen, wenn sie mit sich zufrieden sind? Wie unterscheiden sich diese Verlustsituationen? Dieses Problem steht unter der breiten Überschrift Internalisierung des Selbstwertgefühls und seiner Wechselfälle. Diese zwei verwandten Bereiche möchte ich nun näher diskutieren.

Ich beginne mit einer groben Skizzierung, die Ihnen bekannt sein dürfte, wenn Sie meine zwei Veröffentlichungen[1] dazu gelesen haben. In dem ursprünglichen präpsychologischen narzißtischen Equilibrium, das noch frei von Frustrationen ist (ein theoretischer Nullpunkt in der Entwicklung, der primärer Narzißmus genannt wird), tauchen früher oder später Erfahrungen des narzißtischen Disequilibriums auf. Das Baby erfährt sie als unangenehm. Es friert, hungert, ist naß – und der Mißstand wird nicht sofort behoben. Der Körper sorgt für einen gewissen internen Ausgleich. Das Baby verbrennt Kalorien, in der Leber gespeichertes Glykogen wird verbraucht. Aber schließlich macht sich ein Hunger bemerkbar, der durch solche internen Regulierungen nicht behoben werden kann. Etwas – wie wir wissen – Externes ist vonnöten: die Brustwarze, die Brust, die Flasche, die Mutter, die reagiert, so wie zuvor die Leber reagierte.

Für das Baby sind Mutter und Leber gleichbedeutend. Die Mutter ist die äußere Leber. Darum müssen wir uns nicht bewußt kümmern. Wenn wir hungrig sind, rufen wir nicht bei der Leber Glykogen ab. Aber die Mutter ist nicht wirklich die Leber und sie ist nicht so perfekt. Die Verbindung zum Kind läßt, verglichen mit den Organen, zu wünschen übrig. Natürlich wird sie reagieren, wenn sie einfühlsam ist, und den Hunger nicht übermächtig werden lassen. Aber es wird etwas dauern, vor allem nachts. Oder falls das Baby nicht gestillt wird, muß zuerst das Fläschchen hergerichtet werden. Außerdem hat die Mutter einen eigenen Willen – vielleicht ist sie gereizt, weil das Baby brüllt, und brüllt zurück. Sie ist nicht so perfekt wie die Leber. Ein Gefühl des Andersseins, ein rudimentärer Verdacht in diese Richtung wird im Baby aufkommen. Doch dieses Anderssein ist für das Baby nur von Interesse, was die Kontrolle seines Wohlbehagens angeht. Diese primitiven Erfahrungen des Wohlbehagens lassen sich nicht unterscheiden von dem, was wir Selbstwertgefühl nennen. Ohne Frage findet später eine Differenzierung statt. Das Selbstwertgefühl bildet sich vollkommen aus in körperlicher, geistiger, moralischer, ästhetischer Hinsicht und was es sonst noch für Möglichkeiten geben mag. Ursprünglich ist es ein großes Paket, das wir Wohlbehagen nennen. Soviel zum narzißtischen Equilibrium.

In seiner Vollkommenheit umfaßt das narzißtische Equilibrium des Säuglings all diese körperlichen Bedürfnisse, für die gesorgt wird – und noch mehr. Der Säugling hat Triebe. Diese Triebe beziehen sich nicht nur auf die Abfolge Hunger-Sättigung, sondern auch auf das, was Freud (1905a, 1915a) in Ermangelung eines besseren Wortes nach der am nächsten kommenden Erfahrung des Erwachsenen Sexualtrieb nannte. Er bezeichnete sämtliche libidinösen Erfahrungen als sexuell nach der bekanntesten aus einer Reihe sich ähnelnder Erfahrungen. Daß sie in Perversionen auftreten, wo sie eindeutig sexuell sind, war nicht der einzige Grund. Weiterhin sprach für diese Bezeichnung, daß diese Erfahrungen selbst dann, wenn sie nicht sexueller Natur sind, eine starke Ausrichtung am Lustgewinn haben – was jedem von uns bekannt ist. Sie ähneln sich in ihrer Intensität. Ich schlage vor, daß wir analog vorgehen und über den exhibitionistischen Trieb sprechen und das Bedürfnis des Erwachsenen, Größenphantasien nachzuhängen, um diese dann mit den rudimentären Anfängen in Beziehung zu setzen.

In meiner ersten Veröffentlichung über Narzißmus (1966, dt.: Formen und Umformungen des Narzismus, 1975), sprach ich von »Anbetung des Kindes«. Ich versuchte die soziale Situation aufzuzeigen, in der das Baby sozusagen am Höhepunkt des narzißtischen Equilibriums steht und seinen Körper zu Schau stellt. Wahrscheinlich geschieht dies in der autoerotischen Phase, in einem Zustand der Freude über sich: »Das bin ich! Ist das nicht herrlich!« So könnte das Baby sprechen, würde es das sagen. Aber es kann nicht sprechen und deshalb reagiert die Mutter. Sie schafft eine Basis völligen Equilibriums, völliger narzißtischer Seligkeit, eine Basis der Vollkommenheit. Ich stelle mir diese Momente als Einheit von Größenphantasien und Exhibitionismus vor. Jede Handlung des Säuglings wird von der Mutter strahlend begrüßt, voller Wärme und Enthusiasmus. Ihr Selbstwertgefühl steigt durch dieses Verbundensein mit dem aufgeregten und sich produzierenden Baby. Nach einem solchen, wenn auch etwas verhaltenerem, Equilibrium streben wir unser Leben lang. Schließlich ist die Erfahrung nicht mehr ekstatisch. Alle Erfahrungen normalisieren sich und verlieren ihren ursprünglichen Glanz. Aber eine Spur dieses

Glanzes bleibt erhalten, wir spüren ihn in jedem einzelnen Augenblick, sogar jetzt, wenn ich mit Ihnen spreche und Ihre Reaktionen beobachte. Jeder, der vor Menschen gesprochen hat, weiß darüber Bescheid – über den, der wegblickt. Wie sehr man sich wünschte, daß er einen ansieht, doch der Sadist weigert sich! Er beraubt den Vortragenden der Freude zu wissen, daß er wahrgenommen wird. Jemand aus dem Publikum blickt den Vortragenden an und nickt. Wie gemein ist das vom Vortragenden, einfach wegzuschauen, statt zurück zu nicken! Wir machen das hunderttausendmal, ohne uns darüber Gedanken zu machen, von morgens bis abends, nicht nur während wir einen Vortrag halten. Ich wählte dieses Beispiel, weil es im Augenblick meine »Anbetung des Kindes« ist, wobei Sie die Rolle der Mutter innehaben.

Solche Dinge geschehen permanent. Sie gehen beherrscht, unauffällig, unaufgeregt, unterdrückt vor sich, sind keinesfalls sexualisiert. Zum Beispiel glaube ich, daß das, was man gemeinhin Todesangst nennt, in Wirklichkeit die Angst vor dem Verlust narzißtischer Reaktionen ist. Freud bemerkte schließlich zwingend, wir sollten keine Angst vor dem Tod haben, da wir diese Erfahrung noch nicht gemacht haben (Freud 1915 b). Wie kann man vor etwas Angst haben, das man nicht kennt? Freud dachte, Todesangst sei eigentlich die Angst vor Verstümmelung. Bei manchen neurotischen Fällen von Angst vor dem Tod mag dies durchaus der Fall sein. Doch meines Erachtens ist die grundlegende – also die nicht neurotische – Angst vor dem Tod die Angst vor dem Verlust der narzißtischen Reaktionen. Ich denke, die beste Sterbehilfe besteht darin, dem Sterbenden narzißtisch Unterstützung zu gewähren.

Das ist nicht schwierig. Man kann zum Beispiel bewundern, wie mutig er dem Tod gegenübertritt oder wie er mit dieser Situation umgeht. Aber man darf ihn nicht verlassen. Man darf sich nicht zurückziehen. Man muß ihm etwas geben, worin er selbst im Sterben Selbstbestätigung findet. Meines Erachtens sterben Menschen mit dieser Art Beachtung eher ruhig und in Frieden als Menschen, die das Gefühl haben, man habe sich von ihnen zurückgezogen. In den letzten Stadien des Sterbens halte ich einen Eingriff in das vom Sterbenden selbst erreichte Equilibrium für störend, wenn er sich zur Wand drehen möchte. An diesem Punkt möchte er mit der Umgebung nichts mehr zu tun haben. Er möchte sich auf sich selbst konzentrieren und seinen eigenen Tod sterben, ohne von jemandem gestört zu werden, der ihm etwas geben will. Empathie für einen Sterbenden zu empfinden ist wohl für die meisten von uns sehr belastend. Schließlich wollen wir uns alle von einer Erfahrung abkapseln, die wir irgendwann einmal werden machen müssen, auch wenn wir diese Tatsache gerne verdrängen.

Diese Beispiele sind nicht so abwegig. Denn sobald die Prinzipien bekannt sind, können sie auf die verschiedensten Weisen angewandt werden. In Ihrer Arbeit haben Sie es nicht mit »Anbetung des Kindes« und nicht mit sterbenden Patienten zu tun, aber Sie arbeiten mit vielen Menschen mit einem gestörten narzißtischen Equilibrium. Wenn Sie wissen, um was es geht, werden Sie sich zumindest in die Bedürfnisse einfühlen können. Sie müssen keine narzißtische Unterstützung bieten. Das ist nicht der Punkt. Aber nur wenn Sie verstehen, können Sie Ihren Patienten an Ihrem Verständnis teilhaben lassen, was allein bereits eine große Hilfe ist. Eine viel größere Hilfe als eine verunglückte Spieltherapie. Ich verwende den Ausdruck »Spieltherapie« hier in dem Sinn, daß ein Angebot den anderen schrecklich abhängig macht, wenn er es akzeptiert. Wenn dann den Patienten nicht geholfen wird, werden Sie zornig über die Demütigung, wie Babys behandelt zu werden.

Ich möchte darauf hinaus, daß vieles für die These spricht, Objekte dienten selbst dann narzißtischen Zielen, wenn das Kleinkind kognitiv erfaßt, daß es Objekte außerhalb seiner selbst gibt. Sie haben Namen, sie sind »Selbsts«. Sie erlangen für das Kleinkind Bedeutung als libidinöse Objekte, nach denen es sich sehnt und denen es etwas geben möchte. Das heißt, sie dienen narzißtischen Zwecken.[2] Und was ich die Spiegelübertragung in ihren verschiedenen Entwicklungsphasen nenne, drückt nur die Tatsache aus, daß andere Menschen wahrgenommen und gebraucht werden als *Urheber der Selbstbestätigung*. Sie kennen Freuds berühmte Bemerkung über sein Leben, die er nie näher theoretisch ausführte, eine Anspielung in seinen Veröffentlichungen darüber, er sei der erstgeborene Sohn einer jungen Mutter. Er sagte, der erstgeborene Sohn einer jungen Mutter würde sich sein ganzes Leben lang als Eroberer fühlen (Jones 1957, dt.: Sigmund Freud, Leben und Werk 1969). Und daran schließt ein zweiter, sehr wichtiger Gedanke, nämlich daß das dadurch entstandene Gefühl, so irrational es auch sein mag (das sagt er nicht direkt, aber es ist offensichtlich gemeint), ihn wirklich zum Eroberer – erfolgreich – werden läßt. Das ist nicht pathologisch. Die irrationale Basis für rationales Verhalten ist sehr wichtig. Unsere besten Taten und Gedanken entstehen nicht als autonome Reaktionen der Persönlichkeitsoberfläche. Sie sind immer, wie ich es gerne ausdrücke, abschnittsbezogen. Das heißt, sie gehen in die Tiefe. Wir sollten uns nicht mehr wie Kinder benehmen und die Leute dazu drängen, unsere Zehen zu bewundern, wenn die Jahre ins Land gegangen und die Zehen recht häßlich geworden sind. Dennoch, nachdem unsere Zehen einmal geküßt und gezählt worden sind, wissen wir, daß an uns etwas Interessantes und Liebenswertes sein könnte, das uns trotz äußerer Widrigkeiten erhält. Die Spannkraft mancher Menschen ist enorm trotz äußerer Widrigkeiten, doch sie kann niemals grenzenlos sein. Schränken Sie einen Menschen lange und schwer genug physiologisch ein und sein Selbstwertgefühl erleidet eine Einbuße. Rückzug in Wunscherfüllungshalluzinationen, wie ich sie ganz am Anfang beschrieb, kann die Folge sein. Das Equilibrium kann auch durch eine pseudo-pathologische, im Kern jedoch gesunde Weise auf der Grundlage alter narzißtischer Reserven wiederhergestellt werden.

Vielleicht stellen Sie sich die Frage, wie das zum Beispiel mit Grundvertrauen zusammenhängt. Ein gewisser Zusammenhang besteht. Aber Grundvertrauen erscheint mir als ein etwas rührseliges, psychologisch nicht optimal definiertes Konzept. Und ich halte es für ein Werturteil, was ich ablehne, denn man sollte Grundvertrauen und Grundmißtrauen haben. Beide Erfahrungen sind wertvoll. Natürlich sollte man anderen Menschen vertrauen können, aber man sollte ihnen auch mißtrauen können. Augenscheinlich könnte man nicht überleben ohne die Erkenntnis, daß ein allumfassendes Grundvertrauen sich mit dem Leben nicht verträgt. Das größte psychische Arsenal ist das beste. Doch das sei nur am Rande bemerkt.

Mir geht es darum zu betonen, wie wichtig die Erfahrung ist, durch die Umwelt gespiegelt und akzeptiert, also bestätigt zu werden. Und dem erwachsenen Beobachter ist klar, daß die Bestätigung durch einen anderen erfolgt. Man muß sich selbst als wirkungsvoll, als wichtig erfahren, man braucht Reaktionen. Ich nannte Ihnen dafür Beispiele. Was wir mit Spiegelübertragung meinen, ist natürlich sehr klar. Warum starren Schizophrene in den Spiegel? Was möchten sie damit erreichen? Die Antwort ist offensichtlich. Sie haben das Gefühl, zu zerbröseln und sich aufzulösen. Sie versuchen, sich zu sehen, um sich sagen zu können: »Nein, ich bin noch da. Ich kann mich selbst sehen.« Aber ein Spiegel ist kalt, ist nur ein Spiegel für die Augen. Die Mutter ist ein anderer Spiegel: ein Spiegel, der reagiert. Wenn das Kind nicht sehen kann, werden die anderen Sinne angesprochen, wie es Burlingham und Robertsons Film über blinde Kinder (1966) zeigt.

Diese Spiegelung hat ihre Vorläufer. Die Chronologie der Entwicklung ist mir nicht klar. Ich spreche hier von den Phasen der Verschmelzung und des Alter egos als Vorläuferphasen zur Spiegelung. Sobald sie sich erneut etablieren, bezeichne ich alle drei als Spiegelübertragung. Eine irreführende Bezeichnung, aber mir fiel nichts besseres ein. Es war die herausragende und bekannteste Erfahrung aus einer Gruppe ähnlicher Erfahrungen.

In allen drei Phasen gibt es ein anderen Schwerpunkt. Bei der Verschmelzung mit dem anderen wird dieser als Erweiterung des Selbst wahrgenommen. Bei der Alter-ego- oder Zwillingserfahrung wird der andere als gleich erfahren. In der wahren Spiegelübertragung schließlich wird der andere am meisten differenziert. Im engeren Sinn ist der andere nur in seiner Funktion als enthusiastisches und applaudierendes Gegenüber wichtig.

Diese drei Phasen haben etwas gemeinsam. Die Selbsterfahrung wird gefördert und beim Kind durch die Reaktionen auf seine exhibitionistischen Bedürfnisse bestätigt. Beim Erwachsenen wird das Bedürfnis nach Grandiosität befriedigt, so daß er sich mächtig, vollkommen und allwissend fühlen kann. Die äußere Umgebung unterstützt das Kind, indem es diese Täuschungen, wie wir sie nennen wollen, aufrechterhält. Psychologisch gesprochen sind sie die tiefsten Wahrheiten über das Kleinkind, auch wenn sie objektiv gesehen falsch sind. Das Kind muß diese Phase durchlaufen haben, bevor es sie aufgeben kann. Das wäre die eine Entwicklungslinie. Und wie ich schon sagte, weiß ich nicht, wie die verschiedenen Phasen zusammenhängen. Aus meiner Erfahrung als Psychoanalytiker ist mir bekannt, daß sich im allgemeinen eine Abfolge herausbildet, die mit der Verschmelzung beginnt und über die Zwillings- und Gleichheitserfahrungen hin zur Spiegelreaktion führt. Dabei entsteht der Eindruck, daß diese Entwicklung von einer zunehmenden Reife begleitet wird. Ein Eindruck, der einer näheren Betrachtung standhält. Offensichtlich setzt ein kognitiv bereits klar erkannter spiegelnder Erwachsener ein älteres Kind voraus, dessen kognitives Rüstzeug bereits etwas ausgebildet ist. Trotzdem gibt es auch Zeiten, in denen man das Gefühl hat, daß Verschmelzung, Zwillingsphase und Spiegelung gleichzeitig ablaufen. Manchmal brauchen wir die Verschmelzung mit einem anderen. Sogar einem älteren Kind reicht Anerkennung allein manchmal nicht, es will umarmt werden und auf symbolische Weise verschmelzen. Es wäre beispielsweise völlig falsch, ein völlig am Boden zerstörtes Kind oder einen solcherart vernichteten Erwachsenen zu loben und zu sagen:»Das hast du gut gemacht.« Sie würden sich nicht verstanden fühlen.»Das will ich jetzt nicht. In diesem Moment möchte ich in die Arme genommen werden. Ich möchte zu etwas dazugehören.« Manchmal hilft es am meisten, einfach da zu sein und zu schweigen. Und die Toleranz eines Psychotherapeuten ist unter den richtigen Umständen ungemein hilfreich. Mit einem schweigenden Patienten mitzuschweigen ist etwas Altvertrautes, das ich tat, bevor mir meine Gründe für dieses Verhalten klar waren.

Ich erinnere mich, daß ich vor vielen Jahren eine schizophrene Schriftstellerin behandelte. Ich beschränkte mich darauf, im selben Rhythmus wie sie zu atmen. Ich stellte fest, daß es sie aufregte, wenn ich in einem anderen Rhythmus atmete. Ich atmete im selben Rhythmus wie sie, während sie ihren Roman vorlas. Sie brachte mir merkwürdige Geschenke ... Am Schluß hatte ich eine richtiggehende Sammlung getrockneter Pflanze aus der Gegend, in der sie wohnte. Ich nahm sie an und hob sie auf. Ich weiß nicht, warum. Vielleicht dachte ich, sie würde eines Tages einen Beweis wollen, daß ich sie wirklich aufbewahrt hatte, aber das verlangte sie nie. Doch ich verstand, daß ich ihr beim Vorlesen zuhören mußte – was ich im übrigen gerne tat, denn es war interessant. Dabei spielte ich ihr genausowenig etwas vor wie bei der Annahme der Geschenke. Gestellt war nur, daß ich sie so lange aufhob. Ich stellte fest, daß sie sich wohlfühlte, wenn ich in ihrem Rhythmus atmete. Tat ich es nicht, wurde sie unruhig. Ich glaube, sie versuchte mit diesen Geschenken eine frühe Verschmelzung zu erreichen. Damit gab sie mir, wahrscheinlich symbolisch, einen Teil ihrer selbst. Beim Lesen dieser unverständlichen und doch faszinierenden Texte erreichte sie ein gewisses Equilibrium.

Wie sieht nun die Beziehung zwischen Verschmelzung oder Spiegelung und Symbiose aus? Symbiose hat einen anderen Bezugsrahmen. Sie bezieht sich auf zwei getrennte Individuen, die etwas füreinander tun – ein soziobiologischer Bezugsrahmen. Aber ich spreche über einen psychologischen Bezugsrahmen der Empathie. Die Verschmelzung findet nicht wirklich statt. Es ist ein Gefühl in einer Beziehung. Die Schriftstellerin, über die ich vorhin sprach, war verheiratet. Sie und ihr Mann hatten diese Gemeinsamkeit, die ihren enormen Bedürfnissen entsprach. Er war nicht schizophren, er war ein sehr einfach strukturierter Mensch, ein Arbeiter. Er bewunderte sie außerordentlich, obwohl er um ihre bizarren Seiten wußte. Sie verachtete ihn über alle Maßen, aber sie benutzte ihn. Und die zwei paßten phantastisch zusammen. Er brachte sie zweimal die Woche zu unseren Atemübungen vorbei und wir konnten sie psychisch lange stützen.

Ich eröffne Ihnen hier Nebenschauplätze. Solch regredierte Schizophrene behandeln Sie nicht und ich auch nicht mehr. Aber beinahe in jeder Psychotherapie gibt es Zeiten, in denen dem Patienten nicht besonders nach Sprechen zumute ist. Das ist kein Widerstand, der überwunden werden muß. Sie müssen einfach fähig sein zur einfühlenden Anteilnahme und eine Zeitlang ruhig sitzen. Sie können gegebenenfalls ein paar Geräusche machen, damit der Patient weiß, daß Sie wach sind und da sind und die Stille aushalten. Das kann für eine Weile das Wichtigste sein. Möglicherweise können Sie den Patienten durch diese bloße Anwesenheit dazu bringen, wieder etwas lebhafter zu kommunizieren.

Diese Art, gemeinsam zu schweigen, kann eine primitive Form der Verschmelzung sein, aber sie muß keine schlechte sein. Vielleicht trägt sie zur Heilung bei oder vielleicht sitzen, wie in der Zwillingsphase, einfach zwei Menschen nebeneinander. Ich erinnere mich an eine Vorlesung, die Greenson vor vielen Jahren hielt, und in der er über die Erfahrung des Seufzens sprach. Der Patient setzt sich hin, er ist sehr deprimiert und nach langem Schweigen seufzt er tief. Der Therapeut wartet eine Weile, um dann ebenfalls tief zu seufzen. Patient und Arzt fühlen sich irgendwie verbunden. Er hielt das zuweilen für die beste Kontaktaufnahme. Für ihn steht dies in einem ganz anderen Bezugsrahmen – dem Aufbau therapeutischer Beziehungen. Für mich ist es eher ein grundlegender und zentraler Aspekt der Persönlichkeit des Patienten. Man aktiviert sie und reagiert auf sie, aber nicht um wirklich zu therapieren, und doch ist es bereits der Beginn der eigentlichen Therapie. Hier geht es nicht darum, den Schwerpunkt zu verschieben. Das ist ein ganz anderer Blick auf ähnliche Phänomene.

Diese Woche erzählte mir ein Student eine Erfahrung und seither zerbreche ich mir den Kopf darüber, ob es sich dabei um Verschmelzung oder Zwillingserleben, um subjekt- oder objektgebundenes Erleben handelt. Hier die Geschichte: Der junge Mann hat momentan mit allen große Schwierigkeiten, besonders aber mit seinem Vater. Als er über die Vergangenheit nachdachte, als ihr Verhältnis vielleicht anders war, brach er plötzlich in Tränen aus und hatte große Probleme, nicht die Kontrolle zu verlieren. Als er schließlich wieder sprechen konnte, erzählte er, daß er mit etwa sechs Jahren ins Krankenhaus mußte wegen einer Blinddarmoperation. Sein Vater trug ihn die Treppe runter, weil er nicht gehen konnte. Die Tränen stiegen ihm in die Augen, als er erklärte: »Die Kinder konnten sehen, daß ich einen Vater hatte wie sie.« Daß es an dieser Stelle so wichtig war, was sein Vater für ihn tat, bringt mich zu der Frage nach der Bedeutung: War es eine Verschmelzung, wie Sie sie gerade beschrieben? War es subjektgebundener oder objektgebundener Narzißmus? War es eine so komplexe Kombination, daß sie sich jeder Klärung entzieht außer der psychoanalytischen?

Ich wünschte, ich könnte diese Frage beantworten, aber ich kann es nicht. Ich müßte mehr über den Zusammenhang wissen, in dem diese bewegende Erfahrung auftauchte, und was sie für ihn bedeutete. Getragen zu werden heißt im wesentlichen, unterstützt zu werden, von jemanden umfangen oder gehalten zu werden, der stark und vital ist, während er selbst schwach und krank ist. Es finden sich auch einige exhibitionistische Elemente. Offensichtlich bewegte ihn in diesem Moment nicht nur, daß er getragen wurde, sondern daß die anderen dies sahen, d.h., daß die anderen Kinder ihn sahen und bewunderten: er hatte einen wunderbaren Vater und sie vielleicht nicht.

Aber man müßte mehr über die Bedeutung dieser Erfahrung wissen. Zum Beispiel wäre mein erster Gedanke, wenn ich so eine Geschichte höre, daß dies in die Richtung einer Deckerinnerung gehen könnte. Worüber er in diesem Moment mit so großer Ausdruckskraft als positiver Erfahrung spricht, könnte den Zweck haben, etwas anderes zu verdecken. Vielleicht steht dahinter die Tatsache, daß er von dem unterstützenden Vater getrennt war und schrecklich Angst vor der Operation hatte und davor, verlassen zu werden. Möglicherweise wurde er zum erstenmal von seinen Eltern verlassen. Mit anderen Worten, oft wird mit dieser Art Kindheitserinnerung auf positive Weise etwas Negatives verdeckt.

Ich gestatte mir, frei zu phantasieren. Ich habe keine Ahnung, was dieser Student mitzuteilen versuchte und warum es ihn so tief berührte. Doch es ist ein ergiebiges Beispiel, wie wichtig narzißtische Gleichgewichte und Beziehungen zur Erhaltung eines inneren narzißtischen Equilibriums sind. Was die Phase dieses Gefühls eines grandiosen Selbst, der Omnipotenz, Vollkommenheit, des Angenommenseins – hunderttausend Worte gäbe es dafür – beschreibt, ist im wesentlichen jedem durch Introspektion zugänglich. Wir hatten alle bereits ähnliche Erfahrungen. Wir wissen, wenn wir uns wohl fühlen in unserer Haut und zufrieden sind mit uns, und was andere zu diesem Gefühl beitragen können.

Eines jedoch möchte ich Ihnen für Ihre Gedankenexperimente empfehlen, denn dies ist wirklich der beste Art zu lernen. Als Vortragender, als Lehrer und als teilnehmender Partner kann ich nur bestimmte Denkprozesse stimulieren. Die Psychologie bietet mit ganz neuen wissenschaftlichen Erklärungsebenen einen großen Vorteil, auch wenn ihr unwissenschaftliche Methoden vorgeworfen werden. Deshalb können wir sehr genau kommunizieren, auch wenn uns die üblichen Meßtechniken fehlen. Zudem ist der Gegenstand unserer Studien unserer Erfahrung zugänglich, d.h., wir können miteinander kommunizieren, indem wir bestimmte Konfigurationen von Erfahrungen im anderen berühren, die in uns denselben Gefühlsgehalt wecken.

Uns allen ist narzißtisches Equilibrium bekannt, das Gefühl, mit uns selbst im Einklang zu sein. Aber ich möchte Ihnen als Gedankenexperiment empfehlen, den Momenten leichten Unbehagens, Disequilibriums nachzuspüren – den ersten Anfängen des Disequilibriums, nicht dem absolut traumatischen Disequilibrium, den Tiefen der Depression oder der Fragmentierung einer schizophrenen Regression.

Diese Zustände ersten Unbehagens sind leicht zugänglich. Und wenn Sie über diese Zustände nachdenken und wie andere Ihnen dabei helfen könnten, werden Sie erkennen, daß es für jede der Phasen, die ich mit den Ausdrücken Verschmelzung, Alter-ego- und Zwillingsphase und Spiegelung belegte, eine Wiederholung en miniature gibt. Ist beispielsweise jemand aufgeregt, wird fraglos jede körperliche Bewegung, die Verschmelzung symbolisiert, unterstützende Wirkung haben. Ein kleines Kind hebt man hoch, einem Erwachsenen legt man den Arm um die Schulter oder setzt sich nahe neben ihn. Hier wird auf nonverbale Art geholfen, während man verbal wohl bei dem Bedürfnis nach einer Verschmelzung nicht helfen könnte. Warum? Weil Worte das Anderssein des anderen betonen. Sie betonen die Distanz. Sie betonen den Unterschied zwischen den Menschen, während jetzt Teilnahme an der Sicherheit eines anderen nötig ist.

Mit anderen Worten: jemand verlangt nach einem anderen Menschen und muß umarmt werden dürfen. Ihre Empathie würde nichts anderes bedeuten, als daß Sie anteilnehmen an der erregten Gemütsbewegung des anderen und daher eine Verschmelzung ermutigen. Außerdem müssen Sie mit der Verschmelzung so umgehen, daß sie nicht auf dem ursprünglichen Angstniveau stehenbleibt. Aber Sie können Angst nicht durch gutes Zureden abbauen. Wenn Sie zu einem aufgewühlten Menschen sagen: »Laß den Kopf nicht hängen, alter Junge. Vergiß die Sache einfach. Komm, wir gehen weg und heben einen«, dann bringt das in der Regel nichts, besonders wenn Sie es mit empfindsamen Menschen zu tun haben, die zutiefst aufgewühlt sind. Meistens wird dadurch nur das Anderssein des anderen betont, daß der andere sich nicht herablassen will, um sich einzufühlen. Aber ebensowenig hilft es, wenn man genau so aufgeregt ist wie der andere.

Das ist ein sehr wichtiger Hinweis für die Psychotherapie und manch andere Situation. Es ist unsinnig, so zu tun, als ob der andere nicht aufgewühlt wäre, wenn er es ist. Es ihm ausreden zu wollen ist unsinnig. In den meisten Fällen wird dieses Ausreden von Gefühlen richtig als das verstanden, was es ist, nämlich ein Zurückweisen: »Reg' mich bloß nicht auf durch deine Aufgeregtheit!« Mit dem Ausreden von Gefühlen will man etwas für sich selbst tun und nicht für den anderen. Dem anderen hilft man, wenn man sich einfühlsam auf ihn einläßt und ihn dann durch eigene Kraft an den Ursachen für diesen Gefühlsaufruhr arbeiten läßt.

Das ist eine Möglichkeit. Die Alter-ego- oder Zwillingsphase hat ihre eigene Nachbildung im Alltag: Wenn man einen Menschen braucht, der wie man selbst ist, mit dem man sich austauschen kann und mit dem man sich in vielfacher Hinsicht identifiziert.[3] Unter bestimmten Umständen interessieren wir uns für Menschen, die ganz anders sind als wir. Es erscheint uns reizvoll, unbekannte Charaktertypen kennenzulernen, Menschen mit einer ganz anderen Persönlichkeitsstruktur. Wir wollen keine von uns völlig verschiedenen Menschen sehen, wenn es uns schlecht geht, wenn wir narzißtisch gestört sind, eine narzißtische Kränkung hinnehmen mußten. Dann fühlen wir uns von uns ähnlichen Menschen angezogen, die denselben kulturellen und emotionalen Hintergrund haben. Durch sie fühlt man sich als Teil eines Ganzen, gestärkt und unterstützt.

Ich brauche Ihnen nicht im enggefaßten Sinn der Spiegelübertragung erklären, daß man nach einem Schlag gegen sein Selbstwertgefühl bestimmt niemanden nötig hat, der einen ausschimpft. Wenn ein Kind mit einer schlechten Note nach Hause kommt, ist es aufgewühlt und will sich keine Tiraden anhören, wie faul es war. Vielleicht war es faul, aber jetzt regt es sich über die schlechte Note auf. Am wichtigsten ist nun, dieses Kind nicht zu tadeln. Unsichere Eltern neigen dazu, mit Ermahnungen zu reagieren. Aber in diesen Augenblicken wäre es wichtig, etwas Positives zu finden, und wenn es die Fähigkeit ist, Unglück zu ertragen. Man kann sagen: »Da ist wohl etwas ziemlich Übles passiert. Aber ich weiß, daß du dich nicht leicht unterkriegen läßt. Du wirst das wieder auf die Reihe bringen.« Sie schenken ihm Ihre Aufmerksamkeit, aber Sie geben ihm nicht selbstverteidigend zu verstehen, daß das nicht mehr vorkommen wird. Mit anderen Worten: Sie können das Potential des anderen loben, aber nicht Eigenschaften, die er gar nicht hat. Sie werden etwas loben, um es so auszudrücken, das ansatzweise vorhanden ist. Das Kind ist aufgewühlt, versucht aber gleichzeitig, den Schlag abzufangen. Und dabei wollen Sie ihm helfen. Denn in diesem Sinn entwickelt es Stärke. Sie sind in diesem Augenblick ein Vergrößerungsspiegel für positive Ansätze.

Einem aus der Balance geratenen Menschen hilft Spiegeln im üblichen Sinn wenig. Das ist angebracht bei jemandem, der unter einem positiven Eindruck von sich steht und diese positiven Gefühle mit anderen teilen möchte. Das heißt, wenn ein Kind mit einer guten Note nach Hause kommt, spiegeln Sie seine eigene Freude über diese Note. Aber ich möchte bei den Ausprägungen vergleichsweise leichten Disequilibriums bleiben.

Diese drei äußerlich so verschiedenen Haltungen haben eine große Gemeinsamkeit in ihrer *internen Konfiguration*, die bei Problemen aktiviert wird. Sie können das nur verstehen, wenn Sie die Entwicklungslinie begriffen haben, die ich Ihnen vorher zu erklären versuchte: nämlich daß ein bestimmtes Maß an Selbstvertrauen, an Stolz, Selbstkohäsion, Größenvorstellungen, Selbstakzeptanz und ein gewisser Wunsch, sich zu zeigen, zur psychischen und geistige Gesundheit gehören.

Natürlich ändert sich das ständig von der Kindheit bis zum Erwachsenenalter. Aber sogar bei Erwachsenen findet man noch eine Spur von der alten »Anbetung des Kindes« in unserem vergleichsweise eingeschränkten Wunsch nach Aufmerksamkeit und Billigung. Hier handelt es sich nicht um grandiose Ansprüche wie bei dem Kind, das nichts außer sich kennt. Wir hängen noch immer Illusionen über uns selbst nach, wobei dies weniger Illusionen sind als unsere Rechte, das Recht zu überleben, das Recht auf Erfolg. Und diese Rechte werden ständig von den Rechten der anderen verletzt. Es dauert, bis man gelernt hat, Aufmerksamkeit für sich zu fordern und gleichzeitig zu erkennen, daß diese Forderungen nicht grenzenlos sein können.

Dieses Bedürfnis nach einer Verschmelzung, einer Spiegelimago, eines Alter egos oder Zwillings heißt, von anderen, auch wenn sie anders sind, Konzentration, Aufmerksamkeit, Echo und Billigung zu fordern. Diese Forderungen entstehen in derselben Struktur, in derselben Person. Nach ihrer Entwicklung und ihrem Ursprung habe ich diese Struktur das grandiose Selbst oder Größenselbst genannt.

Meines Erachtens ist es wichtig, daß Sie sich folgende Grundregel für Ihre therapeutische Praxis einprägen: Wenn im Selbstwertgefühl die höheren Formen der Befriedigung beeinträchtigt werden, treten in der Regel niedere Formen in den Vordergrund. Narzißtisch verletzbare Menschen entwickeln im Behandlungsverlauf oft ein neues narzißtisches Equilibrium in der Beziehung zum Therapeuten, wenn dieser einfühlsam, angemessen ruhig und aufmerksam ist – und ohne Plan vorgeht. Ich bin sicher, jeder in diesem Raum hat das schon mit Patienten erlebt. Ihnen ist nicht klar, was Sie getan haben. Ein paar Sitzungen zuvor war der Patient noch sehr gestört. Sie haben nichts Besonderes getan, Sie waren nur aufmerksam und freundlich, stellten ihn in dieser einen Stunde in den Mittelpunkt. Mit anderen Worten: er war der Mittelpunkt in diesem kleinen Universum der Therapie und es geht ihm besser. Weil er sich besser fühlt, arbeitet er besser. Diese Regel möchte ich Ihnen ans Herz legen. Eine Förderung des Selbstwertgefühls, der Aufbau eines kohäsiveren und weniger fragmentierten Selbst, führt zu einer besseren Organisation der Ich-Aktivitäten. Die Ich-Funktionen – darunter Lernen, Diskutieren, Denken – Beobachten werden gesteigert.[4]

Es läßt sich kaum vermeiden, daß das erreichte narzißtische Equilibrium wieder gestört wird. Erstens machen Therapeuten Fehler. Zweitens können die Bedürfnisse die Kapazitäten des Therapeuten übersteigen. Drittens können äußere Umstände die Flitterwochen der therapeutischen Beziehung, um es mal so auszudrücken, empfindlich stören. Häufig tritt dann eine sehr offene Regression auf primitivere Formen der Grandiosität auf. Nach einer Unterbrechung der Freude und der Wärme und des großartigen Gefühls, von einem anderen akzeptiert zu werden, der die narzißtischen Bedürfnisse erfüllt, denen man selbst nicht adaequat begegnen kann, stößt man plötzlich auf kalte Arroganz, Überlegenheitsgefühle und geschraubte Sprache. Die Züge der Grandiosität, die jetzt auftauchen, sind von anderen weitaus schwerer zu akzeptieren als die Bitte um Aufmerksamkeit. Das Bedürfnis nach letzerem ist nur dann inakzeptabel, wenn es maßlos wird, einen Absolutheitsanspruch entwickelt, an den die meisten von uns sich schwer anpassen können, auch wenn wir es versuchen sollten.

Nach meinem Gefühl zügeln die meisten Therapeuten die Bedürfnisse der Patienten zu schnell aus Angst, die Patienten könnten sich daran gewöhnen, zu sehr verwöhnt werden, oder sie würden als Therapeuten zuviel geben. Ich halte diese Angst für überzogen. Vielleicht verlangt er mehr, als Sie ihm geben können, aber sie müssen sich keine übertriebene Mühe geben, um dies dem Patienten klar zu machen, oder ihn gar deshalb tadeln. Ihre natürlichen Grenzen, was das Geben angeht, werden auch so klar. Und es ist weitaus besser, dem Patienten werden Ihre natürlichen Grenzen von selbst klar, als daß Sie ihn mit Gewalt darauf stoßen. Dadurch wecken Sie in ihm nur das Gefühl, mit ihm zu spielen und ihn herablassend zu behandeln. Statt dessen sollten Sie ihn als im Prinzip gleichwertigen Menschen behandeln, der ein psychologisches Problem hat, das er beheben muß oder mit dem er lernen muß umzugehen.

Es geht mir um folgendes: Sie können dem Patienten unter diesen Umständen klar machen, wie sehr narzißtische Defizite in der Interaktion mit einem anderen ausgeglichen werden können, der eine wichtige Rolle in seinem narzißtischen Haushalt übernommen hat. Der aufmerksame Therapeut sieht, wie die Kälte und Arroganz des Patienten schwindet – und er sich besser fühlt. Schließlich kommt der Moment, und ein Mißverständnis geschieht oder Sie müssen eine Sitzung absagen, die Ferien rücken näher oder etwas kommt dazwischen. Plötzlich wird der Patient arrogant, kalt, überlegen und redet geschraubt. Vielleicht benützt er, anders als sonst, eine Menge Fremdwörter oder abstrakte Ausdrücke, die Ihrer Meinung nach nicht der besseren Verständigung dienen, sondern der unverhohlenen Selbstdarstellung und Wichtigtuerei – was ihn nicht gerade liebenswert macht. In dieser Lage zeigen Sie ihm am besten seine Regression in einem dynamischen Kontext, statt ihn in der einen oder anderen Form zurechtzuweisen und auf die Finger zu klopfen, weil er so schrecklich ist. Was heißt das? Es heißt, Sie zeigen ihm, daß er sich geändert hat. Sie zeigen ihm, wann er sich zu ändern begann, und Sie zeigen ihm den Grund für diese Reaktion. Beispielsweise können Sie sagen:»Ich habe den Eindruck, daß wir die letzten Wochen ganz gut voran kamen. Es muß Ihnen emotional geholfen haben, daß ich Ihnen zuhörte.« Sie können das sagen, ohne überlegen zu wirken, einfach als psychologische Tatsachenfeststellung. Zuerst müssen Sie dem Patienten klar machen, daß der Wunsch nach einem Zuhörer ein grundlegend menschliches Bedürfnis ist. Erst wenn Ihnen das gelungen ist, können Sie ihm zeigen, daß sich seine Haltung geändert hat. Es änderte sich, als Sie ihm mitteilten, daß Sie für ein paar Wochen weg müssen; oder als er Sie falsch verstanden hatte; oder als er von einem Fortschritt erzählte, für den er gelobt werden wollte, und nicht gelobt wurde, weil der Therapeut begriffsstutzig war. Wenn man dem Patienten klar machen kann, daß er auf diesen Vorfall hin arrogant, prahlerischer, fordernder und abweisender wurde, fühlt er sich weniger getadelt. Damit wird nur eine allgemein menschliche Verhaltensweise im Kontext dargestellt. Der Patient sollte dies für sich einordnen können. Es ist eine menschliche Verhaltensweise, und diesmal war er davon betroffen.

Wer versteht, kann seine Reaktionen besser steuern, hat sie besser unter Kontrolle. Wenn man von einem anderen akzeptiert und verstanden wird, kann man wieder vorschwingen in ein Equilibrium größerer narzißtischer Selbstakzeptanz. Damit geht eine Erweiterung der eigenen Fähigkeiten einher. Hierbei ist die theoretische Erklärung weniger wichtig als die menschliche Seite. Dieser Kontext ermöglicht dem Patienten neue Einblicke in sein Selbstverständnis. Dadurch kann er das nächstemal, wenn er verletzt wird und arrogant zu werden beginnt, innehalten und merken, was passiert.»Jetzt geht's wieder los.« Diese Selbsterkenntnis ist der erste Schritt zur Transformation[5] des Narzißmus, eine erste Relativierung des Selbst und seiner narzißtischen Schwingungen und Forderungen.

Wie Sie wissen, schätze ich Humor sehr, wenn er sich natürlich aus einem echten psychotherapeutischen Fortschritt heraus entwickelte und diesen nicht verhindert. Manche Menschen machen vorschnell alles herunter, um selbst als unentbehrlich dazustehen. Das ist dann eher Sarkasmus als echter Humor. Hier fehlt die Wärme echten Humors. Zu echtem Humor gehört stets ein gewisses Maß an Selbstakzeptanz, an eigener Relativierung. Dazu muß man über sich selbst Witze machen können, über die eigene Rasse, die eigene Nation oder den eigenen Beruf, aber man braucht nicht ständig einen Witz auf den Lippen zu haben. Wenn man wirklich in der Patsche sitzt, kann Humor eine große Hilfe sein. Ein großartiges Beispiel dafür bringt Freud in der Einleitung zu seinem wunderschönen Essay über den Witz. Er erzählt darin die Geschichte von dem Mann, der am Montag zum Galgen geführt wurde und sagte: »Na, diese Woche fängt gut an« (1905 b, S. 261). Indem er sich über sein Unglück erhob, rettete er ein Stück seines andererseits allzu gefährdeten Selbst. In Freuds Witz ist die Person unzerstörbar, auch wenn der Körper vernichtet wird. Wenn man unter solchen Umständen zu dieser Art Humor fähig ist, zeigt dies beinahe ein übermenschliches Maß an Weisheit oder Stärke.

Ich habe einen Patienten mehrfach darauf hingewiesen: »*Sie werden lernen, sich selbst dabei zu ertappen.*« *Der Patient reagierte letztlich folgendermaßen darauf:* »*Ich weiß, daß ich dazu neige und dieses Bedürfnis habe. Ich bringe mich immer wieder in diese Situation, wo ich gelobt werden will. Und inzwischen ertappe ich mich dabei, wenn ich das tue. Aber ich tue es immer noch.*« *Das geht in die Richtung des Konzepts, daß Einsicht nicht wirklich heilt. Wie fassen Sie diese Patientenhaltung in ein Konzept?*

Diese Frage bezieht sich theoretisch auf die Punkte Internalisierung und Strukturbildung. Wie entwickelt man eine Psyche, die Funktionen übernehmen kann, die zuvor von anderen Menschen ausgeführt wurden, eine Struktur, die Verletzungen des Selbstwertgefühls ohne die Hilfe anderer ausgleicht?

In der Langzeitpsychotherapie wird der zur Strukturbildung führende Prozeß »Durcharbeiten« genannt. Aber wie führt die Wiederholung einer Erfahrung zur Bildung innerer Strukturen? Ich möchte dies hier nur grob skizzieren, komme aber später darauf ausführlicher zurück. Offensichtlich können Sie dem Patienten mit diesen Antworten nicht helfen, aber ich denke, es hilft ihm, wenn Sie darüber Bescheid wissen. Durch Ihre gesamte Haltung wird offenbar werden, daß Sie von ihm nicht vollständige Heilung bei der ersten Einsicht erwarten. Einsicht heilt nicht. Einsicht legt den Weg frei für bestimmte psychische Prozesse und durch diese ändert sich dann der Betroffene. In diesem Sinn ist Einsicht ein wichtiger Meilenstein und darf nicht vernachlässigt werden. Meines Erachtens ist sie von zentraler Bedeutung.

Freud (1914a) sagte, die bloße Wiederholung einer Erfahrung führe zu nichts. Ein Hysteriker könne die Urszene, die Beobachtung des Geschlechtsakts der Eltern, und seine – psychologisch gesprochen – Beteiligung daran in seinem Leben tausendmal als symbolische Neuinszenierung in seinen hysterischen Anfällen wiederholen. Er kann tausendmal davon träumen, doch er bleibt derselbe. Nichts ändert sich.

Einsicht allein vermag nichts; aber die Wiederholung, gekoppelt mit Einsicht, vermag sehr viel. Aber warum ist beides nötig? Warum ist der ökonomische Gesichtspunkt, wie es in der Psychoanalyse heißt, so wichtig? Weil es nicht nur darauf ankommt, was man lernt, sondern auch darauf, wie man es lernt. Die Art und Weise, wie man in einem bestimmten Augenblick eine Erfahrung in kleine, verdaubare Häppchen zerlegt, ist der ausschlaggebende Moment, der schließlich zu einer Strukturänderung führt.

Allerdings denke ich nicht, daß der Patient recht hat mit seinem Vorwurf, Einsicht heile nicht. Meines Erachtens hat er bereits etwas gelernt und ist nicht mehr ganz derselbe. Davon bin ich überzeugt. Sicher, er ist noch weit von seiner Wunschvorstellung entfernt, aber es zweifelsohne ein Fortschritt vorhanden. Freud (1910) beschrieb das in »Über 'wilde' Psychoanalyse«. Als jemand einen Patienten mit dem ganzen Ödipuskomplex konfrontierte, bezeichnete Freud das als »wilde« Analyse. Aber sogar hier, sagte er, habe sich möglicherweise ein ganz klein wenig was geändert. Man sollte nicht gleich verzweifeln. So schlimm es auch ist, sogar in einer so dummen Therapie kann sich etwas ändern.

Wenn wir uns näher mit dem weiteren Schicksal von Freuds frühen Fällen beschäftigen, stoßen wir auf etwas sehr Interessantes. Wer sich ein wenig in der Psychoanalyse auskennt und weiß, wie sie sich in den späten Fällen Freuds und darüberhinaus entwickelte, und dem bekannt ist, wie langsam und sorgfältig die Durcharbeitung angegangen werden muß, der kann sich nur wundern über die Therapieergebnisse, die Freud in wenigen Monaten erzielte. Es macht uns schaudern, mit welcher Direktheit die Einsichten ausgeteilt wurden – eine Es-Analyse. Kaum vorstellbar, daß diese Patienten Fortschritte machten. Aber das taten sie, denn Freud war ein scharfer und objektiver Beobachter und fälschte keine Unterlagen. Inzwischen sind beinahe alle großen Fälle bekannt, ihre wahre Identität wurde gelüftet. Bei einigen wurde das ganze Leben erforscht und die Recherche geht weiter. Es geschah folgendes: die meisten dieser Patienten verloren ihre Symptome und begannen auszuagieren. Sie entwickelten, was wir heute eine *Schicksalsneurose* nennen. Das heißt sie lebten ihre alte Pathologie in ihrem Leben aus, während sie sie früher in hysterischen Symptomen ausdrückten. Der Ausdruck ihrer Pathologie änderte sich also zu jenem Zeitpunkt, weil die Symptome allzu schnell verschwanden. Sie hatten zwar Einsicht in ihre Pathologie gewonnen, aber sie hatten sie nicht ausreichend durchgearbeitet. Daher war der Druck des im wesentlichen unbewußten Konflikts noch vorhanden. Die Folge war, daß sich diese Menschen auf die verschiedensten schädlichen Aktivitäten stürzten. Ihnen fehlte das sorgfältige Durcharbeiten, das die Voraussetzung für Strukturbildung und -änderung ist.

---

[1] »Forms and Transformations of Narcissm« (1966) (dt.: Formen und Umformungen des Narzißmus, 1975) und »The Psychoanalytic Treatment of Narcisstic Personality Disorders: Outline of a Systematic Approach« (1968)(dt.: Die psychoanalytische Behandlung narzißtischer Persönlichkeitsstörungen, 1969)

[2] Sie verrichten Selbstobjektfunktionen.

[3] Kohut beschrieb das später als das Gefühl, ein Mensch unter anderen Menschen zu sein. Weitere Ausführungen zu diesem Element, das Kohut später als die Alter-ego-Übertragung beschrieb, siehe: Kohut 1984, S. 194-207 (dt.: Wie heilt die Psychoanalyse?, 1987). Durch klinische Erfahrung gelangte er zu der Ansicht, die Alter-ego-Übertragung als eigenständig und nicht als Teil der Spiegelübertragung zu sehen.

[4] Kohut verwandte hierfür später den Begriff »Selbst-Funktionen«. Siehe Kohut 1984.

[5] Diese Beschreibung ist ein Vorbote der »umwandelnden Verinnerlichung«, durch die aus einer Selbstobjekt-Funktion eine Selbst-Funktion wird.

6. Das bewundernde Selbstobjekt und das idealisierte Selbstobjekt

Ich möchte mich nun der idealisierenden Übertragung zuwenden und mit einem Beispiel aus meiner Praxis beginnen. Damals hatte ich erst ein grobes Verständnis von den Problemen, die ich Ihnen inzwischen, wie ich denke, systematischer, differenzierter und mehr in die Tiefe gehend vorstellen kann. Zu der Zeit wußte ich noch nicht, was ich heute weiß. Jetzt ist mir klar, daß der Fall weiter hätte behandelt werden müssen. Das nicht durchgearbeitete Thema stellte sich für mich als intensive narzißtische Übertragung dar, die aus einer schweren Enttäuschung in der Kindheit durch eine idealisierte Figur der Vergangenheit stammte.

Ich würde Ihnen gerne die Einzelheiten dieses fabelhaften Falles berichten, aber das geht leider nicht, er ließe sich zu leicht identifizieren. Aus den groben Zügen lassen sich keine Rückschlüsse auf die Person ziehen, aber die Details wären wunderbar. Ich tat genau, was ich in meiner Veröffentlichung (1968, dt.: Die psychoanalytische Behandlung narzißtischer Persönlichkeitsstörungen, 1969) im Abschnitt über den Widerstand des Analytikers gegenüber der idealisierenden Übertragung beschrieb. Ich wies die idealisierende Übertragung zurück, indem ich mich darüber lustig machte: »Ich bin nicht so großartig. Halten Sie mich nicht für so einen Übermenschen.« Mir war diese Idealisierung peinlich.

Ich wehrte sie systematisch ab. Immer wieder versuchte die Patientin, eine idealisierende »Ranke« nach mir auszustrecken und immer wieder schnitt ich sie ab. So hatte ich es gelernt. So, glaubte ich, sei es am besten für die Patientin. Es standen keine niedrigen Beweggründe dahinter. Ich hielt mich für realistisch und bescheiden, was die Einschätzung meiner Person anging. Ich erlaubte ihr nicht, da fortzufahren, wo sie in der Kindheit aufgehört hatte. Sie wollte in etwas bescheidenerem Ausmaß die Enttäuschung durch einen idealisierten Menschen wiederholen. Am Ende der Analyse hatte die Patientin das Gefühl, ihr sei geholfen worden. Aber ich weiß, daß sie später sehr religiös wurde und die nicht aufgelöste idealisierende Übertragung in einer intensiven Religiosität wiederholte. Nach meiner Ansicht hat ihr das den Zugang zu anderen Möglichkeiten verbaut. Das geschah vor vielen Jahren, aber im Nachhinein weiß ich genau, was schief lief. Ich war zu unerfahren.

Heute würde mir das wohl nicht mehr passieren. Nicht daß ich keine Fehler mache. Doch ich würde nicht mehr so schnell und so traumatisch die Bedürfnisse des Patienten entlarven, weil meine Phantasien zu meinem Größenselbst stimuliert wurden. Statt dessen würde ich den Patienten diese Bedürfnisse zuerst in aller Ruhe entwickeln lassen. Sie müssen wissen, solche Größenphantasien an der Realität zugrunde gehen. Schließlich bin ich nicht so großartig. Früher oder später wird der Patient meinen Schwächen auf die Spur kommen.

Ich muß mich nicht extra anstrengen und ihn mit der Nase drauf stoßen:»Mein liebes Kind, ich bin nicht Gott«, was soviel bedeutet wie:»Doch, ich bin's.« Patienten vergeben einzelne Fehler. Sie können jedoch nicht über eine Charakterhaltung hinwegsehen, die mit einem ganzen System theoretischer Konzepte abgesichert wird und die die Entfaltung einer Haltung in der therapeutischen Situation und damit ihre Auflösung behindert. Wir wollen uns nun der systematischen Darstellung der anderen Entwicklungslinie des frühen Narzißmus[1] zuwenden, der idealisierenden Übertragung.

Beide Narzißmusentwicklungslinien haben gemein, daß das ursprüngliche narzißtische Equilibrium, was immer das sein mag, in einem Maß perfekt ist, für das es kein erwachsenes Gegenstück gibt. Zu diesem Zeitpunkt ist es noch nicht gespalten in vollkommene Schönheit, vollkommene Moral, vollkommene Stärke oder vollkommenes Wissen. All dies bildet noch ein kleines Ganzes, die kognitive Ausarbeitung fehlt noch. Es ist einfach ein ungestörtes narzißtisches Wohlbefinden. Was das körperliche und psychische Wohlbefinden des Kindes stört – Geräusche, Kälte, Nässe, Hunger, Warten –, ist eine narzißtische Kränkung. Das Kind erkennt, daß sein narzißtisches Paradies nicht makel- und grenzenlos ist, und versucht es zu retten. Wie es das macht, läßt sich schwer durch direkte Empathie erfassen, doch in der Erfahrung des Erwachsenen gibt es Gegenstücke, die uns zumindest einem Verständnis näher bringen. Das Kind rettet es auf zweifache und antithetische Weise. Um es in einfache Worte zu fassen, die weit von der wirklichen Erfahrung entfernt sind, wie das Kind die Gefühle wegsteckt:»Ich bin vollkommen gut, aber alles andere ist schlecht. Ich bin großartig, aber da draußen ist etwas Schlechtes, was nicht hin gehört.« Freud sprach vom purifizierten Lust-Ich bevor der Ausdruck Ich konzeptionalisiert war. Es war kein Teil der Tiefenstruktur. Das kam erst später, als er Ich, Über-Ich und Es (1923) entwickelte. In dieser frühen Verwendung kommt der Ausdruck *Ich* dem, was wir heute *Selbst* nennen, sehr nahe. Das purifizierte Lust-Ich entspricht also einem Selbst, in dem noch etwas von dieser alten Vollkommenheit erhalten ist. Es zeigt sich im Exhibitionismus:»Schau, Mama, ich bin wunderbar. Ich fliege.« Flugphantasien werden zum Träger der alten Omnipotenz:»Ich weiß alles. Ich kann alles. Ich bin wunderschön. Ich bin herrlich stark. Jeder liebt mich.« Das wird nun in begrenzter Form aufrechterhalten. Und zwar auf die eben diskutierte Art und Weise: indem man andere einbezieht – ja, sie sind in Ordnung, aber sie sind wie man selbst –, oder indem man sich von anderen einfach die eigene Großartigkeit bestätigen läßt. Die allmähliche Änderung in diese Richtung behandeln wir im Zusammenhang mit der Internalisierung, der Frustration und dem Prozeß des Durcharbeitens in der Therapie.

Die andere Narzißmuslinie, die idealisierende Übertragung, ist genau das Gegenteil.»Ich bin nichts, aber wenigstens gibt es außerhalb von mir etwas Großartiges und Vollkommenes, in dem das weiterlebt, was ich früher kannte.«

Ich kann nur noch versuchen, mich da dranzuhängen, auch wenn ich nichts bin. Dann werde ich vielleicht so großartig wie das da draußen.«
Wie bereits erwähnt, diese beiden Erfahrungen spiegeln etwas sich in ungefähren Neuauflagen im Erwachsenenleben wider, zum Beispiel im Vorurteil gegen alles Fremde. Oder im Nationalstolz, wenn die Nation zum Erbe des alten Größenselbst wird. Die Nation ist eine Erweiterung des Selbst. Natürlich erfahren das nicht alle auf dieselbe Weise. Einige erleben die Nation als idealisiertes Objekt, aber nur manchmal und nicht ständig. Supernationen wie die faschistischen Staaten mußten nicht notwendigerweise als ein Ideal erlebt werden, mit dem man sich vereinigt – obwohl ganz gewiß auch Ideale gebildet wurden. Im wesentlichen wurden sie als allmächtige Erweiterung des Selbst erfahren. Auf ähnliche Weise sieht der Panzerfahrer den Panzer als Inbegriff seiner Macht, doch er verschmilzt nicht mit einem bewunderten idealen Träger. Für den Gläubigen ist der vollkommene Gott, vor allem der Gott der Mystiker, das erwachsene Gegenstück zum idealisierten Objekt. Die großen Mystiker des Mittelalters zum Beispiel beschrieben immer wieder die Verschmelzung mit etwas Großartigem, etwas Vollkommenen, das Gottesleben, und das Gefühl, selbst nichts zu sein. Der Tod des einzelnen wird absolut bedeutungslos, da es ja die Wiedervereinigung mit dieser Supermacht ist.
Dieses Beispiel stellt das erwachsene Gegenstück zu einer frühen Kindheitserfahrung dar. In diesem Gegenstück können wir uns in eine ansonsten schwer faßbare Erfahrung einfühlen. Daß sowohl das Gefühl der Grandiosität wie das des Unbedeutendseins mit Verschmelzung verbunden sein können, sollte Sie nicht in die Irre führen. Daß sie nicht allein aus der Beschreibung der äußeren Umstände zu einer Antwort kommen, sollte Sie nicht abschrecken. Manchmal müssen Sie, um die Gefühlsschwingungen herauszufinden, erfragen, was dies für den Betreffenden bedeutet. Spezifische Erfahrungen und Enttäuschungen der Kindheit spielen hier eine große Rolle.
Bei großen Enttäuschungen, was die idealisierten Objekte angeht, können das Größenselbst und die empfundene Bewunderung – zum Beispiel durch die Mutter – dennoch ausreichend unterstützt werden. Das Selbstwertgefühl kann in Beziehung auf Exhibitionismus, Ehrgeiz und Leistung hoch und gut integriert sein, aber bedeutende Mängel bei der Bildung von idealisierten Werten aufweisen. Dadurch sind die Betroffenen von einem ganzen Bereich des Menschseins abgeschnitten.
Bei den in der Student Mental Health Clinic behandelten Studenten ist sicher die Differentialdiagnose von außerordentlicher Bedeutung. Leidet der Betreffende unter einem Mangel wirklich wichtiger Ideale? Fehlen ihm Leitideale, bedeutsame Ziele? Gibt es etwas in seinem Leben, das als Kristallisationskern für sein Potential dienen kann, das seinem Leben eine Richtung geben kann? Liegt hier das Problem? Oder ist es eher so, daß er zwar bedeutsame Ziele hat, aber kein ordentliches Selbstwertgefühl? Fehlt es ihm in Gebieten an Ehrgeiz

und Willen zum Erfolg, wenn es nicht um seine Ideale geht, sondern um seinen Wunsch, groß und stark und anerkannt zu sein? Das ist ein großer Unterschied. Häufig weisen die Studenten in beiden Gebieten Defizite auf. Doch sie werden nicht gleichzeitig gezeigt. Und wenn man jemanden wegen einer Sache spricht, während er einem die andere klar zu machen versucht, gibt man ihm das Gefühl, nicht verstanden zu werden. Das beeinträchtigt die Bildung einer Beziehung, die oft therapeutisches Bündnis genannt wird – ein Ausdruck, den ich nicht besonders schätze. Das ist eng verwandt mit dem Grundverständnis, das Teil jeder Behandlung ist – nicht etwas außerhalb der Behandlung. Wir sind hier auf eins meiner Vorurteile gestoßen, doch damit will ich Sie nicht belasten. Wichtig ist, daß Sie die zwei Argumentationslinien verstehen.

Die Wechselfälle des Größenselbst und des idealisierten Elternimago bringen uns zum letzten Kapitel unserer theoretischen Diskussion. Danach beginnt das klinische Material. Das Größenselbst lernt unter dem Einfluß zunehmender Reife und der optimalen Auswahl elterlicher Reaktionen zusehends den Umgang mit der Wirklichkeit und eine realistische Selbsteinschätzung. Mit anderen Worten, die Mutter eines Dreijährigen wird nicht mehr auf die Zehchen reagieren und den kleinen Bauchnabel, noch auf das leiseste Quietschen des Kindes, sondern sie wird nun andere Dinge – Dinge aus dem Leistungsbereich – hervorheben: gelungenes Toilettentraining, manuelles Geschick oder Sprechfertigkeit. Sie wird diese Dinge selektiv hervorheben, also manches loben und anderes nicht und in bestimmten Situationen wird sie sich jedes Lobs enthalten.

In meiner ersten Veröffentlichung über Narzißmus (1966, dt.: Formen und Umformungen des Narzißmus, 1975) brachte ich dafür ein kleines Beispiel, nämlich die Mutter, die auflacht, wenn das Baby sie an den Haaren zieht. Später lacht sie nicht mehr freudig auf, sondern brüllt verärgert los. Und das Kind wird wissen, daß das nicht gut ist und daß es Grenzen gibt.

Im Entwicklungsablauf werden die Reaktionen der Eltern also immer selektiver, die Frustration nimmt zu, man verliert das billigende Objekt – nicht weil es stirbt und plötzlich weg ist, sondern weil es einem allmählich die Zustimmung entzieht. Und wie wir wissen, gehört dieser Entzug der Zustimmung stets zum Objektverlust, sofern man den Begriff »Objekt« differenziert verwendet. Dieses Zurücksetzen dieser Funktionen, die bisher die anderen ausführten, hat zur Folge, daß die Psyche sie übernimmt. Auch beim idealisierten Objekt gibt es einen Verlust: die Erkenntnis, daß es nicht ideal ist. Diese Erkenntnis sollte nicht zu früh und zu massiv stattfinden, sonst wird sie traumatisch und unverdaubar. Für die Psyche ist es vorteilhaft, wenn sie zum richtigen Zeitpunkt und in der richtigen Geschwindigkeit eintritt.[2] Dann bewirkt es die Konstituierung eines internen idealen Objekts, d.h., es bilden sich Werte, Ziele und Ideale heraus. Nähert man sich diesen Zielen an, wird einem

die eigene narzißtische Anerkennung zuteil. Das Bedürfnis nach einem externen idealisierten Objekt wird so geringer.
Die stärksten und reifsten Menschen haben starke Ideale, die für sie wichtiger sind als externe Anerkennung. Doch jeder hat seine Grenzen, kann durch die Drohung, seine Ideale zu verlieren oder die Anerkennung äußerer Führer, umgedreht werden. Aber im Regelfall ist man nicht auf äußere Anerkennung angewiesen. Es sei denn, man gerät in den Bann einer großen Massenbewegung. Solch gewaltigem äußeren Druck kann so gut wie niemand widerstehen, wie stark seine Ideale ursprünglich auch waren. Wie Sie wissen, waren in der ersten Hälfte dieses Jahrhunderts selbst vergleichsweise gesunde Menschen dazu nicht in der Lage, sondern wurden über weite Strecken von der Grandiosität ihres Umfelds und dem Verlangen, mit einem allmächtigen Staat zu verschmelzen, mitgerissen. Ein in vielfacher Hinsicht geradezu kindhafter Zustand war die Folge: strikte Reglementierung, totale Gedankenkontrolle etc. In der Psychotherapie vermeiden wir das um jeden Preis, denn irreversible Regressionen wären das Ergebnis. Selbst wenn dies zu einem therapeutischen Erfolg führen würde, dauert dieser nur so lange wie die irreversible Regression. Um zu unserem Beispiel des faschistischen Staates zurückzukehren: sobald der Staat seine Macht verliert, sehen die Menschen wieder klar. Dann sehen die Massen die Welt wieder realistisch.
Vielleicht ließe sich die geistige Gesundheit als die Fähigkeit definieren, je nach Bedürfnis aus einer Reihe psychischer Mechanismen zu wählen.
Eine wichtige Regel darf nicht vergessen werden: Wenn die höheren Formen der Anpassung versagen, taucht das Größenselbst auf. Und wenn Sie dies während der Behandlung bemerken, können Sie dem Patienten helfen, indem Sie ihm erklären, wann dies ihrer Meinung nach auftrat und warum. Falls Sie dem Patienten die Erkenntnis nahebringen, daß sein Verlust des Selbstwertgefühls, sein trotziges Verhalten, seine hypochondrischen Symptome oder seine übertriebenen Schamgefühle beispielsweise durch eine Trennung vom Therapeuten oder mangelnde Einfühlsamkeit herbeigeführt wurden, erleichtern Sie ihm, mit diesem Schlag fertig zu werden. Sie helfen ihm zu verstehen, daß sein Selbstwertgefühl unter großem Streß dazu tendiert, nach dem Motto zu funktionieren: »Alles, was innen ist, ist schlecht. Alles was außen ist, ist gut.«
Eine Kombination von Verschiebungen im narzißtischen Objekt vom Größenselbst hin zur idealisierten Elternimago, entsprechend den Wechselfällen im Selbstwertgefühlssystem, wäre ideal. Aber bei den wenigsten Menschen läuft das so. Am häufigsten stößt man auf eine zu geringe Internalisierung, d.h., der Erwachsene sucht ständig den Beifall und die Anerkennung von außen. Dabei müssen Sie im Einzelfall jeweils unterscheiden, ob der Betreffende die Anerkennung sucht, weil er eine Bestätigung seines Größenselbst wünscht oder weil er die Anerkennung durch sein idealisiertes Wertsystem wünscht.[3]

Eine subtilere Form der Größenselbstphantasie finden wird in dem begabten Menschen, der seine Leistung stets herunterspielt:»Ich habe nichts zustande gebracht. Die wirklich guten Dinge stammen von jemand anders, von woanders oder von außen.« Kompetente Analytiker zum Beispiel nehmen oft diese Haltung gegenüber Freud ein, nichts Neues wäre mehr entdeckt worden nach seinen großen Entdeckungen. Das wird manchmal als Erfolgsschuld eingeordnet, aber es könnte auch für eine Phantasie stehen, daß jemand anders, allmächtig und gottgleich, alles getan hat. Auf diese Weise gewinnt man Stärke – durch die Verschmelzung des eigenen Bildes mit dem des starken anderen.

Lassen sich im Lichte dieser Diskussion narzißtische Charakterstörungen von Borderline-Fällen unterscheiden?

Zur Frage nach der Differentialdiagnose zwischen Borderline-Fällen und narzißtischen Charakterstörungen läßt sich sagen, daß eine Borderline-Persönlichkeit stets einen psychotischen Kern hat, aber dieser psychotische Kern nicht immer die ganze Person befällt. Nur in der Regression wird die mangelhafte psychische Struktur offensichtlich, die zu einem Prä-Objekt-Status führt. Die Symptomatologie dieser Menschen wird nicht augenscheinlich. Im Gegensatz dazu leidet der narzißtische Charakter im Banne des Größenselbst unter *temporären* Regressionen, die zum Prä-Objekt-Status führen.

Ich vermute, daß der genetische Kern der narzißtischen Neurose[4] in den pathologischen Charakteren der Eltern und dem Grund für ihre Partnerwahl zu suchen ist. Aber bislang ist das noch reine Spekulation. Aus meiner Beobachtung kann ich sagen, daß ein Persönlichkeitsproblem der Mutter zu einer diffusen narzißtischen Verletzbarkeit des Kindes führen kann. Als Erwachsener ringt dieses Kind dann ständig nach der Anerkennung anderer. Vielleicht war die Mutter nicht in der Lage, auf den Exhibitionismus des Babys zum richtigen Zeitpunkt auf die richtige Art und Weise zu reagieren oder sie schenkte ihm zu lange ihre Aufmerksamkeit. Wie auch immer, im Alter von etwa drei Jahren wendet sich dieses Kind dem Vater zu und sucht dort die idealisierte Rolle, die es bei der Mutter nicht fand. Und wenn der Vater diese Idealisierung durch das Kind zulassen kann, wird das Kind als Erwachsener weniger Probleme haben, als dies andernfalls der Fall gewesen wäre. Distanziert sich der Vater jedoch wie vorher die Mutter und erlaubt er dem Kind nicht, ihn nachzuahmen und überallhin zu folgen, kann der Wechsel vom Wunsch nach passivem Bewundertwerden hin zum aktiven Bewundern nicht stattfinden. Eine Frustration des Wunsches, zum Vater als einem großen Mann aufblicken zu können, ist dann der zweite Schlag. Wenn das Kind so zweimal frustriert wird, leidet die Entwicklung des Narzißmuskerns. In der analytischen Behandlung dieser Menschen taucht in der ersten Zeit hauptsächlich Material zum Vater und der Beziehung zu ihm auf. Es dauert oft sehr lange, bis man zum ursprünglichen Problem in der Beziehung zur Mutter kommt – wenn überhaupt. Wird die Beziehung zum Vater ausreichend bearbeitet, ist es vielleicht nicht mehr nötig, die Beziehung zur Mutter anzugehen.

So verschieden, wie die narzißtischen Probleme der Mütter sind, so verschieden sind die Reaktionen der Kinder. Der kalten, mechanischen Mutter fehlt es an Empathie, sie muß sich also an Regeln halten. Dann gibt es die Mutter, die zwar auf das Kind reagiert, aber sich eher von den eigenen Bedürfnissen als denen des Kindes leiten läßt. Ihre Reaktionen sind manchmal überschießend, sie neigt zu hypochondrischem Überengagement, was die Symptome des Kindes angeht. Eine weitere Variante stellt die Mutter dar, die angemessen reagiert, solange sie mit dem Kind völlig verbunden ist, dieses eine Erweiterung ihrer selbst ist. Aber sie tut sich schwer mit den Phasen der Loslösung und Trennung, wenn das Kind wegrückt und als getrenntes Individuum wahrgenommen werden möchte.

Daher läßt sich geistige Gesundheit nicht durch die eine oder andere Funktion definieren, sondern, wenn überhaupt, durch die Fähigkeit, je nach Bedürfnislage oder psychologischer Aufgabe sämtliche Möglichkeiten zu nutzen. Gesundheit wird also durch die Vielfalt der verfügbaren Möglichkeiten bestimmt und ist kein eingeengter Pfad im Umgang mit den inneren und äußeren Problemen. Die Fähigkeit, unter Streß bei anderen um Hilfe und Schutz nachzusuchen, d.h., auf gewisse Weise die Verschmelzung zu reaktivieren, gehört ebenso zum Arsenal geistiger Gesundheit.

Das soll kein Rezept sein mit der Maßgabe, wer anders handle, sei geistig nicht gesund. Es gibt viele gesunde Möglichkeiten, sich zu helfen. Jeder von uns zieht im Umgang mit der Welt bestimmte Methoden vor. Sicher verträgt es sich ausgezeichnet mit geistiger Gesundheit, sich in Streßsituationen anderen anzuvertrauen, sich zeitweise ihrer relativ größeren Stärke zu bedienen. Diese Verhaltensweise ist irrational oder prärational, aber sehr wichtig. Wie ich bereits früher erwähnte, ist es in Notsituationen durchaus angebracht den anderen in die Arme zu nehmen, körperliche Nähe oder ruhiges Nebeneinandersitzen zu erlauben.

Worin liegt nun der Unterschied zwischen einer gesunden Verschmelzung in einer Notsituation und den pathologischen Formen der Verschmelzung?[5] Die Antwort darauf ist klar: die Initiative muß bei dem erwachsenen, reifen Persönlichkeitsaspekt liegen. Diese Reaktion darf nicht die einzige, automatische Umgangsweise mit jeder Art von Belastung werden. Und sie muß kontrollierbar sein. Sie soll eine Wahlmöglichkeit sein. Man muß zum Beispiel erkennen können, daß man nicht einfach zum nächst besten Menschen im Raum gehen kann, sobald dieses Verschmelzungsbedürfnis auftritt. Statt dessen sollte man zu einem Freund gehen. Die Zeitspanne, bis man einen für solche prärationale Unterstützung geeigneten Menschen erreicht, muß man ertragen können.

Die Fähigkeit zu dieser bestimmten Art von Regression ist für eine therapeutische Beziehung unentbehrlich. Dieses Minimum an Gesundheit muß man von einem Patienten verlangen können. Er muß dazu noch nicht in der ersten Stunde bereit sein, aber zumindest müssen wir dies im weiteren Verlauf erwarten dürfen. Wie sieht nun das Gegenteil aus? Diesen Zustand finden wir, wenn die Verschmelzungsbedürfnisse in der Kindheit nicht ausreichend befriedigt wurden und der Patient daher von ihrer archaischen Intensität überwältigt wird. Dann kann er keine Verzögerung ertragen und ist zur Unterscheidung oder – was sehr wichtig ist – Modulation nicht fähig.

Sie wissen, etwas Verschmelzung ist in Ordnung. Das ist symbolisch, ein Arm um die Schulter oder ein verständnisvoller Zuhörer sollten reichen. Aber wenn das nicht reicht, wenn man im anderen ganz aufgehen möchte, wird das ohne Rücksicht auf Situation oder Bereitschaft des anderen zur Tyrannei der Bedürfnisse führen. Wer solche Bedürfnisse hat, sollte sich in dieser Hinsicht unbedingt im Zaum zu halten versuchen.

Ich rate bei dieser Art von Problem dringlichst zu einem differenzierten Ansatz. Dieser wird Ihnen helfen, die Menschen zu verstehen, deren unmodulierten, intensiven, archaischen, primitiven Verschmelzungswünsche in der frühen Kindheit nicht befriedigt wurden. Die große Mehrheit dieser Menschen wird als Reaktion darauf solchen Situationen aus dem Weg gehen, um nicht verletzt werden zu können. Sie lernten, daß sie in solchen Situationen zurückgewiesen werden, deshalb können sie sich dieses Minimum an Regression nicht zugestehen, diese kontrollierte Erfüllung in der Freundschaft und den Verschmelzungswunsch, wozu andere durchaus in der Lage sind.

Das trifft auf Psychotherapiepatienten ebenso zu wie auf Analysanden. Wenn man in dieser Richtung Fortschritte macht, wird der Patient nicht weniger Bedürfnisse nach Unterstützung oder Nähe zeigen, sondern mehr – weil er die Situation besser kontrollieren zu können glaubt und seine Bedürfnisse nicht mehr so überwältigend sind.

Dazu möchte ich Ihnen ein sehr überzeugendes klinisches Beispiel aus der letzten Zeit vorstellen. Ein Patient berichtete von einem Traum, in dem ihn ein bestimmter Ort völlig verunsicherte. Er wußte, daß er mit seiner Frau an einem bestimmten Ort war, aber seine Frau war außerhalb dieses Ortes. Sie war da und gleichzeitig war sie nicht da. Er ging in diesem Gebäude umher und versuchte sich zurechtzufinden. Doch er wußte nicht, wo er hingehörte. Er fühlte sich wie aufgelöst, das Hemd hing ihm heraus und er wußte überhaupt nicht mehr, was er machen sollte, wie er es ausdrückte. Als er diesen Traum erzählte, herrschte ein Gefühl der völligen Verwirrung vor. Er war sich weder über sich, noch wo er sich befand, im klaren. Wie ich bereits erwähnte, sagt die äußere Erscheinung der Patienten einiges über ihr Selbstgefühl aus. Machen sie einen ordentlichen Eindruck, hat man das Gefühl, sie wüßten, wo ihre Grenzen liegen, wer und was sie sind. Dieser aufgelöste Zustand tritt jetzt

beinahe ausschließlich im Traum auf und nur spurenweise im Wachzustand. Nachdem wir den Gefühlszustand des Traumes festgehalten hatten, konnten wir ihn auf eine sehr typische Situation zurückverfolgen, nämlich auf eine Situation, in der auf eine bestimmte Zeit reagierte, als er mich außerhalb der therapeutischen Situation sah. Danach sehnte er sich ungemein und gleichzeitig fürchtete er sich davor.
Warum fürchtete er mich? Ich möchten Ihnen anhand dieses konkreten Falles klar machen, mit welcher Scharfsinnigkeit man vorgehen und sich in die Gefühlswelt des Gegenübers einfühlen muß. Ich kann Ihnen hier nur die allgemeinen Grundregeln darlegen, die jedoch nur ungefähre Richtlinien sein können. Im Gegensatz zum Amateur in psychologischen Angelegenheiten wendet der Experte Richtlinien und Entwürfe nicht als maßstabgetreue, Punkt für Punkt gültige Erklärung für sämtliche klinische Situationen an. Richtlinien liefern wie Landkarten nur eine grobe Orientierung, der man folgen kann. Aber man muß noch immer selbst die individuelle Bedeutung herausfinden, sonst fühlt sich der Patient mißverstanden, selbst wenn Sie über großes theoretisches Wissen verfügen. Patienten fühlen sich nur dann verstanden, wenn Sie sich in Ihre spezifische Reaktionsweise und Gefühlswelt eingefühlt haben.
Bei diesem Fall arbeiteten der Patient und ich auf der Grundlage einer bereits durchleuchteten Vergangenheit und einem gemeinsamen Vertrauen, seine Motivation verstanden zu haben. Er weiß, daß ich ihn verstehe, und er hat in der langen Behandlung bei mir bereits eine Menge über seine spezifischen Verletzlichkeiten gelernt. Der Punkt ist, daß dieser Patient als Kind wirklich emotional vernachlässigt wurde. Niemand nahm sich Zeit für ihn. Er wartete immer darauf, die Aufmerksamkeit seiner Eltern zu ergattern. Er bekam sie für einen kurzen Augenblick, aber dann wurde er wieder abgeschüttelt. Die Eltern spielten zwar mit ihm, aber sie sahen dabei ständig auf die Uhr. Sie wollten wissen, wann sie wieder damit aufhören konnten. Er durfte Fragen stellen, die ihm die Eltern auch beantworteten, aber unweigerlich kam: »Das reicht jetzt.« Er hatte stets das Gefühl: »Wann kommt: 'Das reicht jetzt.'?« Alle Kinder kennen dieses schließliche Abgeschütteltwerden, weil sie unersättlich sind. Doch bei ihm saßen diese Erfahrungen seiner Kindheit offensichtlich tiefer, waren als traumatischer erlebt worden.
Seine Familie aß später zu abend als die anderen Familien in der Kleinstadt, in der er aufwuchs, nämlich um halb sieben, während die anderen bereits um halb sechs aßen. Daher mußte er zwischen halb sechs und halb sieben, wenn seine Eltern noch zu tun hatten, alleine spielen. Er hatte Hunger und fühlte sich einsam. In dieser Stunde, wenn die anderen Kinder bereits zu Hause waren, oder nachmittags, wenn er bei den anderen Kinder zu Hause war, phantasierte er, er würde zu ihrer Familie gehören. Die Phantasie wurde immer zur Essenszeit beendet, weil er dann nach Hause geschickt wurde: »Geh jetzt heim, kleiner Kerl. Du warst hier nur zu Besuch.« Aber er hatte sich selbst in seinem

unerfüllten Hunger und seiner Sehnsucht, zu einer anderen Familie zu gehören, als Teil dieser Familie gefühlt.
Sein ganzes Leben lang hatte sich dieser Mann nicht richtig zugehörig gefühlt und doch klammerte er sich jedesmal geradezu übermäßig fest, als gehörte er dazu. Er konnte sich nie in eine Gruppe einfügen, einfach weil seine Bedürfnisse zu groß waren.
Wir brauchten lange, bis wir diese seltsame Spielart von Schüchternheit verstanden. Er überfiel andere in peinlicher Art und Weise, worauf sie nicht vorbereitet sein konnten. Wie aus heiterem Himmel wurde er unvermittelt ungemein vertraut. Und das war völlig verkehrt, die anderen schreckten zurück, er wurde wieder abgeschüttelt.»Dieser ruhige Mensch redet plötzlich mit mir, als würden wir uns bereits eine Ewigkeit kennen.« Er unterschied nicht zwischen Menschen, zu denen eine Bindung bestand, und den anderen. Zu manchen Gruppen gehörten auch Menschen, die er seit Jahrzehnten kannte, und er behandelte sie genauso wie die, die er zum ersten Mal sah. Die einen behandelte er also zu vertraut und die anderen zu wenig vertraut. So war er immer in Gefahr.
In diesem Kontext begriffen wir schließlich seine Angst, mir bei bestimmten Gelegenheiten zu begegnen. Am traumatischsten empfand er in seiner Kindheit, zwischen zwei Situationen zu sein, wenn er weder bei seinen Freunden, als zu deren Familie er sich zugehörig phantasierte, noch wirklich zu Hause war. Solche Situationen traten auf, wenn er dazwischen war, wenn er nicht wußte, ob er an den Ort gehörte, den er gerade verlassen hatte, oder an den Ort, zu dem er sich auf den Weg gemacht hatte.
Ein frühe Erinnerung tauchte auf. Eines dieser wunderschönen Ereignisse, die zur frühen Behandlung gehören. Es ist wie in einem Detektivroman. Hier ist das Rätsel, doch was bedeutet es? Zu Beginn der Psychoanalyse erzählte er mir die Geschichte, wie er als Kind einmal schreckliche Angst bekam. Eine dieser phobischen Erinnerungen. Er war allein im Zug, auf dem Weg nach Hause. Plötzlich schien ihm, der Zug würde auf ein Nebengeleis geschoben. Jäh überkam ihn diese schreckliche Angst, er käme nicht nach Hause, sondern irgendwo anders hin, wäre für immer verloren. Mittlerweile wußten wir, daß sich dies – zumindest gefühlsmäßig – mehr oder weniger genau abspielte zwischen der bei seinen Freunden verbrachten Zeit und dem Moment, wo er nach Hause geschickt wurde. Hier handelte es sich um das Gefühl, nicht mehr zu den Leuten zu gehören, mit denen man die letzten Wochen verbracht hatte, und noch nicht zurück bei den Eltern zu sein. Dahinter stand natürlich das Gefühl, daß er sich nirgends zugehörig fühlte. Wenn man sich irgendwo zugehörig fühlt, kann man ohne weiteres einen Ort verlassen und an einen anderen Ort gehen.
Darauf fiel mir ein, daß er vor zwei oder drei Jahren eine schwere Angstattacke hatte (allerdings erwähnte ich ihm gegenüber diesen Einfall nicht). Er wollte

nach der Analysestunde um fünf Uhr seine Frau treffen, aber die Stunde war bereit um halb drei beendet. Ihm blieben zweieinhalb Stunden zum Überbrücken. In dieser Spanne, nachdem er mich verlassen hatte und bevor er seine Frau traf, packte ihn die Angst. Interessanterweise half er sich, indem er sehr schnell ging. Er lief und lief, bis er schwitzte und keuchte. Daraufhin fühlte er sich etwas besser. Darin fand er eine körperliche Bestätigung vor dem bestätigenden Treffen mit seiner Frau, mit der ihn eine sehr gute, stärkende Beziehung verband. Durch dieses differenzierte Verstehen wird einiges klar: seine Beziehung zu seiner Frau; seine Beziehung zu Gruppen; seine undifferenzierte Umgangsweise mit anderen, die er unterschiedslos behandelte, als wären sie seine besten Freunde, wobei ihm gute Freunde genauso viel bedeuteten wie oberflächlich Bekannte. Das taucht nun alles auf, als Hinweise in Träumen, als Echo einer schweren früheren Krankheit. An dieser schweren Krankheit leidet er inzwischen nicht mehr, denn er weiß um seine Probleme und hat sie im Griff.

Mit diesem breiten, nuancierten, tiefen Verstehen der Persönlichkeit meine ich die jetzige Persönlichkeit des Patienten, einschließlich der Fußnoten seiner Lebensgeschichte, die die Vorläufer dieser Erfahrungen in der Kindheit beschreiben.

Dabei ist es nicht so, daß der Patient das Bedürfnis nach Verschmelzung verliert, daß er sich nicht mehr nach dieser Unterstützung durch Zugehörigkeit sehnt. Sondern genau das Gegenteil ist der Fall: er kann es sich nun leisten, dieses Bedürfnis zu *erkennen*. Schließlich wird es von einem verständnisvollen Ich eines Erwachsenen kontrolliert, der weiß:»Das sind meine Bedürfnisse, und sie können bis zu einem gewissen Grad erfüllt werden. Ich habe eine Wahlmöglichkeit, ich muß nicht mehr alleine sein.« Das heißt vor allem, er muß nicht mehr kalt sein und abweisend und überlegen seinen eigenen Gedanken und seinen eigenen Tagträumen nachhängen. Endlich kann er andere an sich heranlassen.

Am Anfang der Behandlung zeigte er mir bei meinen Versuchen, ihn zu verstehen, oft die kalte Schulter. Dabei war ich nicht überschwenglich und hatte auch nicht versucht, ihn davon zu überzeugen, was für ein aufrichtiger und vertrauenswürdiger Kerl ich doch sei. Ich tat nichts dergleichen. Meiner Ansicht nach hatte er das Recht, mich abweisend zu behandeln. Ich vermutete, er hatte allen Grund, mich auf Distanz zu halten. Ich wollte nur den Grund dafür verstehen.

Und mit der Zeit nahm unser Verständnis zu. Ich näherte mich ihm wie einem schüchternen Kind. Nach meiner Beobachtung drängen sich erfahrene Kindertherapeuten den Kindern nicht auf. Sie warten, bis die Kinder erste Bewegungen machen und reagieren können. Doch sie überreagieren nicht, wenn das Kind durch zuviel Gefühle überwältigt zu werden droht, um nicht mehr Bedürfnisse des Kindes zu stimulieren, als es erträgt und als der Erwachsene erfüllen kann. Man darf keine falschen Hoffnungen wecken. Diese intensiven aus der Kindheit stammenden Wünsche kann man nicht erfüllen. Wie paßt dies in das Konzept der grandiosen und idealisierenden Übertragungen? Soweit ich es ergründen konnte, konzentriert sich der Traum auf den Zustand von Konfusion, aber er enthält nichts zur aktuellen Beziehung zu mir. Seit Jahren sah der Patient zu mir hoch wie als Kind zu seinem Vater, nur daß sein Vater es nicht besonders gut ertrug, idealisiert zu werden. Genausowenig lag es dem Vater, ihn und seine Bedürfnisse zu spiegeln. Er wurde ungeduldig, wenn der kleine Kerl glänzen oder sich in der Größe des Vaters sonnen wollte. Nur auf die primitivste Art war dies dem Patienten möglich. Es war also kein völliger Ausfall. Bis zu einem gewissen Grad konnte der Vater dies zulassen, aber die Beziehung war sehr merkwürdig. Enge körperliche Nähe konnte der Vater tolerieren, aber er verabscheute es, durch Fragen gestört zu werden. Mit anderen Worten, auf einer sehr primitiven Ebene konnte er die Nähe des Kindes ertragen. Der Vater spielte leidenschaftlich gerne Schach, das bedeutete, daß es dem Kind gestattet war, körperlich mit dem Vater zu verschmelzen, während dieser stundenlang spielte. Aber der Junge durfte den Vater nicht mit Fragen stören wie:»Was ist das? Und was ist das?«

Das Ziel jeder Therapie, der kürzesten wie der längsten und intensivsten, ist das Erkennen und Akzeptieren einer Grenze. Der Zeitpunkt muß kommen, an dem die narzißtischen Erwartungen auf ein vernünftiges Maß heruntergeschraubt werden und man begreift, daß man mit bestimmten Unzulänglichkeiten leben muß, die nicht zu beheben sind.[6] Aber wenn wir ehrlich mit uns umgehen, gehört dies zu der philosophischen Annahme des Lebens samt seiner Unzulänglichkeiten. Alles, was wir im Leben erreichen, ist begrenzt, wie das Leben selbst begrenzt ist. Sicherlich würde ich dieses Annehmen durch unheilbare Beschädigungen im frühen Leben auferlegter Grenzen nicht in das Zentrum eines Behandlungserfolgs stellen. Wenn man nicht mehr erreichen könnte, würde ich dazu sagen, daß man ab und zu mit Fehlschlägen rechnen muß. Manche Dinge sind nicht zu machen, können nicht bewegt werden. Bei den meisten Fällen halte ich diese Art Pessimismus für unangebracht. Bei den restlichen denke ich, muß die Antwort näher erläutert werden. Was ändert sich therapeutisch? Sehen wir uns diese Sitzung mit dem beschriebenen Patienten näher an. Nehmen wir an, ich wäre ein Genie und wüßte im Handumdrehen über diese Patienten, was ich mir im Laufe vieler Jahre erarbeitete. Und nehmen wir weiter an, ich hätte ihm auf ideale Art und Weise die Gründe für seine Verwirrung erklärt. Ich denke nicht, daß das viel gebracht hätte. Es passiert so viel Unterschwelliges innerhalb einer Therapie, wobei dieses grobe Verständnis, dieses verbale Mitteilen von Einsichten nur eine Station ist. Dennoch ist es von Nutzen, dem Patienten von seinen Erkenntnissen zu berichten, solange dies auf einfühlsame Art und Weise geschieht und berücksichtigt wird, wieviel der andere im Moment aufnehmen kann.

Trotz der verschiedenen Ebenen im Kontinuum des therapeutischen Prozesses ist es sinnvoll, die Einsichten auf ihre Wirkung hin zu differenzieren und herauszufinden, welche Einsichten dem Patienten helfen, besser zurechtzukommen und sich wohler zu fühlen. Eine solche Einsicht und die damit einhergehende Änderung in der Persönlichkeit bringt eine andere Beziehung zur Außenwelt mit sich. Nehmen wir an, der Patient hätte zu irgendeinem Zeitpunkt seiner Analyse diese Einsicht gehabt, nicht so differenziert, wie ich sie Ihnen aufzeigte, sondern in grober verbalisierbarer Form. Es hätte ihm dann vielleicht geholfen, wenn er erkannt hätte: »Jetzt bin ich also wieder in einer Gruppe. Ich weiß, ich habe enorme Bedürfnisse. Das erinnert mich an die Zeit, als ich mich dieser Familie anschloß, wo ich eigentlich nur bis halb sechs willkommen war. Dann aßen sie zu Abend und wollten, daß ich nach Hause gehe. Ich sollte nicht versuchen, mich zu eng an Menschen anzuschließen, die ich kaum kenne.« Das ist noch keine spontane Reaktion. Aber auch so kommt man einigermaßen zurecht. Der Patient könnte dann in der nächsten Sitzung folgendes berichten: »Ich war da wieder in so einer Gruppensituation und ich denke, gestern kam ich besser zurecht. Ich fühlte mich noch immer nicht wohl. Aber ich vermied es, in eine Situation zu geraten, wo ich plötzlich mit wildfremden Menschen rede und diese erstaunten Blicke ernte. Um mich dann schnell in eine Ecke zu verkrümeln und kein Wort mehr herauszubringen. Ich blieb mehr oder weniger allein, aber XY war da und ich nickte ihm zu. Und als mich YZ ansprach, redeten wir kurz miteinander, schließlich kenne ich ihn schon lange. Ich war nicht so allein wie sonst unter diesen Umständen.«
Er selbst hat sich kaum geändert. Aber im Inneren seiner Persönlichkeit hat sich etwas geändert, etwas, das nicht mehr bewußt darüber nachdenken muß, wen er kennt und wen nicht. Unter dem Einfluß dieser neuen Persönlichkeit muß er nicht ständig darüber grübeln, was gerade in ihm aktiv ist.
Wie kam diese Änderung zustande? Wie führte Einsicht, verbalisierte Einsicht, zu dieser spezifischen Änderung? Zweifelsohne fand eine wirkliche Änderung statt, die nichts mit einer Manipulation zu tun hat. Beides fand statt wie – meiner Ansicht nach – in allen mir vertrauten intensiven Behandlungsformen. In einer Notsituation kommt nun dieser zusätzliche Schub: »Was mache ich denn hier? Warum bringe ich mich wieder in die gleiche alte Situation?« Man kann die Zügel auf diese manipulative Weise anziehen. Man wird nicht mehr völlig überwältigt, weil man eine in gewisser Weise weniger verletzbare Gesamtpersönlichkeit hat, die besser abpuffern kann und nicht mehr so viele alte Bedürfnisse zuläßt.
Die Parallelen zwischen dem, was in der Entwicklung dieses Patienten während seines Lebens und während seiner Therapie geschah, macht am besten klar, warum in der Behandlungssituation die Verletzungen des Lebens nie vollständig rückgängig gemacht werden können. Gleichzeitig sieht man auch, wie diese Verletzungen durch die Behandlung zu einem gewissen Teil beho-

ben werden können. Und mehr ist nicht nötig. Eine leichte Veränderung kann die Waagschalen ausreichend beeinflussen.
Ich habe Ihnen bereits mehrmals zu verstehen gegeben, was im Entwicklungsprozeß geschieht: das Prinzip der optimalen Frustration. Optimale Frustration in der Entwicklung hat etwas zu tun mit dem Alter, der Zeit, der Reife, der gesamten Situation. Beim Erwachsenen kommt der ökonomische Faktor hinzu. Man sollte den Patienten nicht belasten, indem man zuviel von ihm verlangt. Wieder haben wir eine Art Kuckuck-Spiel. Der Therapeut achtet auf die Zeichen, die ihm die überwältigende Angst des Patienten anzeigen. Wieviel hält er aus? Diesen Punkt kann ich nicht oft genug betonen.
Es gibt *nie* einen Grund – und mit nie meine ich nie – um künstlich traumatisch zu sein. Wenn Sie Ihr Bestes geben, ist das traumatisch genug, weil Sie die wirklichen Bedürfnisse nicht erfüllen können.[7] Selbst der einfühlsamste Therapeut hinkt den Bedürfnissen des Patienten hinterher. Das ist so. Im allgemeinen erkennt man die Verletzungen und Enttäuschungen des Patienten, wenn er bereits verletzt ist. Erst dann wacht man auf. »Was habe ich wieder gemacht? Was habe ich mißverstanden? Was habe ich wieder nicht erkannt?« Was immer Sie tun, Sie machen es falsch. Wenn Sie wissen, daß ein Patient Probleme mit der Absage einer Stunde haben wird, und Sie, wenn es dann soweit ist, die Absage mit dem Satz einleiten: »Ich weiß, das wird Sie sehr verletzen«, dann traumatisieren Sie den Patienten durch diese unverblümtes Ankündigung. Warum? Sie verletzen seine Würde. Sie behandeln ihn wie ein Baby. Aber wenn Sie es anders machen, wird er morgen verletzt sein. Es gibt keinen Ausweg. Wahrscheinlich gibt es die ideale Formulierung und die ideale Art und Weise, es ihm zu sagen. Aber wer ist dazu in der Lage? Niemand. Es wäre so kompliziert, daß Sie ihn durch Ihre Redeflut traumatisieren würden. Er hätte das Gefühl: »Ich will was spüren.« Und er hätte recht. Es gibt keinen Ausweg.
Eine nicht-traumatische Beziehung gegenüber kindlichen Bedürfnissen ist nicht möglich. Es reicht, wenn Sie erkennen können, wo sich der Patient befindet und wie er sich fühlt. Möglicherweise haben Sie den Eindruck, es führt zu nichts, aber Sie dürfen nicht ungeduldig werden. Sie müssen dieselbe Situation immer wieder so behandeln, als wäre es das erstemal. Und Sie müssen jedesmal nach der Nuance suchen, die den jeweiligen Vorfall so traumatisch macht.
In einer alten Veröffentlichung über Introspektion und Empathie (1959, dt.: Introspektion, Empathie und Psychoanalyse, 1971) beschrieb ich einen Patienten, der wahrscheinlich der einzige offen psychotische Patient war, den ich je zu analysieren versuchte. Er rief gerne gegen zwei, drei oder vier Uhr morgens an. Eines, erinnere ich mich, lernte ich von ihm. Es ging um die Ankündigung, daß ich wegen Weihnachten oder Thanksgiving nicht da sei.

Wann kündigt man seinen Urlaub am besten an? Was ist der richtige Zeitabstand zwischen Ankündigung und Urlaub? Wählt man einen zu langen Abstand, scheint man dem Patienten nahezulegen: »Um Himmelswillen, regen Sie sich jetzt zwei Monate lang auf.« Warum? Lassen Sie ihn Ruhe. Er arbeitet. Wenn Sie es ihm am Tag zuvor sagen, ist es schwer zu verkraften. Es bleibt ihm keine Zeit zum Durcharbeiten. Welcher Zeitabstand ist optimal? Den absolut richtigen Abstand werden Sie nie einhalten können. Aber Sie werden im Lauf der Jahre bei bestimmten Patienten lernen, was in etwa richtig ist. Nach einer Faustregel soll man dem Patienten etwa soviel Vorbereitungszeit geben, wie lange man weg sein wird. Aber bei sehr kurzen Behandlungspausen versagt diese Regel. Ein bestimmtes Minimum müssen Sie immer einhalten – ein paar Tage sollten es immer sein, selbst wenn es sich nur um 10 Minuten handelt, die Sie Ihren Termin verschieben. Aber Sie dürfen den Patienten nicht von oben herab behandeln. Wenn Sie jemandem mitteilen, daß Sie ihn in einer Woche statt um zwei Uhr um zehn nach zwei sehen werden, ist das ziemlich beleidigend und kann traumatisch werden. »Was denken Sie sich eigentlich? Halten Sie mich etwa für ein Baby?«

Von diesem Patienten lernte ich, daß ich die Behandlungspause zu früh angekündigt hatte. Die drei Wochen waren, im Nachhinein gesehen, viel zu früh gewesen. Was ich damals nicht wissen konnte. Und dieser Patient, der zuvor ein relativ warmes Verhältnis zu mir hatte, wurde zu einem paranoiden Eisberg und entwickelte die unglaublichsten Verdächtigungen. Ich erinnere mich noch immer an diese furchtbaren Träume, wo er auf einer Brücke stand. Unter den Brücken Flossen Ströme durch, aber die Ströme bestanden aus Fäkalien. Darin zeigte sich die Intensität seiner Wut und seiner Regression. Er behandelte mich hochmütig, kalt, voller Verdacht und er jagte mir Angst ein. Ich tat, was ich konnte. Ich interpretierte immer wieder, wie sehr ihn meine Abwesenheit enttäuschte. Nichts schien ihn ändern zu können. In so einer Situation sind Sie völlig auf sich gestellt, wenn Sie den Patienten verstehen wollen. Sie können ihn nicht fragen, er ist zu verletzt, um Ihnen zu helfen. Sie können zeigen, wie verzweifelt Sie sind, aber Sie bekommen keine Reaktion. Die Haltung des Patienten ist: »Jetzt arbeiten Sie dafür, was Sie mir angetan haben.« Gewöhnlich spüren Sie noch etwas Hoffnung, wenn nicht, geben auch Sie auf.

Offensichtlich hielt mich die Hoffnung bei der Stange. Plötzlich ging mir wie von Zauberhand ein Licht auf. Nicht die Ankündigung der Behandlungspause war ausschlaggebend für die Reaktion des Patienten gewesen, sondern der Ton dieser Ankündigung. Ich hatte ihm dies kalt und mit wenig Empathie mitgeteilt, wobei man leicht heraushören konnte: »Jetzt sind wir wieder soweit. Ich werde keine Nacht durchschlafen können. Er wird jede Nacht anrufen. Er wird schreckliche Angst davor haben, alleine zu sein.« Dagegen hatte ich mich abgeschottet, denn seine Anrufe waren eine Last. Ich hatte ein volles Arbeitspensum. Mein Sohn war zu der Zeit noch sehr klein. Diese schlaflosen Nächte und die Sorge, was er anstellen könnte, waren furchtbar. Dieser Patient war gefährdet, weil er unter diesen Umständen aufhörte zu essen. Er war ein Riesenkerl, von daher hatte ich immer etwas Angst vor ihm. Seine Gefühlsreaktionen waren unvorhersehbar. Er war noch nie gewalttätig gewesen, aber da war dieses unangenehme Gefühl, daß er es werden könnte.

Das bekam er alles mit. Ich war nicht wirklich einfühlsam gegenüber seiner Reaktion auf meine Abwesenheit gewesen. Ich hatte an mich gedacht und: »Jetzt sind wir wieder soweit.« Und darauf reagierte er. Sobald ich das erkannt hatte, führten die Ströme in seinen Träumen wieder Wasser. Die Fäkalien waren verschwunden. Und dann konnte er seine Wut wirklich ausdrücken.

Es gibt diese berühmte Geschichte von Freud (1900, S. 163) über die Frau, die verlobt ist und die Hochzeit nicht erwarten kann. Man erzählt ihr, ihr Bräutigam sei sehr grausam und würde sie schlagen. Doch sie antwortet nur: »Schlüg er mich erst!« Mir ging es ähnlich, als er es mir wirklich heimzahlte und ich das Gefühl hatte: »Wir sind wieder im Geschäft.« Seine offenen Angriffe waren mir viel lieber.»Sie verdammter Hund, Sie verlassen mich wieder.« Die Kälte und paranoide Distanz zuvor waren viel schrecklicher und schwerer zu ertragen gewesen.

An diesem Beispiel wird klar, wie differenziert das Verständnis sein muß, wenn man eine wirkliche Persönlichkeitsänderung erreichen möchte. Über die vermehrte Selbstmanipulation durch verbalisierbare Einsichten hinaus führen diese Erfahrungen zur Bildung einer inneren Struktur. Allmählich wächst die Fähigkeit, selbst mit seinen Spannungen fertig zu werden. Wie geschieht das? Ich denke, wir haben hier eine Parallele zur psychologischen Strukturbildung. D.h., man verinnerlicht zu einem gewissen Teil ein Stück des anderen, wenn man langsam und in kleinen Dosen aufgibt, was dieser für einen tut.[8] Damit wird dies als Teil der psychologischen Struktur wirklich und permanent Bestandteil des inneren Instrumentariums. Das ist eine Theorie. Ich kann es nicht anders ausdrücken, aber ich denke, diese Theorie stimmt, da sie meinen sämtlichen Erfahrungen gerecht wird.

---

[1] Im vorangegangenen Kapitel beschrieb Kohut die Entwicklung des einen Pols, des Größenselbst. In diesem Kapitel beschreibt er die Strukturalisierung des idealisierenden Pols. Zusammen bilden sie das bipolare Selbst. (Siehe Kohut 1977, 4. Kapitel, dt.: Die Heilung des Selbst, 1981).

[2] Kohut bezeichnet in seinen späteren Veröffentlichungen diesen durch positive Frustration eingeleiteten Prozeß mit dem Begriff »umwandelnde Verinnerlichung« (Kohut 1971, dt.: Narzißmus, 1973, S. 50) 1977 (dt.: Die Heilung des Selbst, 1981, S. 30-32, 86, 127; 1978: S. 63-64, S. 100-102).

[3] In einer im Oktober 1969, kurz vor Beginn dieser Seminarreihe, gehaltenen Rede zu Ehren Alexander Mitscherlichs diskutierte Kohut die Entwicklung und Pathologie der Strukturbildung abgeleitet vom idealisierten Wertsystem (Kohut 1978, 37. Kapitel).

[4] Zur Klärung siehe selbstpsychologische Sicht der Neurose, Kohut 1984, S. 5, 22-26, 101-102, 106-110, S. 32 und 12. Kapitel (dt.: Wie heilt die Psychoanalyse?, 1987).

[5] Hier verdeutlicht Kohut den Unterschied und die Gültigkeit reifer Selbstobjektbedürfnisse und pathologischer Bedürfnisse. Er arbeitet den Unterschied zwischen reifen Bedürfnissen des Selbstobjekts und Objektbeziehungen heraus.

[6] Kohut schloß in dieses notwendige Herunterschrauben der Grandiosität auch die des Therapeuten ein.

[7] Das Prinzip der optimalen Frustration, durch die die Internalisierung (Sturkturbildung) stimuliert wird, findet sich immer wieder im Gesamtwerk Kohuts. Die letzte Formulierung siehe Kohut 1984, S. 69-72, 77-78, 99-104, 107-109, 206-207, dt.: Wie heilt die Psychoanalyse?, 1987.

[8] Später differenziert Kohut dieses Konzept und beschreibt, wie die optimale Frustration Strukturbildung stimuliert. Er klärt dabei, daß nicht »ein Stück des anderen« als psychische Struktur benötigt wird, sondern daß die Selbstobjekt-*Funktion* in eine *Selbst*-Funktion umgewandelt wird.

7. Der Erwerb innerer Werte, Ideale und Ziele

Struktur bedeutet nur die ständige innere Verfügbarkeit einer bisher externen Funktion. Eine externe Funktion wird jetzt eine interne Funktion. Lassen Sie mich dies an einer mir sehr wichtigen Einsicht zeigen. So eine innere Änderung findet statt, wenn ein Mensch mit einem unbegrenzten Bedürfnis, verstanden und bewundert zu werden, mit einem Therapeuten konfrontiert wird, der sich nach Kräften bemüht, ihn zu verstehen und bei ihm zu sein, aber dabei nicht immer Erfolg hat. Falls diese Fehler im Rahmen bleiben und der Therapeut sich früher oder später dabei ertappt, wird der Patient bei jedem dieser Fehler stückweise etwas von dieser Funktion übernehmen.»*Sie* können das. Dann kann *ich* das auch selbst machen.« Die nach und nach übernommene Struktur ist nun seine und nicht mehr die des Therapeuten.

Ich habe nichts gegen den Standpunkt einzuwenden, hier handle es sich um eine Identifikation mit der Funktion des Therapeuten. Doch ich würde eine Verwendung dieses Begriffes nur im weitesten Sinne empfehlen, um ihn von der groben Identifikation mit der Gesamtpersönlichkeit eines anderen abzugrenzen. Eine solche grobe Identifikation finden wir häufig bei Menschen mit einer schwach ausgebildeten Struktur, allerdings ist sie nie von langer Dauer. Hier wird der andere nur in einer Notlage benutzt. Sobald die Nähe zu ihm nicht mehr vorhanden ist, verschwindet auch die Identifikation. Grobe Identifikationen verhindern die kleinen Identifikationen. Allerdings findet man sie als Stationen auf dem Weg zu differenzierten Änderungen.

Es gibt wunderbare klinische Beispiele wie den Patienten mit dem Konfusionstraum, von dem ich Ihnen erzählte (s. 5. Kapitel). Vor vielen Jahren, als er mir noch die kalte Schulter zeigte und glaubte, ich bedeute ihm gar nichts, kaufte er sich während einer Behandlungspause einen Anzug. Und stellte plötzlich fest, nachdem er dem unwiderstehbaren Drang, diesen Anzug zu kaufen, nachgegeben hatte, daß dieser aussah wie der Anzug, den ich immer trug. Diese an sich bedeutungslose grobe Identifikation war ein wichtiger Schritt hin zu einer differenzierteren Identifikation mit mir. Jetzt verwendet er mich für die Dinge, für die er bereit ist und die ihm entsprechen, auch wenn sie meiner Persönlichkeit überhaupt nicht entsprechen. Ein kleines Stück von mir ist nun auch in ihm. Er entdeckt Eigenschaften an mir, die er anschließend in sich selbst verstärkt. Doch diese Verstärkung befindet sich in vollkommenem Einklang mir den Anforderungen seines Berufes, der nichts mit dem meinen gemein hat. Sein Verstand arbeitet ganz anders als meiner, aber bei seiner Identifikation mit mir, bei der er auf Teile von mir zurückgreift, um sich zu verstärken, wird klarer abgeschätzt, was wirklich *ich* bin und was wirklich *er* ist.

Auf diese Weise entwickelte er ein Gefühl für Humor, für Relativität und Weisheit. Er weiß jetzt, daß er besser mit sich umgehen kann. Und wahrscheinlich ist ihm bereits klar, daß es Grenzen geben muß, daß wir uns eines

Tages voneinander verabschieden werden müssen. Dann wird er nicht der Mensch sein, der er gewesen wäre, wenn er eine ideale Kindheit gehabt hätte. Und doch hat er sich sehr verändert, seit wir uns das erstemal gesehen haben.

Kann das in einer Psychotherapie erreicht werden?

Die Wichtigkeit und Nützlichkeit der Psychotherapie sollte nicht unterschätzt werden. Etwas Unterstützung kann eine große Hilfe sein, besonders wenn Menschen betroffen sind, die sich in einer ernsten Lebensumstellung befinden. Bei den Studenten, die sich im Übergang von der Adoleszenz zum Erwachsenenalter befinden, können Sie mit Ihrer Unterstützung und Ihrem Verständnis sehr viel erreichen. Sie müssen Ihnen dabei zu verstehen geben, daß Sie um Ihre Ansprüche an sich selbst wissen, und um ihre Ängste, Sie könnten auseinanderfallen. Dann können Sie für eine bestimmte Zeit ihre Desintegration verhindern und sie wieder auf die richtige Bahn bringen. Vielleicht sollten Sie dazu eine mittlere Identifikation zulassen, nicht die ganz grobe. Sie müssen differenzieren zwischen den Studenten, die eine Zeitlang schizoid wirken, weil ihr Leben gerade sehr schwierig ist, und denen, deren Persönlichkeit so auffallend hohl ist, daß ihnen nur mit einer ausgedehnten Therapie geholfen werden kann.

Das ist eine große Chance für alle, die mit Studenten arbeiten. Denn die großen Anforderungen führen häufig zu Störungen, die auf den ersten Blick viel ernster wirken, als sie wirklich sind. Dasselbe klinische Bild hätte bei einem 35jährigen eine ganz andere Bedeutung als bei einem 19jährigen. Einige Sitzungen voll empathischen Verstehens beleben unter Umständen alte Freundschaften wieder oder veranlassen die Betroffenen, sich um Hilfe und Unterstützung umzusehen, die sie in ihrer Arbeit bestätigen. Ihre Arbeitsfähigkeit ist für sie ein positives Feedback. Wenn Sie Ihnen zum Beispiel nur dadurch helfen, daß Sie Ihre volle geistige Arbeits- und Studierfähigkeit wiederherstellen, indem Sie ihnen etwas von Ihrer Kraft leihen, kann viel erreicht werden. Daher würde ich auf keinen Fall die Möglichkeiten der Therapie oder die Nützlichkeit kürzerer Behandlungen herunterspielen.

Es gibt Menschen, die aus einem Mangel an innerer Struktur oder an einem Gefühl für ihre Kontinuität und ihre Kohäsion ständig die Persönlichkeit anderer Leute annehmen und dabei von einem zum anderen wechseln. Wie ich bereits erwähnte, kann diese grobe Identifikation nur eine bestimmte Zeit dauern. Man sollte darauf nie feindselig reagieren: »Machen Sie mich nicht nach.« Wie feinfühlig Sie das auch formulieren, es wird immer abweisend klingen. Unter Umständen ist das der erste Schritt, zu dem der Patient während der Behandlung in der Lage ist – dieses grobe Verschlingen des Therapeuten oder dieses Werden wie der idealisierte andere. Helene Deutsch definierte das wohl eingehender in ihrer Beschreibung der »Als-ob«-Persönlichkeit (1942). Beinahe bei allen Therapieformen nehmen Patienten zu Beginn häufig auf oft

geradezu groteske Weise äußere Züge ihrer Therapeuten an. Es wäre falsch, dies zurückzuweisen. Hier handelt es sich um den ersten positiven Schritt zu einem gefestigteren Strukturerwerb. Bleibt es allerdings dabei, ist etwas falsch. Aber meiner Ansicht nach tun Sie dem Patienten Unrecht, wenn Sie dies sofort als Widerstand bezeichnen oder sagen: »Sie tun das nur, um einem tieferen Verständnis Ihrer selbst auszuweichen.«
Der Erwerb oder die Bildung einer Struktur ist zentral. Dem Konzept der Identifikation als Form der Internalisierung liegt das Prinzip zugrunde, daß der Verlust eines der Spiegelung oder Idealisierung dienenden Objekts bzw. die Unterbrechung der emotionalen Beziehung zu einem solchen Objekt in der Regel der interne, endopsychische Aufbau dieser Objektaspekte folgt.[1] Die Beispiele dafür sind bekannt. Wohl die früheste Beschreibung findet man bei Karl Abraham (1927, dt.: Ergänzungen zur Lehre vom Analcharakter, 1969). Er brachte dafür das Beispiel eines alten Ehepaars, wo einer der Partner stirbt. Bei dem Überlebenden läßt sich dann häufig eine entschiedene Persönlichkeitsänderung feststellen, die bis hin zur Entwicklung körperlicher Eigenheiten des Verstorbenen gehen kann. Aber das ist ein grobes Beispiel. Wichtig ist, daß bei der Entwicklungserfahrung endopsychische Eigenschaften der Objekte aus dem Umfeld aufgebaut werden, wenn die Psyche dafür bereit ist. Es bedarf also der internen Bereitschaft, diese Eigenschaften zu verinnerlichen, und der Kooperation des Umfelds.
Wir sehen also, daß im allgemeinen das Umfeld seine unterstützenden Funktionen abbaut, sobald das Kind reif genug ist, diese Funktionen selbst auszuführen. Dabei werden zwei Elemente kombiniert: die nötige Reife zur Übernahme dieser Funktionen und der Abbau dieser unterstützenden Funktionen durch das äußere Objekt. Diese beiden Elemente fördern den internen Aufbau dieser Funktion. Am leichtesten zu beobachten sind die Verbots- und Selbstbeherrschungsfunktion. Über sie weiß man auch am meisten. Man kann beobachten, daß ein Kind ein Bedürfnis nur bei Anwesenheit der Hauptbezugsperson beherrschen und zurückstellen kann. Später, in einer Art Übergangsphase, kann das Kind dieses Bedürfnis unterdrücken, indem es das Objekt aktiv imaginiert. Oft hört man zum Beispiel Kinder, wie sie mit der Stimme des Vaters sich selbst ermahnen: »Das darfst du nicht tun.« Gewissermaßen eine Zwischenstufe zwischen einer internalisierten Funktion – oder Über-Ich, wie wir heutzutage sagen – und einem externen verbietenden Objekt. Auf dieser Zwischenstufe, während des Internalisierungsprozesses, nimmt das Kind noch immer an, daß dieses Objekt da ist. Der springende Punkt ist, daß jedes Verbot im weitesten Sinne einen Objektverlust darstellt. Jedes Bedürfnis des Kindes bezieht sich auf ein geliebtes und heiß ersehntes äußeres Objekt. Die Nichterfüllung wird also gleichgesetzt mit einem Verlust. Und all diese Verluste werden in gewisser Weise intern nachgebildet und

perpetuiert. Die Ursachen hierfür und der genaue Ablauf sind noch nicht geklärt, die Tatsache an sich jedoch steht fest. Für jede Verbindung zur Außenwelt, die das Kind der aktuellen Phase entsprechend verliert, wird eine parallele interne Neuauflage aufgebaut. Dieses endopsychische Neuauflage entspricht dem verlorenen Objekt.[2] Wie ich bereits erwähnte, ist die am besten untersuchte grobe Internalisierung das sogenannte Über-Ich. Normalerweise ist das Über-Ich im wesentlichen die endopsychische Entsprechung vor allem des gleichgeschlechtlichen Elternteils. Das Über-Ich verkörpert die Verbote, die von diesem ausgehen, genauso wie seine Zustimmung, seine positiven Werte und Ziele. Zusätzlich gilt es die Autorität, die Vollkommenheit und die Wichtigkeit dieses Elternteils für das Kind zu beachten. Ursprünglich ist es das idealisierte Bild des Selbst. Als das Kind noch sehr klein war, war diese wichtige Elternfigur, um es locker zu formulieren, eine Projektion seines eigenen Narzißmus. Ich werde später darauf zurückkommen, warum der Ausdruck Projektion irreführend ist, aber im Augenblick können wir es bei den Ähnlichkeiten dieses Prozesses mit der Projektion belassen. Der eigentlich richtige Ausdruck wäre primäre Projektion, was etwas anderes meint als Projektion gemeinhin. Ich bezeichne nämlich damit eine Zeitspanne, zu der es noch keine klare Trennung zwischen Innen- und Außenwelt gibt. Aus diesem Grund kann man kaum von Projektion sprechen. Der erwachsene Beobachter weiß, daß es ein äußeres Objekt gibt, aber das Kind faßt es noch als Teil von sich selbst auf. Diesem Teil von sich selbst schreibt es das hohe Maß an Autorität, Vollkommenheit und Macht zu. In anderen Bereichen des Selbst, die für den Betrachter das Kind selbst sind, läßt sich dies nicht aufrechterhalten.

Eine komplexe Angelegenheit: was später ein archaisches Objekt wird, fängt als etwas differenzierter Teil des Selbst an und wird dann aus Enttäuschung[3] wieder inkorporiert.

An dieser Stelle reicht meines Erachtens eine grobe Skizzierung. Folgendes geschieht: nehmen wir an, für den Jungen ist dieses mächtige idealisierte Objekt der Vater. (Es ist nicht ganz so einfach, weil die Mutter in ihren nährenden und unterstützenden Funktionen ebenfalls idealisiert wird. Aber da die Bildung des Über-Ichs größtenteils über den gleichgeschlechtlichen Elternteil läuft, wollen wir mit dem Vater und dem Jungen fortfahren.) Der Vater wird als mächtig, vollkommen und allwissend idealisiert. Fangen wir mit dem Ende dieser Entwicklung an, der sogenannten ödipalen Phase. Hier entzieht der Junge den Eltern aus der großen Enttäuschung über die Entdeckung ihrer Sexualität, ihrer Unvollkommenheit, ihrem Mangel an Allwissenheit und Allmacht seine wesentlichen kindlichen Gefühle. Anders ausgedrückt: zu dieser Zeit gibt es eine reifebedingte Bereitheit, den Eltern kindliche Gefühle zu entziehen. Die Wettbewerbssituation und die erhöhten emotionalen Bindungen, die zu dieser Enttäuschungen führen, mit einem Wort: das ganze Drama, das wir Ödipuskomplex[4] nennen, spielen in diesem Alter eine entscheidende Rolle.

Wie dem auch sei und wie immer die Gründe beschaffen sein mögen, die Tatsache bleibt, daß am Ende der ödipalen Phase die Eltern anders behandelt werden. Sie sind stärker vom Selbst getrennt. Sie werden eher in ihrer Erziehungsfunktion gesehen denn als eigene Menschen mit ihren eigenen Schwächen und Anliegen. Daraus folgt zweierlei. Erstens führt das Ich des Kindes nun nicht mehr vorrangig die Mitteilungen triebbesetzter Objekte aus. Eine Änderung wird eingeleitet, das Ich beschäftigt sich nicht mehr in erster Linie mit der Realisierung kindlicher Wünsche, die um die Eltern, Geschwister und andere Familienmitglieder kreisen. Das Ich wird befreit.

Warum wird es befreit? Weil die Konflikte oder Wünsche bzw. Frustrationen von den Familienmitgliedern weg in den inneren Bereich verlagert werden. Da inzwischen die Neuauflagen dieser äußeren Objekte internalisiert sind, übernimmt die Innenwelt die Vorherrschaft. Auf einen inneren Wunsch folgt ein inneres Verbot. Auf »Ich will das« folgt nicht mehr von außen: »Nein, das geht nicht.«

Das Ich, das nun nicht mehr von den auf äußere Befriedigung angewiesenen Trieben[5] unterjocht ist, das nicht mehr bitten und betteln muß, wird frei für andere Aufgaben. Desweiteren kann das Kind mit dem nun eintretenden Umschwung lernen. Zu diesen inneren Veränderung gehört auch die Tatsache, daß der Anfang des Schulalters ins Ende der ödipalen Phase fällt. Manche behaupten, es sei genau anders herum. Wie dem auch sei, auf alle Fälle finden wir eine Übereinstimmung zwischen kulturellen Institutionen und reifebedingter Bereitheit.

Jetzt ist das Ich zunehmend frei für autonome Funktionen, d.h. autonom, was die direkten kindlichen Bedürfnisse und die kindlichen Objekte angeht. Das Kind wird zwar weiterhin ab und an weinend zu den Eltern laufen, doch in der Regel ist das Ich in dieser gemeinhin als Latenz bezeichneten Phase vergleichsweise unbeeinträchtigt von diesen kindlichen Bedürfnissen und diesem Hingezogensein zu den Objekten der inzestuösen Familie. Es ist frei für größere zielgehemmte Zuneigung, für das Lernen und den Erwerb von neuen Fähigkeiten. Das heißt, ihm öffnen sich nun ganz neue Bereiche. Natürlich standen ihm auch früher andere Bereiche zur Verfügung, aber diese waren untergeordnet. Mit fünf, sechs Jahren beginnt das Lernen noch nicht, doch die Hinwendung zu systematischen Abstraktionen (als Umgang mit Buchstaben und Zahlen) ist eine wichtige Entwicklung für das befreite Ich.

Am besten versteht man diese Strukturbildung anhand der groben internalisierten Struktur, dem sogenannten Über-Ich. Der Vater enttäuscht das Kind oder er stört durch seine bloße Anwesenheit die kindlichen Triebe an ihrem Höhepunkt – dem inzestuösen Begehren der Mutter, dem Aggressionstrieb, die

Hand in Hand gehen mit der Bewunderung für den Vater. Dadurch erleidet das Kind einen Integrationseinbruch in diesen Bereichen. Der daraus resultierende Konflikt führt zu einer Loslösung vom Vater. Dazu wird diese Vaterfigur als interne Figur entwickelt. Diese interne Figur nennen wir Über-Ich. Es gilt zu betonen, daß diese innere Neuauflage des Vaters nicht der Vater oder seine Repräsentation ist. Nehmen wir an, dieser Prozeß wird durch das Verschwinden des Vaters unterbrochen. Der Vater stirbt, verläßt die Familie, geht zur Armee, wird psychisch oder körperlich, ist nicht zu erreichen. In einem solchen Fall gibt es eine interne Repräsentation des Vaters, die wir Repräsentation oder Imago nennen. Sie besteht aus einem Komplex von hoch besetzten, herbeigesehnten Erinnerungen.

Um das Konzept der Imago weiter auszuführen: wenn wir Erwachsene von einem uns wichtigen Menschen getrennt sind, bleibt dessen Bild in uns. Es wird zu einem Objekt der Sehnsucht, wir denken häufig an diesen Menschen. Das trifft im übrigen auch auf den Trauerprozeß zu. Das Denken an den Verstorbenen und das sich allmähliche Zurückziehen von dessen Repräsentation ist eine Gegenbewegung zur Identifikation. Der andere wird zu einem internen Objekt der Zuneigung, eine Erinnerung, von der man sich nach und nach zurückzieht. Deshalb muß der andere nicht zu einem Teil des eigenen Selbst werden. Das heißt, Trauern und Identifikation stellen gewissermaßen die entgegengesetzten Enden einer Skala dar – gewissermaßen, aber nicht ganz. Doch darauf komme ich später genauer zurück.

Im Augenblick geht es mir um folgendes: ein Kind, das nicht die Gelegenheit hat, sich zur richtigen Zeit (also wenn es selbst zur Trennung bereit und zur internen Trennung fähig ist), vom ödipalen Vater zu trennen, wird sein ganzes Leben lang diesen Vater suchen. Mit anderen Worten: das Vaterbild bleibt ein nicht internalisiertes archaisches Objekt.

Vielleicht sagen Sie nun, Erinnerungen sind Internalisierungen. Das könnte man so stehen lassen, aber es ist Haarspalterei. So eine Erinnerung wäre das Bild eines Menschen, nach dem man sich eigentlich noch immer sehnt. Wenn man jedoch die ödipale Phase phasengerecht abschließt, ist die Erfahrung eine andere. Man hat die Möglichkeit, den Vater entweder aus Enttäuschung loszulassen oder indem man endlich seine Grenzen akzeptiert und toleriert. Damit gehört dies der Vergangenheit an. Doch etwas erinnert an diesen Prozeß: eine innere Struktur der Funktionen, die man außen aufgab. Zwischen der Erinnerung an den archaischen Vater und dem Über-Ich gibt es einen entscheidenden Unterschied. Mit entscheidend meine ich aber auch, daß das Über-Ich bei jedem Menschen bestimmte Züge des entsprechenden Elternteils aufweist.

Zum Beispiel arbeiten einige Eltern eher mit Drohungen, andere mit Verführung und wieder andere mit Versprechen. Dahinter steckt ihr Über-Ich. Manche Menschen sind so strukturiert, daß sie sich selbst mit einer Belohnung

winken für den Fall, »brav« gewesen zu sein. Andere haben ein sehr puritanisches Über-Ich. Sie sagen sich: »Ja, das mußt du tun. Aber dafür gibt es nicht extra eine Belohnung, das versteht sich von selbst.«
Diese erlernten Haltungen sind häufig Neuauflagen des Erziehungsstils, mit dem das Kind konfrontiert war, als der maßgebende Elternteil noch ein archaisches, prästrukturelles Objekt war. Sie sind gewissermaßen die Spuren dessen, was beim Internalisierungsprozeß schief lief. Die ideale Internalisierung führt zu einer Integration der gesamten Persönlichkeit. Es läßt sich eine gewisse Parallele zur Nahrungsassimilation ziehen. Um es anders auszudrücken: wenn man einen Ochsen ißt, wird man deshalb kein Ochse. Das fremde Protein wird in eigenes umgewandelt, nicht nur in menschliches, sondern wirklich in das eigene Protein.
Das heißt, im optimalen Fall laufen die Internalisierungsprozesse fraktioniert ab. Der Junge wählt aus der Persönlichkeit des Vaters, was er für die eigene Persönlichkeit braucht. Vielleicht ist er der nicht weit vom Stamm gefallene Apfel, aber er ist kein exaktes Spiegelbild des alten Apfelbaums. Manchmal gibt es große Unterschiede zwischen Eltern und Kindern, weil bei den Eltern die verschiedensten genetischen Hintergründe zusammenkommen. Der Sohn kann aggressiver sein als der Vater und braucht deshalb ein Über-Ich, das mit Sicherungen gegen diese Aggressionen ausgestattet ist, die sein Vater nicht nötig hatte. Da jedoch der Vater ebenfalls Aggressionen hatte und da er auf die Aggressionen seines Sohnes selektiv reagierte, nimmt dieser Aspekt des Vaters im Über-Ich des Fünfeinhalb- oder Sechsjährigen eine ausgeprägtere Rolle annehmen. Das Über-Ich ist kein Spiegelbild des Vaters, sondern ein selektiver, ausgewählter und integrierter Aspekt.
Allerdings habe ich noch keinen Menschen getroffen, dessen Über-Ich den Integrationsgrad erreicht hätte, wie wir ihn bei den Ich-Funktionen finden. Es erinnert immer an etwas Äußeres, das zufällig innen ist.[6] Man verhält sich seinen eigenen Werten gegenüber stets ein wenig so, als kämen sie noch immer von außen. Vollkommenheit ist kaum erreichbar. Man schlägt sich mit seinem Über-Ich herum. Man wird von Gewissensbissen geplagt, als stünde man unter einem äußeren Zwang. Man schreckt vor dem schlechten Gewissen zurück, das einen nach einem Verstoß erwartet. Das Über-Ich ist nicht völlig integriert.
Was die Richtlinien zur Über-Ich-Bildung angeht, gilt es folgendes zu beachten: Nicht nur die verbietenden Funktionen, sondern auch die zustimmenden Funktionen, die im Elternteil verkörperten positiven Ziele sind als Vorläufer des Über-Ichs anzusehen. Und diese im Über-Ich verkörperten Werte haben eine besondere Bedeutung, die wir bis zum äußersten verteidigen.
Für unser Leben bedeutet unsere Fähigkeit, unsere Werte dermaßen in unserem Über-Ich verankern zu können, eine ungemeine Sicherheit. Doch der Inhalt der Werte kann sich ändern. Er ändert sich zwar nur langsam, aber er ändert sich. Bei den meisten Menschen gewinnen die Werte an Reife, beson-

ders bei sehr nachdenklichen Menschen. Sie sind in der Lage, ihre Werte zu ändern, aber sie können nicht ohne Werte leben. Sie werden immer Werte haben, die ihnen wichtig sind, selbst wenn ihnen am meisten die Relativität der Werte am Herzen liegt, wie es bei einigen sehr differenzierten Menschen der Fall ist. Daraus entwickelt sich dann eine Toleranz gegenüber den Werten und Wertsystemen der Mitmenschen.

Im großen und ganzen trifft zu, daß sich am Ende der ödipalen Phase, bei der Bildung des Über-Ichs, diesem ungemein wichtigen Internalisierungsprodukt, etwas die Persönlichkeit ändert und Teil dieser Persönlichkeit bleibt. Das beginnt beinahe unmerkbar beim Neugeborenen und dauert bis in die ödipale Phase. Doch dieses Etwas baut nicht die Struktur des Über-Ichs auf, sondern meines Erachtens die Grundstruktur des Ichs. Jedes kleine »nein« erhält seine Entsprechung in einem internen »nein«. Jedes kleine »nicht das hier, sondern das« führt zum Aufbau eines Ich-Zieles. Mit jedem Prestige-Verlust der Eltern ist ein kleiner Prestigegewinn des Ichs durch ein »nein« oder einen weiteren Wert verbunden. Aus den unzähligen einzelnen Erfahrungen, die sich Tag für Tag aus den Ablehnungen der Eltern und den Verzögerungen, die eine Art Ablehnung sind, ergeben, bildet sich also eine innere Struktur. Das Ich übernimmt nun intern die früher von den Eltern extern ausgeführten Funktionen. Auch hier können sich, wie später, Probleme aus einem traumatischen Verlust ergeben. Wenn die Psyche in ihrem aktuellen Entwicklungsstand überfordert wird, dann ist eine grobe Identifikation mit dem verlorenen Elternteil oder Rückzug von der Vergangenheit die Folge, was einen Strukturverlust bedeutet.

In einer Psychotherapie nun erhalten diese in der Vergangenheit verlassenen Entwicklungsbereiche die Möglichkeit der Reaktivierung in einem vergleichsweise nicht traumatischen Setting. Und unter dem Einfluß dieser therapeutischen Situation werden die alten Wünsche erneut geweckt. Die alten Frustrationen werden erneut durchlebt, allerdings nicht auf eine überwältigende Weise, die der Psyche nur den Weg des Rückzugs oder der groben Identifikation läßt. Durch ein schrittweises, nicht-traumatisches Durcharbeiten kann der zuvor abgebrochene Prozeß zu einem richtigen Ende gebracht werden. Nach meiner Erfahrung bringt diese winzige Änderung große Vorteile für die Patienten, was Verhalten und Erfahrungen angeht. Man baut die Persönlichkeit nicht neu auf, aber dieses kleine Extra kann einen enormen Unterschied machen.

Im folgenden werden wir uns dem klinischen Material zuwenden. Deshalb möchte ich Ihnen nun noch Zeit für Fragen einräumen.

Kann ich kurz zu Ihren Ausführungen über phasengerechtes Lernen abstrakter Symbole zurückkehren wie Lesen und Rechnen, das normalerweise in die Latenzperiode fällt. Interessieren sich begabte Kinder nicht viel früher dafür, etwa um die Zeit der Sauberkeitserziehung?

Es ist durchaus möglich, daß ein begabtes Kind im Alter von zweieinhalb oder drei Jahren bereits elementare Lese- oder Rechenkenntnisse hat und die Mutter sehr stolz ist etc. Aber der grundlegende Konflikt in der Phase der Sauberkeitserziehung ist der Konflikt zwischen aktiv und passiv. Das würde bedeuten, daß die Mutter, die Wert auf vorzeitige Lesekenntnisse ihres Kindes legt, auch die Art von Mutter ist, die sehr streng auf die Sauberkeitserziehung des Kindes achtet und sehr stolz darauf ist, wenn ihr Kind früh keine Windeln mehr braucht. Das kann beim Kind zu einem Autonomiekonflikt führen:
»Das kontrolliere ich.«
»Nein, ich kontrolliere das.«
»Mach das hier.«
»Nein, ich mach das nicht hier.«
»Jetzt ist Zeit fürs Töpfchen.«
»Nein, jetzt ist nicht Zeit fürs Töpfchen.«
Zu einem gewissen Teil gehören diese Konflikte zwischen Mutter und Kind zum Prozeß des Heranwachsens. Und das richtige Maß zwischen Hartbleiben und Nachgeben, das richtige Maß an Förderung des Autonomieprozesses zum Zwecke der Akkulturation bleibt immer ein Problem.

Im westlichen Kulturkreis gibt es kein Kind, dessen Erwachsenenpersönlichkeit nicht in gewissem Maß langfristig durch die in unserer Kultur und Gesellschaft vorherrschenden Erziehungsmethoden beeinflußt worden wäre. Eine leichte Zwanghaftigkeit, eine leichtes Zurückscheuen vor der passiven Rolle sowie eine gewisses Aufbegehren trifft man mit Sicherheit recht häufig an. Aber mir kommt es auf folgendes an: wenn zu einer Zeit, in der die Sauberkeitsmoral und -erziehung im Vordergrund stehen, wenn das Ich sich darauf konzentrieren sollte, intellektuelle Werte an das Kind herangetragen werden, dann werden intellektuelle Konflikte eine anale oder urethale Richtung annehmen. Diese Kinder werden als Erwachsene intellektuelle Hemmungen haben, wie andere unter Verstopfung leiden. Mit anderen Worten: sie werden es sich verkneifen, etwas zu verstehen, und um nichts in der Welt dazu zu bewegen sein. Sie werden beim Lesen und Schreiben und in ihrer Produktivität blockiert sein und diese Blockierungen werden sich auf die Zeit zurückverfolgen lassen, die eigentlich dem Kampf um anale Belange gewidmet hätte sein sollen und in der dem Kind diese intellektuellen Bereiche aufgezwungen wurden. Die Zeit des Schließmuskels ist die Zeit des Schließmuskels, und wenn man diese Zeit dem Gehirn widmet, benimmt sich das Gehirn wie der Schließmuskel und rebelliert.

Ich versuche, diese Aussage etwas zurechtzurücken. Nach meiner Meinung neigt in der Psychologie nahezu alles, das in ehernen Lettern daher kommt, dazu, falsch zu sein. Sicher wird es brillante Kinder geben, die spontan lernen und nicht dazu gezwungen werden. Ich spreche hier von Lernen im Sinne von

Arbeiten – nicht über spielerisches Lernen. Man kann schon ganz früh spielerisch lesen lernen. Hier taucht im Gegensatz zum Arbeits-Lernen der Punkt des Übermüdetseins oder einen Widerstand-überwinden-Müssens gar nicht auf.

Womit wir zum Kern des Problems kämen: Ich spreche über die Fälle, bei denen Sprachfertigkeiten, Lesefertigkeiten und abstraktes Denken überwiegend in einem Netz von Hemmungen verstrickt sind. Intellektuelle Blockierungen, Leseblockierungen treten auf und anfangs anscheinend vielversprechend Kinder werden später eher unkreativ und haben mit großen Hemmungen zu kämpfen. Als Erwachsene erschöpfen sie sich in nicht enden wollenden Kämpfen über produktiv sein und nicht produktiv sein.

Ich denke hier vor allem an eine berufstätige Frau, die eine sehr schwere intellektuelle Störung dieser Art hat und die ich seit Jahren analysiere. Eine sehr schwierige Analyse. Sie ist eine ältere Schwester, der wegen der jüngeren Geschwister zu früh Verantwortung übertragen wurde. Die Eltern glaubten, sie käme ohne ihre Hilfe mit sich selbst klar. Dabei waren sie etwas intolerant, sie bedachten nicht, daß hier ein kleines Mädchen mit Problemen war.

Zufälligerweise sind die meisten mir bekannten Fälle von Hemmungen infolge vorzeitiger intellektueller Förderung Männer und Jungen. Das liegt vielleicht einfach daran, daß diese Art intellektueller Hemmung für die Karriere eines Mannes schädlicher ist als für die Karriere einer Frau. Meines Erachtens macht eine zwanghafte Frau ihrer Familie, ihren Kindern das Leben schwer, aber sie leidet nicht so sehr selbst darunter. Ein Mann mit schweren intellektuellen Hemmungen und Blockierungen dagegen, vor allem im Beruf, würde selbst mehr darunter leiden und sich eher krank fühlen als eine Frau mit einer ähnlichen Charakterstruktur.[7]

Hinter der Symptomatologie der gehemmten intellektuellen Aufnahmefähigkeit, der Produktivität und zeitweiligen Blockierungen, bei denen der Betroffene das Gefühl hat, nichts könne bewegt werden und er litte an intellektueller Verstopfung, stößt man häufig auf gar nicht allzu tief verborgene Kämpfe mit Autoritätsfiguren. Dabei handelt es sich größtenteils um eine Wiederholung der Sauberkeitserziehungskämpfe, bei denen die Mutter alles bestimmt, inklusive der Deadline, um die es immer geht. Ich möchte folgendes herausarbeiten: wenn nicht-phasenspezifische Fertigkeiten erworben werden, dann werden mit dem eigentlich anstehenden Fragen falsche Probleme vermengt.

Diesen Nachmittag sah ich einen ziemlich kranken Mann. Er steht unter großem Druck, seinen Doktor zu machen und er hört beinahe ein Gespräch darüber, was er tun oder nicht tun soll.

In sich, ein ständiges Hin und Her? Haben Sie ihn danach gefragt und er gab Ihnen die beiden Dialoghälften wieder? Ohne sich für eine der beiden Positionen entscheiden zu können und hin- und hergerissen dazwischen zu stehen?

Er ist ziemlich durcheinander. Je größer der Druck wird, desto weniger kann er sich entscheiden. Aber am meisten verblüffte mich dieses Gespräch, das die ganze Zeit läuft.

Ich verstehe das. Das ist ähnlich wie bei der Frau, die immer alles hinausschiebt und niemals mit ihrer Arbeit fertig wird. Sie ist außerordentlich begabt und hat brillante Ideen, aber sie schafft es nie, sie für eine Veröffentlichung ordentlich zu Papier zu bringen. Sie wird einfach nie richtig fertig. Auch hier gibt es einen inneren Dialog. Dabei gesteht ihr die eine Seite die Erfüllung und Selbstverwirklichung in ihren Fähigkeiten zu ihrem eigenen Ruhm zu, während die andere Seite den Ärger zum Ausdruck bringt, sich jetzt um die Kleinen kümmeren zu müssen. Das ist der ewige Konflikt. Sie kann weder das eine noch das andere tun und wirklich genießen. Sie ist noch immer wütend auf ihre Mutter, die ihr die Verantwortung für ihre Geschwister übertrug, statt sich selbst um sie zu kümmern und ihr die Autonomie zu geben, die sie brauchte. Daher kommt dieses ewige Hinausschieben.

Bislang ging es in dieser Diskussion um Arbeitshemmungen im Zusammenhang mit einem strukturellen Konflikt. Aber auch bei den narzißtischen Fixierungen stoßen wir manchmal auf Arbeitshemmungen.

Die reine Symptomatologie oder Phänomenologie bzw. das klinische Bild kann das allein nicht beantworten, es sei denn, wir beschäftigen uns eingehend und differenziert damit. Man muß hinter das Symptom blicken und auf die Dynamik achten. Heutzutage ist Arbeitshemmung eines der Hauptsymptome, über das die Patienten in der Psychotherapie, vor allem in einer Studentenklinik, klagen. Zur großen Mehrheit gehören diese nicht zu der Art internalisierten Konflikte, über die wir sprachen, sondern zu Ich-Störungen des Selbstwertgefühls, lassen sich also mit einer zu geringen Freude an der Arbeit erklären.

Solchermaßen gehemmte Menschen arbeiten wie Maschinen, doch ihnen fehlt ein Gefühl für Originalität, für spontanes Engagement. Dafür bräuchten sie ein grundlegendes Gefühl der Größe: »Ich bin ich und ich bin gut. Ich will Erfolg und ich will mich selbst ausdrücken.« Anders ausgedrückt, ihnen fehlt die Fähigkeit, Arbeit etwas spielerischer zu sehen. Ich hoffe, wir sprechen demnächst über diese äußerst wichtige Unterscheidung. In einem gewissen Sinn beginnt jede gute Arbeit als Spiel, aber um sie zu einem Abschluß zu bringen, gehört auch die Fähigkeit zu arbeiten dazu. Man muß dranbleiben, auch wenn es nicht mehr soviel Spaß macht und der Erfolg nicht gleich sichtbar ist. Ob Wissenschaft, Bauwesen oder Verwaltung – Arbeit kann immer kreativ und positiv sein, wenn man Freude an der Planung und neuen Ideen hat und daran, was man tut. Aber es gibt auch andere Zeiten. Das Spielerische und die Freude helfen einem nur, den ersten Schritt zu tun, aber nicht, die Arbeit gegen Widerstände und den Druck der Wirklichkeit zu Ende zu führen.

Die Mütter erzählen in der Regel, das Kind hätte sich selbst Lesen oder Rechnen beigebracht, indem es andauernd fragte:»Was für ein Buchstabe oder was für eine Zahl ist das?« Gibt es Kinder, die sich aus welchen Gründen auch immer vorzeitig für solche Sachen interessieren – oder steckt da immer eine subtile Nachricht dahinter? Anders ausgedrückt, versucht möglicherweise die Mutter, die die Sauberkeitserziehung nach den Bedürfnissen des Kindes ausrichtet, dafür das Kind vorzeitig am Lernen zu interessieren? Vielleicht hat sie gehört oder gelesen, zu frühe Sauberkeitserziehung sei nicht empfehlenswert, und überträgt daher diese Mischung aus Ehrgeiz und Kontrolle auf den Lernprozeß.

Ich denke, das gibt es alles. Ich denke, es gibt Kinder, die auf unterschwellige Nachrichten reagieren. Aber ich kann mir auch hochintelligente, interessierte Kinder vorstellen, die lernen wollen. Doch zwischen dem Wunsch, diesen oder jenen Buchstaben zu kennen, und der beharrlichen Arbeit, die zum Lesenlernen nötig ist, ist noch immer ein großer Unterschied. Der springende Punkt ist, ob Lesenlernen ein Teil des Erziehungsprozesses ist. Ein Kind daran zu hindern, seinen Interessen nachzugehen, ist meines Erachtens falsch. Erziehung hat immer etwas Mühseliges, Konfliktträchtiges an sich. Es wird immer mehr vom Kind verlangt, als es zu leisten bereit ist, es soll seine Müdigkeit überwinden, etwas Beharrlichkeit zeigen, auch wenn es ihm schwer fällt. Das gehört zum Erziehungsprozeß, sonst wäre es nur ein Spiel. Ich denke, daß selbst für ein sehr begabtes Kind solche abstrakte intellektuelle Interessen kaum phasengerecht sind.

Es gibt phasengerechte Dinge, die nicht direkt mit der Kontrolle des Schließmuskels zu tun haben, aber trotzdem mit diesem Thema harmonieren. Mir scheint das körperlich erquickliche Türmchenbauen in dieser Entwicklungsphase viel angemessener. Da gibt es schließlich noch einen Bezug zum Zusammenkneifen und Loslassen des Schließmuskels, ähnlich wie bei der generellen Muskelanspannung beim Gehen und den körperlichen Fertigkeiten, die das Kind beim Klettern erwirbt. Das harmoniert alles mit dieser Entwicklungsphase. Aber die Ruhe und Beharrlichkeit, die Rechnen und Lesen erfordern, wo man über längere Zeit nur mit den Augen und dem Verstand arbeitet, ist offensichtlich in der überwiegenden präödipalen oder frühen Kindheit nicht phasengerecht. Natürlich kann es Ausnahmen geben, wo es für ein begabtes Kind nur frustrierend wäre, wenn es nicht lernen könnte, was es lernen möchte. Aber das ist eine andere Geschichte. Was ich Ihnen hiermit sagen möchte ist, daß es jedem Prinzip schadet, wenn man es bis zum Extrem treibt.

Man kann von dem Ich eines Kindes nicht verlangen, daß es sich zielgehemmten Aufgaben widmet, wenn es, wie hier, vollauf mit den zum dominanten Trieb der jeweiligen Phase gehörenden Aufgaben beschäftigt ist. In unserem

Fall wäre dies die anale Phase. Nicht daß ein Kind nicht etwas lernen könnte, das nichts mit dem dominanten Triebbereich zu tun hat. Aber im großen und ganzen ist dieses frühe Lernen direkt auf die Triebspannungen bezogen.[8] Weiter erscheint mir wichtig, daß bei Fehlern in dieser Phase später auftretende Arbeitshemmungen einen Bezug zu diesem Triebbereich aufweisen. Der Erwachsene wird dann auf Anforderungen im intellektuellen Bereich mit der inneren Rebellion reagieren, wie sie eigentlich im analen Bereich zu finden ist. Das ist der eine Punkt, den ich betonen möchte. Der andere Punkt, auf den es mir ankommt: Solche interne Konflikte betreffende Arbeitshemmungen unterscheiden sich prinzipiell von Arbeitshemmungen, die das gesamte Selbst und Selbstwertgefühl betreffen. Bei bestimmten Menschen muß das Arbeitsproblem zum Beispiel analysiert werden. Damit meine ich nicht analysieren im Sinne einer Psychoanalyse, sondern im Sinne von dynamisch richtig diagnostizieren.

Wenn jemand darüber klagt, daß er nicht arbeiten kann, kann das ganz verschiedene Gründe haben. Doch wenn Sie sich genauer nach den Einzelheiten dieser Arbeitshemmung erkundigen, werden Sie sehen, ob Autoritätskonflikte dahinter stecken oder eine Angst vor Überstimulation, oder ob einfach der Antrieb fehlt, ohne den eine unabhängige Persönlichkeit nicht auskommt. Zur Eroberung der Welt braucht man Sicherheit. Auf diesem Gebiet haben wir alle unsere Schwankungen, doch wenn der Antrieb fest etabliert ist, gehören Neugierde und Wissensdurst zu den autonomsten menschlichen Eigenschaften. Möglicherweise sind sie auf ein paar Bereiche beschränkt – auf Kosten anderer Bereiche. Doch dieser Wunsch, neues kennenzulernen und sich zu erweitern, hält an bis ins hohe Alter trotz geistiger und körperlicher Probleme. Mit anderen Worten, ich möchte die Wichtigkeit einer möglichst exakten Diagnose hervorheben. Es ist unsinnig, die Arbeitshemmung eines beheben zu wollen, wenn er gar keine hat. Und es ist ebenso unsinnig, jemanden Patienten zeitweise mit dem eigenen Enthusiasmus zu unterstützen, wenn es gar nicht um einen Mangel an Enthusiasmus geht, sondern um eine Hemmung auf einem bestimmten Gebiet. Arbeitshemmung muß genau diagnostiziert und festgemacht werden, bevor man etwas Vernünftiges dagegen unternehmen kann. Die Art und Weise, in der man dann das Problem auf der Grundlage der mehr oder weniger richtigen Diagnose angeht, ist entscheidend für den Erfolg. Ohne die Diagnose wäre es ein blindes Herumdoktern ohne jede Richtung. In Ihrer Arbeit mit den Studenten, die Sie in Ihrer Klinik sehen, sind Sie auf eine exakte Diagnose angewiesen. Und aus der Untersuchung klinischer Daten heraus kann ich Ihnen helfen, die feinen Unterschiede beim Entstehen der psychischen Struktur entlang der Entwicklungslinien des Narißmus besser zu verstehen.

[1] Eine durch ein Selbstobjekt ausgeführte und optimal zurückgenommene Funktion ermöglicht eine umwandelnde Verinnerlichung in eine Selbst-Funktion.

[2] Der Funktionsverlust durch das Selbstobjekt wird in eine Selbstfunktion übergeführt.

[3] Hier handelt es sich um eine frühe Formulierung der Umwandlungsinternalisierung.

[4] Kohut (1984, dt.: Wie heilt die Psychoanalyse?, 1987) belegt dies später mit dem allgemeinen Begriff ödipale *Phase* und reserviert *Ödipuskomplex* für pathologische Entwicklungen. Siehe S. 14, 22-27, 29, 125-126; 1977 5. Kapitel, bes. S. 230 zur ödipalen *Phase*, dt.: Die Heilung des Selbst, 1981.

[5] Kohut hängt hier noch dem Strukturmodell und der Trieb- und Konflikttheorie an. Zunehmend betrachtet er jedoch triebdominiertes Verhalten und Denken als durch empathische Fehlleistungen des Selbsobjektmilieus verursachte Desintegrationsprodukte.

[6] Nähere Erläuterungen zum »fremden Objekt« siehe Kohut 1984, S. 100-160; 1971, S. 49, dt.: Wie heilt die Psychoanalyse?, 1987; und Kohut und Wolf 1978, S. 416, dt.: U. H. Peters (Hrsg.), Die Störung des Selbst, 1983.

[7] Auf Fragen seiner Kollegen und Studenten hin erweiterte Kohut seine theoretischen Erklärungen vom klassischen psychoanalytischen hin zu einem geschlechtsorientierten Standpunkt auf der Grundlage der Selbstpsychologie. Siehe Kohut 1978, S. 776-779 und 782-792; Kohut 1984.
Zu der Zeit dieser Seminare, 1969-1970, begann die Zahl der berufstätigen Frauen gerade sprunghaft zuzunehmen. Kohuts Äußerungen hier spiegeln nicht seine Meinung, auch nicht seine damalige, wieder. Seine Bemerkung über zwanghafte Frauen, die ihren Kindern mit ihrer Unzufriedenheit das Leben schwer machten, während die Männer selbst darunter leiden würden, bezog sich auf Frauen, deren schwaches Selbst kein Ziel außerhalb der Aufzucht der Kinder fand.

[8] Siehe Kohut 1977, S. 120-121, 171-173, dt.: Die Heilung des Selbst, 1981. Hier wird beschrieben, wie das Selbstobjekt-Milieu, wenn es empathisch versagt und nicht angemessen auf den in den Vordergrund drängenden Trieb reagiert, zu einer Desintegration führt.

II. Teil
Fallbeispiele

8. Die Sucht nach einem bewundernden anderen zur Regulierung des Selbstwertgefühls *

Wir stehen heute, zumindest symbolisch, am Beginn einer neuen Ära: der Ödipuskomplex ist abgeschlossen, wir betreten mit der ersten Fallvorstellung die Latenzzeit.
Der folgende Fall steht stellvertretend für eine Vielzahl ähnlicher Fälle in unserer Klinik. Der Student, ob männlich oder weiblich, merkt, daß er eine Beziehung zerstört, indem er am Anfang zu große Ansprüche stellt. Sogar wenn ihm klar ist, daß dieses Verhalten unweigerlich zum Ende der Beziehung führt, kann er es nicht ändern.

Eine 22-jährige Lehramtsstudentin im zweiten Jahr war verzweifelt über das Ende einer Liebesbeziehung. Sie hatte gemerkt, daß sich über die letzten Jahre ein bestimmtes Muster herausgebildet hatte: sie ging eine intensive Beziehung ein und setzte dann den jungen Mann schwer unter Druck, sie zu unterstützen, was ihn veranlaßte, sich zurückzuziehen. Große Probleme bereitete ihr die Art, wie sie darauf reagierte – besonders die Depression, das äußerst niedrige Selbstwertgefühl und die Schuldgefühle –, und die Aussicht, dieses Beziehungsmuster weiterhin zu wiederholen. Sie berichtete, eine Beziehung zu einem Studienkollegen sei anscheinend ein Wendepunkt gewesen. Damals studierte sie an einem anderen College. Von dem Freund, den sie zuvor gehabt hat und mit dem sie fünf Jahre lang (von ihrem 14. bis zu ihrem 19. Lebensjahr) befreundet gewesen war, hatten alle angenommen, daß sie ihn heiraten würde. Aber sie hatte sich auf der »Einbahnstraße in die Reihenhaussiedlung am Stadtrand« gefühlt und die Beziehung beendet. Darauf folgte die intensive sechsmonatige Zeit mit dem Jungen im College und ihre erste sexuelle Erfahrung. Ihre Familie, mit der sie bisher immer ausgezeichnet ausgekommen war, geriet wegen dieses Jungen ganz außer sich und tat, was sie nur konnte, um die beiden auseinanderzubringen, obwohl sie ihn nie kennengelernt hatten. Ihr Verhältnis zu ihrer Familie war seither ein anderes.
Sie berichtete, daß sie nach dem Ende der Beziehung ziemlich »verrückte Sachen« machte. Zum Beispiel rief sie den Jungen zu unmöglichen Zeiten an und bestürmte ihn, zu ihr zuückzukehren. Anschließend regte sie sich

---

* Anmerkung der Herausgeberin: In den folgenden Kapiteln stellen die Angestellten der Student Mental Health Clinic und der Psychiatrieabteilung einer großen Universität Fälle vor. Diese Fallvorstellungen sowie die Kommentare des den Fall präsentierenden Angestellten sind jeweils in **Fettdruck**. Fragen der Seminarteilnehmer sind wie im übrigen Buch *kursiv* gedruckt.

immer sehr auf, sagte, daß ihr ihr unsinniges Verhalten klar sei, aber daß sie dem Drang, ihn anzurufen, einfach nicht widerstehen konnte. Im Augenblick arbeitet sie mit Kindern. Sie fühlt sich verpflichtet, ihre Probleme zu bereinigen, um besser mit ihnen arbeiten zu können. Ich denke, daß sie wegen des Beziehungsmusters zu uns kam, das sie ständig wiederholt und unter dem sie sehr leidet.
Den Großteil der ersten Stunde erzählte sie von ihren Liebesbeziehungen und den anschließenden Depressionen. Im Alter von 22 Jahren fühlt sie sich alt und fürchtet, niemals glücklich verheiratet zu sein. Sie sprach über ihren Wunsch nach einer Beziehung ohne jede Einschränkung und dem Widerstreben ihrer Freunde, sich auf diese Bedingungen einzulassen.»Ich tue alles für diese Kerle. Ich schenke ihnen die Aufmerksamkeit, die sie wollen. Ich möchte die ganze Zeit mit ihnen beisammen sein. Ich suche einen Jungen, der das akzeptiert und mich genauso behandelt. Mehr will ich nicht im Leben.«
Ihre Eltern sind intelligente Leute mitte fünfzig. Der Vater ist Lehrer, die Mutter Hausfrau. Sie beschreibt sie als sensible und intelligente Menschen, zu denen das Verhalten ihrem früheren Freund gegenüber überhaupt nicht paßt. Seither seien sie wieder verständig und umgänglich. Sie beneidet ihre ältere Schwester, die dreißig Jahre alt, glücklich verheiratet und Mutter zweier Kinder ist. Sie hat noch einen 17jährigen Bruder, der die letzte Klasse der Highschool besucht. Ihre Kindheit war glücklich; sie habe, seit sie mit Kindern arbeite, die eigene Kindheit und Jugend nochmal durchforstet, aber nichts Pathologisches gefunden.
Es ist wohl offensichtlich, warum ich diesen Fall wählte. Sie zeigte eine gewisse Einsicht in die Kommentare ihrer Freunde, die im wesentlichen meinten, sie brächte sich selbst in diese Situationen. Der Ausgang und das Herzeleid wären unvermeidlich. Zuerst sprach sie über die Schuldgefühle im Zusammenhang mit den sexuellen Handlungen während der Beziehungen. Diese Schuldgefühle treten nicht während der Beziehung auf, sondern erst hinterher. Dann fühlt sie sich von dem Jungen benutzt und hat gleichzeitig Angst, daß der nächste,»vollkommene« Freund sie wegen ihrer Vergangenheit ablehne. Ich entschied mich aus einem weiteren Grund für diesen Fall. Normalerweise halten wir Klienten wie dieses Mädchen für hysterische Persönlichkeiten. Im Hinblick auf das Thema dieses Seminars gibt es bestimmt auch andere Aspekte, unter denen man diese Fälle betrachten kann. Ich habe sie fünf oder sechsmal gesehen. Ich kann jetzt weiter darüber sprechen oder wir machen an dieser Stelle eine Pause für Anmerkungen oder Fragen.

Bisher wissen wir, daß sie darüber klagt, sich nach einer ungemein verständnisvollen und allumfassenden Beziehung mit einem Jungen zu sehnen. Dann zieht sich der Freund unter dem enormen Druck zurück. Und obwohl sie ihr Verhalten als erniedrigend empfindet, ist ihr Wunsch stärker und sie bittet ihn, zu ihr zurückzukehren. Soweit in etwa die Geschichte. Wie wissen ungefähr, aus welcher Familie sie kommt und daß sie einen Bruder und eine Schwester hat.

Ich möchte damit fortfahren, ihre Art zu sprechen zu schildern. Sie ist ein ziemlich attraktives Mädchen und wird häufig verlegen, wenn sie über ihre Gefühle spricht. Sie sagt dann:»Es fällt mir schwer, darüber zu reden.« Und es fällt ihr dann tatsächlich schwer und sie fährt ganz schüchtern und beschämt fort:»Ich möchte einen hübschen Jungen, der etwas besonderes ist.« Sie sagt oft»Junge«.»Und ich sollte anders sein, nicht so wie ein Schulmädchen. Aber ich möchte einen Jungen, den ich richtig bewundern kann, der anders ist und den alle gutaussehend finden. Ich möchte keinen gewöhnlichen Jungen. Mein reifes Selbst sagt mir, daß es besser ist, jemanden zu finden, der zuvorkommend ist, auf den man sich verlassen kann, der eine gute Erziehung hat und eine Familie versorgen kann. Aber ich ertappe mich immer wieder dabei, daß mich gutaussehende Jungs anziehen, mit einem Sinn für Humor, die viel zu sehr dem Geschmack eines Schulmädchens entsprechen.« Sie beschreibt ihre Gefühle der Zurückweisung, die zum Teil daher stammen, daß sie sich dafür schämt, sich erneut zum Narren gemacht zu haben – es passierte ihr bereits fünfmal –, und zum Teil daher, daß sie, um ein abgedroschenes Wort zu verwenden, nach dem Jungen schmachtet, wenn er nicht da ist.

Der Ausdruck ist nicht von ihr, er ist von Ihnen.

Der Ausdruck stammt von mir. Wenn gerade niemand da ist, ist das Leben in jeder Hinsicht grau. Sie sagte:»Was bedeutet schon eine gute Note? Wenn er nicht da ist und 'gut' sagt ... eine mittelmäßige Note ist besser, wenn er sagt: 'Gut gemacht.' Ich fühle mich nicht hübsch, wenn er nicht da ist, um mich hübsch zu finden.« Nichts hat einen Wert, wenn sie es nicht mit dem Jungen teilen kann, der gerade diese Rolle ausfüllt. Beim Gespräch über ihre Familie schildert sie den Vater, er ist 59, noch immer als sehr in die Mutter verliebt, die diese Liebe erwidert. Es sei sehr schön gewesen zu Hause, weil alle so hervorragend miteinander auskamen. Die Beziehung ihrer Schwester und ihres Schwagers sei genauso. Als Kind, und auch heute noch, hatte sie das für ganz natürlich gehalten. Mit 18 trifft man auf romantische Art einen Mann, den man sehr liebt und mit dem man sein ganzes Leben lang im wörtlichen und übertragenen Sinne Händchen hält. Für ihre Familie ist sie mit 22 Jahren schon alt, vier Jahre zu spät dran für dieses Ereignis. Sie berichtete, vielen ihrer früheren Schulfreunde aus ihrem Viertel am Stadtrand sei es so ergangen. Wir sprachen zum erstenmal darüber, daß diese Ehen möglicherweise alle nicht so harmonisch sind. Vielleicht waren all diese Menschen, die mit

18 Jahren heirateten, gar nicht so glücklich bis an ihr Lebensende. Darüber hatte sie noch nie nachgedacht. Sie erwartete das einfach, weil sie es nichts anders gesehen hatte oder sehen wollte. In ihrer Familie und bei ihren Altersgenossen war das so.
Während einer Sitzung erzählte sie von einem Jungen, der sie sehr interessierte. Sie war gern mit ihm zusammen, aber er paßte überhaupt nicht in ihre Heiratspläne – schon allein deshalb, weil er nicht heiraten will. Trotzdem trifft sie ihm gern. Er wohnt in der Nähe und hat sie öfters eingeladen und auf Partys mitgenommen. Sie findet das sehr schön, denkt aber nicht, daß daraus etwas werden kann. Nicht einmal eine dieser Drei- oder Vier-Monats-Beziehungen.
Sie sprach auch darüber, wie sehr sie sich schäme, meine Zeit mit so einem Problem zu verschwenden. Sie kritisierte sich selbst scharf, keine bessere Kontrolle zu haben. Es sei unreif von ihr, das nicht selbst in den Griff gekriegt zu haben und einen anderen zu verdrängen, der es wirklich nötig habe. Sie stellt es dabei eher als Problem der Schwäche dar denn als gesundheitliches Problem oder als etwas, das ihr Kummer bereite, obwohl sie letzteres durchaus zugibt. Beim weiteren Gespräch über ihre Familie stellte sie sie als sehr altruistisch dar, als eine Familie, die an andere Menschen denkt. Der Vater hilft schon von berufswegen anderen. Und auch die Mutter betätigt sich bei den verschiedensten Organisationen. Schon als kleines Kind hatte sie gespürt, daß die Gruppe wichtiger war als man selbst.
Als Beispiel erzählte sie, wie die Familie einmal verreisen wollte und ihre Geschwister ihre Sachen nach unten getragen hatten, ihre aber noch oben waren. Ihre Mutter meinte: »Erwartest du, daß wir deine Sachen runtertragen?« Sie schämte sich ungemein, weil sie versucht hatte, andere ihren Teil der Arbeit aufzuhalsen bzw. nicht selbst ihren Beitrag für die Gruppe zu leisten. Die Leute an der Universität sind ganz anders als ihre Familie. Ihr ist der Konflikt zwischen den Zielen ihrer gleichaltrigen Freunde und der Einstellung ihrer Eltern zu diesen Dingen durchaus klar. Wir versuchten herauszufinden, wann sie sich – um es mal so auszudrücken – wie sie selbst fühlt.
Sie erzählte, sie hätte das Bedürfnis, ihrer Mutter von ihren Experimenten mit Marihuana zu erzählen. Was diese jedoch nur entsetzlich schokkieren und aufregen würde. Wir sprachen darüber und konnten der Sache etwas auf den Grund gehen. Warum wollte sie es ihrer Mutter erzählen, wenn sich diese nur aufregen würde? Sie wünscht sich das Einverständnis der Mutter. Das würde die Kluft zwischen den Werten ihres Zuhauses und denen ihrer gleichaltrigen Freunde verringern. Wir sprachen darüber, ob die Akzeptanz durch den Jungen, sobald es ihn wieder gibt, reichen würde, um den Konflikt zum verschwinden zu brin-

gen, ob sie nichts brauchte als seine Anerkennung, den Ausdruck seiner Zustimmung:»Was du tust, ist richtig«oder»Ich glaube an dich.«Damit verlor das an Bedeutung, was ihre Eltern glaubten oder davon hielten, was sie machte. Der Junge übernahme das. Er war dafür notwendig und er reichte dafür aus. Und das war mit Sicherheit eine der Funktionen, die er erfüllte. Wir fanden auch heraus, daß die Beziehungen zweiphasig ablaufen. Das bedürftige Selbst erschien erst, wenn sich die Dinge zu festigen begannen. Am Anfang war sie nicht so fordernd. Erst wenn die beiden sich besser kennengelernt hatten, schraubte sie ihre Forderungen hinauf. Das ging so weit, daß einige dieser Burschen sagten:»So habe ich mir das nicht vorgestellt, als die Sache mit uns anfing. Ich bin einfach nicht dazu in der Lage, das alles zu tun, was du von mir verlangst, und immer bei dir zu sein, wenn dir danach ist. Wir sollten aufhören, uns zu sehen.« Das war für sie ein vernichtender Schlag, und anschließend versuchte sie, den Jungen zurückzugewinnen.

Das ist ein guter Schlußpunkt. Wie oft haben Sie sie gesehen?

Siebenmal.

In welchen Abständen sehen Sie sie?

Einmal die Woche.

Sie begannen also vor etwa zwei Monaten und die Behandlung dauert noch an. Warum beginnen wir nicht einfach mit der Diskussion des Falles?

Geht es bei ihr hauptsächlich um Objektliebe und -haß oder um narzißtische Objektliebe und -haß? Welche Schlüsse lassen dieses Material zu, um uns für die eine oder andere Richtung zu entscheiden?

Sie möchten gern mehr über ihr Liebesbedürfnis wissen. Wir möchten uns über ihre Persönlichkeit klar werden, so wie sie sich in ihrem anscheinenden Hauptproblem manifestiert, den Anforderungen, die sie an ihre Freunde stellt und die dann, zweitens, zum Ende der Freundschaft führen. Hier scheint sich eine direkte Verbindung zwischen dem vorgestellten Symptom und einer Kernfrage zu ihrer Persönlichkeitsorganisation aufzutun. Und Sie möchten nun wissen, welche Verhaltens- oder phänomenologischen Kriterien unserer Entscheidung zugrunde liegen, ob dies nun, wie Sie sagen, eine narzißtische Forderung ist oder eine besonders starke Form von Objektliebe oder ob sie vielleicht aus einer Art innerem Konflikt heraus Beziehungen herbeiführt, die wegen unbewußter Schuldgefühle nicht funktionieren können. Ich beschreibe nur verschiedene Richtungen, die man einschlagen könnte. Doch konzentrieren wir uns fürs erste auf Ihren Vorschlag und diskutieren wir etwas ausführlicher, worum es bei ihren Anforderungen geht.

Mir fällt nur ein wichtiger Hinweis auf, aber ich kann ihn nicht auf den richtigen Punkt bringen. *Kann es sein, daß sie ihre Gefühle dem Therapeuten gegenüber beschreibt, wenn sie die Geschichte erzählt, wie ihre Mutter sagt: »Erwartest du, daß wir deine Sachen runtertragen?« Ich habe das Gefühl, daß es sich dabei um den Beginn einer Übertragung von Angst und Erwartung handelt.*

Das ist im Augenblick wirklich nicht von Interesse. Wir diskutieren hier nicht die Feinheiten der Behandlungssituation, sondern versuchen uns dem zentralen Anliegen ihrer Persönlichkeit zu nähern. Das kann mit ihrem Therapeuten zu tun haben, mit ihren Liebhabern oder ihren Eltern, aber uns geht es darum, das Kernproblem auszuloten und zu *ergründen*.[1] Wie sehen ihre Liebesbedürfnisse aus? Beschäftigen wir uns damit. Inwiefern sind sie ungewöhnlich? Inwiefern scheinen sie ihr im Weg zu stehen? Wie können wir sie beschreiben? Sie scheint die totale Verschmelzung zu wollen und das Spiegeln von Zustimmung – um es mit unseren Worten auszudrücken. Schließlich sagt sie, sie möchte den Mann permanent haben, unter allen Umständen, und sie könne sich nur in Bezug auf ihn sehen. Eine gute Note an sich bedeute nichts. Eine mittelmäßige Note ist besser, wenn der Junge sie entsprechend kommentiert: »Ist es nicht gut, daß du diese Note hast? Du bist doch ein gutes kleines Mädchen. Siehst du nicht nett aus?« Sie kann sich nur als gutaussehend empfinden, wenn jemand sie sieht und es ihr sagt.

Doch was Sie sagten, stimmt insofern, als mein ursprünglicher erster Eindruck etwas anders war. Mir schien, ihre Beziehung weise ein paar Züge von Sucht auf. Ihre Liebe ist nicht so differenziert, wie man das gemeinhin von einer reifen 22jährigen erwartet, die einen anderen Menschen gern hat und Liebe und Leidenschaft für ihn empfindet. Hier dagegen finden wir einen nicht näher definierten Drang, wie wir ihn von Süchten kennen, ob es sich nun um die Sucht nach Drogen, Menschen, Nahrung, Alkohol, Masturbation oder Perversionen handelt. Neben einer Vielzahl von Eigenschaften sticht eine schwer faßbare Eigenheit der Sucht besonders hervor, ein Drang, ein Nicht-aufschieben-Können, ein Gleichmachen aller Unterschiede. Es ist egal, ob es sich um guten oder schlechten Bourbon, guten oder schlechten Wein handelt. Wichtig ist, was dahinter steht. Bestimmend sind also nicht die Details des Objektes an sich, sondern die Bedürfnisse des Selbst. Darum ist das Objekt der Begierde nicht so wichtig. Der Drang will befriedigt, eine Leere gefüllt werden.

Dieser Ausdruck tauchte auf. Ich gebrauchte ihn in einer Sitzung. Sie wirkt wie eine Süchtige, die nach etwas sucht.

Sie haben also ein ähnliches Gefühl. Das sind erste Eindrücke. Allerdings kann man bei von einem erfahrenen Therapeuten nach sieben Sitzungen davon ausgehen, daß etwas mehr dahinter steckt. Wir spekulieren hier nicht wild

herum auf der Grundlage eines Aufnahmegespräches, sondern wir haben bereits ein gewisses Hintergrundwissen. Die Frage ist, ob diesem Objektwunsch ein Sucht- oder ein narzißtischer Aspekt innewohnt. Wird hier eine innere Leere gefüllt? Können wir dazu etwas sagen? Können wir weitere Vermutungen anstellen?
Bei klinischem Material schlage ich in der Regel zwei Richtungen ein. Ich versuche, das im Vordergrund stehende Symptom empathisch zu ergründen. Dabei stoße ich des öfteren auf einen entscheidenden Hinweis. Was empfindet diese Patientin eigentlich, wenn sie sagt, sie kann ihren Freund nicht loslassen? Kann ich das verstehen – so tief wie möglich mit ihr fühlen? Und dann suche ich nach greifbaren Gründen, z.b. nach Vorfällen in der Kindheit, die dieses Verhalten oder Gefühl erhellen. Meistens erfährt man nicht allzuviel, aber manchmal bekommt man recht früh recht gute Hinweise, die in eine bestimmte Richtung weisen, die sich am Schluß, nach vielen Zweifeln, als brauchbar herausstellen. Mit diesen zwei Methoden gehe ich an solches Material heran.
Aber können wir schon mehr dazu sagen, was wir über diesen Hunger, diese Gier, diese Sucht, dieses Bedürfnis, eine Leere zu füllen, gelernt haben? Wie Sie wissen, geht es ihr ganz um sich selbst. Sie stellt bestimmte Bedingungen: das Objekt sollte gut aussehen und darüberhinaus noch ein paar wohl definierte Qualitäten aufweisen. Das erinnert an die Frage, auf welche Droge man am besten abfährt. Vielleicht übertreibe ich etwas, aber dies ist mein erster Eindruck.
Ich möchte zumindest als vorsichtige Hypothese anbringen, daß sie die von Ihnen erwähnte narzißtische Selbstregulierung[2] noch nicht internalisiert hat. Die Balance ist nicht vorhanden oder ständig gefährdet. Ich frage mich schon lange, was passiert, wenn keine Unterstützung von außen erfolgt – also diese zur Aufrechterhaltung des narzißtischen Equilibriums notwendigen Objekte nicht verfügbar sind?
Ich stimme völlig damit überein, daß dieses Mädchen narzißtisch verletzt ist. In diesem Zusammenhang möchte ich noch einmal auf die Erinnerung an ihr Fehlverhalten zurückkommen. Fühlen Sie sich bitte in diese kleine Geschichte ein. Wenn eine Patientin so etwas erzählt und es fällt Ihnen unter all den anderen Geschichten, die Sie erzählt, so auf, daß Sie sich nun daran erinnern, dann muß dies irgend etwas zu bedeuten haben. Sie machte einen Fehler – sie brachte ihre Sachen nicht runter. Darauf wurde sie nicht wirklich grob behandelt, aber doch auf subtile Art von ihrer Mutter fertiggemacht.»Denkst du, wir sollen das für dich machen?« Sie hatte es einfach vergessen. Angebracht wäre gewesen, wenn sie gesagt hätte:»Geh hinauf und hol sie. Schnell, beeile dich!« Aber sie reagierte mit einem enormen Abfall des Selbstwertgefühls. Das ist eine späte Erinnerung. Ich weiß nicht, ob sie vier oder zehn war.

Sie war wahrscheinlich acht oder zehn.

Selbst wenn sie vier war, macht es keinen Unterschied. Das ist eine späte Erinnerung und nicht die Ursache für die Störung. Es ist ein Symbol, das Echo einer frühen Erfahrung, das uns zeigt, wie verwundbar sie war. Sie reagiert auf den Vorwurf ihrer Mutter nicht mit Wut. »Warum wirfst du mir das vor? Ich habe es einfach vergessen!« Sie sagt auch nicht: »Okay, Mama, ich geh rauf und hol sie. Übertreib' es nicht.« Sondern sie fällt richtig in sich zusammen und ihr Selbstwertgefühl schwindet dahin. Sie sagte, sie schämte sich schrecklich. Ein derart tiefes Schamgefühl und auf den Tiefpunkt abgesunkenes Selbstwertgefühl erfährt man genau dann, wenn man glänzen und das Gegenteil erreichen will. Wir wissen nicht, ob sie sich gerade hübsch angezogen hatte und dafür Bewunderung einheimsen wollte. Was hatte die Familie vor?

Sie wollten verreisen.

Sie machten eine Reise, auf die sie sich freute, und genau dann wird sie bloßgestellt. Vielleicht erhalten sie aus dieser Situation einige Aufschlüsse über die Eltern: zuerst diese Vorfreude und dann wird ihr der Teppich unter den Füßen weggezogen. Unsere Aufgabe ist die Lösung dieses merkwürdigen Rätsels, das sich vielleicht als gar nicht so merkwürdig erweist, wenn wir es etwas näher untersucht haben.

Wie paßt das zu einer so warmherzigen Familie, die so gut ist, so strahlend, so freundlich und so voller Ideale? In dieser Familie gelang es auch der Schwester, dieses Strahlen in ihr Leben zu bringen, diese Warmherzigkeit, dieses Engagement und diese gelebte Nächstenliebe. Wie kann sich in einer solchen Familie das mittlere Kind so schlecht, so wertlos fühlen? Ist das typisch für das mittlere Kind? Hat es etwas mit einer möglichen Scheinheiligkeit der Familie zu tun? Kann diese Familie nur in sozialen Belangen warmherzig sein, nicht aber den eigenen Familienmitgliedern gegenüber? Hat es etwas damit zu tun, daß hier ein zweites Mädchen in einer Familie ist, die sich vielleicht einen Jungen wünschte? Wir wissen es nicht. Diese Fragen stellen sich uns und scheinen wichtig genug, daß wir uns näher mit ihnen beschäftigen.

Möchte jemand etwas dazu sagen? Entwickeln Sie bereits ein Gefühl für diesen Fall? Meinen Sie, unsere Anfangstheorien könnten zutreffen? Und was genau bedeuten diese Anfangstheorien?

Es gibt einiges zu klären, bevor wir mit dem klinischen Material weitermachen, auch wenn wir bisher erst wenig erfahren haben. Da wären erst mal zwei Punkte. Wie sieht ihre Beziehung zu ihren Freunden aus, was ist es, was die Jungen immer die Flucht ergreifen läßt? Ich vermutete, es könnte eine Sucht nach anderen Menschen sein. Was bedeutet das? Das ist ein einnehmendes Wort, das sofort einen Eindruck von Stichhaltigkeit erweckt und sämtliche Unklarheiten zu beseitigen scheint. Es klingt bekannt. Aber was bedeutet es, wenn man sagt, ihre Beziehung zu einem anderen Menschen sei wie eine Sucht? Ist es eine narzißtische Beziehung oder eine Liebesbeziehung? Das ist nur eine andere Art, dieselbe Frage zu stellen. Und wenn das alles irgend etwas zu bedeuten hat, wie läßt sich das unter einen Hut bringen mit unserer ersten Vermutung, hier handle es sich um ein leicht erschütterbares Mädchen, das durch Kritik sofort am Boden zerstört ist, gleichzeitig aber alle Schamgefühle hinter sich läßt und den Männern nachläuft, als ginge es um ihr Leben, sobald diese ihre Unabhängigkeit erklärt haben. Können wir uns noch etwas genauer mit diesem Punkt beschäftigen? Bei solchen Gedankenexperimenten lernt man einiges. Meines Erachtens ergänzen sich die Freiheit des Gedankenexperiments und der hochachtungsvolle und vorsichtige Umgang mit klinischem Material vorzüglich. Man lernt dabei, zwischen den Beweisen zu unterscheiden, die die Hypothese unterstüzen, und denen, die sie widerlegen. Doch wenn Sie mit dem fühen Material nicht arbeiten, wenn Ihnen die Einfälle dazu fehlen, können Sie das zukünftige Material an nichts messen. Ihnen fehlen die Hypothesen, die Sie nun überprüfen könnten.

Wieder ist Vorsicht angebracht. Manche neigen dazu, nur noch Argumente für ihre Hypothese zu finden und einen Fall für geklärt zu halten, sobald ihnen eine Hypothese zusagt. Da beim Menschen Verhalten, Symptomatologie und Kommunikation komplex sind, kann man immer etwas Passendes entdecken. Aber das ist eine laienhafte Herangehensweise, die es abzulegen gilt. Allerdings glaube ich nicht, daß wir uns bisher zu weit aus dem Fenster gelehnt haben. Ich denke, sie erzählt uns tatsächlich, wie sehr sie anscheinend süchtig ist und wie wenig sie loslassen kann. Wir wissen, daß diese Männer vor ihr davonlaufen. Darüber möchten wir mehr erfahren. Können Sie ein paar Vermutungen anstellen, um dann zu sehen, wie weit sie damit richtig lagen?

Vielleicht sollten wir uns der Frage zuwenden, inwiefern dieses Bild nicht dasselbe ist, weil es irgenwie Teil ihrer selbst sein muß. Aber es kann eine aktuelle Schwiegkeit gegeben haben, wenn sie zur Sitzung kommt, einfach weil die narzißtische Kräkung noch ganz frisch ist und sie sich deshalb als noch verletzbarer, als noch größeren Männerschreck darstellt? In diesem Augenblick werden wir nichts über die Eigenschaften des Menschen hören, den sie gerade verloren hat. Sie vermengt alle Verluste miteinander. Aber das heißt nicht, daß sie nicht fähig ist, Interesse für den anderen aufzubringen, wenn sie frisch verliebt ist.

Eine völlig richtige Anmerkung. Ich denke, sie trifft die Sachlage hier zwar nicht, aber es ist dennoch eine sehr wichtige, zur Vorsicht mahnende Anmerkung. Nebenbei bemerkt, bei depressiven Menschen trifft dies eher zu. Ein akut Depressiver sieht alles in dunklen Farben. Alle Kindheitserinnerungen sind dunkel getönt. Man hat das Gefühl, das Leben sei immer tiefgrau gewesen, was überhaupt nicht stimmt. Dieselbe Person schildert, wenn sie nicht depressiv ist, die Vergangenheit in viel rosigeren und optimistischeren Tönen.

Auf diesen Fall trifft das weniger zu. Wir haben nicht das Gefühl, sie hätte etwas erfunden. Schließlich ist ihr das ein paarmal passiert. Ist sie momentan gerade tief erschüttert oder geht es um die Wiederholung eines bekannten Musters? Sie ist im Augenblick nicht am Boden zerstört, denn sie sagt:»Das ist zu oft passiert. Ich möchte herausfinden, was dahinter steckt. Irgend etwas Verrücktes läuft hier ab. Dagegen möchte ich etwas unternehmen.« Das ist etwas ganz anderes, als wenn man von Trauer erfüllt nur noch »Helfen Sie mir« sagen kann, wenn alles tatsächlich so zu sein scheint, wie es einem im Moment vorkommt.

Beides ist da. Eine gewisse Kontrolle wird spürbar, wenn sie sagt:»Wenn ich mich gehen lassen würde, würde ich mich so fühlen. Aber das lasse ich auf keinen Fall zu.« Sie kann über die Zeit mit dem Freund sprechen und erinnert sie dabei als gar nicht grau, als sehr angenehm. Nicht alle ihre Erfahrungen sind düster.

In vielen Jahren klinischer Praxis habe ich die – nicht leichte – Erfahrung gemacht, daß man am besten damit fährt, seinen Patienten zu glauben. Es ist viel wahrscheinlicher, daß sie die Wahrheit sagen, als daß sie einem das Blaue vom Himmel erzählen. Das gleicht sich alles aus. Selbst bei einem depressiven Patienten, der seine Vergangenheit allzu düster darstellt, hätte ich keine Probleme, ihm mein Vertrauen zu schenken. Es kann sein, daß er die für seine Depression relevanten Aspekte der Vergangenheit eindrücklicher schildert, als er dies mit einer wohlausgewogenen Darstellung erreichte, wenn er dazu fähig wäre. Unter psychologischen Gesichtspunkten wäre ich also bereit, dem Patienten zu glauben und seine Schilderung der Vergangenheit ernst zu nehmen. Ich würde nicht von Anfang an alles, was er erzählt, als Abwehr, als Verleugnung und Eskapismus sehen. Das ist ein Mißverständnis – und meines Erachtens ein recht laienhafte Mißverständnis – des Zusammenspiels von Abwehr und Trieben vom Standpunkt der dynamischen Psychologie aus gesehen. Unter dem Druck einer neuen therapeutischen Situation und dem Einfluß der ersten Eindrücke fahren Sie in der Regel besser, wenn Sie diesen Eindrücken trauen, als wenn Sie dahinter blicken wollen.

In den ersten Jahren der psychiatrischen Laufbahn hat man immer das Gefühl, der Patient wolle einen in die Irre führen. Das ist sehr unwahrscheinlich. Normalerweise möchte einen der Patient nicht in die Irre führen, vor allem nicht in den ersten Sitzungen und gewöhnlich ebensowenig auf lange Sicht, solange man ihm nicht mit Mißtrauen begegnet, ihn wie einen Gegner behandelt, der einem Dinge vorenthält. Dann wird er sich ziemlich schnell entsprechend benehmen. Aber in der Regel ist dies meines Erachtens nicht der Fall. Doch selbst wenn Ihnen ein Fehler in dieser Richtung unterlaufen sollte, wird das keinen zu großen Schaden anrichten. Langfristig gleicht sich das aus. Wie gesagt, nach meinem Gefühl sollten wir die erste Hypothese, das Suchtartige an ihrer Beziehung zu Männern, mit der erwähnten Methode der Gedankenexperimente näher untersuchen.

Was haben wir damit gemeint, diese Patientin sei süchtig nach anderen Menschen? Was meinen wir, wenn wir sagen, sie sei verletzlich und schnell am Boden zerstört? Wie passen diese beiden Punkte zusammen, die Sucht nach anderen und ihre Verletzlichkeit? Ist das eine Eigenheit von Menschen, die zur Sucht neigen?
Die Antwort darauf lautet ja, aber wie läuft das genau ab? Wie paßt dazu die Tatsache, daß ihre Freunde immer weglaufen? Warum laufen Leute vor Leuten weg, die süchtig sind?

Ich denke, bei süchtigen Persönlichkeiten findet man oft das Bedürfnis, Freude oder Erleichterung von Schmerzen empfinden zu können, ohne sich selbst anstrengen zu müssen. Dazu weiß ich nichts aus der Vergangenheit des Mädchens.

Meines Erachtens ist das völlig richtig. Allerdings glaube ich, daß das zu den sekundären Ich-Veränderungen gehört, den sekundären Veränderungen der Persönlichkeit bei Süchtigen.
Hier meine ich die potentiell süchtige Persönlichkeit, nicht Sucht als Lebensmodus. Wie sieht die Persönlichkeit aus, die zur Sucht neigt? Was ist Sucht? Was ist der Unterschied zwischen der Liebe zu einem anderen Menschen und der Sucht nach ihm?

Magie.

Wie meinen Sie das?

Daß die Patientin an kindlichen magischen Vorstellungen festgehalten hat, die die meisten von uns mit der Adoleszenz oder früher hinter uns lassen. Ich denke, das bezieht sich auch auf die vorherige Bemerkung über Anstrengung. Ein zur Sucht neigender Mensch glaubt wohl, lange währendes Glück kommt wie von selbst. So wie dieses Mädchen vom ungetrübten Glück der Ehe spricht. Sie hat noch nie über die Probleme der Ehe nachgedacht oder gemerkt, daß nicht alle Ehen problemlos sind. Ihre Erfahrungen beschränken sich auf ihre Mutter, ihre Schwester und ein paar nähere Freunde.

Ich habe den Eindruck, beide Male wird eine kindliche, infantile Persönlichkeit beschrieben. Es stimmt zwar, daß beide Hand in Hand gehen, aber das ist nicht der Kern der Sucht. Lassen Sie mich zumindest kurz anreißen, was ich für das Wesentliche halte, obwohl ich mir nicht klar bin, ob das hierher paßt. Ich spreche jetzt allgemein.
Ein Süchtiger braucht das Objekt seiner Sucht mit einer Dringlichkeit, die nicht einmal vergleichsweise die Intensität leidenschaftlicher Liebe erreicht.

Das hat nichts zu tun mit der Gesamtreife der übrigen Persönlichkeit. Es läßt sich nicht leugnen, daß üblicherweise, vor allem bei langandauernden Süchten, infantile Züge feststellbar sind und daß Liebesfähigkeit eine gewisse Reife erfordert. Das sind Sekundäreigenschaften. Bei der süchtigen Persönlichkeit gibt es meines Erachtens einen wesentlichen Unterschied.

Ich habe das einmal folgendermaßen formuliert: Süchte tendieren zu einem, soweit ich es beurteilen kann, Arrangement, zu dem ich hier sehr viel gesagt habe, nämlich dazu, daß Funktionen, die jeder einigermaßen reife Mensch für sich selbst übernehmen kann, von manchen Menschen nicht selbst übernommen werden können. In ihrer psychologischen Struktur gibt es eine Lücke, die eine äußere Unterstützung nötig macht, auf die andere Menschen ohne weiteres verzichten können.

Das einleuchtendste Beispiel dafür ist die Fähigkeit, sich selbst zu beruhigen. Diese Fähigkeit entsteht nicht einfach von selbst. Sie ist wie jede andere internalisierte Struktur darauf angewiesen, daß diese Funktion zu einem früheren Zeitpunkt vom äußeren Umfeld erledigt wurde.

Mit anderen Worten, es gab jemanden, der Sie nicht nur zudeckte, um Sie warm zu halten, Sie nicht nur trocken legte, um Sie nicht im Nassen zu lassen, und Ihnen zu essen gab, damit Sie nicht hungerten, sondern der Sie hochnahm, wenn Sie Angst hatten, Sie an seiner umfassenden Ruhe Anteil nehmen ließ, so daß Sie allmählich selbst wieder ruhig wurden.[3] Nur wenn diese Funktion für Sie von außen erfüllt wurde und Sie sie allmählich verloren, können Sie sie – wie jede andere Funktion auch – selbst übernehmen. Am Anfang sind Sie Teil des erwachsenen Umfelds, das das für Sie erledigt[4], dann übernehmen Sie allmählich, nicht plötzlich[5], diese Funktion selbst.[6] Wenn Sie aber nie eine solche Unterstützung hatten (was so gut wie ausgeschlossen ist, da für das körperliche, biologische Überleben eine Mindestmaß an Unterstützung notwendig ist) oder wenn Sie plötzlich oder der jeweiligen Phase nicht angemessen dieser Unterstützung beraubt wurden, wurde Ihre Fähigkeit, diese Funktionen zu internalisieren, beeinträchtigt.

Das trifft auf solch einfache Dinge wie Spielen mit Klötzchen zu. Ein Kind kommt nicht mit der Fähigkeit auf die Welt, Türmchen zu bauen. Es beobachtet, wie es die Eltern machen, zu unterst das größte Klötzchen und die kleinen kommen dann oben. Ein kluger Vater oder eine kluge Mutter wird es ihm vormachen, das Kind dann aber selbst nachmachen lassen, bis es dies mit der Zeit selbst kann. Wenn die Eltern aber ungeduldig sind und sagen: »Komm schon, laß mich das machen, das dauert zu lange« und es selbst machen, dann wird das Kind den Turm nicht selbst bauen. Statt dessen wird es das Bild des allmächtigen Klötzchen-spielenden Elternteils mit sich rumtragen und immer mit ihm verbunden sein wollen. Das läßt sich natürlich auf komplexere Dinge übertragen, die Kernaussage bleibt dieselbe: das Kind lernt nicht, selbst schöpferisch tätig zu werden und diese Fertigkeit zu meistern.[7]

Nehmen wir zum Beispiel die Einschlaffähigkeit. Schlafstörungen sind die Kindheitsneurosen des 20. Jahrhunderts. Es mag vielleicht auf Anhieb verrückt klingen, aber die Art und Weise, wie man einschläft, ist erlernt. Was genau nun ist am Einschlafen erlernt? Das klingt albern. Es ist ganz offensichtlich ein Trieb. Man ist müde – man möchte schlafen. Das braucht man nicht zu lernen. Das hört sich beinahe an, als müsse man lernen, hungrig zu sein und etwas essen zu wollen. Wenn man es so vereinfacht darstellt, dann ist es albern. Aber was ist nun erlernt? Erlernt ist, wie immer, etwas zu unterdrücken. Um einschlafen zu können, muß man den Wunsch wachzubleiben unterdrücken. Das ist auch ein Trieb: bei all diesen Herrlichkeiten bleiben zu wollen, die noch da sind in der Welt. Da ist die Mutter, die man gern hat. Dann ist der Papa gerade nach Hause gekommen, mit dem man noch spielen möchte. Man ist stimuliert, vergnügt sich. Wie viele von uns haben Probleme mit dem Einschlafen? Vielleicht sollten wir darüber etwas sprechen, um diesen wichtigen Punkt etwas zu klären.

Bei der erworbenen Ich-Funktion geht es um folgendes: die Fähigkeit, die äußere Welt immer weniger zu besetzen und sich statt dessen zunehmend auf die Regression einzulassen, die psychologisch für den Schlaf notwendig ist. Wie hilft man dem Kind dabei am besten? Indem man für eine ausreichende Objektbesetzung sorgt, so daß der Verlust der Welt als nicht zu plötzlich erlebt wird. Anders ausgedrückt: daß es nicht mitten in wundervollem Trubel hinein heißt, peng!: »Ab ins Bett!« Peng! Licht aus. Peng! »Jetzt wird geschlafen!« Das kann man von einem Kind nicht erwarten. Die wenigsten von uns können das. Dazu muß man so todmüde sein, daß es keine Kunst mehr ist. Man muß den Trick heraus haben, wie man einschläft ohne die dazu nötige Ich-Struktur, durch die man es gelernt hat. Eine geschickte Mutter wird dem Kind etwas vorsingen, aber sie wird nicht zu laut singen. Sie wird ihm etwas vorlesen, aber keine allzu aufregende Geschichte, sondern eine dieser etwas monotonen Gute-Nacht-Geschichten. Sie wird für etwas Körperkontakt sorgen, aber darauf achten, das Kind dabei nicht zu sehr zu stimulieren, so daß es wach bleiben möchte.

Man braucht also einen Zipfel dieser Welt, die man loslassen soll, und zugleich die Ruhe, den Frieden und die Dunkelheit, um den Schlaf umarmen zu können. Dann kann das Ich lernen, die Umwelt loszulassen und sich in dieser narzißtischen Regression des Schlafes auf seine Innenwelt einlassen. Es ist klar, daß ein Kind diese Funktion allmählich übernehmen wird, wenn eine gute Mutter dies vorgemacht hat. Das Kind lernt dann, noch etwas zu lesen, noch etwas Radio zu hören und sich langsam von dieser aufregenden Welt abzuwenden. Es wird das auch dann können, wenn es gar nicht so schrecklich müde ist. Mit anderen Worten: man muß sich nicht selbst erschöpfen, um einschlafen zu können.

Nehmen wir an, ein Kind hat nicht gelernt, sich selbst zu beruhigen. Ihnen ist natürlich klar, daß ich damit nicht nur die eng umschriebene Einschlafsituation meine, sondern viele andere Situationen, die die Fähigkeit verlangen, sich von den Aufregungen und Ängsten des alltäglichen Lebens abzuwenden und sich zu entspannen. Hat jemand dies nicht gelernt, ist er auf äußere Hilfe angewiesen, wird süchtig danach. Nicht weil er diesen äußeren Helfer als Menschen an sich liebt, sondern weil er diese Funktion nicht selbst erfüllen kann. Solche Menschen werden tablettensüchtig, um einschlafen zu können. Dieselben Menschen werden, wenn sie in die Psychotherapie kommen, nach dem Therapeuten süchtig oder nach dem therapeutischen Prozeß. Das ist völlig in Ordnung. So soll es sein, schließlich fehlt ihnen an diesem Punkt die nötige Struktur. Sie können Ihnen sagen, daß Sie Ihnen nicht geben können, was Sie von Ihnen brauchen. Sie können Ihnen Tabletten verschreiben, statt sich selbst zu geben. Aber damit sorgen Sie nicht für eine Wiederholung der Kindheitssituation. Dazu müßten Sie die Funktionen erfüllen, die der Patient nicht selbst erfüllen kann, und ihn allmählich diese Funktionen übernehmen lassen. Mit anderen Worten: ihm ermöglichen, selbst eine Struktur zu bilden.

Das hat übrigens nichts zu tun mit der Behandlung erklärter Drogenabhängiger mit ausgemachten psychologischen Problemen. Die Komplexität der sekundären Persönlichkeitsveränderungen bei Drogen- oder Alkoholabhängigen bringt eine ganz andere Dimension ins Spiel, weil die Betroffenen ihre Bedürfnisse nicht einmal einem anderen übertragen können. Wie ich bereits früher erwähnte, kann nicht die mindeste Spannung ertragen werden, noch hält es der Betroffene aus, sich auf einen anderen zu verlassen, selbst wenn dieser für ein archaisches prästrukturelles Objekt steht. Bei manifesten Süchten gehört der Kraftakt des konkreten Entzugs zur Therapie. Selbst wenn es dazu nötig ist, den Betroffenen wegzusperren, um den Zugang zum Gift zu verhindern. Aber das hat nichts mit dem Prinzip zu tun, um das es uns hier geht. Damit meine ich das Gefühl, sei es nun richtig oder falsch, schließlich handelt es sich um erste Eindrücke und Phantasien, daß dieses Mädchen die Männer braucht. Sie klammert sich an sie, unabhängig von ihren Moralvorstellungen, ihren ästhetischen Vorstellungen oder ihrem Stolz. Ihren Stolz schluckt sie in vielfacher Hinsicht hinunter. Wieder möchte ich betonen, daß diese Hypothese nicht richtig sein muß, daß sie nur eine Möglichkeit darstellt. Meines Erachtens erklärt sie auch ganz gut die Tatsache, warum die anderen vor ihr weglaufen. Es ist sehr schwierig, ein Suchtobjekt zu sein, weil ein solches Objekt seiner Persönlichkeit beraubt wird. Man ist nicht man selbst. Es zählt nur, wofür man gebraucht wird.[8]

Doch auch hier gilt, jedes Prinzip hat seine Grenzen. Es enthält immer extreme Elemente, sowohl gute wie schlechte. Selbst in den reifsten Beziehungen wird das Liebesobjekt manchmal Funktionen für einen übernehmen müssen, zu denen man selbst nicht in der Lage ist. Wenn das aber der einzige Zweck der Beziehung ist, wird das, ähnlich wie bei Perversionen, zu einer sehr starken Einschränkung der Stimulationen, des Spaßes, der Erfahrungen und Experimente führen, die in einer intimen Beziehung möglich wären. Die Beziehung wird unter dieser Einschränkung leiden. Für mein Gefühl kann jeder differenzierte Mensch ein abwechslungsreiches Sexualleben haben, in dem alles möglich ist von A bis Z. Das ist nicht pervers. Ich denke, pervers ist, wenn man nur zu A in der Lage ist. Falls in einer Beziehung nur eine Form abweichenden sexuellen Verhaltens möglich ist, ist das eine andere Geschichte.

Das trifft meines Erachtens auch auf Süchte zu. Wenn man natürlich schrecklich aufgebracht und überlastet ist, denkt man nicht allzu sehr an den anderen. Man hat nur die eigenen Bedürfnisse im Kopf und möchte, daß sich der andere danach richtet. In der Zweierbeziehung ist es wichtig, daß es nicht beiden gleichzeitig schlecht geht. Denn wenn sie dann bei dem jeweils anderen Hilfe suchen, verlangen beide mehr, als der andere geben kann. Dieses Mädchen ist so gierig nach Beziehungen, daß sie blind ist, was den jeweiligen Partner angeht. Daraufhin fühlt sich der andere überlastet und zieht sich zurück.

Es gab einen Film namens »Der Fänger«. Ich habe ihn nie gesehen, aber meine Patienten haben mir soviel darüber erzählt, daß es mir scheint, ich hätte ihn selbst gesehen. Ich fand immer, er sei ein gutes Beispiel für solche Beziehungen, den anderen völlig besitzen zu wollen, wie der Sammler seine Schmetterlinge. Derselbe Sammler, der dann ein Mädchen fängt und sie in eine Art Käfig steckt.

Moment bitte...

Möchten Sie dazu etwas sagen oder möchten Sie noch einmal zurückgehen? Ich begrüße ersteres, aber mir mißfällt letzteres. Dennoch toleriere ich es.

Was die Differentialdiagnose zwischen zwei Hauptlinien angeht, wäre vielleicht die Frage von Interesse, ob es sich hier um ein narzißtisches Problem oder ein strukturelles Problem handelt.

Ein Problem interner Konflikte. Richtig. Sie könnten zum Beispiel sagen, daß wir anfangs nur wußten, daß dieses Mädchen eine Reihe von Männerbeziehungen hatte. Diese wurden mit der Zeit immer intensiver, bis schließlich der jeweilig Freund einen Rückzieher machte. Wenn wir nicht mehr über den Fall wüßten, könnten wir über den internen Konflikt spekulieren. Woher wollen wir wissen, daß diese Männer für sie keine Vaterfigur darstellen, zu der sie sich ungemein hingezogen fühlt, und daß diese Jungen davor Angst kriegen und sich zurückziehen?

Deshalb stellte ich den Fall vor.

Das ist völlig in Ordnung. Damit habe ich keine Probleme. Ich sage nicht, daß diese Möglichkeit nicht in Betracht kommt. Ich sage nur, daß ich mir bei der Sichtung des klinischen Materials keine Einschränkungen auferlege, was meine Phantasien dazu angeht. Aber daß ich mir über eine spätere Korrektur völlig im klaren bin. Sie waren übrigens sehr vorsichtig mit Ihrer Formulierung: »wenn wir nicht mehr darüber wüßten.« Wir haben mehr darüber erfahren. Wir haben zum Beispiel erfahren, daß diese Jungen vor ihr davon rannten. Warum dieser Rückzug? Läge ein interner Konflikt vor, würde eher sie sich zurückziehen, statt sie zu überfordern. Vielleicht führt sie Männer gern an der Nase herum, doch darüber wissen wir nichts. Nach allem, was wir bisher erfahren haben, kann ich nur sagen, daß dieses Mädchen ein sehr verletzlicher Mensch zu sein scheint mit einem Hang, sich ohne Rücksicht auf ihren Stolz an Beziehungen zu klammern, aus denen sich dann die Männer davon machen. Und das passiert immer wieder. Es kann gut sein, daß unsere Anfangshypothese sich als falsch herausstellt. Ich habe sie immer ausgereizt, soweit es ging, allerdings immer mit der Einschränkung: »Wir wollen uns bei diesem Gedankenexperiment ein möglichst vollständiges Bild machen. Und dann suchen wir nach weiterem Material.« Aber Ihre Hypothese ist durchaus akzeptabel und angemessen und wir werden Ausschau halten nach entsprechendem Material. Könnten Sie uns noch etwas zu dem Fall erzählen?

Ich möchte mit Stoff aus der heutigen Stunde fortfahren, weil er noch frisch ist und weil er wohl rein zufällig ausgezeichnet in den Diskussionsverlauf zu passen scheint.
Als erstes erzählte sie, daß tagsüber alles in Ordnung wäre. In der Arbeit laufe alles ausgezeichnet. Sie fühle sich nicht deprimiert, nur daß ihr Vorgesetzter meine, ihr sei nicht klar, wieviel sie den Kindern bedeute, mit denen sie arbeitet. Sie spielt die Bedeutung, die sie für die Kinder hat, herunter. Dann berichtete sie folgendes:
Die Nächte seien immer schlecht, aber letzte Nacht sei besonders schlimm gewesen. »Ich fuhr mit drei Frauen im Auto nach Hause, und sie redeten über die Einkommenssteuererklärung und eine sagte: »Darüber brauche ich mir keine Gedanken zu machen. Das erledigt mein Mann.« Sie regte sich sehr darüber auf, daß diese drei Frauen Ehemänner hatten, die sich um die Einkommenssteuererklärung kümmerten, sie das jedoch selbst erledigen mußte. Besonders merkwürdig war das insofern, als sie überhaupt kein Einkommen hat. Ihre Wut auf diese Frauen kam ihr unvernünftig vor.

Waren sie Kommilitoninnen?

Ich glaube, sie waren älter, Vorgesetzte. Anschließend aß sie mit ihrer Wohngenossin zu abend. Hinterher spülten sie ab und ihre Wohngenossin

brachte so schnell schmutziges Geschirr an, so schnell sie es abspülte. Sie explodierte, warf das Abspültuch quer durch das Zimmer, rannte aus der Küche in ihr Zimmer und warf die Tür hinter sich zu. Die Wohngenossin kam nach und fragte:»Was ist denn los?«
»Ich erzählte ihr die ganze Sache, daß ich glaube, daß ich nie heiraten werde. Daß ich nie das Leben haben werde, das ich mir wünsche. Dann sagte ich zu ihr: 'Ich will nicht mehr zu dir nach Hause kommen. Ich möchte zu einem Mann heim kommen.'« Dann fuhr sie fort:»Ich weiß, wir sollten über das Hier und Jetzt sprechen.« Damit bezog sie sich auf ihr Gefühl, dies sei eine Klinik für Kurztherapie.»Aber macht es Ihnen etwas aus, wenn ich kurz mal meinen eigenen Psychiater spiele und Ihnen etwas aus meiner Vergangenheit erzähle?« Ich sagte:»Natürlich nicht.« Ich hatte sie bisher nicht offen entmutigt, nichts aus ihrer Vergangenheit zu erzählen.

»Es gibt da was in meiner Familie. Meine Großmutter starb zwei Monate vor meiner Geburt und doch wuchs ich mit meiner Großmutter auf. Ständig sprach meine Mutter über sie wie über eine Heilige, die all diese wunderbaren Dinge getan hat. Ich habe das Gefühl, ich kenne sie, obwohl sie vor meiner Geburt starb.« Unter anderem erzählte sie, daß ihre Großmutter von vielen Angehörigen mit Abhängigkeitsbedürfnissen überhäuft worden sei, sich aber nie darüber beklagt habe. Die Mutter der Patientin hielt ihr das Vorbild der Großmutter immer vor Augen. Sie sagte:»Ich wette, das hat mich beeinflußt, das all die Jahre über zu hören.«

Sie erzählte weiter, daß sie die ersten sechs Wochen ihres Lebens im Krankenhaus verbrachte und zwischen Leben und Tod schwebte. Immer wieder läßt jemand aus der Familie die Bemerkung fallen:»Haben wir nicht Glück gehabt, daß sie am Leben blieb! Beinahe wäre sie gestorben!« Während der letzten Schwangerschaftswochen flog die Mutter zwischen einer Stadt im Süden und einer Stadt im Norden hin und her, um die Großmutter zu pflegen, die dann an Krebs starb.

Sie sprach über die unglaublich Kraft ihrer Mutter und betonte dabei, wie wichtig es sei, in Notzeiten stark zu sein. Ihre Schwester zum Beispiel wollte ihren Verlobten jedes zweite Wochenende besuchen. Ihre Mutter jedoch meinte:»Das ist eine unnötige Ausgabe. Dein Vater war drei Jahre im Krieg weg, und ich hielt es auch aus. Da wirst du es ein paar Wochen ohne deinen Verlobten aushalten können.« Ihre Mutter habe ihr auch, wenn sie krank war, immer gesagt:»Zieh dir ein frisches Nachthemd an, frisier dich, hol dir ein neues Buch, schüttele die Kissen auf und schau um Gottes willen nicht so jämmerlich drein, als ob du jemanden bräuchtest. Sei stark, so wie deine Großmutter.« Mutter erledigte immer alles, ohne sich zu beklagen. Die Botschaft lautete: Diene, aber laß dich nicht bedienen.

Ich machte eine Bemerkung dahingehend, daß es so klang, als habe ihre Mutter die schönen Erinnerungen an die Großmutter wachgehalten, die weniger schönen Erinnerungen jedoch, wie die mühevolle Pflege ihrer sterbenden Mutter verdrängt. Sie sagte, das könne man wirklich so sehen. Großmutter könne unmöglich so vollkommen gewesen sen. Sie habe nie darüber nachgedacht. Es sei in ihrer Familie allgemein akzeptiert, daß es diese vollkommene Frau gegeben habe.

In Ordnung. Wir werden heute nicht mehr weit kommen mit diesem Fall. Wir kommen nicht über einen gewissen Punkt hinaus, dazu fehlt uns Information darüber, was für eine Persönlichkeit das ist. Wir haben bisher übungshalber wild spekuliert auf der Grundlage einiger äußerst dünn recherchierter Symptome. Wenn wir mehr über diesen Fall wissen wollen, müssen wir eine bessere Vorstellung von dieser Persönlichkeit bekommen. Ich habe das Gefühl, auf Grund von ein paar Bemerkungen, die sie eben machten, daß diese Persönlichkeit stärker ist, als sie auf den ersten Blick wirkt, daß sie aggressiv und durchsetzungsfähig ist. Sie spricht sehr offen:»Ich spiele kurz mal meinen eigenen Psychiater.« Das ist kein ängstliches Mädchen. Ich wage es, einige unserer frühen Spekulation in Frage zu stellen. Aber warten wir ab.

Beschäftigen wir uns nochmal kurz mit der Persönlichkeitsstruktur eines Menschen, der zur Entwicklung einer Sucht neigt, sei es zu einer chemischen Abhängigkeit oder zur Sucht nach einem anderen Menschen. Das darf nicht mit den später eintretenden Persönlichkeitsveränderungen verwechselt werden, den Sekundärveränderungen, die auftreten, wenn man die Sucht auslebt. Ein Suchtobjekt braucht man auf ganz andere Art und Weise wie ein Liebesobjekt. Das Suchtobjekt wird nämlich für eine wichtige pychologische Funktion benötigt, die man normalerweise selbst übernommen hat; in diesem Falle die Funktion, sich selbst zu beruhigen und das Selbstwertgefühl zu erhalten, das man in der Regel im Laufe seiner Entwicklung internalisierte. Ein Liebesobjekt dagegen kann als eigener Mensch wahrgenommen werden, mit seinen eigenen Bedürfnissen, seinen eigenen Motivationen, der als der andere, eigene Mensch geliebt wird, der er ist. Anders als eine Suchtbeziehung ist eine solche Liebesbeziehung nicht auf die eigene Bedürfnisbefriedigung durch das Liebesobjekt angewiesen, um überleben zu können. Zwar wird auch das Liebesobjekt von Zeit zu Zeit zur Stützung des eigenen Selbstwertgefühls verwendet. Doch dieses Bedürfnis tritt viel seltener und nicht so intensiv auf und muß, anders wie bei der Suchtbeziehung, auch nur zeitweilig befriedigt werden. So betrachtet geht das Süchtige, was den Objektbeziehungen der Patientin eigen ist, Hand in Hand damit, daß ihr Selbstwertgefühl jedesmal zusammenbricht, wenn sie von einem Freund verlassen wird.

Das Bedürfnis der Patientin nach einem bewundernden, Selbstwertgefühl stützenden anderen zeigt, daß sie diese Funktion nicht adäquat internalisiert hat. Aus der entwicklungspsychologischen Perspektive wird eine Funktion normalerweise solange für ein Kind ausgeführt, bis es bereit ist, sie selbst zu übernehmen. Dann zieht sich der Sorge tragende Erwachsene allmählich aus dieser Funktion zurück. Durch diesen Prozeß des phasengerechten, nichttraumatischen, langsamen Verlustes einer äußeren Unterstützung kann man schrittweise selbst diese Funktion übernehmen.[9] Ohne diese Internalisierung jedoch ist der Betroffene in extremem Maß auf andere Menschen oder Drogen angewiesen, die diese Funktion für ihn erfüllen.

In diesem Seminar beschäftigen wir uns mit verschiedenen Fällen, um unseren Ansatz zu überprüfen, einem Verständnis des einzelnen unter Berücksichtigung des Narzißmus als Entwicklungslinie näherzukommen. In der nächsten Sitzung behandeln wir einen weiteren Fall.

---

[1] Eine für Kohut charakteristische Reaktion auf eine Fallvorstellung. Ihm geht es um den ganzen Menschen und nicht um bestimmte Teilaspekte oder Symptome. Seine Aufmerksamkeit gilt dem ganzen Sinnen und Trachten des Betroffenen.

[2] Kohut bezeichnet dies später als Regulierung des Selbstwertgefühls, die Wiederherstellung der Kohäsion durch die Selbstfunktion des Sichberuhigens.

[3] Das ist die Basis für den Prozeß, den Kohut umwandelnde Verinnerlichung nennt.

[4] Selbstobjekt-Funktion.

[5] Optimale Frustration.

[6] Umwandelnde Verinnerlichung.

[7] Es lernt nicht, eine vom Selbstobjekt ausgeführte Funktion mittels des Prozesses der optimalen Frustration und der umwandelnden Verinnerlichung in eine Selbstfunktion überzuführen.

[8] Die Selbstobjektfunktion.

[9] Umwandelnde Verinnerlichung.

9. Das körperliche Symptom als Reflektion des Bedürfnisses nach Selbstachtung

Das Charakteristische des folgenden Falles ist nicht so wichtig wie der Rückgriff auf die Entwicklungslinie des Narzißmus beim Verständnis der sexuellen Dysfunktionen dieses Studenten.
Dieser junge Mann wird demnächst 23. Er machte seinen Collegeabschluß an einem College im Osten und ist erst seit kurzem an der Universität. Er wurde an die Mental Health Clinic überwiesen, als sich bei einer Untersuchung keine körperlichen Ursachen für Erektionsprobleme fanden.
Vor der Sitzung werden die Studenten aufgefordert, ein knapp gehaltenes Formular auszufüllen. Im folgenden nun die Fragen und Antworten.
1. Schildern Sie bitte ausführlich die Gründe, die Sie hierher führten.
»Die letzten sechs Monate hatte ich Schwierigkeiten, während des Geschlechtsverkehrs eine feste Erektion zu erreichen. Bei einer ärztlichen Untersuchung wurden keine körperlichen Ursachen gefunden, deshalb die Überweisung an die Mental Health Clinic. Dazu kommen in letzter Zeit Probleme mit einer neurotischen Freundin und eine allgemeine Frustration. Ich schaffe es nicht, Ordnung in mein Leben zu bringen. Größtenteils hängt das wohl mit der Einziehung zum Militär und mit Geldschwierigkeiten zusammen.«
2. Welche dieser Probleme möchten Sie hier vorrangig behandelt sehen?
»Momentan machen mir die Erektionsprobleme am meisten zu schaffen. Ich glaube, Sie deuten auf unterschwellige Unsicherheiten und Probleme hin etc.«
3. Welche konkreten Ereignisse veranlaßten Sie, hierher zu kommen?
»Ich kam diesen Morgen, weil mich der Arzt überwiesen hatte. Ich wäre sonst sowieso bald gekommen. Wegen des Mädchens, das mir viel bedeutet und das eine Überdosis Schlaftabletten genommen hat.«
4. Welche Hilfe erhielten Sie bisher?
»Keine.«
5. Welche anderen Möglichkeiten haben Sie als Anlaufstelle in Betracht gezogen?
»Ursprünglich ging ich zur Gesundheitsberatung für Studenten. Von dort wurde ich hierher überwiesen.«
Bisher sah ich diesen Studenten zweimal. Er sieht ungewöhnlich aus. Seine Haut ist ziemlich vernarbt, als hätte er eine schlimme Akne gehabt. Er hat ein flaches Gesicht, eine Hakennase und einen dicken Hals. Er war angezogen wie ein reicher Collegestudent vor zehn oder 15 Jahren, ohne Krawatte. Noch eine Information: ich wollte ihm bald den nächsten Termin

geben, doch er lehnte ihn ab wegen eines Kurses. Er kam also später, als ich ihm ursprünglich angeboten hatte. Das interpretierte ich dahingehend, daß sein Problem nicht ganz so dringend war.

Als er sich setzte, sagte ich ihm, ich hätte gelesen, was er geschrieben habe, und bat ihn, mir mehr darüber zu erzählen. Im wesentlichen wiederholte er das Geschriebene, aber er wollte mir klarmachen, daß er sexuell durchaus voll funktionierte, aber etwas an seinem Penis störe ihn. Er sei nicht mehr so groß und so fest wie früher. Dann fuhr er fort, mir zu versichern, daß er in der Vergangenheit ein rechter Lebemann gewesen sei, Erfahrungen gesammelt habe, das also beurteilen könne. Dabei lächelte er schüchtern und verlegen. Ich denke, hier hatte ich das Gefühl, daß er mir soeben sein Problem in den Schoß gelegt hatte. Ich fragte ziemlich schnell: »Was, glauben Sie, steckt dahinter?«

Dabei fielen ihm drei Dinge ein. Zum einen habe ihn ein Arzt an seinem alten College bei einer Untersuchung gefragt, ob er Probleme beim Geschlechtsverkehr habe. Offensichtlich war sein Penis nicht völlig normal entwickelt. Zum anderen dachte er, könne es mit der Tatsache zusammenhängen, daß er mit zwei Mädchen ging. Das eine Mädchen sei viel mehr in ihn verliebt als er in sie und irgendwie wolle er sie nicht ausnützen. Dieses Thema, daß er sich Gedanken über andere macht, taucht immer wieder auf. Seine Beziehung zu dem anderen Mädchen, das die Überdosis Schlaftabletten genommen hatte, sei sehr schwierig. Es gehe ständig rauf und runter, sie würden streiten und er habe das Gefühl, sie sei nicht gut für ihn. Aber trotzdem fühle er sich immens zu ihr hingezogen.

Ich erklärte ihm, daß das alles recht beunruhigend klänge, mir aber immer noch nicht klar sei, was nun genau sein Problem wäre. An dieser Stelle fing er an, vom letzten Sommer zu erzählen und seiner Freundin zu Hause. Diese Beziehung war anscheinend über Jahre gegangen. Sie hatten sich darüber gestritten, ob sie heiraten sollten oder nicht. Aus einem Grund, der mir nicht klar wurde, glaubte er, sie die zwei Jahren nicht heiraten zu können, die er noch hier an der Schule war. Ich glaube nicht, daß sie daraufhin mit ihm Schluß machte, aber irgendwie schaffte er es, die Beziehung mit in etwa der Begründung zu beenden, er wolle sie nicht festnageln. Gegen Ende des Sommers war er völlig aus der Fassung, weil sie ihn nicht mehr haben wollte. Sie hatte sich mit dem Ende der Beziehung abgefunden, er aber nicht. Schließlich sagte er, es fiele ihm sehr schwer, sich hier einzugewöhnen. Er habe das Gefühl, er leiste nicht das, was er leisten könne, und er arbeite zuwenig. Außerdem beschäftige ihn die Einziehung zum Militär sehr. Er hatte sich, noch als er am College war, sich zur Nationalgarde gemeldet, und das nehme nun einen gewissen Teil seiner Zeit in Anspruch. Aber das sollte sich nicht auf seine Arbeit auswirken. Jetzt frage er sich manchmal, ob er damit nicht einen Fehler gemacht habe, und es besser gewesen sei, wenn er die Einberufung einfach riskiert hätte.

Die Art und Weise, wie er dies alles darstellte, ließ mich vermuten, daß ihm diese Dinge nicht wirklich wichtig waren, daß sogar er selbst sie für Symptome hielt.

Ich meinte: »Das hört sich an, als ob das eine sehr unruhige Zeit für Sie war, seit Sie hier sind. Kennen Sie so etwas von früher?«

Darauf erzählte er von seiner Mutter, die starb, als er das erste oder zweite Jahr auf dem College war. Damals war er 17 oder 18. Sie habe schwere Arthritis gehabt, die ausgebrochen sei, als er etwa zwölf war. Sie sei auf einen Rollstuhl angewiesen gewesen, und er und sein Vater hätten sie gepflegt. Für seine Mutter sei es sehr schlimm gewesen, in einem Rollstuhl sitzen zu müssen und von seinen Freunden gesehen zu werden. Er erzählte, er und sein Vater hätten sich nie nahegestanden. Die Mutter schien nach seiner Schilderung der Puffer zwischen ihm und seinem Vater gewesen zu sein. Sie gab ihm Geld. Sie machte alles mit ihm. Der Eindruck entstand, daß der Vater in gewisser Weise draußen war. Nach dem Tod der Mutter sei er fertig mit den Nerven gewesen, das Verhältnis zum Vater sei weiterhin distanziert geblieben. Der Vater halte ihn recht knapp mit dem Geld und behandle ihn wie einen Verschwender. In gewisser Weise, räumt der Patient ein, stimme das, aber er sei keinesfalls ein Verschwender, er brauche halt viel Geld. Und der Vater gebe ihm zu wenig. Dies entbehrt offensichtlich jeder Grundlage in der Wirklichkeit. Ich nehme an, bin mir aber nicht sicher, daß die Familie der Mutter sehr wohlhabend war und daß der Vater stets gut verdiente. Als Beispiel aus der letzten Zeit führte er an, daß er den Vater um Geld für Winterreifen gebeten habe. Der habe zwar gemeint, er sei knapp bei Kasse, habe ihm aber das Geld gegeben. Eine Woche später hätte er ihn angerufen und ihn um Geld fürs Studium gebeten. Der Vater habe gesagt, das ginge in Ordnung, und ihm einen Scheck geschickt. Der Patient begann sich an dieser Stelle zu rechtfertigen und sagte: »Ich konnte letzten Sommer wirklich kein Geld verdienen, weil ich mit der Armee so viel zu tun hatte. Mein Vater sollte dafür Verständnis aufbringen.«

Ich hatte den Eindruck, daß er sehr impulsiv ist. Er erzählte, er sei viel mit Freunden unterwegs, beim Trinken, und so weiter. Als er dann über seine Beziehung zur Mutter sprach, begann ich mich zu fragen, ob hier nicht zu viel Nachsichtigkeit und Infantilisierung im Spiel gewesen war. Er betonte, wie ungemein eng ihr Verhältnis war im Gegensatz zur distanzierten Beziehung zum Vater. Die Mutter war etwas älter als der Vater gewesen und hatte drei Kinder aus einer früheren Ehe. Wichtig sei die Halbschwester, sie ist 20 Jahre älter als er und hat eine Tochter in seinem Alter. Später erzählte er, daß er sich in letzter Zeit mit seinen Problemen an diese Schwester gewandt hatte.

Aber was die praktischen und emotionalen Belange angeht, ist er ein Einzelkind?

Ja. Sie wohnte nicht dort. An dieser Stelle begann ich mich für seinen Lebenslauf zu interessieren. Er wurde im Osten geboren, wo sie etwa ein Jahr lang wohnten. Dann zogen sie in eine andere Stadt, wo sie blieben, bis er sechs war. Von sechs bis zwölf lebten sie wieder in einer anderen Stadt im Osten. Das war offensichtlich seine beste Zeit. Er hatte großen Erfolg. Er wurde zum Präsidenten des Schülerparlaments gewählt, machte im Sport mit, war sehr populär etc. Es war eine kleine Schule und es klang nach einer relativ reichen Wohngegend, weil er von Seen auf dem Schulgelände etc. sprach. Als er zwölf war, zog die Familie in den Westen wegen der Arthritis seiner Mutter. Soweit er sich erinnern kann, hatte sie zuvor nie Beschwerden deshalb gehabt. Als er noch klein war, hatte sie ihn hochgehoben und mit ihm gespielt. Nur eines fällt ihm ein, sie ging nie schwimmen. Es gab also nichts Auffallendes, was diese Krankheit angeht, bis er zwölf war. Im Westen hatte er anscheinend große Probleme, Freunde zu finden und in der Schule zurechtzukommen. Dazu war auch noch seine Mutter krank.

Ich hatte den Eindruck, daß dem Vater der Umzug in den Westen weniger in den Kram paßte. Er mußte seinen Job im Osten aufgeben, wo er für eine große Firma als Chemiker gearbeitet hatte. Er hatte zwar anscheinend weiter offiziell den Titel eines Forschungschemikers, aber statusmäßig mußte er eine Einbuße hinnehmen. Der Mutter ging es immer schlechter. Deshalb kamen tagsüber Krankenschwestern, aber nachts kümmerten er und sein Vater sich um sie.

Als er in die High-School kam, mußte er wegen eines angeborenen Defekts am Penis operiert werden, damit er besser urinieren konnte. Später erzählte er mir, daß er gelegentlich im Sitzen uriniert, weil er Probleme mit dem Strahl hat. Ebenso habe er, so sagte er, Probleme, in der Öffentlichkeit zu urinieren, was ihm immer schrecklich unangenehm gewesen sei. Nach dieser Operation gab er sich seinem Vater zuliebe verstärkt Mühe in der Schule. Bis dahin war er anscheinend kein besonders guter Schüler gewesen, zumindest nicht mehr im Westen.

Im ersten Jahr am College ging es ihm gut. Er hatte viele Freunde, mit denen er sich herumtrieb und zum Trinken ging. Im zweiten Jahr schloß er sich an einen gleichaltrigen Klassenkameraden an, der ruhiger und fleißiger war. Es klang so, als ob sie eine sehr enge Beziehung gehabt hätten. Ich denke, er erzählte mir davon, als ich ihn danach fragte, wie sich der Tod seiner Mutter auf ihn auswirkte. In den letzten zwei Jahren im College entwickelten er und sein Freund sich wieder auseinander. Er schien ihn nicht mehr zu brauchen und machte da weiter, wo er aufgehört hatte.

An dieser Stelle hatte ich das Gefühl, ich hätte jetzt zwar eine Menge erfahren, aber irgendwie war mir noch immer nicht klar, warum er die Klinik aufsuchte oder was ihn eigentlich bewegte. Deshalb sagte ich: »Kommen wir noch mal darauf zurück.« Daraus schloß er, ich meinte sein Gefühl, völlig aufgelöst zu sein, seine Unruhe. Ich denke, daraufhin fing er an, von seinem Penis zu sprechen, daß er groß und stark sei. Dabei schien er eigentlich über sich selbst zu sprechen, über sein Gefühl, daß er nicht so mit sich im reinen sei wie früher. Anscheinend geht es bei seinen sexuellen Problemen weniger um tatsächliche Impotenz als um seine Unfähigkeit, Sexualität zu genießen. Es kam ihm vor, als spule er alles nur ab. So in etwa lief die erste Stunde.

Im nachhinein bleibt für mich, was diese erste Stunde angeht, eine gewisse Unklarheit, eine Verwirrtheit zurück, so als hätte ich nicht verstanden, um was es ging. Als er zum zweitenmal kam, fragte ich ihn: »Worüber möchten Sie heute sprechen?« Er sagte, ihm wäre nicht viel eingefallen. Er habe sich besser gefühlt nach der letzten Stunde und das sei so geblieben bis zum Wochenende. Dann sei er wieder so aufgelöst gewesen und hätte sich selbst angewidert. Er hätte gemerkt, daß er nur vor dem Fernsehapparat hocke, hätte sich zusammengerissen und wäre mit einem Freund und einem Mädchen ausgegangen. Trotzdem ärgere er sich, daß er nicht mehr aus dem Wochenende gemacht habe, vor allem, da sein Wohngenosse nicht da gewesen sei Er meinte, er hätte alles mögliche anstellen können, und habe nichts gemacht. Dann fügte er hinzu: »Übrigens hat das Mädchen, von dem ich Ihnen erzählte, am Dienstag einen Selbstmordversuch gemacht, aber es ist nichts passiert.«

Er wisse, daß dieses Mädchen ihm nicht gut tue, und er gebe sich auch die größte Mühe, von ihr loszukommen. Aber tief in seinem Inneren verzehre er sich nach ihr. Sie hatte bereits einen Selbstmordversuch mit Tabletten unternommen, bevor er mich das erstemal gesehen hatte. Das nun sei ihr zweiter Versuch. Das erstemal habe er sie nach Hause gebracht und mit ihrer Familie gesprochen. Ihre Familie wolle irgendwie nichts davon wissen. Ihm sei klar, daß sie neurotisch ist. Die Betonung lag darauf, daß sie nicht gut für ihn sei und er deshalb versuchen müsse, aus der Beziehung heraus zu kommen, daß ihm das aber schwerfiele. Auf den zweiten Selbstmordversuch zeigte er keine Reaktion. Er bezog sich nur auf die anderen. Er hoffe, ihre Wohngenossinnen würden sich nicht zu sehr aufregen und so fort. Den Abend vor unserer Sitzung hatte er mit den

Wohngenossinnen des Mädchens verbracht. In der Nacht hatte er folgenden Traum:
In dem Traum hatte er keinen Penis. Er hatte ein langes Bein vom Knie abwärts und dieses Bein lief irgendwie in einer Hand aus und die Finger waren wie die Tentakeln einer Seeanemone. Das erschreckte ihn alles ungemein.
Ich fragte ihn: »Wie verstehen Sie das?« Ihm fiel dazu nur ein, daß seine Freunde darüber Witze machten, daß der Penis ein drittes Bein sei. Ich versuchte, alles etwas chronologisch zu ordnen, über wen er sprach etc.
Zwei Dinge fielen mir auf: Er benutzte dieselben Worte, wenn er über die Voraussagbarkeit dessen sprach, was dieses Mädchen machte, und wenn er vom Tod seiner Mutter erzählte. In seinem Kopf stand fest, daß dieses Mädchen sich etwas antun würde. Bei beidem sprang seine mangelnde Beteiligung ins Auge. Er tut das Richtige, aber er ist immer unbeteiligt.
Den Rest der Stunde betonte er, er müsse den Dingen endlich ins Auge sehen. Weiter erklärte er, daß er sich seit längerem mit Psychologie befasse. Er hatte Freunde am College, die dort die Beratung aufgesucht hatten, aber das habe ihnen nicht allzuviel gebracht. Wenn er das Geld hätte, würde er sich woanders Hilfe holen. Er meinte, es würde ihm helfen, über die Dinge zu sprechen, über die er mit seinen Freunden nicht reden konnte.
So in etwa verlief die zweite Stunde. Aber diesmal stand das Gefühl von Verwirrung, Entmutigung und Ratlosigkeit, was ihn selbst anging, mehr im Vordergrund.

Ein interessanter junger Mann, der in mehrfacher Hinsicht ein für diese Altersgruppe und dieses Umfeld typisches Problem hat. Man findet das überall, aber diese besondere Form erscheint mir ziemlich typisch für die Studentenklinik. Wenn wir die Details vorerst außer acht lassen und einen Schritt zurücktreten, was für ein Eindruck entsteht dann?[1]

Bei mir entsteht ein Gefühl von Unklarheit, von Verlorensein oder Nach-etwas-Suchen. Ich weiß nicht, ob es das ist, was er fühlt.

Was für eine Unklarheit? Haben Sie das Gefühl, daß die Grenzen des Patienten unklar gezogen sind oder daß er die Welt etwas unklar und verschwommen wahrnimmt oder sich selbst, oder all das zusammen?

Mir scheint, er sieht sich selbst unklar und verschwommen.

Ist das ein neues Problem? Etwas, das erst jetzt aufgetreten ist? Etwas chronisches? Oder etwas, das immer wieder auftritt?

Nach meinem Gefühl ist es chronisch. Ich habe nicht das Gefühl, daß es etwas Neues ist.

Meiner Ansicht nach ist es weder neu noch chronisch. Ich denke, daß es immer wieder auftritt. Aber es ist wichtig. Ich möchte, daß Sie darauf zu achten lernen, genau hinzuhören und beim ersten Hören zu spüren, daß hier ein grundlegender Teil überdauernder Persönlichkeitszüge zum Vorschein kommt. Dieses Gefühl haben wir hier wohl alle. Man merkt auf, wenn man hört, es habe eine Zeit gegeben, in der das anders war. Im Alter zwischen sechs und zwölf war es anders. Und dieser Unterschied, von dem er erzählte, ist bezeichnend. Er hatte Freunde, war allgemein akzeptiert und hatte seinen Platz in der Gesellschaft gefunden. Sechs wichtige Jahre lang hatte er eine offensichtlich wichtige Stellung in der Schule inne, in Schülerorganisationen. Er war gut im Sport, konnte dort Erfolge einheimsen. Ob das nun wirklich so war, ist nicht ausschlaggebend. Es geht um das, was er uns sagen will. Für ihn war es so, und er will uns etwas Bestimmtes mitteilen, wenn er uns erzählt, daß es ihm damals besser ging. Wir haben auch erfahren, daß es Zeiten gab, in denen es ihm schlechter ging. Aber sehr oft ging es ihm wie jetzt.

Er sagte, im Augenblick ginge es ihm beinahe so wie damals, als seine Mutter starb, beziehungsweise als er in den Westen zog.

Kurz, er fühlt sich so, wenn sich etwas ändert. Das ist häufig der Fall bei Menschen mit einer schwachen Persönlichkeit, mit einer labilen Selbst-Kohäsion, einer leicht zu erschütternden Weltsicht. Solche Menschen sind besonders empfindlich, was Veränderungen angeht. Er erzählte, daß es ihm im Alter zwischen sechs und zwölf gutgegangen sei, aber daß er den Umzug in den Westen nicht verkraftet habe. Er möchte wohl sagen, daß er aus einem sozialen Netz gerissen wurde, in dem er sich relativ geborgen fühlte. Und außerdem will er uns, wie ich vermute, mitteilen, daß auch sein Vater vor dem Umzug mit sich zufrieden war. Das war wahrscheinlich wichtig. Auch wenn dieser Student sagt, er habe kein gutes Verhältnis zu seinem Vater, kann er sehr wohl durch das Selbstgefühl seines Vaters beeinflußt werden. Zu dieser Zeit hatte der Vater einen angesehenen Posten inne, den er verlor. Wenn dieser Student über sich spricht, spricht er unterschwellig auch über seinen Vater. Selbst wenn sein Vater im Westen gut verdiente und alles in geregelten Bahnen lief, mußte er im Vergleich mit dem Posten bei dem großen Konzern im Osten Einbußen hinnehmen.

Es besteht also eine Parallele zwischen dem sicheren Selbstwertgefühl des Vaters und dem des Sohnes. Mir ist die Bedeutung dieser Parallele nicht klar. Vielleicht hat es nur damit zu tun, daß man sich einfach großartig fühlt, wenn man einen sicheren Vater hat. Vielleicht hängt es auch mit den Reaktionen des Vaters dem Sohn gegenüber zusammen, die anders ausfallen, wenn er sich sicher fühlt. Möglicherweise akzeptiert er den Sohn dann stärker, was wiederum dem Selbstwertgefühl des Sohnes Aufschub verleiht. Wenn er sich selbst jedoch unsicher, nicht akzeptiert und weniger erfolgreich fühlt, verhält er sich seinem Sohn gegenüber kritischer und setzt ihn eher herab, was wiederum den Sohn in seinem Selbstwertgefühl beeinträchtigt. Der Vater heiratete eine wesentlich ältere Frau, die sehr wohlhabend war. Er verdient anscheinend gut, aber das läßt sich nicht mit dem Geld oder dem Hintergrund der Mutter vergleichen. Mir ist die Bedeutung all dessen nicht klar.

Wie paßt die Operation an seinem Penis in dieses Bild, die während seines ersten Jahres an der High-School durchgeführt wurde, und wie lange litt er unter den Symptomen? Für einen Jungen in diesem Alter erscheint mir das ein wichtiger Gesichtspunkt.

Das ist sicherlich ein weiteres wichtiges Gebiet. Ich weiß nichts darüber. Möglicherweise spielt es eine Rolle, möglicherweise auch nicht. Aber sein Körperschema und dessen Störung scheinen offensichtlich eine Rolle zu spielen, nach meiner Vorstellung nicht nur als Symbol, sondern auf der Tatsachenebene. Dieses gedankliche Kreisen um den Penis und die Genitalien kann nicht bedeutungslos sein, das will verstanden und recherchiert werden. Wie sieht er denn aus? Sieht er gut aus, ist er groß, gut gebaut?

Es entsteht der Eindruck von einem einigermaßen gutaussehenden jungen Mann, den die Mädchen attraktiv finden. Es gibt keine Anzeichen für eine Hormonstörung – seine Stimme ist tief und er hat einen Bart? In dieser Beziehung ist er also in Ordnung, aber sein Gefühl über sein Körperselbst bereitet ihm Kopfzerbrechen. Wie gesagt, er legte großen Wert darauf, daß er zwischen sechs und zwölf sportlich war und von den anderen Jungs akzeptiert wurde. Natürlich bedeutet zwölf Jahre Pubertät, und das heißt, die Einstellung den Genitalien gegenüber hat sich geändert – nicht nur was seine eigene Einstellung angeht, sondern auch, wie das die Gleichaltrigen sehen und wie sie reagieren. Wie Sie wissen, ist eine Vorhautverengung vollkommen harmlos.

Bei ihm kann man etwas sehen. Der Arzt fragte ihn, ob er Probleme beim Geschlechtsverkehr habe. Damit meinte er Erektionsprobleme. Aber er sagte, früher, in der Umkleidekabine oder so, hätte er keine Probleme gehabt.

Aber in dem Fragebogen nannte er das als Beweggrund. Sein Penis sei nicht groß genug, nicht fest genug. War da sonst noch was?

Er datierte diese Probleme auf die letzten sechs Monate.

Das heißt, auf den Umzug vom Osten nach Chicago. Was halten Sie davon? Er betont, daß er diese Probleme nicht immer gehabt habe. Er ist herum gekommen. Er ist gewissermaßen ein Mann von Welt. Normalerweise hat er keine Probleme beim Geschlechtsverkehr, aber jetzt läuft es nicht mehr so. Wo ist der Wagen und wo das Pferd? Ist er wegen seiner sexuellen Probleme so durcheinander oder sind dies Anzeichen einer Störung seines geistigen und seelischen

Gleichgewichts? Wir wissen es nicht, aber wir können unsere Vermutungen darüber anstellen.

Ich habe das Gefühl, daß dieses Impotenzproblem als Symptom im Vordergrund steht, daß aber das ursächliche Problem mit einer weiteren Veränderung, wahrscheinlich dem Umzug nach Chicago, zusammenhängt. Chicago ist eine Erfahrung, die ihn völlig aus dem Gleichgewicht bringt. Und bei diesem Balanceverlust steht die Impotenz im Vordergrund.

Doch die Frage bleibt: Wofür stehen die momentanen Sexualitätsprobleme? Ich kenne die Antwort nicht, kann mich aber Ihrer Theorie anschließen. Vielleicht stimmt sie. Möglicherweise leidet seine Sexualität nicht unter einem bestimmten aktuellen Konflikt. Vielleicht ist ein allgemeiner Mangel an Selbstbewußtsein, an Initiative, eine gewisse Selbstentfremdung die Ursache. Das wiederum kann an einer allgemeinen Persönlichkeitsregression liegen – man weiß nicht, was man mit sich anfangen soll. Gewissermaßen weiß er auch in sexueller Hinsicht nicht, was er mit sich anfangen soll.

In der Sexualität lassen sich Probleme des Gefühlsbereiches sehr gut erkennen – zumindest beim Mann. Bei der Frau gibt es keinen so eindeutigen Hinweis wie die Erektion. Da läßt sich das leichter verbergen. Die sexuellen Probleme können Teil der allgemeinen Verwirrung sein, des Nichts-mit-sich-anfangen-Könnens. Durch diese Distanz, dieses Nicht-bei-sich-Sein kann er sich möglicherweise nicht einbringen, sexuell gesprochen, was für diese Erektionsprobleme verantwortlich sein könnte .

Auf der anderen Seite sollte man nicht außer acht lassen, daß Sexualität – zumindest innerhalb gewisser Grenzen – etwas Autonomes ist. Viele Menschen sind dank ihrer sexuellen Leistungsfähigkeit in der Lage, ihr Selbstwertgefühl trotz einer schlechten Ausgangslage zurückzugewinnen. Ich habe das Gefühl, hier ist von beidem etwas vorhanden. Dieses Organ ist bereits vorgeschädigt, es ist ein zentraler Punkt seiner früheren Probleme und nun trifft alles zusammen. Wie gesagt, es ist durchaus möglich, daß das Selbstwertgefühl darniederliegt, daß man keine innere Initiative verspürt, aber man kann etwas tun zur Hebung des Selbstwertgefühls. Dazu gehört unter anderem ein befriedigendes Sexualleben. Dadurch fühlt man sich besser und kann auch wieder besser arbeiten. Eine Wechselwirkung. Aber in diesem Fall, wo sich eine den Penis betreffende Unsicherheit durch das ganze Leben zieht, wo es Operationen gab, würde mich das wundern.

Ich bewege mich hier auf der Grundlage anderer Erfahrungen. Es würde mich nicht überraschen, wenn die Hauptverbindung zum Selbstwertgefühl weniger die Leistungsfähigkeit auf sexuellem Gebiet wäre als beim Urinieren. Erwachsenen Männern ist diese Verbindung in der Regel nicht mehr so bewußt, aber der Stolz auf einen starken und sichtbaren Harnstrahl ist für den Jungen sehr wichtig – und für sein Selbstwertgefühl in bezug auf seinen Körper. Das spielt auch eine wichtige Rolle beim sogenannten Penisneid beziehungsweise den Minderwertigkeitsgefühlen der Frauen. Es geht weniger darum, daß sie kein erigierbares oder sichtbares Geschlechtsorgan haben, als daß sie nicht in der Lage sind, in einem deutlich sichtbaren Bogen zu urinieren, und auch die Richtung des Harnstrahls nicht kontrollieren zu können. Das sind bedeutsame psychosexuelle Geschlechtsunterschiede, denen häufig nicht die Aufmerksamkeit geschenkt wird, die ihnen eigentlich zukäme.

Dieser Mann muß sitzen. Meiner Ansicht nach scheinen ihm seine Schwierigkeiten, öffentlich zu urinieren, zumindest bewußt mehr Probleme zu bereiten als diese etwas mysteriöse Geschichte mit seinem Penis, der nicht mehr ganz so toll funktioniert wie früher. Das gelegentlich auftretende Erektionsproblem schien mir für die Ambivalenz in seiner Beziehung zu diesen beiden Mädchen zu stehen: Der Penis funktioniert nur halb. Sind diese Schwierigkeiten, öffentlich zu urinieren, ein strukturelles Problem oder ist eher ein Konflikt die Ursache?

Mir scheint, als ob dieser Mann auf ein Stimmungstief, wie es bei dem Umzug nach Chicago auftrat, auf Grund von früher gemachten Erfahrungen durch eine Konzentration auf seinen Penis reagiert. Aber wir wissen noch nichts über diese Fixierung auf die im Vergleich zu früher eventuell beeinträchtigte sexuelle Leistungsfähigkeit bei seiner Freundin. Das ist der Elefant im Zimmer, über den wir noch nicht gesprochen haben. Ich versuche mir vorzustellen, wie das ist, mit einem Mädchen zu gehen, das bereits zwei Selbstmordversuche gemacht hat.

Wenn er mit seinen leichten Erektionsproblemen seine Schwierigkeiten in der Beziehung zu ihr ausdrückte, wäre das ein weiterer Grund, sich auf den Penis zu konzentrieren statt auf das, was zwischen ihm und seiner Freundin passiert. Ich denke, wir sollten das berücksichtigen.

Gibt es einen Zusammenhang zwischen diesem Mädchen und dem Zeitpunkt, als er sich für sie entschied? Was für ein Mädchen hat er sich ausgesucht? Warum wählte er ein so gestörtes Mädchen? Und inwiefern trägt vielleicht diese Beziehung selbst zu den sexuellen Leistungsstörungen bei? Ich kann dazu nicht mehr sagen, weil ich nichts über dieses Mädchen weiß. Doch Sie werden im Laufe der Behandlung wahrscheinlich noch mehr über sie erfahren.

Er hat auch noch ein anderes Mädchen. Aber das Mädchen mit den Selbstmordversuchen steht für ihn im Vordergrund.

Wissen Sie, ob er bei beiden Mädchen dieselben sexuellen Probleme hat?

Ja. Er erklärt sich das so, daß er das eine Mädchen nicht so mag und daß das andere nichts für ihn ist. Andererseits ist sie hübsch und ein intellektueller Typ, er kann mit ihr reden, und so weiter.

Wir werden sehen. Ich habe den Eindruck, daß im Hinblick auf seine Beziehung zu dem Mädchen seine Distanziertheit am wichtigsten ist. Am Anfang dachte ich, daß seine Distanz eine Reaktion zur Abwehr all der Aufregung und Angst wegen der Selbstmordversuche ist. Aber nun schwant mir, daß er sich einfach ein paar Mädchen aussucht, die ihm nicht allzuviel bedeuten. Ich kann es nicht beweisen, es ist nur ein Gefühl, das ich habe. Im Vordergrund steht diese Aufgelöstheit. Er schwimmt in jeder Beziehung – wie er mit seiner Einberufung umgeht, mit den Mädchen, mit seiner Arbeit. Er engagiert sich nirgends wirklich. Das ist mein Eindruck zu den Mädchen – er hat zwei gleichzeitig. Es geht ihm nicht um die Probleme mit den Mädchen. Es geht ihm um seine Probleme mit sich und seinem Penis. Das klappt nicht richtig. Ich denke, mit dieser Vermutung könnten wir richtig liegen.

Sollte man hier über die Figur in Camus' *Der Fremde* sprechen, die immer außerhalb der Ereignisse steht und selbst nie wirklich berührt wird?

Das paßt hier sehr gut, nur daß in diesem Fall psychologisch einiges auf die Ursachen für seine Distanziertheit der Welt gegenüber hinweist, seine Unsicherheit, was den eigenen Körper angeht, die Ungewißheit, die seinem Handeln zugrunde liegt.

Wir wissen, daß eine sichere und stabile Umgebung und eine gewisse Unterstützung dazu beitragen, daß er besser zurechtkommt und sich besser fühlt. Das ist für die Prognose und die Therapie sehr wichtig. Zu wissen, was ihm in der Vergangenheit geholfen hat – nicht einfach so, sondern durch die Bedeutung, die es für ihn hatte –, stellt einen gewissen Ansatzpunkt dar, ihm weiterzuhelfen. Seine Schwester bot ihm eine sichere Handlungsgrundlage. Wir vermuteten, daß möglicherweise die positiven Gefühle seines Vaters, als er sich in seiner Arbeit im Osten wohl fühlte, einen günstigen Einfluß hatten. Das Eingebundensein in seiner Freundesgruppe war ihm wichtig, nicht seine sexuelle Leistungsfähigkeit. Und auf der anderen Seite wissen wir, daß Veränderungen in seiner Umgebung, Verluste wie der Tod der Mutter, der Verlust der Freundin, ihn aus dem Gleichgewicht bringen. Sein Selbstwertgefühl leidet darunter, er ist ganz aufgelöst und sucht um Hilfe nach.

Es ist interessant, daß ihn anscheinend seine Schwester während der Weihnachtsferien aufbaute. Er kam früher zurück, voller Schwung und Tatkraft. Dann nahm dieses Mädchen in der ersten Woche, in der er wieder da war, die Tabletten.

Welche Rolle spielt Ihrer Meinung nach hierbei die Mutter? Wir wissen es nicht, wir können nur Vermutungen anstellen. Er betonte, es habe in seiner frühen Kindheit keine Hinweise auf eine Beeinträchtigung durch die Arthritis gegeben. Sie habe ihn hochgenommen, ihn umarmt und mit ihm gekuschelt, das sei alles in Ordnung gewesen. Das klingt gut und doch haben wir hier einen

Mann, der von Unsicherheit über seine Leistungsfähigkeit gequält wird. Natürlich könnte man sagen, daß er ohne dieses frühe Angenommensein schlechter dran wäre. Das ist durchaus möglich.

Vielleicht spielt ihr unerwarteter Rückzug, falls sie plötzlich krank wurde, eine Rolle.

Die Mutter wurde krank, als er zwölf war. Zu der Zeit mußten sie wegen des Klimas nach Westen ziehen.

Die Fürsorge der Mutter – die körperliche Fürsorge – muß für diesen jungen Mann eine sehr wichtige Erfahrung gewesen sein.

Ich bin froh, daß Sie dies erwähnen. Das ist sehr gut beobachtet. Aber man wünschte, man wüßte sicher, was damals passierte. Ging es darum oder ging es um die Teamarbeit mit dem Vater? Das war einer der seltenen Fälle, in dem die beiden etwas zusammen machten.

Er erweckt den Eindruck, daß die Mutter der Puffer zwischen ihm und dem Vater war. Er war das Zentrum im Universum seiner Mutter und die Mutter war das Zentrum in seinem Universum.

Dann stand der Vater draußen? Wie alt war die Mutter, als er geboren wurde?

Ich denke, sie war 45.

Sie war 45, als er ein Baby war. Und ob sie nun Arthritis hatte oder nicht, vielleicht geht eine 45jährige Mutter mit einem Baby anders um als eine jüngere Mutter, vielleicht fehlt hier etwas.
Da ist noch etwas, was noch nicht erwähnt wurde. Er hatte einen Traum. Was träumte er – oder haben Sie das alle verdrängt? Wenn ich es richtig verstanden habe, zeichnete sich dieser Traum in der Mitte durch eine Art Leere aus. Gewissermaßen wurde über etwas nicht geträumt. Statt dessen träumte er von seinem Bein, das seine Hand wird, etwas, das greifen kann, einer Seeanemone ähnlich, mit all diesen Tentakeln. Sagten Sie nicht, der Traum begann damit, daß der Penis fehlte? Und daß da ein Bein vom Knie abwärts war? Was fällt Ihnen dazu ein?

Am Beeindruckendsten ist, daß etwas fehlt. Der obere Teil seines Beines fehlt und statt eines Penisses hat er ein halbes Bein. In seinem Traum hatte er Angst. Das war die Nacht nach dem Selbstmordversuch des Mädchens, die er mit ihren Zimmergenossinnen verbrachte. Was er damit erklärte, daß er es ihr damit irgendwie leichter machen würde.

Was denken Sie? Natürlich kennen wir seine Assoziationen zu dem Traum nicht und sollten darauf verzichten, darüber Vermutungen anzustellen. Aber wie kann man da widerstehen?

Seine Assoziation war: »Es ist ein Freudscher Traum.«

Was fällt Ihnen dazu ein?

Er war betroffen über den Verlust dieses Mädchens. Was sich in dem Thema des »Etwas-Fehlt« spiegelt. Die Hälfte von dem Bein fehlt. Wir vermuten, daß er auf den Penis fixiert ist, und wenn etwas fehlt und er Angst hat, das Mädchen könne sterben oder was auch immer, dann könnte das dafür stehen, was ihm fehlt.

Mich erinnert er an einen männlichen Patienten, dessen ausgeprägte Distanziertheit und Angst vor Nähe sich als im wörtlichen Sinn narzißtischer Substanzverlust beim Geschlechtsverkehr entpuppte. Mit diesem Patienten im Hinterkopf fällt mir zu dem Traum ein, daß möglicherweise das Mädchen als Spiegel oder Zwilling wahrgenommen wird und daß die Notwendigkeit, bei den Zimmergenossen zu bleiben, mit dem Bedürfnis nach Ganzheit zu tun hat – oder nach der halben Ganzheit, wenn ihm schon die befriedigende körperliche Erfahrung mit ihr verwehrt ist. Das ist meine Phantasie.

Das kommt meinen Vorstellungen ziemlich nahe, ich würde es nur etwas anders ausdrücken. Man kann ohne Bedenken völlig frei assoziieren und das paßt auch sehr gut zu unseren anderen Vermutungen. Dieser Traum ist vielleicht kein guter Zugang, was die Behandlung seiner Impotenz angeht, aber er ist ein möglicher erster Hinweis auf die Ursachen für diese zeitweise auftretende Impotenz.

Wenn man diesen Traum roh und wörtlich übersetzt, sagt er meines Erachtens: »Mein Penis ist nicht wie die anderen für den Geschlechtsverkehr da. Er hat für mich eine andere Bedeutung. Er kommt mir vor wie die Tentakeln einer Seeanemone. Er saugt sich fest, er nimmt etwas in sich auf, er packt etwas und will es haben. Wie mit Tentakeln packt er zu und will etwas haben. Das gehört nicht zum männlichen Part beim Geschlechtsverkehr, wo es darum geht, etwas zu geben.« Darum geht es: etwas zu packen. Und es könnte sehr wohl sein, um das Wort Selbstwertgefühl zu benutzen, daß das gepackt werden soll. Was will er von den Mädchen? Um noch mal darauf zurückzukommen, was wir wieder und wieder festgestellt haben, er liebt sie nicht um ihres einzigartigen Selbst willen. Sondern er ist stolz, ein Mann von Welt zu sein. Für ihn ist Geschlechtsverkehr ein Mittel, sein Selbstwertgefühl zu heben. Weil er den Penis zu diesem Zweck einsetzt, wenn sein Selbstwertgefühl darnieder liegt, kann er nicht hart werden. Schließlich ist er eine Art Greifwerkzeug, das etwas packen, haben und festhalten will.

Ich weiß nicht, ob dem wirklich so ist. Aber es paßt meines Erachtens gut zu seiner depressiven Verfassung, nachdem ihn das Mädchen im Westen verlassen hatte. Es paßt gut zu seiner momentanen Lebenseinstellung. Es paßt gut zum Hauptsymptom. Er sagt, sein Penis sei nicht hart und nicht stark, und dann träumt er, er sei gar nicht vorhanden. Statt dessen ist da eine zugreifende Hand mit Seeanemonententakeln. Was ist eine Seeanemone? Falls Sie jemals eine Seeanemone mit einem Finger berührten, wissen Sie, daß sie ihn aufsaugt. Er muß es wissen, weil er in einer Gegend lebt, wo Seeanemonen häufig anzutreffen sind.

Das im Vordergrund stehende Symptom scheint zu sein, daß er seinen Penis emotional anders besetzt, als es dessen intrinsischem Zweck entspricht. Er ist eine weiche, zugreifende Hand – wie eine Seenanemone. Dazu kommt, daß er nicht fest zu seinem Rumpf gehört. Offensichtlich spiele ich etwas mit dem manifesten Trauminhalt. Doch er paßt so gut zu unseren anderen Vermutungen, daß mir dies zulässig erscheint.

Eine von Freuds frühen Theorien (1910a, S. 114-115; 1914c, S. 149-150), die in vielfacher Hinsicht als Grundlage für große Teile der Psychosomatik diente, besagt, daß Organe erkranken, wenn sie ständig für emotionale Zwecke eingesetzt werden, denen sie nicht entsprechen. Er unterschied zwischen hysterisch determinierten körperlichen Fehlfunktionen und Aktualneurosen, die wir heute Organneurosen nennen und die das chronische Ergebnis des Organmißbrauchs für emotionale Zwecke sind.

Wie Ihnen bekannt ist, ist der Penis in der frühen emotionalen Geschichte des Kindes die letzte in einer Reihe führender erogener Zonen, also der vorrangige Aspekt des Körper-Geist-Selbst, der Teil, auf den sich der Stolz konzentriert, der besonders narzißtisch besetzt ist, ein Symbol des Selbst. Das darf natürlich nicht isoliert gesehen werden. Sie werden sich erinnern, daß ich in diesen Seminaren, als ich über die zwei frühen Phasen in der Entwicklung des Selbst sprach, bereits das Kernselbst erwähnte, die autoerotische Phase, in der die einzelnen Funktionen und Körperteile an Bedeutung gewinnen, da sie jederzeit stimuliert oder eingesetzt werden können, als seien sie nicht nur Teile eines Selbst, das einen Namen hat.

Wenn ich von der führenden Zone der Persönlichkeit oder des Selbst spreche, meine ich damit keine isolierte erogene Zone, sondern ein Zusammentreffen all dessen, was am Selbst gut, richtig, gesund, aktiv und nach vorne gerichtet ist. Der Stolz einer gut funktionierenden – nennen wir es Lippen-Brustwarzen-Einheit – übernimmt beim frühen Selbst zentrale Bedeutung. Wobei wir das, was das frühe Selbst ausmacht, nur aus den regressiven Erfahrungen und der empathischen Beobachtung eines genüßlich saugenden Babys schließen können, das sich der gesunden Freude des Hungrigseins und Sattwerdens hingibt. Von diesem frühen Selbst jedoch läßt sich ein Satz zusammengehörender Erfahrungen nicht trennen.

Dasselbe gilt später für die Muskelzone, wenn das Kind zu gehen lernt. Und für die Sprechzone, wenn das Kind Spaß an seinen Geräuschen zu haben beginnt und phasengerecht vom Publikum, nämlich seinen Eltern, bewundert wird. Was für einen außerirdischen Besucher höchst merkwürdig aussehen würde – diese sich um ein Baby versammelnden bewundernden Erwachsenen – ist völlig normal und für ein Kind lebenserhaltend. Es kommt den Bedürfnissen des heranwachsenden Kindes entgegen. Wichtig dabei ist nur, daß es phasengerecht ist.

Im Traum dieses Patienten gibt es keine Lücke zwischen der Mund-Bein-Erfahrung und der restlichen Körper-Geist-Erfahrung, das ist nur die im Vordergrund stehende Zone. Wichtig ist, daß der phallische Narzißmus nicht nur phasengerecht ist, sondern zugleich bei beiden Geschlechtern mit dem Strecken der gesamten Körpermuskulatur einhergeht. Das Gefühl des Jungen, sich Raum zu erobern, weil er einen Harnstrahl hat und sein Penis sich sichtbar aufrichtet, und der Neid des Mädchens, das sich mit seinem Harnstrahl keinen Raum erobern kann, macht sozusagen den entscheidenden Unterschied in der Weltsicht eines gesunden Jungen und eines gesunden Mädchens, in ihrer Charakterbildung (Greenacre 1957, 1960). Doch der phallische Narzißmus samt der Kreise, die er zieht, ist nicht nur als ein Entwicklungsbereich unter vielen wichtig. Er ist der letzte Bereich, bei dem es auf die optimale Reaktion der Eltern ankommt. Er gehört noch zu diesem Lebensabschnitt, in der die Sexualität der Kindheit das dominante Thema der Persönlichkeit ist. Danach wird gewissermaßen ein Vorhang vorgezogen, und was vorher libidinös oder kindlich-aggressiv orientierte Initiative oder Stolz waren, wird nun vom Ich und autonomen Lernen übernommen. Das läuft bei beiden Geschlechtern so ab.[2]

Tragischerweise haben viele diese phasengerechte Begrenzung nicht erfahren. Um dies zu verstehen, muß man mehr wissen, als daß der Junge einen Penis oder Phallus hat und das Mädchen eine phallisch prädominante Zone. Man muß wissen, daß es bestimmte kohäsive Phantasien in bezug auf diese Familiensituation gibt. Und diese Phantasien müssen bis zu einem gewissen Grad enttäuscht werden, um den nächsten wichtigen Schritt einzuleiten. Im Einklang mit der Phase kann das Kind nun diese Sehnsüchte aufgeben und sich mit weniger aufregenden und weniger befriedigenden Dingen beschäftigen wie abstrakten Symbolen und Lernen. Denkprozesse oder psychologische Prozesse, also das, was wir in der Psychoanalyse Sekundärprozesse nennen, kommt später. Die Primärprozesse werden direkt von den Trieben dominiert. Bei Sekundärprozessen erwächst der typisch menschliche Stolz aus der späten Vervollkommnung der Leistung, wie wir sie zum Beispiel beim logischen und abstrakten Denken finden.

Menschen sind im Prinzip stolz und das mit Recht, weil sie mit Hilfe der Sekundärprozesse zu so viel größeren Leistungen fähig sind als unter dem Einfluß des Triebes allein. Natürlich müssen beide integriert werden. Aber das ist eine andere Geschichte.

Eine Veränderung findet statt. In gewisser Weise tragen dazu einige Enttäuschungen bei, Enttäuschungen der letzten kindlichen libidinösen phallischen Wünsche, des phallischen Stolzes und der phallischen Leistungsfähigkeit.

Ich lege hier allerdings Wert auf das Wort »phallisch«. Dieses Organ dient nicht zuletzt exhibitionistischen Zwecken. Der Stolz hängt zusammen mit dem Anschwellen des Organs, dem raumgreifenden Harnstrahl und natürlich den intensiven Gefühlen, die sich nicht trennen lassen von der Freude über die Eroberung. Und dieser Stolz bezieht sich bald auf den ganzen Körper. Diese Rückschläge, die das Kind hinnehmen muß, erwecken heutzutage bei jedermann eine recht zutreffende Vorstellung von der Bedeutung der Begriffe Ödipuskomplex, ödipale Enttäuschung und ödipale Schädigung. Mir geht es hier jedoch darum, daß nur durch das Hintersichlassen des phallischen Narzißmus diese bedeutende und umfassende Änderung vollzogen werden kann. Der Stolz, der sich bisher auf dieses expansive Organ bezog, geht nun auf die Expansion der Ich-Aktivitäten über. Dann wird in der Haltung zur Welt, zur Erforschung und Eroberung der Welt, das übernommen, was zuvor im reinen, unverfälschten Stolz auf das letzte wichtige Organ dieser frühen Zonen zum Ausdruck kam. Hierbei kann es zu bestimmten Verirrungen kommen. Beispielsweise können kindliche Phantasien zu hoch besetzt bleiben, weil die Mutter den kleinen Jungen mehr lobt als den Vater und der nun glaubt, er sei ihr wichtiger als der Vater. Dadurch sieht er den Vater nicht als den großen Sieger, mit dem, das ist ihm klar, er auf körperlichem Gebiet nicht konkurrieren kann. Statt dessen hält er sich selbst, den kleinen Jungen, für größer als den Vater. Ein zu dieser Zeit auftretendes Problem kann das Kind nun auf den ursprünglichen phallischen Narzißmus fixieren und ihm so die Verlagerung des Stolzes auf mehr ich-autonome und gehemmte Bereiche unmöglich machen. Und diese Bereiche sind letztendlich die Grundlage für jeden späteren Erfolg.

Im Augenblick spreche ich über das Ende der ödipalen Phase, nicht über ihren Anfang. Natürlich führt es zu einer weitaus tieferen Störung, wenn dieser Stolz sich vor der Verlagerung gar nicht richtig entwickeln konnte. Etwa weil die Mutter Angst vor dem Penis des kleinen Jungen hatte, oder ihm keine Unabhängigkeit, was seine Gefühle angeht, zugestehen konnte, oder neidisch ist, weil sie einen kleinen Bruder hatte – auf alle Fälle am Anfang dieser Periode den Stolz des kleinen Jungen auf seinen Penis und seinen kleinen männlichen Körper nicht annehmen und zulassen konnte. Störungen zu Beginn dieser Phase wirken sich ganz anders aus als Störungen am Phasenende. Zuerst muß der Stolz sich festigen, aber später gilt es, dem Kind beim Loslassen zu helfen. Das ist eine relativ lange Zeitspanne, etwa zwischen dem vierten und dem sechsten Lebensjahr. Die Unterteilung dieser Phase muß in allen Einzelheiten verstanden werden.

An dieser Stelle erscheint es mir nicht nötig, auf die Besonderheiten der weiblichen Psychologie einzugehen, da wir uns mit einem männlichen Patienten beschäftigen, mit Störungen der männlichen Entwicklung. Ich möchte mich auf den Hinweis beschränken, daß bei beiden Geschlechtern die normale Entwicklung vom phallischen Stolz in die direkte Beschäftigung mit der genitalen Zone übergeht. Mit anderen Worten: zur männlichen Entwicklung gehört ein Wechsel hin zur Entwicklung eines umfassenden Bildes des eigenen Geistes und des eigenen Körpers, das Spuren der typisch männlichen, phallischen, exhibitionistischen Gerichtetheit aufweist – dieses Sich-nach-vorwärts-Bewegen, Den-Raum-Erobern, Nach-außen-Gehen und Neue-Richtungen-Einschlagen. Es besteht keine Notwendigkeit, mich selbst zu entschuldigen oder das eben Gesagte als männliches Vorurteil gegenüber der Psychologie der Frau darzustellen. Das führt oft zu vorschnellen Analysen, doch mir ist kein Beweis dafür bekannt, daß diese genitale Entwicklung nicht zu einem – allgemein gesprochen – etwas anderen Gebrauch des männlichen Intellekts führt, verglichen mit dem Gebrauch des weiblichen Intellekts. Meines Erachtens zeichnet sich der männliche Intellekt aufgrund dieser frühen Körpererfahrungen aus durch eine stärkere Betonung der Raumeroberung, des Greifens nach neuen Erkenntnissen, nach dem Unbekannten. Interessanterweise habe ich nirgends eine bessere Beschreibung dafür gefunden als bei einer Frau, Phyllis Greenacre (1952), in ihrer Beschreibung der phallischen Phase.

Beim jungen Mädchen jedoch gibt es noch vor diesem Wechsel, dieser Rücknahme der Besetzung, der stolzerfüllten Bedeutung dieses Entwicklungsabschnittes, noch vor diesem Wechsel also hin zum allgemeinen Gebrauch von Körper-Geist als Einheit zum Lernen, zur Eroberung der Welt und als internalisiertes Bild, eine Verzahnung. Zum Beispiel ist am Ende der ödipalen Phase schon die spätere Verwendung von Körper und Geist in der Schwangerschaft festgelegt. Bekanntermaßen wirkt sich beim Mädchen die Abwesenheit eines sichtbaren Phallus und eines sichtbaren Harnstrahls dahingehend aus, daß bereits vor dem endgültigen Wechsel hin zur Autonomie des Geistes und des Körpers eine Veränderung stattfindet. Der Körper wird freudvoll als Selbst-Behältnis und Bewahrer erfahren.

Grundsätzlich, denke ich, lernen Mädchen besser. Sie horten das Wissen besser und ziehen mehr Befriedigung daraus, Wissen in Büchern und ordentlichen Notizen zu sammeln. Ich spreche hier von kleineren Kindern. Mit ihrem Drang nach Neuem fehlt Jungen eher die Geduld oder die Freude an der Aufbewahrung des bereits Bekannten, Gelernten, die zur frühen Lernphase gehören. Nach meinen Beobachtungen, die wohl im allgemeinen zutreffen dürften, sind Mädchen den Jungen voraus, was die ersten Jahre des Wissenserwerbes angeht, und die Jungen liegen vorne, wenn es um die Eroberung ungewöhnlicher Konzepte geht. Allerdings sind das nur allgemeine Trends, woraus sich keine Rückschlüsse auf einzelne Jungen und Mädchen ziehen lassen, die jedoch nach meinem Dafürhalten eine gewisse allgemeine Gültigkeit haben.

Mir geht es hier um eine allgemeine Psychologie der männlichen phallischen Phase versus eine allgemeine Psychologie der weiblichen phallischen Phase und dem frühen Übergang während der ödipalen Phase, die zu einem Körperganzen als einem mit Stolz erfülltem Selbst führt. Was den Gebrauch des

Körpers in der späten ödipalen Phase angeht, unterscheidet sich fraglos die Koketterie des Mädchens von der Haltung des Jungen. Ich bezweifle sehr, daß dies ein einfaches Echo der vorherrschenden Elternerwartungen ist, die wiederum durch die kulturelle Dominanz dieser Erwartungen verursacht werden. Das Verhältnis zwischen Kultur und Biopsychologie ist wechselseitig. Bestimmte kulturelle Entwicklungen können tieferliegende psychobiologische Strömungen verbergen. Es erscheint mir für Außenstehende beinahe unmöglich zu durchdringen, was als Oberflächenverhalten einer anderen Kultur gilt. Zuerst gilt es, die Gefühlssprache dieser Kultur zu lernen. Wofür es meines Erachtens, zumindest in einem gewissen Grad, psychologische Determinanten gibt.

Doch bei beiden Geschlechtern wird diese noch immer unter dem Leitstern Körper-Leistung stehende Haltung abgelöst, wenn die Triebdominanz der frühen Phase allmählich zurücktritt. Die ödipalen Phantasien zerbrechen. Das kleine Mädchen phantasiert nicht länger, daß sie eines Tages penetriert werden und ein Baby bekommen kann, Papas großes Geschenk, das sie ihm zurückgeben wird. Und der kleine Junge legt seine Phantasie ab, daß er es sein wird, der den Vater beseitigt und der Mutter dieses große, vorwärtsdrängende, penetrierende und aggressive Geschenk macht. Mit dem Ende dieser Phantasien ist, bei einer gesunden Entwicklung, das Selbstbewußtsein ungebrochen, es hat sich nur verschoben – hin zur autonomen Aktivität des Jungen in der Latenz und dem Lerneifer und der Zielhemmung des Mädchens in der Latenz. Diese phasengerechten Eigenschaften werden dann jeweils dem Geschlecht entsprechend von einer verständnisvollen Umgebung unterstützt.

Ich vermute, daß sich sogar die Lehrer Mädchen und Jungen gegenüber jeweils verschieden verhalten, ob ihnen das nun bewußt ist oder nicht. Sie erwarten andere Leistungen, gehen von unterschiedlichen Leistungen aus. Sie begegnen den Jungen mit mehr Geduld als den Mädchen, was Lernen angeht. Anders ausgedrückt, die Erwartung entspricht den jeweiligen Entwicklungsbesonderheiten.

Warum ist das alles wichtig? Schließlich behandeln Sie nicht Kinder in der Latenz, in der Regel auch keine in der Pubertät. Vielleicht hat der eine oder andere unter Ihnen Erfahrungen mit sehr jungen Heranwachsenden. Im großen und ganzen jedoch behandeln Sie Menschen, die sich in der letzten großen Übergangsphase befinden, nämlich dem Übergang von der Adoleszenz in das junge Erwachsenenalter, wozu bei den meisten noch ein Umgebungswechsel kommt. Der Wechsel in der äußeren Umgebung, das Weggehen von zu Hause, das Zurücklassen der Freunde, mit denen man während der gesamten Schulzeit zusammen war, und nun die neue Umgebung oder die neuen Aufgaben, die einen erwarten und die ganz auf eine berufliche Karriere in einer Erwachsenenwelt mit Erwachsenenzielen gerichtet sind – all das weckt Erinnerungen, Echos. Jede nachfolgende Übergangsphase ruft Erinnerungen an vorangegangene Phasen wach. Und unvollständige Lösungen der früheren Phasen werden damit wiederbelebt, wenn nun analoge Schritte gefordert sind.

Wir sehen uns also diesen jungen Mann von 22 Jahren an, der einen wichtigen Schritt auf der Karriereleiter gemacht hat und sich im ersten Studienjahr befindet, inmitten einer Schar von potentiellen Konkurrenten. Und in dieser Situation nun erfährt er eine Neuauflage all der vorangegangenen Übergangsphasen, einschließlich des Übergangs von der ödipalen Phase in die Latenzperiode. Es ist daher absolut verständlich, daß die alten Konflikte um diese Hauptbereiche des Selbst nun symbolisch die neuen Konflikte der Persönlichkeit und ihrer Selbstbehauptung übernehmen. Den Penis einzusetzen, um selbstsicherer zu werden, sich an ein Mädchen zu klammern, das einem nicht eigentlich wichtig ist, sondern nur zur Selbstbestätigung dient, ist für einen 22jährigen nicht unbedingt typisch. Bei einem jungen Heranwachsenden würden wir uns über dieses Verhalten allerdings nicht wundern.

Heranwachsende Jungen erleben die ersten sexuellen Erfahrungen in der Regel nicht als Liebeserfahrungen, sondern als Bestätigung der Männlichkeit. Damit prahlt man. Ich zeichne hier keine übertrieben idealistischen Bilder. In allen Altersstufen gehen sexuelle Erfahrungen mit einem Zuwachs an Selbstwertgefühl im sexuellen wie im psychologischen Sinn einher. In einem anderen Liebe wecken zu können oder ihn sexuell befriedigen zu können ist ein Bonus, zusätzlich zu der gesamten Beziehung.

Aber für einen jungen Heranwachsenden liegen die Schwerpunkte anders. Natürlich wird bei manchen von ihnen die Liebeserfahrung im Vordergrund stehen. Aber die meisten von uns halten dies wohl für Schwärmerei.

Das soll Ihnen nicht nur als Hintergrund dienen für die Bedeutung der sexuellen Symptomatologie bei der Anpassung an eine neue psychosoziale Situation geht, sondern, auch ohne daß sexuelle Probleme im Vordergrund stehen, als allgemeine Darstellung der Probleme des Übergangs.

---

[1] Eine für Kohut typische erste Reaktion auf einen Fall.

[2] Später modifizierte Kohut diese Ansicht dahingehend, daß diese Erfahrungen phasengerechter und empathischer Reaktionen seitens der Eltern bedürfen, damit die Grandiosität des Kindes sich wandelt und die ödipale Phase erfolgreich abgeschlossen wird.

10. Zum tieferen Verständnis von körperlichen Symptomen, ihrem Auftauchen und Verschwinden in Übergangszeiten

Übergänge sind nicht notwendigerweise altersgebunden oder für Lebenssituationen wie College- oder Universitätseintritt typisch. Jede größere Änderung im Leben kann einen Übergang einleiten. Bei dem im letzten Kapitel vorgestellten Fall hat man beinahe das Gefühl, daß jede Art von Wohnsitzänderung alte Ängste davor weckt, neu anfangen zu müssen. Das Selbstwertgefühl dieses Studenten scheint außerordentlich von einer stabilen Umgebung abzuhängen, wo man ihn kennt, ihm ständig bestätigt, wer er ist, und ihn in bestimmte Abläufe einbindet. Daß dieser Mann sich bedeutend besser fühlt, nachdem er den Therapeuten zweimal gesehen hat, paßt ganz und gar zu diesem Gefühl, daß da nun ein Zentrum ist, das ihm eine Beziehungsmöglichkeit eröffnet, das ihn ernst nimmt, wo man ihn beim Namen kennt und ihm eine Stunde lang ungeteilte Aufmerksamkeit schenkt. Sein Therapeut stellt etwas dar, ist wer an dieser Universität.

Meines Erachtens spricht dies für ein Student Mental Health Center. Ich denke, daß es für viele etwas anderes bedeutet, zu jemandem an der Fakultät zu gehen, der in die Hierarchie der Universität eingebunden ist, statt einen Therapeuten außerhalb der Universität aufzusuchen, der eine Praxis für Menschen mit Problemen hat. Unabhängig von der beruflichen Qualifikation, scheint mir ein Neuling, der seine ersten Schritte auf psychotherapeutischem Terrain macht, auf einen Studenten eine ganz besondere Wirkung auszuüben, einfach weil er zur Universitätshierarchie gehört. Da ist selbst ein renommierter Fachmann in der Stadt keine echte Konkurrenz. Das allein kann einen therapeutischen Effekt haben, der sich besonders bei einer Kurztherapie bemerkbar macht, in der keine tiefere Einwirkung auf die Psychopathologie durch eine Übertragungsbeziehung angestrebt wird. Doch fahren wir nun mit dem Fall fort.

Bei diesem dritten Gespräch schien der Patient schwungvoller, lebhafter zu sein. Als erstes erzählte er mir, er habe sich nach dem letzten Gespräch besser gefühlt. Er habe die Familie seiner Schwester angerufen und sich nach der Telefonnummer einer Cousine erkundigt, mit der er früher enger befreundet war. Sie hätten länger nichts voneinander gehört, anscheinend weil sie liberalere Ansichten als er entwickelt hatte. Am Abend sei er dann mit der Zimmergenossin des Mädchens, das den Selbstmordversuch verübt hatte, ausgegangen. Ihre Eltern wären ebenfalls anwesend gewesen, er sei nervös gewesen, hätte nichts essen können und wäre eher schweigsam gewesen. Als er endlich zu Hause war, wäre er nahe daran gewesen zu weinen. Er sagte, es hätte ihm die Kehle zusammengeschnürt,

sein Gesicht sei ganz naß gewesen und er hätte etwas geschnieft, aber es hätte sich nicht so angehört, als ob er wirklich weine. Er hätte seine Schwester angerufen, ihr aber nicht sagen können, wie schlecht es ihm ging. Wenn er ihr das gesagt hätte, hätte das das Bild beeinträchtigt, das sie sich von ihm machte. Für sie sei er etwas Besonderes. Dann hätte er auch noch ihre Tochter angerufen, die seine Nichte und Altersgenossin ist. Ihr könne er seine wahren Gefühle anvertrauen. Er telefonierte also mit beiden an diesem Abend. Außerdem habe er sich schuldig gefühlt, nachdem er mich verlassen hatte. Das läge an zweierlei Dingen – zum einen, weil er lebend davon gekommen war, und zum anderen, weil er nicht reinen Tisch gemacht hatte. Nach dem Telefonat mit seiner Nichte hätte er nochmals seine Schwester angerufen und ihr versichert, daß er in Ordnung sei. Er habe ihr keine unnötigen Sorgen machen wollen, weil sie ohnehin schon genug am Hals hatte. Die ganze Stunde über tauchte das Thema Schuldgefühle immer wieder auf. In der Zeit bis zur nächsten Sitzung habe er Einschlafprobleme gehabt. Wenn er ins Bett gehe, grübele er über den Tag nach, meistens über seine Studienprobleme, und er wache bereits früher auf.

Ich fragte ihn, ob dabei Träume eine Rolle spielten, und er antwortete: »Nein. Da gibt es nichts in der Richtung, wie ich Ihnen neulich erzählte.« Im weiteren Verlauf deutete er an, daß er sehr viel leichter als üblich schlief und bei den geringsten Geräuschen aufwachte. So verlief diese Woche.

Am Samstag dann hätten er und sein Zimmergenosse geplant, einen draufzumachen. Er hätte eine Verabredung gehabt, aber das Mädchen habe ihn versetzt und statt dessen eine Freundin geschickt. Die beiden hätten eine Party besucht und irgendwie habe er sich danach ganz anders gefühlt, viel besser. Am Sonntag hätte er seine Lernprobleme in Angriff genommen und beschlossen, einen Kurs aufzugeben und sich statt dessen auf die beiden anderen Kurse zu konzentrieren. Am Montag sei er zum Dekan gegangen, wo er alles klargemacht habe. Außerdem hätte er seinen Vater angerufen und ihm erzählt, daß er eine schlechte Phase hinter sich hätte, aber daß nun alles besser sei und er die richtige Entscheidung getroffen habe. Seitdem, denke ich, geht es ihm relativ gut.

An weiteren Informationen ergab dieses Gespräch, daß er dieses Mädchen im ersten Vierteljahr hier kennengelernt hat. Meines Erachtens deutete dies auf eine zunehmende Reife hin und beide erwarteten sich viel davon. Kurz vor den Weihnachtsferien sei sie engagierter gewesen als er und habe von Verlobung gesprochen. Er habe Vorbehalte gehabt und sich zurückgehalten, weil er sie für »neurotisch« halte. Er sei auf der Hut gewesen. Er sei mit ihr zu ihren Eltern gefahren, anschließend zu sich nach

Hause. Als sie zurückgekommen sei, habe sie ihren ersten Selbstmordversuch gemacht. Das habe ihm gereicht, damit habe er nichts zu tun haben wollen. Er wollte die Beziehung abbrechen, sich aber gleichzeitig nicht wie ein Schweinekerl benehmen.
Nachdem sie ein paarmal aus dem Krankenhaus abgehauen sei, habe sie einen weiteren Selbstmordversuch gemacht. Während dieses ganzen Durcheinanders sei er sich darüber klar gewesen, daß er da raus müsse. Er mache sich Sorgen um sich, daß er, wenn er nicht von ihr wegkomme, darunter leiden würde und fortan in Beziehungen immer auf der Hut sein würde, nie mehr aus sich rausgehen könne. Und das wäre dann das Ende. Wenn seine Mutter noch am Leben wäre, könnte er ihr seine wahren Gefühle zeigen. Schließlich hatte sie ihn mit seinen kindlichen Gefühlen gekannt. Seine Schwester, die eigentlich seine »Mutter« war, habe ihn nie so gesehen, für sie müsse er der starke Mann bleiben.
Zum Teil schienen seine früheren Probleme damit zu tun zu haben, worüber Sie im letzten Seminar sprachen. In seinem alten College büffelte er wirklich auf die Prüfungen. Sie waren so gelegt, daß das möglich war. Man hatte zwei Wochen Zeit zum Lernen, die Prüfungen kamen nicht alle auf einmal. Meist habe er sich mit einem Freund verabredet, sie seien in die Bibliothek gegangen, wo sie von 9 bis 12 gearbeitetet hätten, dann hätten sie zu Mittag gegessen und herum gealbert, und nachmittags und abends hätten sie wieder in der Bibliothek gelernt. Er sei stolz darauf gewesen, wie viel er arbeitete.
Hier gelang ihm das nicht. Zum Teil führte er das darauf zurück, daß er hier keinen Kumpel hatte und allein arbeiten mußte. Mit einem Kumpel wäre es einfacher, aber hier müsse er alles alleine machen. Er habe nur diese Mädchen. Und bei denen müsse er den starken Mann herauskehren und dürfe sich nicht von seiner schwachen Seite zeigen. Zu Beginn dieses Sommers habe es ihn ganz verrückt gemacht, als ihm klar geworden sei, daß er in dieser Beziehung der anlehnungsbedürftige sei und nicht die starke Schulter.
Als er schilderte, wie nahe er den Tränen war, fragte ich ihn, ob ihm das früher schon mal passiert sei. Daraufhin erzählte er, wie er und eine Tante die Sachen seiner Mutter durchgesehen hatten, als sie gestorben war. Seine Kehle wäre ganz zugeschnürt gewesen, er wäre hinausgegangen und hätte einen Bourbon getrunken, um sich zu beruhigen. Das war in etwa die Stunde gewesen.
Natürlich bleibt noch vieles vage, aber ich denke, eine ganze Reihe von Punkten sind klar ersichtlich. Möchte jemand etwas dazu sagen?
Am erstaunlichsten an der Besserung dieses jungen Mannes finde ich, daß er mit seinen Studienproblemen zu Rande kommt. Er sah sich sein Arbeitspensum

an und beschloß, einen Kurs abzugeben und sich auf die beiden anderen zu konzentrieren.

Was bedeutet das? Für mich bedeutet das eine erneute Behauptung der Ichdominanz und der Initiative. Er nimmt seine Zukunft selbst in die Hand, wird aktiv. Er stellt sich der Wirklichkeit – was vorbei ist, ist vorbei. Es hat keinen Sinn, über verschüttetes Wasser zu lamentieren. Man muß sich mit der Situation abfinden, wie sie jetzt ist, man muß neu anfangen.

Daß er die Situation so aktiv angeht, zeigt ein Wiederaufleben der Ich-Autonomie. Wie Sie sich erinnern, habe ich darüber schon des öfteren gesprochen. Wann immer Sie darauf stoßen, haben Sie das genaue Gegenteil eines Teufelskreises vor sich. Es geht ihm allein deshalb besser, weil er auf diese Weise aktiv wurde. Die Frage ist, wie es zu dieser ursprünglichen Hebung seines Selbstwertgefühls kam, die es ihm erst ermöglichte, die Situation aktiv anzugehen?

Was diese Hebung seines Selbstwertgefühls angeht, erscheint mir eines sehr bemerkens- und nachdenkenswert. Zuerst ruft er seine Schwester an, die zwanzig Jahre älter als er ist. Dann ruft er seine Nichte an, die gefühlsmäßig eine Schwester für ihn ist. Die erste kann ihm nicht helfen, aber die zweite scheint ihm sehr zu helfen. Warum? Die Erklärung dafür scheint mir naheliegend. Dieser junge Mann sah sich als Kind und Jugendlicher mit den Problemen von Eltern konfrontiert, die bedeutend älter waren als er. Sie waren eher Großeltern. Zumindest ist der Altersunterschied nicht unerheblich. Als er 15 war, litt seine Mutter unter fortgeschrittener Arthritis. Mit Mitte sechzig stand sie bereits am Rande des Grabes. Das erinnert an die Beziehung zwischen Großeltern und Enkel. Diese Eltern konnten sich nicht auf die Probleme ihres Kindes konzentrieren. Das ist wiederum nur eine Vermutung von mir, aber es scheint einiges dafür zu sprechen.

Das Gegenteil traf zu. Das Kind mußte die eigenen Entwicklungsprobleme hintan stellen und sich an die vorherrschenden Bedürfnisse und Schwierigkeiten der älteren Generation anpassen. Als Heranwachsender mußte er sich gemeinsam mit seinem Vater um die arthritische Mutter kümmern. Als er mit seinen eigenen Entwicklungsschwierigkeiten vollauf zu tun hatte, mußte er sich mit dem Tod seiner Mutter auseinandersetzen. Das ist sehr wichtig. Kinder erscheinen herzlos, aber Sie wissen, daß es genauso sein soll. Sie nehmen keinen Anteil an den Familientragödien, wenn sie noch klein sind. Die Autonomie ihrer Entwicklungsaufgaben ist verblüffend. Es gibt herzzerreißende Geschichten über die Kinder in den Konzentrationslagern, die einfach weitermachen mit ihren Entwicklungsaufgaben, während neben ihnen die Erwachsenen hingemetzelt werden. Zu den zutiefst bewegenden Berichten darüber gehört die Veröffentlichung über Aufwachsen in Gruppen von A. Freud und Dann (1951, dt.: Gemeinschaftsleben im frühen Kindesalter, 1980).

Wichtig ist darin ihre Beschreibung der Autonomie, die in der Fähigkeit des Organismus liegt, sich auf seine eigenen Anliegen zu beschränken und dabei selbst die größten Katastrophen um sich herum zu ignorieren. So wie eine junge Pflanze, die trotz des Erdbebens weiterwächst. Doch kleine Kinder haben weniger Glück als diese Pflanzenschößlinge. Sie sind den Einflüssen ihrer Umgebung stärker ausgeliefert, in ihnen werden Schuldgefühle geweckt. Sie fühlen sich schrecklich, nach dem Motto: »Meine Mutter liegt im Sterben, aber ich kümmere mich nicht darum. Das ist nicht meine Angelegenheit, wenn meine Mutter stirbt. Momentan interessiert mich mehr, wie ich mit Mädchen klar komme und wie es am College weitergeht.« Man fühlt sich schuldig, denn eigentlich sollte es einem etwas ausmachen. Schließlich weinen alle, weil Mutter stirbt.

Solche Gefühle sind meines Erachtens sehr wahrscheinlich bei einem Jungen, der so spät in eine Familie hineingeboren wurde, in der ihm die Eltern diese Art von Entwicklungsautonomie nicht geben konnten. Es hat etwas mit Schuldgefühlen zu tun, daß das Mädchen, das er aus einem Sicherheitsbedürfnis heraus aussucht, in einer Hinsicht wie seine Mutter ist: nämlich voller Probleme. Sie ist gestört, sie kauft Messer und nimmt Tabletten, um sich umzubringen. Seine Reaktion ist nicht: »Ich liebe dich und möchte dich schützen«, sondern eher: »Ich möchte dich los werden. Ich brauche etwas anderes.« Ähnlich wird er gefühlt haben: »Um Himmels willen, Mutter, stirb' endlich.«

Ich habe diese vagen Schuldgefühle bereits öfters gesehen – und die immense Erleichterung, wenn der Therapeut versteht und sagt: »Ich kann nachvollziehen, warum Sie damals so fühlten. Und mit 16 Jahren hatten Sie in gewisser Weise das Recht, so zu fühlen. Sie mußten mit etwas Schrecklichem fertig werden: daß Ihre Mutter, die Sie liebten und die an einer unheilbaren Krankheit litt, im Sterben lag. Und gleichzeitig rief alles in Ihnen: 'Um Himmels willen, wenn sie schon endlich tot wäre, damit ich nicht mehr diese Schuldgefühle hätte und mich nicht mehr mit diesen Dingen beschäftigen müßte, sondern mich wieder voll um die Mädchen und die Schule kümmern könnte.'« Darauf stößt man besonders häufig bei Menschen mit chronisch kranken Eltern.

Ich möchte Ihnen dazu von einem aufschlußreichen Fall erzählen, mit dem ich mich eingehend beschäftigt habe. Ich behandle diesen Patienten nicht selbst, sondern erlebe ihn durch die Schilderungen eines Therapeuten, der bei mir Supervision ist. Dieser Patient zeichnet den Analytiker ohne Augen und Nase, wenn er sich von ihm trennt. Er hatte eine Mutter, die an schwerem, chronischen Bluthochdruck litt. Sie konnte sich nicht um ihn kümmern, weil es ihr sehr schlecht ging. Sie hatte Nierenprobleme, mehrere Schlaganfälle und starb einen sehr langsamen Tod. Der Bluthochdruck der Mutter verschlechterte sich dramatisch nach der Geburt des Jungen. Das Baby war eine Frühgeburt und lag im Brutkasten, ihm fehlte also die nötige mütterliche Zuwendung. Der Patient hatte diese schrecklichen Wünsche, seine Mutter möge tot sein. Etwa um die Zeit, als er diese Todeswünsche hatte, starb sie auch. Und doch hatte er nichts von seiner Mutter gehabt. Dieser Mann hatte zum ersten Mal schwere, pervers voyeuristische Symptome auf einer Herrentoilette, nachdem seine Mutter nicht auf ihn reagiert hatte, als er Riesenrad fahren wollte. Er wollte die Bewunderung seiner Mutter, doch sie war zu müde und zu krank und sagte: »Ich kann nicht. Ich bin zu müde.« Sein ganzer Stolz und sein Bedürfnis, sich zur Schau stellen zu wollen, fiel von ihm ab, und er ging zum ersten Mal auf eine Herrentoilette, um nach einem großen Penis zu suchen, mit dem er sich identifizieren konnte. Wenn er schon selbst nicht das stolze Phallus-Substitut sein und so die Bewunderung der Mutter genießen konnte, fand er sie in dieser voyeuristischen Verschmelzung. Aber das ist ein Nebenaspekt.

Die wichtige Parallele hier ist das schreckliche Schuldgefühl, als er sich später wünschte, seine Mutter möge sterben. Er hatte beinahe Wahnvorstellungen. Dieser Patient ging in der Zeit, als seine Mutter starb, durch ein frühes Stadium von Wahnsinn – das klingt ernster, als es war. Einmal aß er Fisch und dachte, der Fisch blicke ihn an, er esse ihn lebendig. Das hatte etwas zu tun mit der Beziehung zu seiner Mutter – töten durch essen – und mit den depressiven und regressiven Gefühlen, die damals wieder auflebten.

Das ging alles wunderbar zurück, als der Patient verstanden wurde, als er hörte, dieser Zustand sei absolut verständlich, so wie seine enormen Schuldgefühle und sein Rückzugsbedürfnis begreiflich wären.

Dasselbe läßt sich beispielhaft in dem zur Diskussion stehenden Fall ablesen. Wenn die Freundin sich als weitere Mutter entpuppt, die ihn eher zur Flucht treibt, als seine Bedürfnisse zu befriedigen, die hauptsächlich mit ihren eigenen hysterischen Konflikten und Selbstmordproblemen beschäftigt ist, verliert er das Interesse und sagt: »Das ist nichts für mich.« Dabei fühlt er sich jedoch furchtbar schuldig. Er spürt eine gewisse Kälte. Er sollte etwas empfinden für die arme, sterbende Mutter, aber es ist ihm nicht möglich. Denn ihm geht es in dieser Beziehung um sich selbst, er muß den nächsten Entwicklungsschritt machen. Und niemand in der älteren Generation kann ihn verstehen. Erst im Gespräch mit einem Gleichaltrigen findet er Erleichterung.

Ich bin sicher, diese Schwesterfigur, diese Nichte, mußte nichts Besonderes sagen, sondern nur ihr Verständnis bekunden: »So fühlen wir halt.« Dadurch empfand er Erleichterung. Hier ist eine Art Zwilling, jemand, der ihn bestätigt, indem er wie er empfindet. Darauf kann er sich an seinen Therapeuten wenden. Er kommt mit neuem Schwung. Auch Ihre Reaktionsweisen können eine Rolle spielen. Sie sind keine autoritäre Vaterfigur. Sie sind noch an der Universität. Zweifelsohne wirken Sie durch Ihre Art auf ihn wie ein Bruder, was in diesem Fall sehr hilfreich ist. Sie verstehen, daß zwischen der Generation seiner Schwester und seiner eine Lücke klafft, Schuldgefühle entstehen müssen.

Die offenbare Kälte, der offenbare Egoismus während der inneren Entwicklung kann bei manchen Menschen zu schrecklichen Konflikten führen. Dabei hilft einem der am meisten, der offensichtlich im gleichen Boot sitzt und einem die Erlaubnis geben kann. Er erlaubt es einem, man selbst zu sein und sich der eigenen Entwicklung zu widmen. Das heißt, daß man als Therapeut in dieser Situation nicht autoritär sein darf, sondern eher die Rolle eines älteren Bruders übernehmen sollte, der nicht im selben Ausmaß wie der Student in diesem Problem steckt.

Das erklärt, warum manche Therapeuten besonders gut mit Heranwachsenden können. Es hat meines Erachtens viel mit der Persönlichkeit des Therapeuten zu tun, wie er mit Jugendlichen und jungen Erwachsenen zurechtkommt, wobei die Persönlichkeit des Therapeuten sonst nur im negativen Sinne eine Rolle spielt. Das heißt, daß manche Therapeuten mit manchen Fällen nicht gut umgehen können. Vielleicht haben sie alte Traumata überwunden, wurden dadurch aber so sehr geprägt, daß sie nicht mehr in der Weise regredieren können, wie es die Behandlung des Patienten erfordern würde. Sie erreichen die notwendige gefühlsmäßige Übereinstimmung mit dem Patienten nicht. Wird ein Therapeut durch einen Patienten an seine traumatischsten Erfahrungen erinnert, ist er für diesen Patienten der falsche Therapeut. Der Fall ist anders gelagert, wenn die Persönlichkeit des Therapeuten positive Besonderheiten aufweist.

Im großen und ganzen sollte man in der Lage sein, die gesamte Bandbreite von Persönlichkeiten und Persönlichkeitsstörungen mehr oder weniger gut zu behandeln. Das macht den Reiz unserer Arbeit aus: mit so vielen verschiedenen Menschen in Beziehung zu treten. Man kann nicht mehrere Leben leben, aber man kann sich in unterschiedliche Persönlichkeitstypen empathisch einfühlen. Meines Erachtens erleichtert diese Freiheit, sich in diese Altersgruppe besonders gut einfühlen zu können, die Herstellung einer tragfähigen Arbeitsbeziehung mit Jugendlichen oder jungen Erwachsenen sehr. Man hat noch etwas von der Freude an dieser Entwicklungsphase behalten. Selbst wenn man sich auf eine Karriere und sein Leben eingelassen hat, ist da noch etwas von dieser spielerischen Leichtigkeit, dieser Lust am Ausprobieren, die andere, inzwischen gesetzter gewordene Erwachsene, hinter sich gelassen haben.

Vielleicht haben Menschen mit einem Hang zur akademischen Atmosphäre eine besondere Begabung für diese Art von Freiheit. Eine Vielzahl von Gründen können einen Therapeuten zu der Wahl dieses oder jenes Settings bewegen, doch zweifellos spielt dabei auch dies eine Rolle. Ich möchte mich hier nicht ausnehmen. Ich arbeite zwar nicht in einer akademischen Atmosphäre, schätze sie aber sehr.

Wie verhält sich das Konzept der Neutralisierung zu diesem von Ihnen beschriebenen Vorgang, dem Übergang von libidinös dominierten zu verstärkt triebunabhängigen Handlungen?

Neutralisierung ist ein Mechanismus und ich spreche hier nicht über Mechanismen. Mir ging es um die Beschreibung einer Veränderung der gesamten persönlichen Haltung gegenüber den Trieben und den unabhängigen äußeren Aufgaben. Neutralisierung ist einer dieser Mechanismen, die man langsam erwirbt und die notwendig für die Durchführung dieser Aufgaben sind. Aber dieser Mechanismus ist relativ eingeschränkt.

Neutralisierung hängt mit dem Konzept von der ursprünglich sehr rohen, direkten, primären, sexuellen und aggressiven Form der Triebe zusammen. Mit dem allmählichen Aufbau einer psychologischen Struktur kann die Psyche mit Hilfe der Neutralisierung die Triebnatur verlagern und umgestalten, wodurch das anfängliche Streben nach unmittelbarer Freude und sexueller Erregung eine Erfahrung wird. Die Natur der Trieberfahrung wird eine andere. Die Direktheit der sexuellen Freude und des unmittelbaren Ausdrucks beziehungsweise der unmittelbaren Erfahrung von Aggression verschwinden. Nur noch Spuren davon sind vorhanden, Stationen auf dem Weg.

Erst kürzlich bemühte ich mich darum, dieses Phänomen auszudrücken, und prägte den Begriff *Filterschichten*. Anders ausgedrückt, zum Aufbau einer psychologischen Struktur bedarf es einer Vielfalt von Erfahrungen und Interaktionen mit der Umwelt, so daß Schicht um Schicht gebildet wird. Je älter das Kind wird, desto weniger libidinös, sexuell, aggressiv und instinktgeleitet ist die ursprüngliche, direkte, sexuelle, aggressive Instinkterfahrung.

Könnten Sie näher erläutern, was Sie mit Filterschichten und deren Beziehung zur Struktur meinen?

Struktur *ist* wie eine Aufeinanderfolge von Filtern. Nehmen wir an, ein aggressiver Trieb, der eindeutig einem Instinkt entspringt, die intensive Wut eines Babys oder Kleinkinds, trifft auf erzieherische Gegenmaßnahmen, wie immer diese aussehen mögen. Das kann Ablenkung sein, liebevolles Eingehen oder ein Verbot: »Laß das bleiben, das kannst du machen. Du kannst das so machen, aber nicht so wie vorher. Du kannst dich beschweren, aber du darfst nicht kratzen oder beißen.«

Gewisserweise geht mit jeder dieser erzieherischen Gegenmaßnahmen ein winziger Objektverlust einher: diesen Aspekt kannst du nicht haben. Entsprechend dem Prinzip, daß jeder Objektverlust in der externen Welt zur Erstellung einer Kopie in der internen Welt führt, lagert sich in der Psyche ständig etwas ab, das intern die Funktionen dieses äußeren Verbots, dieser Gegenmaßnahme, durchführt. Angenommen, die Eltern reagieren aggressiv auf eine sexuelle Handlung und liebevoll auf einen aggressiven Impuls. Die internen Kopien dieses Verlustes, der frustrierenden, hemmenden oder verbietenden Aspekte der Umgebung werden festgehalten und damit zur psychologischen Struktur, selbst wenn es sich dabei nur um einen Erinnerungsfetzen handelt. Eine externe Funktion wird nun endopsychisch durchgeführt. Das dürfte milliardenmale beim Heranwachsen eines Kindes passieren. Der ursprüngliche Trieb wird nun durch die so entstandene Struktur gefiltert, der Triebanteil tritt zurück. Das Endergebnis kann, wie gesagt, in das Bild von Filterschichten gefaßt werden: Es gibt nicht nur eine, sondern mehrere Schichten. Am Schluß sind zwar noch immer Gemeinsamkeiten mit der ursprünglichen Fassung festzustellen, aber eine Neutralisierung hat stattgefunden. Die Aggression ist nicht mehr ganz so aggressiv.

Die Kraft, mit der man sich in eine Aufgabe stürzen kann, mit der man Hindernisse beiseite schiebt, würde dann also noch die Spuren eines aggressiven Triebes in sich tragen. Aber sie ist nicht mehr wirklich aggressiv, da die ursprüngliche Aggression neutralisiert wurde. Wenn wir uns auf eine Aufgabe konzentrieren, haben wir nicht das Gefühl, aggressiv vorzugehen. Wenn wir ein Vorhaben in Angriff nehmen, haben wir nicht die Vorstellung, wirklich zuzuschlagen. Und doch ist noch ein Rest der ursprünglichen Aggression vorhanden, der moralischen Reaktion und der ursprünglichen Kraft des Wegstoßens. Vielleicht sind noch Ansätze davon vorhanden, das Ganze mit aller zur Verfügung stehenden Kraft zerlegen zu wollen, aber die Bedeutung der aggressiven Erfahrung ist verschwunden. Der ursprüngliche Trieb wird also gewissermaßen entlang einer Linie von der Psyche neutralisiert, das habe ich mit Filterschichten verglichen.

Wie paßt dann diese Neutralisierung in das Konzept der Sublimierung?

Neutralisierung ist vor allem ein Mechanismus. Es ist nur ein Aspekt der vielen Veränderungen. Man muß sich als erstes darüber klar sein, daß es nicht den Gipfel der Reife darstellt, *ausschließlich* sex- und aggressionsfreie Erfahrungen zu haben. Zur Reife gehört *ebenso* die Fähigkeit zu sexuellen und aggressiven Erfahrungen. Anders ausgedrückt, Infantilismus oder Schwierigkeiten auf diesem Gebiet machen sex- und aggressionsfreie Erfahrungen auf anderen Gebieten unmöglich. Das kann ich Ihnen an einem sehr guten Beispiel veranschaulichen.

Ein Patient hat eine jahrelange, erfolgreiche Analyse hinter sich. Ich erwähnte ihn bereits im Zusammenhang mit dem Übergang von der groben zur zielgehemmten Identifikation mit mir (6. Kapitel). Kürzlich erwähnte dieser Mann, ein bestimmter Teil seiner Arbeit würde ihn sehr befriedigen, gebe ihm ein besonderes Gefühl des Angenommenseins. Er kam strahlend in die Sitzung, nachdem wir in der letzten Stunde ein wichtiges Stück Arbeit geleistet hatten, was sich erst im Anschluß an die Sitzung zeigte. Die zwei Wochen davor waren eher blaß gewesen, auch was die Beziehung zu mir angeht. In der gestrigen Sitzung entdeckte ich endlich die Ursache dafür. Ich hatte irgendwie seine Gefühle verletzt. Es war schwierig herauszufinden, wo genau ich ihn verletzt hatte, weil ich auch etwas Positives für ihn getan hatte, das dieses Negative teilweise verdeckte. Um es kurz zu machen, es war nicht einfach gewesen, aber letztendlich war ich der Sache auf die Spur gekommen. Er konnte es nicht sofort annehmen, aber nachdem er daran gearbeitet hatte, fühlte er sich erleichtert. Wieder berichtete er von Träumen, mit anderen Worten, er engagierte sich erneut in der Beziehung und der analytischen Arbeit. Dazu kam, daß es ihm allgemein besser ging, er sehr schwungvoll hereinkam. Nachdem er mir das alles erzählt hatte, wie er seine Arbeit genoß und wie gut alles lief, erwähnte er, als hätte es keine Beziehung dazu, daß er ein merkwürdiges erotisches Gefühl in seinem Penis empfände. Er fragte sich, was das zu bedeuten habe und auf wen sich diese sexuellen Gefühle beziehen könnten.

Ich erklärte:»Mir ist klar, welche Beziehung Sie sexualisieren – die Beziehung zu Ihnen selbst.« Er war zufrieden mit sich selbst. Ein letzter Rest der alten isolierten und sehr verworrenen sexuellen Gefühle zu sich selbst von früher waren noch in ihm vorhanden. Damals hatte er sich isoliert und einsam gefühlt, seine sexuellen Phantasien, bei denen sein Penis eine enorme Rolle spielte, waren bizarr gewesen. Das war nicht so sehr der angenehme Penis eines phallischen Jungen, sondern eher ein Ersatz für das Selbst. Das Gefühl, das er nun im Penis empfand, war ein Echo der Vergangenheit. Er sprach von sich selbst.

Über uns selbst zu sprechen und die Freude, die wir über uns empfinden, weckt bei den meisten von uns ein angenehmes Gefühl, aber keine sexuelle Erregung über uns selbst. Er hatte eine leichte Erektion, als er von seinen Arbeitserfolgen erzählte. Also ist am Ende der Analyse noch eine Spur da, gerade ausreichend, um die Vergangenheit zu erhellen, sie mit der Gegenwart und den Jahren der Analyse zu integrieren. Er erfaßte es sofort und zweifellos richtig. Das war ein Fall von mangelnder *Neutralisierung* der Freude an sich selbst. Bei ihm war diese Freude noch sexuell, wenn auch isoliert.

Sexualisierung muß sich nicht immer nur auf die Liebesbeziehungen zu anderen beziehen. Resexualisierung ist entscheidend bei der Übertragungsneurose, wo der innere Konflikt zu anderen auf dem Spiel steht. Zum Beispiel beschrieb Freud den Krampf eines Schriftstellers als hysterisches Symptom, wenn dieser mit ödipalen Phantasien über das Schreiben einhergeht, bei denen der Penis in ein inzestuöses Objekt eindringt. Wird eine nichtsexuelle Tätigkeit auf diese Art stark sexualisiert, tritt eine Hemmung auf oder ein Symptom. Von Trieben oder Phantasien, die auf andere Menschen gerichtet sind, von der Umkehrung einer kindlichen Erfahrung, in der das inzestuöse innerfamiliäre Objekt zu einem Konflikt führt, weil eine reife Beziehung zu einem gegenwärtigen Objekt fehlt, erweitere ich dies hin auf Triebe, die sich nicht auf andere, sondern das Selbst beziehen.

In dem beschriebenen Fall gab es statt eines angenehmen, nicht sexuellen Selbstwertgefühls Spuren des ursprünglichen unentwickelten Exhibitionismus, der inzwischen nicht mehr phasengerecht war. Eine gewisse sexuelle Freude mag für einen kleinen Jungen phasengerecht sein, wenn er die ersten

Male uriniert, beziehungsweise sich dieser Tätigkeit bewußt wird. Doch allmählich geht dies in ein Interesse für, beispielsweise, Feuerwehrautos über, die Aufregung über Feueralarm und noch später das Spielen mit Feuerwehrautos. Es findet eine mehr oder weniger starke Differenzierung und schließlich sekundäre Autonomisierung statt. An deren Ende haben diese Tätigkeiten jede Verbindung zu der ursprünglich sexuell lustvoll erlebten Quelle verloren.

In dieser kleinen Vignette wurde eine Sekunde lang resexualisiert, was längst als nichtsexuelle Freude an sich selbst hätte integriert sein sollen. Daher rührt die Gefahr der zu großen Aufregung, der Überstimulation. Wird die exhibitionistische Freude am Sprechen zu groß, bringen manche Menschen kein Wort mehr heraus. Sie regen sich auf, werden rot und fühlen sich offensichtlich nicht wohl. Warum fühlen sie sich nicht wohl? Weil ein alter, unangenehmer, noch nicht entwickelter, sexueller Aspekt ihrer Freude an sich selbst in die Gegenwart eindringt.

Dafür kann ich ein persönliches Beispiel anführen. Neulich besuchte ich mehrere Partys. Auf der ersten Party trug ich ein paar Stücke vor. Es waren nicht viele Leute da und ich kannte die Stücke sehr gut. Auf der nächsten Party hörte eine Gruppe von zehn oder fünfzehn Menschen sehr aufmerksam zu. Sobald mir das bewußt wurde, versagte mein Gedächtnis völlig. Ein Stück hatte ich eine Weile nicht gespielt, aber auf der vorherigen Party hatte ich keine Probleme damit gehabt – das war am selben Abend.

Als Sie das Zentrum der Aufmerksamkeit waren, jeder Sie ansah und Ihnen zuhörte, wurde eine Phantasie in Ihnen geweckt, die Sie hemmte. Das ist ein hervorragendes Beispiel. Ich könnte dazu aus meiner Praxis ähnliche Beispiele beitragen von einem Pianisten, den ich analysierte. Diese plötzlichen Gedächtnisausfälle, die alle Pianisten fürchten, kommen wegen der großen Nähe zum ursprünglichen Trieb häufig vor. Das ist ein wichtiger Punkt, vor allem bei Künstlern, die vor einem Publikum auftreten. Vielleicht sind die beschriebenen Filterschichten bei solchen Künstlern nicht allzu ausgeprägt, ihre künstlerische Tätigkeit ist nicht sehr autonom und entsexualisiert, wie man annehmen könnte.

Das führt uns zu dem ganzen Bereich extremer Kreativität, die sich ebenfalls durch kaum ausgeprägte Filterschichten auszeichnet. Da taucht plötzlich sexualisiertes oder gestörtes Denken neben hochkalibrigen Gedanken auf, besonders bei leidenschaftlichem künstlerischen Schaffen. Bei der dabei frei werdenden Leidenschaft ist das Störpotential naturgemäß sehr groß. Die Nähe zum Primärprozeß, zu der ursprünglichen triebnahen Erfahrung, schafft eine Intensität, für die es einer enormen Ich-Kapazität bedarf, die nicht jedem eigen ist. Viele von uns können bloß arbeiten, wenn sie ausgeglichen sind und über ausreichende Filterschichten verfügen. Nur dann können wir unsere Leistungsfähigkeit ausschöpfen. Unentwickelter Exhibitionismus ist sehr nahe an der

Oberfläche. Bei Patienten konnte ich das einige Male beobachten. In ihren Träumen gab es einen Durchbruch von unentwickeltem exhibitionistischem Verhalten aus der Kindheit, mit dem sie umgehen konnten, das sie dann aber zu lähmen begann. In einzelnen Fällen läßt sich vom Oberflächenverhalten her nicht beurteilen, ob die Leistung gehemmt wird. Doch zwischen der Tiefe der Triebquelle und der daraus resultierenden Handlung besteht eine Wechselwirkung. Die Leistungsfähigkeit kann durch einen zu starken Trieb gehemmt werden. Sobald das Ich eine Leistung erbringen soll, meldet sich plötzlich das ursprüngliche Triebziel.»Ich will nicht mehr auftreten. Ich möchte nackt von allen Menschen bewundert werden.« Das wird sofort verdrängt und damit wird auch die Leistung, der Auftritt, verdrängt.

Läßt sich der Einfluß der Analyse auf diesen Prozeß ermessen?

Ich weiß nicht, wie ich das beantworten soll, die Bandbreite ist zu groß. Ich habe nie einen ganz überragenden Künstler kennengelernt. Guten Künstlern, denke ich, hilft eine Analyse durchaus. Die störenden Einflüsse werden besser verstanden und gemeistert. Es würde mich große Mühe kosten, die unterschiedlichen Auswirkungen der Psychoanalyse auf ein kreatives Genie und, um was es Ihnen wahrscheinlich eher geht, einem vor Publikum auftretenden Künstler herauszuarbeiten. Ich vermute beinahe, das könnte auch etwas von der Analyse abhängen. Freud war da sehr vorsichtig. Im allgemeinen analysierte er keine großen Künstler. Er sah sie ein paarmal, gab ihnen einen Rat und teilte ihnen ein paar wilde, intuitive Einsichten mit – was er sonst nie tat. Bei großen Künstlern ging er so vor, zum Beispiel bei Gustav Mahler, der ihn konsultierte und ein oder zwei Sitzungen bei ihm hatte (Reik 1953). Seine Interpretationen gingen wirklich sehr tief. In jedem anderen Fall hätte er dies als wilde Analyse abgelehnt. Mir scheint, daß er sich hier erlaubte, einer Spur in die Tiefe zu folgen, aber er konnte unmöglich mehrere Spuren verfolgen, was er selbst – sehr poetisch – so ausdrückte. Anscheinend half Freud Mahler ungemein. Er löste in ein oder zwei Sitzungen eine kreative Hemmung. Aber er bot ihm nicht an, ihn zu analysieren.

Es scheint, als ob die Analyse die Filterschichten vertieft. Sie sprechen über den Zusammenhang zwischen wenig ausgeprägten Filterschichten und der künstlerischen Leistung, der Kreativität. Ich frage mich, ob diese Energie durch eine Analyse neutralisiert würde.

Mir ist klar, was Sie sagen. Aber der wahre Erfolg einer Analyse besteht in der Regel nicht in der Ausbildung der Filterschichten (Kohut 1984, dt.: Wie heilt die Psychoanalyse?, 1987). Eine erfolgreiche Analyse verhilft uns zwar zu ausgeprägten Filterschichten, aber sie eröffnet uns auch die Möglichkeit, diese mit Hilfe der Ich-Kontrolle zurückzustellen. Mit anderen Worten: erfolgreich analysieren heißt nicht, Menschen ohne starke Gefühle, ohne Leidenschaften, ohne Wutausbrüche zu schaffen, sondern ihnen zu Wahlmöglichkeiten zu verhelfen. Die Patienten sollen wählen können, wann, wo und wie sie ihre starken Gefühle ausdrücken.

Zwischen einem impulsiven Charakter und einem zu tiefen Gefühlen und Leidenschaften fähigen Menschen besteht ein Unterschied. Das ist nicht das gleiche. Bestimmten Aufgaben in bestimmten Bereichen sollte man leidenschaftslos begegnen können. Aber andere Bereiche erfordern geradezu die Fähigkeit, instinktiv vorgehen zu können. Es ist nicht so einfach. Da ideale analytische Ergebnisse nicht so leicht zu erreichen sind, spricht einiges dafür, von einem Genie ersten Ranges die Finger zu lassen. Vielleicht könnte man nach jahrelanger Behandlung sagen, er sei nun sogar zu mehr fähig. Aber wer weiß? Er könnte auch steckenbleiben, bevor man dieses optimale Ergebnis erhält. Kann man so einem Menschen samt seiner Psychopathologie helfen? Wie gesagt, ich habe sehr gute Künstler und hochrangige Wissenschaftler behandelt, aber es war kein Genie darunter, zumindest nicht nach meinem Dafürhalten. Aber wie viele davon gibt es schon?

Neutralisierung jedoch ist nur ein Teil dieses umfassenderen Mechanimus Sublimierung. Neutralisierung allein ist noch keine Sublimierung. Ein Wissenschaftler findet vielleicht in seiner libidinösen Geschichte die sexuelle Neugier des Kindes am Nullpunkt dieser Entwicklungslinie. Aber Neutralisierung allein ist nicht der Wegbereiter von der Aufregung über die Urszene im Zimmer nebenan zu der gemäßigteren Aufregung, die in der Faszination über eine neue Idee, ein neues Kapitel der Psychologie oder Biologie, Chemie oder was immer den Betreffenden interessiert, liegt. Neutralisierung ist nur ein Aspekt davon. Aber es bedarf noch anderer Aspekte. Eine Verschiebung des Inhalts ist notwendig. Des weiteren ist Zielhemmung unabdingbar, die auch nicht mit Neutralisierung gleichgesetzt werden kann. Das Ziel ist nun ein anderes als der von kindlicher Neugier genährte Wunsch, die sexuell stimulierenden Vorgänge zu sehen, an ihnen teilzunehmen, sich mit beiden Partnern zu identifizieren, wenn man sie beim Geschlechtsverkehr sieht oder die Geräusche im Zimmer nebenan hört. Zum einen wurde inzwischen die libidinöse Erregung neutralisiert und zum anderen verschob sich der Inhalt von der sexuellen Szene auf etwas anderes, den Wunsch, ein neues Land zu erforschen, eine neue Kunstform, eine neue Seite in der Psychologie oder Chemie aufzuschlagen. Es handelt sich also a) um eine Neutralisierung, b) um eine Verschiebung des Inhalts und c) um Zielhemmung. Man will nun nicht mehr sofort mitmachen, man kann warten, man kann sich darauf vorbereiten. Diese drei Aspekte gehören zur Sublimierung.

Wenn Sie also über Neutralisierung sprechen, sprechen Sie im Grunde genommen über einen Teilmechanismus, der möglicherweise besonders gestört ist. Der vorher beschriebene Patient hatte Schwierigkeiten bei der Neutralisierung. Er konnte vollkommen sublimieren bis auf diesen letzten Rest seines alten

Neutralisierungsproblems, der Filterung. Seine Neutralisierungsfähigkeit war ansonsten wiederhergestellt, nur ab und an blitzten die ursprünglichen sexuellen Gefühle auf. Und meiner Ansicht nach geht es jedem von uns gelegentlich so, was Sie ohne weiteres mit Hilfe der Selbstbeobachtung überprüfen können. Bei Patienten mit so ausgeprägten regressiven Anwandlungen wie diesen habe ich selbstverständlich nie das Gefühl, es gebe ein Problem, wenn der Betreffende sich über das Geschehen klar ist. Verständnis ist hier sehr hilfreich, man fühlt sich als Herr der Lage, weil man die Zusammenhänge kennt. Meines Erachtens empfand das dieser Patient so. Ich weiß nicht, was morgen geschieht, aber heute, als ich ihm klarmachte, was passiert war, fühlte er sich mehr als Herr der Lage und hatte ein tieferes Verständnis für sich selbst.

In bestimmten Streßsituationen wird dieser junge Mann die Hauptzone, den Hauptbereich einer früheren Phase erneut verstärkt libidinös besetzen. Warum fiel die Wahl auf diese Zone? Welcher Mechanismus ist dafür verantwortlich?

Ganz einfach: die Fixierung. Man spricht von einer latenten oder potentiellen Fixierung, nicht nur auf eine bestimmte Zone, sondern auch im Sinne alter zwischenmenschlicher Liebe-Haß-Beziehungen zu einem Objekt. Freuds bildhafte Analogien können hier weiterhelfen, auch wenn sie manchmal als unwissenschaftlich angegriffen werden – er habe zu sehr in Metaphern geschwelgt, sei zu poetisch und zu unwissenschaftlich gewesen. Mir erscheinen sie jedoch ungemein ausdrucksstark. Er griff selten zu mechanistischen Bildern, sondern verwandte fast ausschließlich Analogien von Menschen in Bewegung, von gesellschaftlichen Gruppen, die für bestimmte innerpsychische Vorgänge standen. Ich übersetze Ihre Frage in die übliche metapsychologische Sprache. Sie wollten mehr zum Verhältnis zwischen der prädisponierenden Fixierung und der Regression wissen. Warum tritt die Regression wieder genau an dieser Stelle auf und nicht woanders? Freud brachte dafür ein wunderschönes Beispiel: Wenn eine Armee vorwärts marschiert, läßt sie bei jedem Halt ein paar Leute als Garnison zurück, die für Proviant sorgt und eine Rückzugsmöglichkeit bietet. Die Armee marschiert weiter und erleidet eine schreckliche Niederlage, worauf sie sich zurückzieht. Wie weit wird sie sich zurückziehen? Sie wird sich bis zu dem Punkt zurückziehen, der in der Vergangenheit am stärksten befestigt wurde und in dem die meisten Truppen zurückgelassen wurden. Hier ist sie vergleichsweise sicher. Hier sind ausreichend ausgeruhte Soldaten, die bereit sind, sich dem Feind entgegen zu stellen. So ist das Zurückweichen zu einem bestimmten Punkt zu verstehen, der in der Vergangenheit sehr wichtig war und einen Großteil der Libido auf sich zog.

Die Situation ist komplexer, als ich es in diesem einfachen Beispiel darstellte. Der äußere Anlaß, die Wechselwirkung zwischen den verschiedenen Faktoren spielen hier herein. Eine Fixierung allein macht noch keine Regression aus.

Eine Anzahl unbewußter Fixierungen und eine starke Bindung an infantile Figuren können einen Menschen die für eine Vorwärtsbewegung nötige Kraft und Energie kosten. Doch die Entwicklung kann an diesen Fixierungen vorbei weitergehen und sie gleichsam zudecken, in den Hintergrund drängen. Vielleicht äußern sich diese vielen Fixierungen später nur in einer Gefühlsarmut, durch die Beziehungen nicht voll ausgekostet werden können. Das heißt, je größer die Fixierung, desto schneller führen später selbst vergleichsweise geringe Frustrationen zu einer Regression. Das nannte Freud die *Ergänzungsreihe von Faktoren* (1932). Fixierungen können also so geartet sein, daß beinahe alles, selbst die unbedeutendste Frustration die Armee zur kopflosen Flucht in die Hauptgarnison treibt. Aber bei relativ geringen Fixierungen sind schon schwere Schläge nötig, um Wirkung zu zeigen. Auf beiden Seiten gibt es Extreme. Sehr schlimme Schicksalsschläge lassen auch einen vergleichsweise gesunden Menschen regredieren. In diesem Sinn ist sogar jeder nächtliche Traum eine Regression. Wenn die Umstände danach sind, wird eine Regression stattfinden. Allerdings muß man einen Menschen schon sehr genau kennen, um eine bestimmte Zone benennen zu können.

Der Student, der so lebhaft von dem losen penisähnlichen Organ mit den Seeanemonen-Fingern träumte, ist meines Erachtens auf ein Stadium mit phallischen und frühen präphallischen oralen Elementen fixiert. Da zeigt sich die Komplexität. Dem Regressionspunkt kommt man durch die Kindheitsgeschichte näher. In der ödipalen und präodipalen Geschichte schält sich häufig eine verletzbare Stelle heraus, an der sich dann die Regression festmacht. In den verschiedenen Behandlungsformen kommt es auf das nötige Wissen und die Erfahrung an, um den Betreffenden ausreichend verstehen zu können, vor allem was die Rolle der frühen beziehungsweise späteren Aspekte des betreffenden Fixierungspunktes angeht. Nicht unbedingt stehen, wie man meinen könnte, die späteren Aspekte anfangs im Vordergrund, und im Verlauf der Besserung die früheren. Oft wechseln sie sich ab, oszillieren sogar von einem Punkt zum anderen.

Man muß ständig bei dem Patienten sein. Man muß sich für die Persönlichkeit des Patienten öffnen. Was den vorgestellten Fall angeht, würde ich herauszufinden versuchen, ob es sich im Augenblick um einen eher oralen Phallus handelt. Braucht dieser Mann Selbstbestätigung, eine fürsorgliche Umgebung, oder ist er momentan trotz der oralen Schwäche, die sich in seiner Geschichte findet, mehr an den raumgreifenden, zupackenden Aspekten interessiert? Anders ausgedrückt, ich würde versuchen, mich empathisch auf den Gefühlsmoment einzulassen, der dieser im Vordergrund stehenden regressiven Zone anhaftet.

Deren Geschichte ist manchmal äußerst faszinierend. Man kann daraus oft etwas über Ersatzbefriedigung in der Kindheit lernen. Ich möchte Ihnen einen

Rat geben: Versuchen Sie stets von Anfang an und mit großer Ausdauer, den positiven Aspekt in den Handlungen Ihres Patienten zu sehen. Betrachten Sie sie nicht von einem negativen Standpunkt aus oder unter dem Gesichtspunkt abstrakter Reife.

Zum Beispiel zeigen viele Patienten ein voyeuristisches Interesse. Ich bin sicher, das ist bei Ihren Patienten nicht anders, ob sie es nun zugeben oder nicht. Voyeurismus ist häufig die Folge eines Gefühls von emotionaler Deprivation, von mangelnder Unterstützung in einer fremden Umgebung, von Alleinsein.

Diese Art von Melancholie führt dann zu der depressiven sexuellen Befriedigungen durch Beobachten. Sicher fühlen sich die Betroffenen deshalb schlecht, schuldig und schämen sich. Sie denken, das sei kein reifes Verhalten, sie könnten ertappt werden, und sie spüren einen unwiderstehlichen Drang, es zu tun.

Hinter der enormen Attraktivität von Pornographie, die diese Gefühle kanalisiert, steckt mit größter Wahrscheinlichkeit eine von Kontakthunger geprägte Kindheit. Diese Kinder hatten nicht ausreichend Körperkontakt und -wärme, wurden zuwenig im Arm gehalten. Zusätzlich fehlte, was normalerweise eine Zugabe in der Interaktion zwischen Mutter und Kind ist: der Augenkontakt im Sehen und Suchen. In der Umarmung sieht man auch das glückliche Gesicht der Mutter, ihr Lächeln, wenn sie einen ansieht und sich an einem freut.

Voyeuristische Themen sind die Folge einer tiefen Deprivation im Bereich dieser Interaktionen. Der sehnsüchtige Blick ist der Träger. Wie Freud es in seinem Artikel »Die psychogene Störung in psychoanalytischer Auffassung« (1910a) ausdrückte, wird ein Organ mißbraucht, wenn es die Funktionen anderer Organe übernimmt.

So wird der Blickkontakt mißbraucht. Er übernimmt die Funktionen des Muskelkontakts, des Hautkontakts, des Stimmkontakts und all der anderen freudespendenden Kanäle. Es ist, als müßte das eine für alles andere stehen – und zur Regression in ihrer ursprünglichen sexuellen Bedeutung führen. Der Patient, von dem ich Ihnen erzählte, der den Analytiker ohne Augen zeichnete, ist ein Voyeur. Seine Mutter litt unter extremem chronischen Blutdruck. Er war eine Frühgeburt, mußte im Brutkasten liegen und wurde sechs oder acht Monate lang nicht einmal angerührt, weil man ihn für so schwach hielt. Aber es ist nie ganz so einfach. Kann ein Baby nicht berührt werden, dann spricht die Mutter mit ihm oder singt ihm etwas vor, ohne es zu berühren. Es bleibt immer noch eine Menge übrig, nicht alles wird durch Berührung kanalisiert. Selbst wenn dem Kind nur der Augenkontakt bleibt, ist eine Desexualisierung möglich. Es gibt Wege, sogar in der Interaktion über nur ein Organsystem Filterschichten aufzubauen. Das läßt sich natürlich nicht in einer Kurztherapie leisten, aber andererseits hilft es jedem Therapeuten, sich darüber klar zu sein. Denn je umfassender Ihr Verständnis des Patienten ist, um so besser können

Sie sich einfühlen. Und wenn Sie ihn verstehen, tun Sie automatisch das Richtige.

In der kohäsiven Wiederbelebung der frühen Beziehung in der therapeutischen Übertragungsbeziehung sehen wir wunderschön, wie diese Regressionen in kleinerem Maßstab ebenfalls wiederbelebt werden. Zu welchen Zeitpunkten fällt der Patient in seine alten voyeuristischen Gewohnheiten zurück, wenn er sich von Ihnen verletzt und zurückgewiesen fühlt? Mit der Zeit lernt er, den Impuls dazu zu erkennen, aber er muß ihm nicht mehr nachgeben, weil er über die tieferen Ursachen Bescheid weiß. Eine zunehmend empathischere Beziehung beginnt an die Stelle dieser Jagd mit den Augen nach Lust zu treten. Oder an die Stelle jeder anderen Perversion.

Es wäre wünschenswert, daß noch viel mehr Perversionen und Süchte auf dieser Ebene verstanden werden. Natürlich basieren sie alle auf den ursprünglichen Zonen. Freud sprach in den frühen »Drei Abhandlungen zur Sexualtheorie«, noch unter dem Einfluß der Libidotheorie, von genitaler Dominanz (1905a). Dort ist in dem vergleichsweise schmalen theoretischen Rahmen, mit dem Freud sich damals begnügen mußte, alles zu finden, ehe am Übergang vom zweiten zum dritten Jahrzehnt dieses Jahrhunderts die Ich-Psychologie eingeführt wurde.

11. Die Trennung von der Familie und der Kampf, Idealen und Zielen Macht zu verleihen

Viele Studenten erfüllt die Suche nach Selbstbestätigung innerhalb ihres Studiums mit Angst. Einerseits klammern sie sich an die vertraute Geborgenheit in der Familie, andererseits wollen sie ihr entfliehen.

Der Student, den ich vorstellen möchte, ist 19 Jahre alt und im zweiten Jahr an der Universität. Seine Familie lebt im Einzugsgebiet von Chicago. Seine Eltern sind Griechen. Der Junge hat ein rundes Gesicht, dunkle Augen und dunkle Haare. Er trug bei unserem Gespräch einen roten Pullover, wie er für einen Schuljungen angemessen gewesen wäre. Für das College paßte er überhaupt nicht. Das Hemd war ihm zu klein, so daß man seinen Bauch sah.

Beim Ausfüllen des Fragebogens machte er einige auffällige Rechtschreibfehler. Er schrieb:»Ich habe Angst und bin nervös wegen der Schule und wegen meiner Zukunft. Ich mache mir ständig Gedanken wegen meiner Noten und ob ich zum Medizinstudium zugelassen werde. Aber ich weiß überhaupt nicht, was ich werden will. Ich fühle mich wischi-waschi, unentschlossen und unmotiviert. Meine Zukunft sieht nicht besonders rosig aus. Ich komme mir dumm vor. Mitunter habe ich das Gefühl, ich gehöre nicht an diese Schule. Mir fehlt das Selbstvertrauen. Ich neige extrem zum Grübeln, und wenn ich grüble, kann ich nicht arbeiten. Ich habe das Gefühl, ich muß ständig arbeiten, um die Schule zu schaffen. Ich möchte das Beste aus meinen Fähigkeiten machen und so gut wie nur möglich sein. Das Leben an sich genieße ich praktisch nie. Und ich fühle mich nur wohl in meiner Haut, wenn ich überall gute Noten habe. Intelligente Menschen gehen mir auf die Nerven. Ich hätte gerne mehr Selbstvertrauen und ich würde gerne weniger grübeln. Denn wenn ich grüble, kann ich überhaupt nicht arbeiten.«

Dann berichtete er, warum er in die Klinik kam. »Am Anfang des letzten Quartals hatte ich sehr viel Angst und ich fühlte mich allein, weil eine Menge Leute aus dem Schlafsaal ausgezogen waren. Ich hatte ein Einzelzimmer und ich fürchtete mich vor dem Studium. Doch ich arbeitete hart und bekam auch gute Noten. Allerdings hatte ich bessere Noten erwartet, weil ich soviel getan hatte. In diesem Quartal habe ich Angst, daß ich nicht mehr so gut abschneiden könnte. Ich habe keine Ahnung, was ich später machen möchte. Mir fehlt die Motivation, ich dachte daran, andere Kurse zu nehmen. Ich konnte mich nicht entscheiden. Ich machte mir Sorgen und war nervös. Ich konnte weder essen noch schlafen. Ich ging zur Student Mental Health Clinic und die überwiesen mich hierher.«

Zuvor hatte er Hilfe bei seinen Freunden und Eltern gesucht, mit denen er über seine Probleme gesprochen hatte. Seine Eingangsbewertungen liegen im verbalen Bereich mit 660 im Schnitt und im mathematischen Bereich mit 780 nur 20 Punkte unter der Spitzenbewertung. Bereits nach einem Tag kam er zum ersten Gespräch, inzwischen war er bereits fünfmal hier. Er sprach über seine Angst vor der Zukunft. Am Wochenende war er nach Hause gefahren, aber dann hatte er Angst bekommen, er komme mit dem Lernen nicht nach, und sich von seinen Eltern wieder früher zurückbringen lassen. Er ist sich nicht klar, ob er wirklich Arzt werden will. Er erklärt, er fühle sich den meisten Kommilitonen gegenüber hoffnungslos unterlegen, weil er zum Beispiel, obwohl er Grieche sei, Plato nicht kenne, eine Menge Studenten aber, die keine Griechen sind, Plato sehr wohl kennen.

Er ist ein Einzelkind. Seine Eltern sind 66 und 56 Jahre alt, er ist jetzt 19. Er erzählte ausführlich über seine Familie. Er hat drei Onkel mütterlicherseits und einen Onkel väterlicherseits. Sie sind so wichtig in seinem Leben, daß ich das Gefühl bekam, knietief in Onkeln zu waten. Die Mutter fühlt sich betrogen, weil alle Onkel so wohlhabend sind – ihnen gehört ein Hotel, sie sind materiell gut ausgestattet und sie nicht. Der Vater verdiente nie viel und dieser Student wuchs mit dem Vers auf:»Sei nicht wie dein Vater.« Nicht nur die Mutter, alle vermittelten ihm das. Die Eltern trennten sich, als er zehn oder elf war. Er sagt, das letztemal habe er sich mit 11 richtig wohl gefühlt. Die ersten 11 Jahre seines Lebens lebte er mit seinen Eltern im Norden, wo sein Vater als Anwalt praktizierte. Dann passierte etwas, was zu Vaters Zurückstufung führte. Vater konnte nicht mehr dort arbeiten. Das mag eine Rolle gespielt haben bei der Trennung der Eltern, aber er ist sich nicht sicher. Doch er hat eine Erinnerung an die Zeit, als zu Hause noch alles in Ordnung war. Er steht glücklich in der Tür und hört seinen Vater die Straße entlangkommen und pfeifen. Das war wunderschön, er fühlte sich ausgezeichnet, ganz. Er machte viele Dinge gemeinsam mit seinem Vater. Vater nahm ihn im dem Auto mit. Wenn der Vater im Büro arbeitete, spitzte er seine Bleistifte und er fühlte sich ausgezeichnet dabei. Mit seiner Mutter gab es Probleme, obwohl er mir im ersten Gespräch den Eindruck zu vermitteln versuchte, er und seine Mutter seien unzertrennlich und der Vater stünde außerhalb – sei immer ein Versager gewesen, vor dem ihn alle seine Onkel gewarnt hätten:»Sei nicht wie dein Vater. Er arbeitet nicht hart genug«, und so weiter.

Gab es diese Botschaft schon, bevor er elf war, oder erst, nachdem der Vater diese Probleme hatte?

Es fällt ihm sehr schwer zu differenzieren, aber, wie Sie sehen werden, tut er dies später. Er erzählte zum Beispiel von diesen großen, starken,

erfolgreichen Onkeln, denen ein Hotel gehört. Sie sagen zu ihm, er solle den Rasen mähen und geben ihm dann unangemessen viel Geld dafür. Er kehrte zu dieser Erinnerung zurück, als er sich noch gut fühlte und den Vater die Straße entlangkommen und dabei pfeifen hörte. Als Gegenbeispiel berichtete er von einem Vorfall, als er mit der Mutter in einem Geschäft war. Er begleitete seine Mutter immer auf ihren Einkaufstrips. Als er das erzählte, stöhnte er. Er ging mit ihr in all diese Kleidergeschäfte, und während sie die Kleiderständer durchsuchte, saß er da und krümmte sich. Einmal umarmte er dabei die Beine eines vorbeigehenden Mannes und rief: »Papa!« Aber die Beine gehörten nicht zu seinem Papa und Papa war auch nicht in der Nähe.

Ich vereinbarte einen Termin für den nächsten Tag, weil mir das im Hinblick auf seine Angst nützlich erschien. Vor allem, da ihm die erste Stunde keine Erleichterung gebracht hatte. Er erzählte, daß ihm seine Mutter immer alle möglichen Sachen anzog. Es gab einen Cowboy-Anzug und eine Schneewittchen-Verkleidung. Sie hätte ihn gern als Model gesehen. Das hätte er auch »geschafft«, wenn er es gewollt und nicht immer geweint hätte. Er beschrieb dies als Versagen seinerseits, aber für mich klang es nach Ausbeutung, als sei er als Spielzeug mißbraucht worden.

An die Trennung der Eltern kann er sich nicht genau erinnern. Er wurde über die Sommerferien zu einer Tante und einem Onkel geschickt, und das war schön. Aber als Mutter ihn abholte, hatten sie sich beide verändert, doch er kann nicht sagen, wie. Etwa ein Jahr lebten sie im Haus der Großeltern allein mit den Onkeln, die noch jung und unverheiratet waren. Nach diesem Jahr zogen die Eltern wieder zusammen. Sein Vater hatte nun keinen so bedeutenden Job mehr und verdient auch weniger.

Als er die Woche darauf zum dritten Gespräch wiederkam, sah er gut aus, integrierter und besser angezogen. Er erzählte, er könne großartig arbeiten und wie er alles anpacke und im Griff habe.

Er kehrte wieder zu den Erinnerungen an seinen Vater zurück – was für ein netter Kerl er gewesen sei. Vater hätte ihm nicht nur geholfen, ein Haus für seine Katze zu bauen, sondern auch etwas Zement angerührt, damit er einen Abdruck von ihrer Pfote machen konnte. Er hatte ihm mit der Katze geholfen, wo er nur konnte. Plötzlich war die Katze verschwunden gewesen. Mutter sagte, daß es ihr sehr leid tue, aber daß die Katze weggelaufen sei. Ein oder zwei Jahre später »erwischte er sie bei der Lüge.« Sie hatte augenscheinlich vergessen, was sie ihm zuvor erzählt hatte, und sagte, sie hätte die Katze weggegeben. Er kam nicht darüber hinweg, daß sie ihn belogen hatte. Und während des Interviews stellte er sich fortwährend die Frage: »Was ist denn so schrecklich an meinem Vater? Er ist ein großartiger Kerl. Er läßt mich tun, was ich tun will. Er

177

sagt mir nicht wie Mutter permanent, was ich zu tun und wie ich mein Leben zu ordnen habe. Mutter benutzt mich. Sie hat die Vorstellung, daß sie, wenn ich mal ein großer Arzt bin, bei mir lebt und alle möglichen Sachen hat.« Er kommt auf den Vater und dessen Familie zu sprechen – nicht nur der Vater, auch der Großvater hatte studiert. Der Onkel väterlicherseits ist ein hart arbeitender, sehr angesehener Internist. Zu Hause kommandiert ihn seine Mutter herum. Wenn Verwandte vorbeikommen, muß er sein Zimmer aufräumen, und so weiter. Er darf sein Zimmer nicht so einrichten, wie er möchte. Er klagte auch darüber, daß seine Eltern ihn ständig im Studentenwohnheim besuchten. Er beschrieb, wie er am Fenster stand und jemand pfeifen hörte. Er sprang hoch, weil er sich sicher war, es sei sein Vater. Er freute sich über den Besuch seines Vaters, aber leider hatte er Mutter im Schlepptau. Sie hatte sich die Haare färben lassen. Er wäre ihr nur zu gerne aus dem Weg gegangen. Sie brachte ihm ein Hemd, ein Geschenk seiner Tante, und wollte, daß er diese sofort anrufe, um sich zu bedanken. Sie brachte eine Packung Kekse und wollte, daß er sie auf sein Zimmer mitnehme. Aber er wollte nicht. Er sagte: »Ich möchte in die Bibliothek gehen«, konnte sie jedoch nicht loswerden. Er hatte sich einen Bart stehen lassen. Mutter fand, er sehe schrecklich aus und solle sich wieder rasieren. Vater sagte: »Du siehst schmuddelig aus, aber wenn dir das gefällt, okay.«
Es geht ihm noch immer nicht sehr viel besser. Beim nächsten Mal erzählte er, sein Vater habe ihn angerufen und zum Abendessen eingeladen – nur sie beide und sein Onkel, der Internist. Er habe sich großartig gefühlt. Aber sie gingen gar nicht essen, statt dessen untersuchte ihn sein Onkel von Kopf bis Fuß und hielt ihm dann »einen langen Vortrag«, wie es ihm beim Medizinstudium ergangen sei. Er habe auch Angst gehabt, aber das sei zu erwarten und nur ein Zeichen, daß der Adrenalinspiegel hoch sei, und so weiter. Der Student war empört darüber, daß ihn sein Vater belogen hatte.
Ich meinte, da wäre er wohl sehr enttäuscht gewesen. Worauf er antwortete: »Ich hätte gerne eine Freundin.« Dann erzählte er, er hätte in der High-School begonnen, sich mit einem Mädchen zu treffen. Er mochte sie sehr gerne und erzählte seiner Mutter von ihr. Aber als die Mutter das Mädchen mal in der Schule sah, fand sie sie auf Anhieb unsympathisch. Mutter wollte, daß er mit einem Mädchen ihrer Wahl ausging. Er hörte also auf, mit Mädchen auszugehen, bis er hierher ans College kam. Er traf sich öfters mit einem Mädchen, das ihm gefiel. Er erinnerte sich daran, wie er sie zum Abendessen einlud und sie, als sie sich gegenüber saßen, sagte: »Ich mag deine Augenbrauen.« Er sagte: »Meine Augenbrauen! Was ist mit meinem Kopf?« Er hatte das Gefühl, sie bedränge ihn, deshalb beendete er die Beziehung. Alle ihre Freundinnen waren sauer auf ihn.

Was meinen Sie mit »beendete die Beziehung«? Mich interessiert, wie das vor sich ging. Erzählte er Ihnen das mit einem Schuß Ironie?

Nein. Er hatte den Eindruck, je näher er sie kennenlernte, desto weniger gefiel sie ihm. Er konnte mit ihr nicht über die Dinge reden, die ihn interessierten, und so weiter.

Sie ging ihm auf die Nerven.

Richtig. Ihre Freundinnen waren alle sauer auf ihn, das heißt, er hatte keinen Zugang zu anderen Mädchen. Jetzt würde er gerne wieder ausgehen. Es gibt da ein Mädchen bei ihm im Wohnheim, das ihm gefiele. Er fragt sich, ob sie ihn wohl mag und ob sie ja sagen würde. Vielleicht hat sie genausoviel Angst wie er, und so weiter.

Soweit sind wir im Moment, doch diese Woche kam er wieder nervös und ängstlich in die Stunde. Im Studium läuft alles gut, er hat gute Noten, und seine Mutter sagte: »Vielleicht könntest du etwas mehr arbeiten.« Ich sagte, es sei furchtbar, das Studium mit vier Onkeln *und* Vater und Mutter bewältigen zu müssen. Was er denn für sich wünsche? Soweit sind wir.

Sie sehen ihn einmal die Woche?

Ich sah in fünfmal in den letzten vier Wochen.

Die ersten beiden Male sahen Sie ihn zwei Tage hintereinander, weil sie das Gefühl hatten, er sei deprimiert. Seine Depression ist viel weniger ausgeprägt als zu Beginn. Er schläft gut, ißt gut und ist nicht mehr so deprimiert.

Seine Unentschlossenheit bereitet ihm noch Probleme. Er kann sich jederzeit in Arbeit vertiefen. Er kann stundenlang im Labor arbeiten, wo er eine Stelle als Hilfskraft hat. Wenn er in ein Geschäft geht, um Karteikarten zu kaufen, möchte er sich auch etwas Schokolade oder eine Zigarre kaufen. Er kann sich nicht entscheiden und kauft nur die Karteikarten.

Sie erzählten über seine unangemessene Kleidung am Anfang. Das gibt einen guten Eindruck von seiner Persönlichkeit, doch ich hätte noch gern mehr davon. Er ist in mancher Hinsicht ungemein gewissenhaft. Das kann bis zu dieser karikaturhaften Begebenheit gehen, die sie vorhin erwähnten, wo er sich den Kopf über zwei Annehmlichkeiten zerbricht. Er verzichtet auf die Annehmlichkeiten und begnügt sich mit der Pflicht. Wie Sie sagten, er kann sich ständig in Arbeit vertiefen, aber mit dem Vergnügen tut er sich schwer.

Ich habe den Eindruck von einem jungen Kerl, der ständig Haken schlägt, häppchenweise mit Informationen rausrückt, so wie er es wohl auch mit seinen Eltern auch macht, und beharrlich nach einer Stütze sucht, um mit seiner Angst fertig zu werden. Aber er ist jederzeit bereit, einen Rückzieher zu

machen, falls sein Gegenüber ihm nicht zustimmt, eine Hilfestellung oder Rückendeckung gibt. Ich fragte mich, inwieweit er mich als den wahrnimmt, der ich bin. Ob er mich auf der Straße überhaupt wiedererkennen würde? Wobei ich ihn nicht vergessen konnte.

Das trifft wahrscheinlich auf viele Menschen zu, die durcheinander sind. Sie sind mit sich selbst beschäftigt und nehmen ihr Gegenüber nicht unter die Lupe. Er sieht sie in einer offiziellen Rolle. Vielleicht sieht er in Ihnen das, was Sie beschrieben haben, jemanden, der ihn lenkt und leitet und beurteilt. Zu seiner Geschichte würde das passen. Aber gibt es irgendeinen Anhaltspunkt, daß dies wirklich so ist? Bisher ist mir noch nicht klar, was bei diesen Interviews auf der Gefühlsebene ablief. Wie spricht er? Welchen Eindruck macht er? Wie war er am Anfang, deprimiert?

Sehr nervös, aber das legte sich. Aber als ich dann zum Beispiel sagte, daß es für ihn eine Enttäuschung gewesen sein mußte, statt abendzuessen untersucht zu werden, antwortete er, ohne einen Augenblick zu zögern: »Ich hätte gerne eine Freundin.« Dabei kam es mir so vor, als wolle er mir mitteilen, daß es ihm besser ginge und er glaube, sich nun weiter vorantasten zu können. Das ist einer der Bereiche, um die es ihm geht, aber anfangs wagte er nicht, das direkt anzusprechen. Vielen Studenten macht es überhaupt keine Schwierigkeiten, ohne Umschweife zu sagen, worum es ihnen geht.

Sie beschreiben hier eine interessante Episode. Ich bin nicht sicher, ob ich sie ganz verstehe. Da steckt einiges dahinter. Warum gehen sein Vater und sein Onkel so vor? Er spricht darüber als eine Art heimtückischen Hinterhalt – und sie behandeln es ebenfalls so. Es stimmt, es ist heimtückisch, aber neben dem Aspekt der Heimtücke springt mir noch etwas anderes ins Auge. Diese Familie muß einen richtigen strategischen Plan entwerfen, um ihn ärztlich untersuchen zu lassen. Sie wagen es nicht, ihm einfach zu sagen: »Wir machen uns Sorgen um dich und möchten, daß du dich untersuchen läßt.« Sie müssen ihn dazu quasi in die Falle locken. Anders ausgedrückt: Welche Rolle spielt er dabei? Warum haben sie solche Angst, ihm direkt zu sagen: »Wir machen uns Sorgen um dich. Du ißt nicht ordentlich und arbeitest soviel. Wir hätten gerne, daß dich dein Onkel mal sieht.« Statt dessen scheint eine ausführliche Familienkonferenz stattgefunden zu haben, um einen Plan zu entwerfen, wie man ihn einfangen kann. Inwiefern trägt er dazu bei, daß er als so zerbrechlich oder so tyrannisch wahrgenommen wird, daß man so vorgeht?

Ich empfand bei der Falldarstellung aus zwei Gründen dasselbe. Zum einen ist da die Tatsache, daß er 24 Stunden nach dem ersten Gespräch ein zweites Mal einbestellt wurde, was als eine ganz ähnliche Reaktion verstanden werden muß – nicht auf den tyrannischen Aspekt, sondern auf die Zerbrechlichkeit bezogen.

Zum anderen ist da die Art und Weise, wie er zu Hause kundtut, daß er mitten im Wochenende wieder zurück muß, weil er noch lernen muß. Er scheint mir permanent die größten Qualen zu erleiden. Allerdings scheinen mir seine Verwandten auf Äußerungen in diese Richtung auch sehr gut anzusprechen. Das hat schon beinahe etwas von einer Karikatur an sich – auch wenn ich mir hier nicht ganz sicher bin. Es ist keine Schauspielerei, aber diese Fähigkeit und Vorliebe für schon beinahe bühnenreife Auftritte scheint ihnen allen eigen zu sein.

Für mich hat sich noch keine solche klare Persönlichkeitsdiagnose herauskristallisiert, auch nicht ansatzweise. Wie gesagt, ich möchte mich noch näher an diese Persönlichkeit herantasten. Da ist dieser merkwürdige Bruch, auf den Sie uns hinwiesen, als er plötzlich erklärt: »Ich hätte gerne eine Freundin«, nachdem Sie gesagt hatten, wie sehr ihn das enttäuscht haben mußte. Das läßt sich vielfältig interpretieren. Vielleicht war ihm Ihre Empathie unangenehm, und er wollte schnell das Thema wechseln.

Die Kommunikation ist äußerst merkwürdig. Sie haben recht, was dieses Manöver mit der ärztlichen Untersuchung angeht. Nach der Stunde bei mir fühlte er sich zum Beispiel besser. Dann rief er seine Mutter an und erzählte ihr, daß er wirklich Probleme damit habe, erwachsen zu werden. Er nennt es Peter-Pan-Syndrom, daß er nicht erwachsen werden will. Worauf seine Mutter antwortet: »Vielleicht solltest du zur Armee gehen und dort erwachsen werden. Vielleicht solltest du nach Vietnam gehen.« Ärgert sie das Eingeständnis seiner Probleme und reagiert sie deshalb so feindselig?

Ein interessanter Fall, den wir genau untersuchen wollen. In dieser Familie scheinen mir alle in die Angelegenheiten aller verstrickt zu sein, so daß das Kind durch die Nähe so vieler Menschen extrem stimuliert wird. Als Therapeut würde ich da etwas distanziert reagieren, um in ihm nicht sofort das Gefühl zu wecken: »Ah, da ist wieder so einer aus meiner Familie.«
Er ist das zweite Jahr am College. Er ist auf beiden Seiten von griechischer Herkunft. Der Vater hat einen anspruchslosen Job. Was macht er jetzt?

Er arbeitet im Hotel der Onkel mit. Ob seine jetzige Tätigkeit irgend etwas mit Jura zu tun hat, weiß ich nicht.

Wie dem auch sei, nach der Darstellung des Studenten scheint sein Vater ziemlich abgewirtschaftet zu haben und jedem als Fußabstreifer zu dienen. Sicherlich schneidet er nicht besonders ab, verglichen mit seinem Bruder und vor allem den Brüdern der Mutter. Er ist eine Art negatives Vorbild für den Jungen – »Du sollst nicht so werden wie dein Vater.« Wegen welcher Symptome kam er in die Sprechstunde – Lernschwierigkeiten und Depressionen?

Ständige Angst, nicht permanent Spitzennoten erreichen zu können, Unentschlossenheit – einfach ein ständiges Gefühl der Angst und Nervosität

und eine Abneigung gegen intelligente Menschen. Er geht nicht so weit zu sagen, daß sie seine Konkurrenten sind, aber irgendwie schmälern sie seine Verdienste.

Wann begannen diese Symptome?

Er hatte sie ständig.

Seit er das College besucht? Lebt er zu Hause oder lebt er hier?

Er lebt im Wohnheim. Letztes Jahr teilte er sich das Zimmer mit einem Wohngenossen. Dieses Jahr hat er ein Einzelzimmer, davon erzählte er auch.

Aber sein Hauptproblem ist die Angst.

Er macht sich Sorgen wegen seiner Zukunft. Er hat Angst, das Medizinstudium nicht zu schaffen.

Depressionen?

Ich würde sagen, das ist eine angstreiche Form der Depression.

Aber er arbeitet. Seine Noten sind einigermaßen passabel?

Ja, er hat eher gute Noten.

Die Eltern machten sich anscheinend Sorgen um ihn, deshalb diese medizinische Untersuchung. Warum machten sie sich Sorgen?

Er erzählte in dieser Stunde, daß er sie anruft, wenn er sich nicht wohl fühlt. Sie mischen sich nicht nur in alles und jedes ein, sie reißen einfach alles an sich, wenn er sich ihnen anvertraut.

Er ruft sie an – er ist hilflos. Er ist ein Einzelkind und seine Eltern sind relativ alt. Der Vater war 47 und die Mutter 37, als er geboren wurde. Heirateten die Eltern so spät?

Das weiß ich nicht.

Wie dem auch sei, er trat relativ spät in ihr Leben. Er ist ein Student aus dem Großraum Chicago, aber die Familie lebte während seiner ersten elf Jahre weiter oben im Norden, das war vor der Trennung der Eltern? Kam es zu der Trennung, weil die Mutter wegen des Versagens des Vaters, dem Ausschluß aus der Anwaltschaft oder was immer da war, enttäuscht war? Das kommt nicht heraus. Doch daß sich der Junge nach dem Vater sehnte wird klar durch die Episode in dem Kleidergeschäft, wo er die Beine eines fremden Mannes umarmte und enttäuscht war.

Das war, als er noch sehr klein war und der Vater bei der Familie lebte.

Das geschah damals, aber es zeigt eine Enttäuschung darüber, daß da jemand ist, der nicht sein Vater ist.

Ich hatte eher den Eindruck, es handle sich um einen verzweifelten Versuch, der Mutter zu entkommen, die ihn ständig auf ihre Einkaufsbummel mitnahm. Da war dieser Mann. Mir erschien es als verzweifelter Versuch, von der Mutter wegzukommen.
Wir wissen es nicht. Es ist möglich. Ihre Phantasie ist so gut wie meine. Das sind alles nur Hypothesen.
Er betont, sein Vater vermittle ihm ein gutes Gefühl. Er gesteht ihm Autonomie zu. Sie machen nette Sachen zusammen. Auf alle Fälle erinnerte er sich daran und nicht an etwas anderes.
Es geht weniger um einen bestimmten Vorfall, sondern wir möchten herausfinden, wie genau der Einfluß der Familien auf den Jungen beschaffen ist. Es entsteht der Eindruck, daß der Druck von der Mutter ausgeht. Die Mutter besteht auf besseren Noten. Die Mutter ist unzufrieden mit dem Vater, und so weiter. Unter solchen Umständen wird der Vater häufig eine Art älterer Bruder oder Kumpel. Das heißt, er repräsentiert eine gewisse Erleichterung von all diesem Druck. Dem Vater gegenüber werden also mehr liebevolle und freundschaftliche Gefühle gehegt. Aber, wie gesagt, ich habe auch den Eindruck, daß dies eine äußerst involvierte Familie ist, in der es eine Art von gegenseitiger Offenheit gibt, die für ein Kind hart zu ertragen ist.
Neben anderen Dingen springt seine Schwierigkeit, allein zu sein, besonders ins Auge. Auf der einen Seite versucht er, sich aus diesen schrecklichen familiären Verstrickungen zu befreien. Und auf der anderen Seite fühlt er sich, sobald er allein ist, unvollständig und hat Angst und wendet sich an seine Familie um Unterstützung. Das geht ihm auf die Nerven und deshalb sucht er Hilfe. Er weiß, er sollte sich nicht mehr an seine Eltern klammern. Aber er braucht jemand, der diese Funktionen für ihn erfüllt – der ihn beruhigt, ihm sagt, was er zu tun hat, und so weiter. Gibt es noch weiteres Material?
Das ist jetzt die sechste Stunde. Er kam die Treppe hoch und ging zu meinem Zimmer. Die Sekretärin muß ihn hochgeschickt haben, ohne mir Bescheid zu sagen. Es saßen noch ein paar andere Leute im Gang. Er blickte überall hin, vermied es aber, mich oder einen anderen anzusehen, bis er im Zimmer war und die Tür hinter sich zugemacht hatte. Dann legte er los. Er sah mich die ganze Zeit an, außer er fühlte sich in seinem Gedankenfluß gestört – was nicht notwendigerweise durch mich geschehen mußte. Er machte einen ausgezeichneten Eindruck und war gut angezogen. Er trug eine fetzige Jacke und eine dunkelblaue Baskenmütze. In der linken Hand hielt er die *Flash cards*[1]. Er kam gerade aus einer Chemieprüfung. Er erzählte, es wäre ihm die ganze Woche über gut gegangen, alles sei »geflutscht«. Nur letzten Abend wäre es ihm etwas bang geworden und er hätte sich richtig fest gelernt, weil er dachte, am wichtig-

sten sei, daß er frisch und ausgeruht antrete. Dann könnte er sein Wissen am besten umsetzen. Er ging um acht Uhr ins Bett, wachte aber auf und lernte weiter, bis er wieder einschlief. Er meint, er habe wohl sechs Stunden geschlafen, aber die Prüfung sei gut gelaufen.
Ohne eine Pause zu machen, fing er an, über das Mädchen zu sprechen. Er habe es noch immer nicht geschafft, neben ihr zu sitzen. Sie sei hübsch und sitze in der Halle, aber er bringe es nicht fertig, zu ihr hinzugehen, sich neben sie zu setzen und ein Gespräch zu beginnen. Er denke über seine Zukunft nach, seine Phantasie von einem Leben als Arzt mit Frau und Kindern. Das gebe ihm ein gutes Gefühl. Aber noch vor dem Gedanken, den ersten Schritt zu machen, auf sie zuzugehen, sich zu setzen und hallo zu sagen, sei er schon traurig, weil es mit ihnen nicht klappen würde. Was mit seinem Gefühl zusammenhänge, daß er irgendwie inkompetent sein wird – nicht wissen wird, worüber er reden solle.

Er erzählte, daß er sich manchmal zu Leuten setzt und einfach nicht weiß, was er reden soll. Dann wieder rede er sehr viel, wisse aber nicht, ob er das Richtige sagt. Er glaubt, er habe Probleme, sich verbal auszudrücken. Dazu fiel ihm ein Sonett ein, das er letztes Jahr für seinen Kurs in klassischer Literatur geschrieben hat. Es sei so schön! Er habe es mir zeigen wollen, aber es nicht finden können. Er habe hart daran gearbeitet und es ein oder zwei anderen zu lesen gegeben. Er hätte auch eine Seite Erklärungen für den Lehrer dazu schreiben sollen, um was es ihm dabei gehe. Aber er habe gedacht, die Metaphern seien so leicht zu verstehen, daß das nicht nötig sei. Er habe eine schlechte Note dafür bekommen und den Kommentar: »Ich verstehe nicht, was Sie damit ausdrücken wollen. Sie hätten das zweite Blatt beilegen sollen.« Er habe sich furchtbar gefühlt. Dann versuchte er mir das Sonett in allen Einzelheiten zu beschreiben: Er war im Wohnheim und sah auf die Straße hinaus. Er beschreibt sich als ein Schiff. Da war das Wasser und der dunkle Himmel, Windstille. Als er in das Wasser blickt, sieht er eine Menge Strudel.

Ist das der Inhalt des Sonetts?

Das ist der Inhalt des Sonetts. In den Wasserströmungen sind Fischschwärme zu sehen und er weiß nicht mehr über sich zu sagen, als daß er das Schiff in diesem Sonett ist. Er machte seinem Ärger über die schlechte Note Luft. Er meinte, die anderen hätten über das Rumhängen im Wohnheim geschrieben oder das Sporteln und Erklärungen zum Rhythmus geliefert. Aber sein Gedicht sei wirklich poetisch gewesen. Es hätte darin Rhythmuswechsel gegeben, um das Wellenspiel zu reflektieren, und so weiter. Dann entstand eine kurze Pause und ich sagte: »Sie müssen sich gewünscht haben, daß der Lehrer ohne Interpretation versteht, worum es Ihnen geht.« Er nickte zustimmend und erzählte, er hätte sich eine Schall-

platte gekauft. Ich habe beim letzten Mal, als ich über seine Schwierigkeit berichtete, sich in dem Geschäft zwischen Schokolade und einer Zigarre zu entscheiden, so daß er zuletzt nur mit Karteikarten abzog, vergessen zu erzählen, daß ich das mit den Worten kommentierte:»Es sieht aus, als hätten Sie keine Schwierigkeiten, im Hinblick auf Arbeit Entscheidungen zu treffen, sondern nur was die angenehmen Dinge des Lebens angeht.« Er erzählte also, daß er sich eine Schallplatte gekauft hatte und blickte triumphierend drein. Das sei eine ganz tolle Platte, voller Gefühle. Er könne nicht singen, würde es aber gerne können. Er würde einfach Kopfhörer aufsetzen, damit er die Musik hören kann, ohne sich durch seine Stimme gestört zu fühlen. Das wäre großartig gewesen. Zum ersten Mal habe er sich körperlich frei bewegen können.»Ich ging im Zimmer umher, und bewegte mich im Rhythmus zur Musik.«

Am Sonntag fing er wieder zu arbeiten an. Er erinnerte sich, wie hart er im letzten Quartal gearbeitet hatte, neun Stunden täglich. Er bekam keine Spitzennote. Ein Freund von ihm lernte überhaupt nicht und kopierte seine Notizen. Ich weiß nicht, ob dieser Student eine gute Note bekam oder nicht. Aber für ihn ist es ungemein wichtig, einen Arbeitsplan einzuhalten. Seine Eltern kamen am Sonntag und er trug dasselbe, was ich vorhin beschrieb. Er fühlte sich wohl. Seine Mutter sagte:»Schau dich an, wie du angezogen bist.« Damit kritisierte sie seinen ganzen Stil. Ich platzte heraus:»Ich finde es fetzig.« Es sah wirklich so aus. Er fuhr fort und erzählte, an dem Tag, als sie ihn besuchten, hätte er lange geschlafen. Als das Telefon klingelte, wußte er, daß es für ihn war, ging aber nicht hin. Sie besuchen ihn normalerweise sonntags um fünf Uhr, wenn er nicht nach Hause fährt. Diesmal war er spät dran, und sie waren gerade dabei, wieder zu gehen. Er erzählte, daß er von ihnen weg möchte, das Frühjahr und den Sommer über an der Universität bleiben und im Labor arbeiten möchte, und daß er »sich gespalten fühle«, wie er es ausdrückte. Er müsse anfangen, Dinge für sich allein zu tun. Es stimme, wenn er Probleme habe, rufe er zu Hause an. Das sei der Fall gewesen, als ihn sein Onkel untersucht hatte – er wäre fertig gewesen, hätte geweint, und so weiter.

Er spielte mir vor, was seiner Ansicht nach in solchen Situationen abläuft. Die Mutter regt sich auf und drängt Vater, etwas zu unternehmen. Der Vater sagt:»Laß den Jungen in Ruhe.« Die Mutter sagt:»Vielleicht ist er krank.« Der Vater versuche ihn bei Laune zu halten, und so weiter. So sei es wohl zu dieser Untersuchung gekommen. Dann wandte er sich der Frage zu, ob er wohl ein Versager sein wird. Am liebsten wäre er Hausmeister. Als er in der Bibliothek gearbeitet habe, habe er dem Hausmeister bei der Arbeit zusehen können. Der habe nur ein Problem gehabt: wie er den Dreck am besten los würde. Das wäre sein Wunsch, nur entscheiden zu müssen, wie er den Dreck am besten los wird. Als er noch in die Schule gegangen sei, habe er ein paar Jahre lang im Hotel seiner Onkel als Hausmeister gearbeitet. Er habe sich spezielle Abläufe für die Reinigung und das Einordnen der Vorräte ausgedacht. Einmal habe er zu seiner Mutter gesagt, daß er gerne als Tellerwäscher in einem Restaurant arbeiten würde. Sie habe es seinem Vater erzählt, der gemeint habe: »Nein, die Bedienungen werden gerne frech und sie würden es bei ihm probieren.« Statt dessen habe ihn sein Onkel zu einem Hotel im Westen geschickt, das ihn nur spät abends brauchen konnte, weshalb nichts draus geworden sei. Ich wollte wissen, was er sich dachte, als sein Vater sagte, die Bedienungen würden frech werden. Er entrüstete sich: »Glaubte er denn, ich könnte damit nicht umgehen?« Dazu fiel ihm eine Episode ein. Als er einmal mit seiner Mutter unterwegs war, sahen sie ein junges Pärchen, der Junge hatte den Arm um das Mädchen gelegt. Seine Mutter sagte darauf: »Schau dir das mal an! Ich möchte nicht sehen, daß du so etwas tust!« Ich fragte ihn, wie er sich dabei fühlte. Er gab keine Antwort darauf, sondern fuhr fort zu erzählen, er habe seine Mutter auch gefragt, woher die Babys kämen. Sie habe gesagt: »Sie nehmen eine Pille.« Er fragte: »Und wie kommen sie heraus?« Als die Mutter darauf nicht antwortete, hakte er nach: »Schneidet der Doktor einen auf?« Und die Mutter stimmte zu.

Wie alt war er da?

Das weiß ich nicht, aber das war seine Assoziation zur Reaktion seiner Mutter, was das junge Pärchen anging. Er assoziiert sprunghaft, ohne Zwischenschritte. Er fuhr fort, von dem Mädchen in der Halle zu erzählen. Er und sein Freund sahen sie zusammen mit einer Freundin sitzen und plaudern. Doch als sie hingehen wollten, waren die beiden verschwunden. Seit zwei Wochen versucht er das nun. Er hat die Phantasie, daß sie ihren Abschluß machen und sich nie wieder sehen. Ich fragte ihn: »Und was ist mit den ganzen Zwischenschritten?« Warum phantasiert er vom Schluß, bevor überhaupt etwas angefangen hat?
Er antwortete, er fühle sich inkompetent und werde versagen. Ich deutete an, ich könnte verstehen, woher dieses Gefühl komme. Seine Mutter sagt: »Ich möchte nicht, daß du den Arm um dieses Mädchen legst.« Und sein Vater sagt: »Die Mädchen könnten frech werden.«
Dann sagte er: »Langsam fange ich an zu 'titrieren'.« Es scheint sich für ihn die Frage zu stellen, ob er mit beidem zurechtkommt, dem Studium und den Mädchen. Letztes Jahr war seine Identität klar. Er war ein Student und lernte die ganze Zeit. Sein Zimmergenosse lernte nie. Er fuhr fort zu erzählen, daß er gerne arbeite und sich dabei am wohlsten fühle. Ich fragte, ob er sich nicht in der Lage fühle, mit beidem zurechtzukommen, und er erwiderte: »Sie kennen das, viel Arbeit, wenig Vergnügen.«
Er sprach von diesem Gefühl der Inkompetenz und ich brachte es mit dem

alten Muster der besorgten und sich möglicherweise zu sehr einmischenden Eltern in Verbindung. Aber er brachte sie selbst auch ins Spiel. Sein Gefühl der Inkompetenz sei verständlich – wo sie doch zu Hause alle so sehr miteinander involviert seien. Aber das Studium jetzt sei alleine seine Angelegenheit. Er sagte: »Ich sehe, ich muß meine Angelegenheiten selbst in die Hand nehmen. Und dafür muß ich ausgeglichen sein. Vielleicht kaufe ich mir noch eine Schallplatte.« Leider rutschte mir heraus: »Und vielleicht sprechen Sie auch das Mädchen an.« Als er ging, ließ er seine Chemie-*Flashcards* liegen. Ich hob sie auf und reichte sie ihm, bevor er an der Tür war. Das passiert vielen jungen Männern und die verschiedenen Reaktionen sind Ihnen alle bekannt. Er jedoch erklärte mir auf eine sehr pedantische Art den Sinn der *Flash cards*. Das war das Ende der Stunde.

Das war sicher eine interessante Stunde. Was fällt Ihnen dazu ein? Welchen Eindruck hinterließ dies bei Ihnen? Mir fielen die unterschiedlichsten emotionalen Reaktionen zu diesem Material auf. Schält sich ein Gefühl zu diesem Studenten und seiner Art, sich in der Welt zurechtzufinden, heraus?

Ich möchte kurz etwas dazu sagen. Er kommt mir wie ein Junge vor. Als er die Geschichte erzählte, wie er fragte, woher die Babys kommen – ich nehme an, er war da in der neunten Klasse – wunderte sich jeder einen Augenblick lang, daß er mit 14 noch solche Fragen stellt. Ich habe den Eindruck von einem großen Jungen, nicht von einem Mann. Vielleicht bringt das die Diskussion weiter.

Was genau meinen Sie mit »großer Junge, aber kein Mann«? Ich denke, da ist was dran, eine gewisse Unreife ist da. Aber könnten Sie die Persönlichkeit, die sich hier herausschält, etwas genauer beschreiben?
Diejenigen unter Ihnen, die mich von Fallvorstellungen her kennen, wissen, daß ich immer anders reagiere als die anderen Zuhörer. Ich finde es immer merkwürdig, wenn sie lachen. Ich höre anders zu, achte auf etwas anderes. Ich möchte verstehen, wie der Betreffende denkt, wie er funktioniert. Welche Gefühle weckt diese Persönlichkeit? Kann ich einigermaßen das Muster begreifen, wie dieser Mensch mit seinen Problemen und Erfahrungen mit der Welt umgeht? Das sind für mich nur Beispiele. Ich reagiere darauf nicht so, als ob das etwas mit mir zu tun hätte. Deshalb kommt es mir viel weniger in den Sinn, etwas zu sagen. Sie sagen immer: »Es tut mir leid, daß mir dieses oder jenes herausrutschte.« Als hätten Sie das Gefühl, Sie hätten das nicht sagen sollen. Ich muß Ihnen gestehen: Es käme mir gar nicht in den Sinn, etwas zu sagen, weil ich gewissermaßen ganz Ohr bin. Ich will verstehen, wie dieser Mensch funktioniert, was seine innersten Motive sind. Es geht mir in diesem Augenblick nicht darum, ihm zu helfen, anders zu funktionieren. Ich weiß ja noch gar nicht, wie er funktioniert. Das ist meine grundsätzliche Einstellung.

Wir haben sehr viel interessantes, aber für mich noch nicht einordenbares Material. Wie funktioniert dieser junge Mann? Sie beschrieben eine gewisse Unreife. Diesem Mann fehlt etwas, er wirkt nicht männlich oder erwachsen. Zwar ist er erst 19, doch man erwartet mehr, eine Festigkeit, bestimmteres Handeln, das Wissen, was er will, und so weiter. Mir fiel auf, wie hilflos er sich beschrieb. Das einzige, was nicht in dieses Bild paßte, war seine Entrüstung, als Sie bei der Sache mit den Bedienungen nachhakten. Aber vielleicht war er nur deshalb so entrüstet, weil er dachte, sie erwarteten das von ihm. Außerdem beunruhigte mich, daß er für jemanden, dessen Eltern hohe Erwartungen an seine Intellektualität und berufliche Zukunft stellen, sich nicht Gedanken darüber macht, wie er an einen Experimentierkasten für Chemie kommt oder an einen wissenschaftlichen oder intellektuellen Ferienjob. Statt dessen schien er wahnsinnig gerne sauberzumachen.

Ich sah das anders. Zu der Zeit fühlte er sich noch geschützt als Teil der Familie und er tat den Onkeln einen Gefallen. Diese Bedeutung hatte nach meinem Verständnis dieser Hausmeisterjob für ihn.

Im Augenblick ist mir klarer, was er wurde, als die Art und Weise, wie er das wurde. Es ist interessant, wie er denkt. Er denkt sehr differenziert und meines Erachtens kommt dabei allerhand Faszinierendes heraus. Zum Beispiel wie er dieses Sonett beschrieb, ein wirklich poetischer, kindlicher Gedanke – daß er ein Schiff ist und die Straße ein Strom voller vorbeischwimmender Fischschwärme –, das zeigt eine reiche und interessante Phantasie. Dieser junge Mann hat unglaublich reiche und wohl auch etwas verwirrende Phantasien. Das störte Sie ein paarmal, als er quasi in die Zukunft projizierte und die Zwischenschritte wegließ, worauf Sie sagten:»Und was ist mit den ganzen Zwischenschritten?« Er hatte noch nicht mal mit dem Mädchen gesprochen und stellt sich schon einen ganzen Roman vor, bis hin zum Bruch der Beziehung. Doch das Interessante daran ist . . .

Wenn ich Sie unterbrechen darf, er stellte sich nicht die Zwischenschritte vor. Er phantasierte, und als erstes erzählte er mir vom Auseinandergehen.

Der Punkt ist, daß das Ganze mit der Realität nichts zu tun hat. Diese Phantasien sind letztlich nur ein Pläneschmieden, wie man an das Mädchen rankommen und was dann passieren könnte – das hätte noch etwas mit der Realität zu tun. Er ist jedoch schon weit fortgeschritten in der Beziehung, ja, er läßt sie schon hinter sich und beschäftigt sich mit dem tragischen Ende. Das hat nichts mehr mit der Gegenwart zu tun. Das hat mit dem Mädchen soviel zu tun wie das Sonett mit der Straße.
Ich habe den Eindruck, daß dieser Junge eine sehr reiche Phantasie hat, mit einer leicht poetischen Färbung, aber, was die wirkliche Welt angeht, sind seine Vorstellungen etwas wirr – nicht psychotisch, aber einfach etwas entfernt

von der Wirklichkeit. Es fällt ihm schwer, seine Phantasien in einen Plan und seine Pläne in konkrete Handlungen zu übertragen. Gleichzeitig sehnt er sich nach etwas Einfachem. Könnte er doch nur ein Hausmeister sein – also klar umrissene Aufgaben haben, ohne sich den Kopf über irgendwelche Entscheidungen zerbrechen zu müssen. Doch kommen wir zurück auf das, was wir über sein Umfeld wissen, was ihn zu dem machte, was er ist. Das hat offensichtlich etwas mit seinen Eltern zu tun. Ich sage das nicht einfach, weil es in allen Büchern steht. Es ergibt sich ganz klar aus seinen Handlungen. Er möchte seinen Eltern aus dem Weg gehen, muß sich aber auf sie beziehen. Er weiß, sie kommen um fünf Uhr, aber er geht nicht ans Telefon. Warum? Was haben sie damit zu tun, daß er mit der Wirklichkeit so schwer zurechtkommt und gleichzeitig ein so differenziertes Innenleben hat, das die ganze Zeit nur so zu brodeln scheint? Zum einen, scheint mir, wurden ihm immer die Flügel gestutzt, sobald er seine Phantasien in die Tat umsetzen wollte. Die Vorstellung, als Tellerwäscher zu arbeiten, ist für uns nicht gerade etwas Großartiges, aber für ihn stellte sie einen bedeutenden Schritt dar. Es hieße, wirklich etwas zu machen. Aber sofort warteten die Erwachsenen mit den Schattenseiten auf – die Mädchen wären frech und es sei kein guter Job.

Was die frechen Mädchen angeht – ich weiß nicht, ob ich hier recht habe, aber ich kann mich des Gedankens nicht erwehren, daß es hier nicht in erster Linie darum ging, ihm in sexueller Hinsicht die Flügel zu stutzen. Ich denke, hier geht es um ganz etwas anderes, als was aus dem Zusammenhang hervorzugehen scheint, in den diese Geschichte gestellt wurde.

Ich habe den Eindruck, daß diese Familie nach dem Karussell-Prinzip funktioniert: daß hier immer etwas Negatives gesagt wird, wenn es um etwas ganz anderes geht. Ich habe keine Ahnung, warum sie nicht wollten, daß er diesen Job macht. Aber es bot sich an, auf diese Art und Weise nein zu sagen. Es war das erste, was dem Vater einfiel. Genauso hintenherum ging er vor, um die medizinische Untersuchung durchzudrücken.

Ich weiß nicht, warum man in dieser Familie so miteinander umgeht, aber ich denke, so läuft es dort ab. Wenn dies also der Fall ist, wird klar, warum ein Kind sich dieser stets vorhandenen, nie direkten, nie handlungsfördernden und etwas als real akzeptierenden Verwirrung entziehen möchte. Es zieht sich immer mehr in seine Phantasien zurück. Es schließt gleichsam die Tür und spinnt Tagträume – zumindest hier kann es alles kontrollieren. Mein Instinkt als Therapeut rät mir, den Patienten nicht zu kritisieren, selbst wenn er zu keiner Handlung bereit ist, sich nicht entscheiden kann, sich verkriechen möchte und sich diesem Mädchen nicht zu nähern wagt. So ist er nun mal.

Beginnen wir damit, wie er ist, und versuchen wir nicht von Anfang an, aus ihm einen anderen zu machen. Ich zweifle nicht daran, daß er auf Ihre Schübse wie gewünscht reagiert. Aber er ist sein ganzes Leben lang geschubst worden, was meines Erachtens letztlich nur dazu geführt hat, daß er sich immer mehr zurückzog, bis er schließlich auf die Konfrontation mit der Realität nur noch mit Angst und Verwirrung reagieren konnte. Ich weiß nicht viel über seinen Hintergrund, aber mir scheint, diese Familie ist übermäßig in seine Angelegenheiten involviert, was zu keinen konstruktiven Ergebnissen führte, sondern nur zu diesem Versuch, sich von der Familie, ihren Stimulationen und Verwirrungen zurückzuziehen.

Was sind die wirklichen Werte? Was soll er wirklich tun? Niemand kann das beantworten. Ich habe den Eindruck, daß hier niemals etwas als klar und einfach akzeptiert wurde – von der Mutter wohl noch weniger als vom Vater. Meines Erachtens unterstützte ihn der Vater wohl noch eher. Zumindest deutet die Erinnerung darauf hin, wie er die Beine dieses Mannes umarmte. Das war etwas Handfestes. Er möchte seiner verwirrenden Mutter entkommen und wenigstens einen Vater haben, der nicht ganz so ehrgeizig, so durcheinander ist und so verrückte Vorstellungen hat. Ich weiß nichts Näheres über die verrückten Vorstellungen der Mutter, doch sie scheinen etwas überstimulierend zu sein und doch wenig mit der Wirklichkeit zu tun zu haben. Zu den Aktiva dieses jungen Mannes zählt seine reiche Phantasie, die poetische Färbung, die Art und Weise, wie er sich die Dinge in Tagträumen zurechtlegt. Das ist ein Vorzug. Seine Schwierigkeiten kommen ins Spiel, wenn es um die Wirklichkeit geht, wenn er echte Entscheidungen treffen, sich echten Aufgaben stellen soll, wie zum Beispiel dieses Mädchen in Wirklichkeit statt in der Phantasie anzusprechen.

Meines Erachtens ist in diesem Fall am Anfang eine Kommunikation vorzuziehen, die in der Hauptsache im Zuhören besteht. Ich würde sagen: »Sie wissen, daß Sie eine ausgesprochen poetische Ader und eine interessante Art zu denken haben, der einige Menschen schwer folgen können. Mir ist absolut klar, was Sie mit Ihrem Sonett alles sagen wollten, aber Sie haben wohl Ihren Lehrer überschätzt. Ich würde ihm das nicht zum Vorwurf machen, es ist nicht so einfach, Ihnen zu folgen. Ihr Sonett kann ausgesprochen poetisch sein, und er hätte es verstehen sollen, aber er verstand es eben nicht. Was vorbei ist, ist vorbei.«

Ich würde ihm nicht den Rat geben, sich diesem Mädchen ohne all diese Phantasien zu nähern. Ich würde sagen: »Sie haben ein reiches Innenleben und viele Phantasien, aber mit konkreten Handlungen, Entscheidungen und Aufgaben tun Sie sich meines Erachtens schwer. Vielleicht fehlt Ihnen hier das nötige Selbstvertrauen. Möglicherweise wurden Ihnen die Flügel gestutzt, als Sie ein kleines Kind waren, womöglich wurden Sie herabgesetzt und häufig in Frage gestellt. Aber sobald Sie allein mit Ihren Gedanken sind, haben Sie Oberwasser. Und hier haben Sie auch eine Menge erreicht.«

Um es anders auszudrücken: Ich würde nicht Stellung beziehen. Ich würde ihm seine Schwächen und seine Stärken zeigen und ihm erste Hinweise auf mögliche Zusammenhänge geben. Und selbst wenn man sich bei diesen Anfangsvermutungen mal irrt, erklärt man ihm, daß das nicht so schlimm ist. Schließlich haben Sie Ihre Vermutungen nicht mit einer Sicherheit verkündet, als wären sie in Stein gemeißelt. Sie ermutigen ihn damit, sich mehr Gedanken darüber zu machen. Wahrscheinlich denkt er: »Das ist richtig. Würden Sie meine Mutter wirklich kennen, dann wüßten Sie Bescheid.« Dann wird er Ihnen über seine Mutter erzählen und was sie dazu beitrug.

Sie dürfen nicht außer acht lassen, daß seine Familie wahrscheinlich einen reichen kulturellen Hintergrund hat, der in die sehr handlungsorientierte angelsächsisch-amerikanische Kultur nicht eingebunden ist. Das kann durchaus zu dieser Verwirrung beitragen. Unter solchen Umständen ist der Mann, der den überlieferten Werten treu bleibt, in der neuen Umgebung nicht so erfolgreich, während die im Handumdrehen amerikanisierten Hotelbesitzer von Erfolg zu Erfolg eilen. Er wird also mit verwirrenden Themen konfrontiert.

Sind die Werte der alten Kultur wichtig oder kommt es auf den neuen finanziellen Erfolg an? Dann ist da diese Sehnsucht nach dem einfachen Leben, den einfachen Aufgaben – als Tellerwäscher oder Hausmeister zu arbeiten. Da weiß man, was man zu tun hat, und kann sich in Ruhe seinen Tagträumen hingeben, während man vor sich hin putzt. Wie gesagt, meines Erachtens sollten Sie ihm nicht Anweisungen geben, was er tun soll, womit Sie seinen Mangel an Initiative und seine Unzulänglichkeiten in praktischen Angelegenheiten kritisieren. Statt dessen sollten Sie ihm zeigen, daß das alles da ist. Es steht ihm häufig im Wege und verursacht wohl seine Angst.

Sie erkennen an, was aus ihm geworden ist, aber es ließe sich wohl am besten in bezug auf seine Eltern erklären. Damit meine ich nicht, daß Sie ab diesem Punkt eine Tiefenanalyse beginnen, die Jahre beanspruchen und seine Entwicklung bis ins kleinste Detail ausloten würde. Doch ich denke, daß durch dieses Verständnis der Kampf um die Unabhängigkeit von den Eltern leichter zu bewältigen ist. Mit diesem Hintergrund aus Unterstützung und Verständnis, Ihrer nicht wertenden Haltung, also Ihrer Zurückhaltung, was konkrete Handlungsanweisungen angeht, kann er wohl klarer sehen, warum er sich von seinen Eltern lösen muß. Er wird auch die Angst besser verstehen, die ihn befällt, wenn er nicht bei seinen Eltern ist.

Ich denke, Sie haben hier einen sehr interessanten und diffizilen Fall, der sich nicht auf eine einfache Formel bringen läßt, auch wenn Sie hiermit einen ungefähren Einblick in die meines Erachtens wesentlichen Probleme der Behandlung dieses Falls erhalten haben.

---

[1] Eine in den USA gebräuchliche Lernhilfe auf Karteikartenbasis. (d.Ü.)

12. Das Teilen einer Einstellung als Erweiterung des empathischen Verstehens

(Hier fährt Kohut mit der Diskussion der im 11. Kapitel aufgeworfenen Themen fort. Am Anfang steht die Frage eines Seminarteilnehmers.)

Aus dem bisher Gesagten ließe sich auf eine Unterstützung des verstandesmäßigen und weniger des gefühlsmäßigen Verständnisses schließen, wenn die Situationsbewertung in den ersten Stunden dem Patienten mitgeteilt wird. Ist es notwendig, den Patienten am Anfang in seine Gedankengänge einzuweihen?

Das läßt sich nicht so einfach beantworten. Es hängt sehr stark vom Patienten und seinen Problemen ab. Es hängt auch davon ab, wie Sie damit umgehen, Ihr intellektuelles Interesse zu zeigen, ohne zu intellektualisieren. Intelligenz zu zeigen und Intellektualisieren sind zwei verschiedene Dinge, beides gleichzusetzen ist ein alter Irrtum.

Ich will damit sagen, daß ich in gewisser Weise dem Patienten zum Beispiel eine bestimmte Haltung sich selbst gegenüber beibringe. Ich schaffe eine Atmosphäre – die nicht künstlich ist, sondern aus mir kommt –, die ihn zu einem umfassenderen Verständnis seiner selbst einlädt. Mich selbst interessiert, was im Patienten vorgeht, nicht nur seine Gefühle und Gedanken, sondern auch wie er mit seinen Problemen umgeht. Das ist im wesentlichen eine erweiterte Selbst-Empathie, ein erweitertes Einfühlungsvermögen, was die eigene Vergangenheit und Aspekte angeht, die man sich noch nicht angeeignet oder noch nicht vollständig angeeignet hat. Dazu gehören auch Aspekte, die noch nicht verwirklicht wurden – mit anderen Worten: das eigene Potential. Sie möchten wissen, ob sich diese Haltung nur auf den Verstand bezieht, also auf abstrakte Gedanken. Ich kann in meiner Darstellung hier nichts entdecken, was in diese Richtung ginge. Gefühle haben mit Selbstverständnis genausoviel zu tun wie alles andere. Ohne Frage kann mit Worten das Selbstverständnis behindert werden, mit Worten läßt sich auch jede Verständigung unterminieren. Und dennoch sind Worte ein Kommunikationsmittel, wie Verstehen ein Kommunikationsmittel ist. Verstehen läßt sich auch defensiv einsetzen, aber man sollte am Anfang nicht so vorgehen. Geschieht dies dennoch, würde ich diesen Mißbrauch der allgemeinen Erweiterung des Verständnisses zuordnen. Nehmen wir zum Beispiel an, ein in Psychologie belesener Student kommt zu Ihnen. Er fängt an, Ihnen über seinen Ödipuskomplex zu erzählen und die für ihn charakteristischen Psychodynamiken. Gegen so einen Einstieg hätte ich nichts einzuwenden.

Ich würde jedem, der auf diesem Gebiet arbeitet, raten, nicht auf den Patienten einzureden und ihm zu erklären, er intellektualisiere. Ich würde auf einen geeigneten Moment warten, um ihm auf positive Art die Gründe dafür zu erklären. Vielleicht würde ich ihm erläutern, daß intellektuelles Vorgehen zur Vermeidung der Angst dient und daß wir schließlich alle Angst vermeiden wollen. In dem steten Kampf, mit uns selbst und unseren Trieben zurechtzukommen und uns gegen das Herumgestoßenwerden durch Kräfte zu erwehren, die wir nicht wirklich verstehen, ist es oft der erste Schritt, uns in einem objektiveren und abstrakteren Licht zu sehen. Es ist eine Hilfe gegen die Angst. Genauso hilft es einem in einer fremden Stadt, wenn man eine Karte oder eine allgemeine Vorstellung davon hat, wie die Stadt angelegt ist. Mit anderen Worten, ich würde nichts gegen dieses Verhalten vorbringen, sondern das Verständnis des Patienten für sein Verhalten erweitern. Angst allein vor der Tatsache, daß hier einer zu verstehen versucht, was in einem Menschen vorgeht, und dies als Intellektualisieren zu sehen, als eine Behinderung statt eine Hilfe, ist meines Erachtens ein Irrtum. Hier wird intelligent sein mit intellektualisieren verwechselt.

Man sollte nicht zwangsläufig davor zurückschrecken, etwas zu verstehen und das Verstandene in Worte zu fassen. Nach meiner Erfahrung ist gerade das Gegenteil oft ein Hindernis – wenn Menschen sich nicht direkt ausdrücken können, sondern nur in schrecklich gefühlsbeladenen Ausdrücken. Warum? Weil sie Angst haben zu intellektualisieren.

Warum sollte einem Patienten, der einen Psychiater aufsucht, plötzlich alles entfallen, was er über Psychiatrie weiß? Er wird natürlicherweise in seiner gewohnten Sprache über sich selbst sprechen und sollte er intelligent sein, wird er intelligente Ausdrücke dabei verwenden. So etwas verhindert nie tiefe Gefühle. Ich rate Ihnen, sich zumindest am Anfang auf diese Spaltung einzulassen und keine Angst davor zu haben. Und ich rate Ihnen, auch die defensive Verwendung intellektueller Kommunikationsformen zuzulassen.

Intellektuelle Kommunikationsformen weise ich tatsächlich nie zurück, aber ich arbeite auf ein Verständnis dieser Art von Kommunikation hin. Der Patient soll verstehen, daß hier ein Bedürfnis dahinter steht, sich vor angsteinflößenden inneren Konflikten zu distanzieren. Er hat das Recht, sich selbst zu schützen. Wenn Sie hier beginnen, machen Sie sich Ihren Patienten nicht zum Feind.

Wenn Berufsanfänger mir ihre ersten Fälle vorstellen, ist mir oft aufgefallen, daß sie ihre Patienten von Anfang an als Feinde betrachten, die ihnen gewissermaßen das Fell über die Ohren ziehen wollen. Die Idee von der psychodynamisch hauptsächlich defensiven Rolle des Verstandes ist gut, nicht schlecht. Mit anderen Worten: Hier ist eine Stimulusbarriere, die der Verteidigung dient. Dadurch wappnet man sich davor, herumgestoßen zu werden. Man schützt sich in der Struktur und der Permanenz, die man ist. Dazu dient die Verteidigung. Wie die Haut und die Finger- und Zehennägel hat man auch einen psychologischen Schutz, ein Recht, sich traumatischer Gefühle zu erwehren.

Hat der Patient das Gefühl, daß der Psychiater ihm Schmerz zufügen will, wird er sich gegen ihn stellen. Das sollte nicht in Ihrer Absicht liegen. Sicher können Sie dem Patienten mitunter zeigen, daß er zu unnötigen und unökonomischen Maßnahmen greift, um sein Gleichgewicht zu halten. Der Schmerz, gegen den er ankämpft, ist nicht real: sich etwas anzusehen ist etwas anderes, als sich ihm auszusetzen. Wenn Sie einen Patienten dazu bringen möchten, einer etwas schwierigeren Situation etwas offener und bewußter gegenüberzutreten, dann müssen Sie eine Gefühlsbasis aufgebaut haben, von der aus ihm dies möglich ist.

Sie können das mit dem Zahnarztbesuch eines Kindes vergleichen. Wenn der Zahnarzt als erstes den Zahn zieht und das Kind nicht weiß, was los ist, und einen schrecklichen Schmerz spürt, dann wird es keinem Zahnarzt mehr trauen. Wenn der Zahnarzt jedoch dem Kind behutsam erklärt, worum es geht und sagt:»Recht viel größer wird der Schmerz nicht sein«, dann wird es, sofern es zuvor nicht traumatisiert wurde, einigermaßen die Unannehmlichkeiten im Zahnarztstuhl ertragen können.

Dasselbe gilt für das Intellektualisieren. Nach meiner Erfahrung behindert Intellektualisierung die Behandlung sehr selten ernsthaft. Manche Menschen haben bereits früh in ihrem Leben gelernt, neben sich zu stehen, um zu überleben. Sie wurden zu früh einer belastenden Situation ausgesetzt, der ihre Psyche noch nicht gewachsen war. Aber dagegen vorzugehen, ohne etwas über die Vorgeschichte zu wissen, ist ein Fehler. Das ist der Kern ihrer Pathologie. Sie verlangen nicht am Anfang von so einem Patienten, er solle den Kern der Pathologie aufgeben, damit Sie ihn behandeln können.

Zur Zeit behandle ich einen Patienten, der zum Intellektualisieren neigt. Er spricht distanziert über sich selbst und geht mit seinem Leben und den Wechselfällen der Gegenwart und Vergangenheit um, als lägen diese irgendwo ganz weit unter ihm. Bezeichnenderweise behandelt er mich genauso. Erzähle ich ihm etwas von mir, hört er mir geduldig zu, um mir anschließend sehr freundlich zu sagen, man habe ihm gesagt, ich sei ein sehr guter und erfahrener Analytiker. Aber diesem Ruf würde ich mit der Art und Weise, wie ich meine Interpretationen darlege, nicht gerecht. Er meint, meine Ausdrucksweise bliebe vage, zeichne sich durch eine gewisse Undeutlichkeit aus. Ich möchte das nicht als leeres Geschwätz von der Hand weisen. Er hat hier ein paar meiner Wesenszüge klar erkannt und den Finger auf einige Schwächen meiner Persönlichkeit gelegt. Doch nichts wäre einfacher, als nun aufzustehen und sich selbst zu verteidigen, oder, schlimmer noch, sich nach außen hin nicht zu verteidigen, aber ihm umgehend darzulegen, daß er die Behandlungssituation auf den Kopf gestellt habe. Diese Vorgehensweise wäre nicht gut, weil der Patient mit mir nur das macht, was er mit sich selbst auch macht. Dadurch, daß ich meiner Methode und Ansicht treu geblieben bin, haben wir große Fortschritte gemacht.

Im Alter von dreieinhalb Jahren wurde dieser Patient von Vater und Mutter verlassen und mußte sich für eineinhalb Jahre an eine fremde und angstmachende Umgebung gewöhnen. Er wußte dabei nicht, ob er seine Eltern je wiedersehen und ob er überleben würde. Zu dieser Zeit begann er, sein Leben zu leben, als stünde er neben sich. Das war für sein Überleben notwendig. Er lernte auf primitive Art, was nun eine festverwurzelte Charaktereigenschaft geworden ist – mit Schwierigkeiten so umzugehen, als beobachte er sich selbst. Ohne diese Verhaltensweise hätte er meines Erachtens nicht überlebt. Ohne diese Fähigkeit, sich zu diesem Zeitpunkt von sich selbst zu distanzieren, hätte sich dieses Trauma wohl noch vernichtender ausgewirkt. Mein erster Impuls ist nicht, auf diesen Patienten zu reagieren, sondern ihn zu verstehen. Was nicht heißt, daß man keine Reaktionen hat, man hat nur Versuchsreaktionen. Wenn dieser Patient auf seine distanzierte Art meine Gefühle verletzt, bin ich mir dessen bewußt. Allerdings hebe ich nicht zu meiner Verteidigung an. Meine Reaktion ist ein winziger Aspekt in diesem ganzen Kommunikationsbündel, den ich zu verstehen suche. Ich frage mich, warum er mich verletzen will, wenn ich mir ganz sicher bin, daß ich ihn nicht verletzen wollte. Die ganze Situation ist offensichtlich so angelegt, daß er verletzt werden muß. Ich kann nicht anders, als ihn zu verletzen. Er muß verletzt werden, weil er diese früh gelernte Beobachterhaltung in etwas Grandioses und darüber hinaus auch sehr Wertvolles ausgesponnen hat. Auf diese Art und Weise verteidigt er sich dagegen, rücksichtslos herumgestoßen zu werden und von den wichtigsten Menschen in seinem Leben plötzlich für eineinhalb Jahre verlassen zu werden. Das sind ungemeine narzißtische Kränkungen in seinem frühen Leben, gegen die er einen äußerst effektiven Schutz fand, eben diese gottgleiche, überlegene Haltung, mit der er auf sein Leben und andere Leute herabblickt. Und wenn irgend etwas geschieht, das möglicherweise zu einer traumatischen Situation führe könnte, wehrt er es ab. Auf die Bindung an mich und die Furcht, wie damals mit dreieinhalb Jahren verlassen zu werden, wenn er am verletzlichsten ist, reagiert er, indem er sagt: »Nicht nur Sie beurteilen mich, ich beurteile sie.« Ihm nun zu entgegnen: »Seien Sie nicht arrogant, das ist eine Analyse, bei der Sie besser mitarbeiten. Lassen Sie das Intellektualisieren«, wäre ein grober Fehler. Es würde zwar etwas bringen, aber nicht das, worauf es mir ankommt. Der wesentliche Punkt bei der Analyse ist, dem Patienten klarzumachen, daß Intellektualisierung zwar zu einer Art Kooperation führt, aber nicht zu einer nach und nach gemeinsamen Haltung. Ich weiß, Sie führen hier keine Analysen durch, doch diese Haltung unterscheidet sich meines Erachtens nicht von der eines Psychotherapeuten. Was Sie tun können und wie weit Sie damit gehen wollen, ist eine andere Geschichte. Aber für mein Dafürhalten ist es ungerecht dem Patienten gegenüber, seine Haltung sofort anzugreifen, weil Sie nicht Ihrer Idealvorstellung entspricht. Mit dieser Haltung erreichen Sie nicht, was Sie erreichen könnten.

Es ist vergleichsweise einfach, über den richtigen Umgang mit der Intellektualisierung zu sprechen. Dies aber in der Therapie umzusetzen ist ohne einschlägige Erfahrung weit weniger einfach. Man kann sehr leicht ins Gönnerhafte abgleiten und dieses Gönnerhafte kann genauso schlimm, vielleicht sogar noch schlimmer, sein, als den Patienten ehrlich anzugreifen. Sie müssen es vermeiden, herablassend zu werden. Das heißt, das muß Ihnen wirklich in Fleisch und Blut übergegangen sein, wozu es manch inneren Kampfes bedarf. Normalerweise, denke ich, wissen meine Patienten, wenn Sie mir auf die Zehen getreten sind. Und ich muß etwas kämpfen, um daraufhin nicht loszuschlagen. Ich halte Ihnen deshalb keine Vorträge, aber ich bin der Meinung, irgendwie muß es schon rüberkommen. Ich gebe nicht vor, etwas zu sein, was ich nicht bin. Aber früher oder später, glaube ich, sind die Menschen überzeugt, daß ich mit allen mir zur Verfügung stehenden Mitteln versuche, Sie zu verstehen. Falls ich Reaktionen zeige, bedaure ich sie möglicherweise, und das nächste Mal mache ich es besser. Sie wissen, daß ich auch nur ein Mensch bin.

Sie haben eine lange Antwort auf Ihre Frage erhalten, durch die Sie, wie ich hoffe, einen Eindruck von meiner Auffassung davon bekommen haben. Um es noch einmal zusammenzufassen: Wenn jemand am Anfang intellektualisiert, gehe ich nicht dagegen vor. Ich sehe es als eine wahrscheinlich notwendige Schutzhaltungen. Je stärker diese verwurzelt ist, desto weniger kann ich sie ohnehin unterminieren. Sie ist ein notwendiger Aspekt seiner Persönlichkeit und hat ihre eigene Bedeutung. Meines Erachtens besteht der erste mögliche Schritt darin, diese Bedeutung dem Patienten zu erklären. Dadurch wird der Patient wahrscheinlich verstehen, daß er nicht angegriffen wird, und Sie haben eine feste Basis, von der aus Sie operieren können. Sie gingen von der Überzeugung und dem Wissen aus, ihn nicht anzugreifen, sondern ihm etwas zu erklären. Reagiert er darauf defensiv, können Sie ihm zeigen, daß seine defensive Haltung mit seiner Angst zusammenhängt, daß er sich noch kein Leben ohne sie vorstellen kann und von daher den angreift, der dieses Gleichgewicht zu bedrohen beginnt, auf das er sich sein ganzes Leben lang verlassen konnte.

Ich möchte die Diskussion noch auf einen anderen Aspekt dieser Situation bringen. Einige der Studenten, die zu uns kommen, weisen Defizite in ihren defensiven Reaktionen auf. Ihre Widerstand ist nicht ausgeprägt genug. Sie kommen unter dem Eindruck eines schweren Selbstwertverlustes, wenn sie jedoch von sich zu erzählen beginnen, stellt sich heraus, daß sie zu manchen Zeiten sehr gut funktionierten, vielleicht sogar eine gewisse Grandiosität an den Tag legten. Dies ging gut, so lange sie jemanden hatten, der »für sie fühlte« und sie unterstützte. Es scheint angeraten, diesen Studenten zuerst diesen Schutz zu geben und zu sagen: »Sie neigen dazu, sich entweder sehr schlecht oder himmelhochjauchzend zu fühlen.« Damit gewährt man ihnen gewisser-

weise die Möglichkeit, das, was sie tun, auf eine intellektualisierende oder intelligente Weise zu sehen und sich so gegen die Gefühle einer wirklichen Depression zu schützen. Kann man damit weiterarbeiten?

Ich hoffe, Sie wollen damit nicht in irgendeiner Weise eine Gegenposition zu dem eben Gesagten skizzieren. Denn ich bin ganz auf Ihrer Linie.

Aber so, wie ich Sie verstanden habe, sprechen Sie nicht von dem Typ Patient, den wir in dieser Klinik sehen. Viele unserer Patienten sind in einem Zustand akuter Dekompensation.

Das ist ein ganz anderes Problem. Ich stimme Ihnen darin zu, daß der Psychoanalytiker eher Patienten sieht, die in chronischen Charakterproblemen stekkengeblieben sind und weniger unter akuter Dekompensation leiden. Hier stellt sich eher die Schwierigkeit, wie man sich ihnen gegenüber verhalten soll. Vielleicht sind Sie bei Ihrer Arbeit in der Klinik häufiger mit Studenten konfrontiert, die Defizite in ihrer defensiven Haltung aufweisen, die stärker unter Angstzuständen leiden. Das trifft nur für den Anfang der Behandlung zu. Bei der Langzeitbehandlung von narzißtischen Persönlichkeiten, mit der ich mich so sehr beschäftige, in der ich so viele Menschen in der Supervision begleite und so oft berate, durchlaufen Patienten häufig abwechselnd Perioden ausgeprägter Dekompensationen und traumatischer Reizüberflutung.

Aus der Langzeitbehandlung ist uns sehr wohl bekannt, was Sie beschrieben haben, allerdings nicht vom Behandlungsbeginn, obwohl auch das vorkommt. Sie müssen wissen, ich sehe Menschen aus allen Lebensbereichen – auch Kollegen und Mitarbeiter in der Psychiatrie, die in Phasen schwerer Depression zu mir kommen.

Bei akuten Dekompensationen muß man sich zu allererst mit Hilfe empathischen Einfühlens über den Zustand des Patienten Klarheit verschaffen. Ist der Patient von Angst überwältigt oder zutiefst deprimiert wegen einer akuten Dekompensation. Was immer diese Dekompensation ist – sei es, daß er zum erstenmal von zu Hause weg ist und sich in einer fremden Umgebung zurechtfinden muß, daß er sitzengelassen wurde, Außenseiter ist, sich wegen einer Prüfung fertig macht oder Geschlechtsverkehr hatte und nun Angst vor einer Geschlechtskrankheit hat – Sie werden sicherlich als erstes Ihr empathisches Verständnis für seine Situation ausdrücken. Das hilft bereits, heilt und ist Therapie. Es wird eine gemeinsame Aufgabe und daraus entsteht Kraft.

Sie erinnern sich an eine frühere Sitzung, in der wir die primitive, wortlose Funktionsweise des empathischen Verschmelzens behandelten. Dessen Geschichte geht bis auf das Unwohlsein des kleinen Kindes zurückt, auf die empathische Reaktion der Mutter, die die Angst lindert und vermindert, allein weil sie darauf reagiert und sie nicht leugnet. Die Mutter nimmt das Kind in die eigene Persönlichkeit auf, häufig umarmt sie das Kind auch körperlich und trägt es. Das können Sie mit Ihren Patienten nicht direkt machen, und es ist auch nicht nötig, aber Sie können es symbolisch tun. Wenn ein völlig in Angst aufgelöster Student zu Ihnen kommt, können Sie ihm zeigen, daß Sie das in ähnlicher Weise erlebt haben, wenn auch nicht in diesem Ausmaß. Damit wird diese Angst etwas Gemeinsames, etwas miteinander Geteiltes, etwas Nachvollziehbares. Dazu müssen Sie nicht sagen: »Auch mir erging es so in Ihrem Alter« oder etwas in der Richtung. Es reicht bereits, daß Sie verstehen, daß Sie über Angst sprechen, bevor der Patient Ihnen von seinen Gefühlen erzählte. Der Gedanke liegt nun nahe: »Er kennt das auch. Er muß das selbst einmal durchgemacht haben und hat es überlebt. Er hat nicht so viel Angst, also habe ich auch nicht so viel Angst.«

Anders ausgedrückt, als erstes bieten Sie dem Patienten eine Art empathische Umarmung an zur defensiven Abwehr. Zu einem anderen Zeitpunkt mag die vollständige Identifikation mit dem Gegenüber reine Abwehr sein, in diesem Moment aber ist es Abwehr im Sinne einer heilsamen defensiven Schutzmaßnahme, die Persönlichkeit des anderen zeitweise zu teilen. Erklärungen sollten erst später kommen. Zuerst wird dieses Seite-an-Seite-Gefühl geschaffen. Wenn Sie den Patienten innerhalb Ihrer Grenzen aufgenommen haben, haben Sie ihm erlaubt, Sie innerhalb seiner Grenzen aufzunehmen (Kohut 1984, dt.: Wie heilt die Psychoanalyse?, 1987). Sobald diese Grundlage erreicht ist, kann – als zweiter Schritt – die Situation erhellt werden, und Erklärungen zum Auf und Ab des Selbstwertgefühls können folgen. Bereits von Anfang an Erklärungen anzubieten ist weniger wirkungsvoll, denn dadurch wird gewisserweise der Abstand zwischen Ihnen und dem Patienten vergrößert. Was nicht heißt und nicht heißen soll, daß Sie im gleichen Maße wie der Patient leiden.

Ich denke, wir sprachen bereits vor einigen Wochen in demselben Kontext über diese Fähigkeit zur Empathie, ohne die Aufgaben des Patienten ganz zu übernehmen (siehe Kapitel 5). Ich sprach darüber, was man für einen Sterbenden tun könne. Damit ist nicht gemeint, daß man so zu tun habe, als liege man im Sterben. Meines Erachtens muß jeder, der stirbt und um sich herum gesunde Menschen sieht, zornig sein, sie beneiden und das Gefühl haben: »Ihr wißt nicht, was das bedeutet. Irgendwann werdet Ihr es wissen, aber jetzt wißt Ihr es nicht.« Ich glaube, ich empfahl damals in diesem Zusammenhang Tolstojs Kurzgeschichte »Der Tod des Iwan Iljitsch«. Darin wird wundervoll beschrieben, wie ein Mann, der im Sterben liegt, sich immer stärker der Kluft zwischen sich und den gesunden Menschen um sich herum bewußt wird, deren Leben weitergeht. Sie können ihn nicht trösten. Nur ein Mensch kann ihm helfen. Nur ein alter Diener hilft ihm, der ihm Körperkontakt erlaubt, ihm körperlich hilft. Auf solche nonverbalen Dinge reagieren Menschen. Wenn man das mit einem einfühlsam gemachten Geschenk verbinden kann, das das Selbstwertgefühl wieder etwas aufbaut, wenn es ganz unten ist, wenn man seine Anerkennung ausdrückt, dann hilft man ihm. Das trifft meines Erachtens auf einen sterben-

den Menschen ebenso zu wie auf einen unter einem schweren Trauma leidenden Menschen.
Doch kehren wir zu unserem Studenten zurück. Um sein Ich auf intelligente Weise zu erweitern, müssen Sie es zunächst ein klein wenig stärken, indem Sie eben diese empathische Erweiterung zulassen, ihm Ihre eigene Persönlichkeit leihen. Danach können Sie vorsichtig damit beginnen, ihm die Zusammenhänge zu erklären, etwas über das Auf und Ab des Selbstwertgefühls erzählen. Sie ermöglichen es ihm, sich von sich selbst zu distanzieren. Mit anderen Worten: Sie machen genau das Gegenteil von dem, wovor wir anfangs zurückwichen – ihm zu sagen, er sei möglicherweise zu intellektuell.
Natürlich gibt es in jeder Analyse Zeiten, in denen die verbale Annäherung an eine chronische Abwehrhaltung verbessert werden kann, man also mehr tun kann, als nur die Formulierungen zu wiederholen. Manchmal gewinnt man den Eindruck, daß es nicht reicht, dem Patienten nur mehr darüber zu erzählen. Ferenczi (1950, S. 236, dt.: Zur Frage der Beeinflussung des Patienten in der Psychoanalyse, 1970) sagte, er zitierte dabei Freud, bei der Behandlung von Phobien käme der Zeitpunkt, an dem sich der Patient einfach mit der phobischen Situation konfrontieren müsse. Fehlt ihm dazu der Mut, wird die Behandlung scheitern. Dabei können Sie dem Patienten helfen, indem Sie ihn an Ihrem Mut teilhaben lassen. Damit kann er die Symptome sozusagen in einem Kraftakt angehen. Wir tun das nicht, um das Symptom zum Verschwinden zu bringen, sondern um an das Gefühl heranzukommen, das der Patient vermeidet. Die Phobie ist nicht das eigentliche Symptom. Sie ist eine sekundäre Vermeidungsreaktion.
Von Anfang an unterschied Freud zwischen hysterischer Angst und Phobie (1920). Die Angsterfahrung wird von der Phobie umhüllt. Sie schützt vor der Erfahrung. Am Anfang steht eine Angstattacke, der eine Vielzahl sich ständig ausbreitender Abwehrmanöver folgen, die dazu dienen, jede Situation zu meiden, in der die Angst wieder auftreten könnte. Ein elaboriertes Abwehrsystem schützt die Phobie. Einige Patienten spalten die Analyseerfahrung ab und verstecken sich hinter der Abwehr: das gelte alles nur auf der Couch, nicht aber außerhalb der Praxis. Bei solchen Patienten erwirbt man intuitiv ein paar Umgangsweisen hinzu. Man interpretiert am Ende der Stunde etwas, der Patient steht auf und man sagt: »Warten Sie einen Augenblick«, und dann fügt man noch etwas hinzu. Das entspricht nicht der orthodoxen Lehre. Was auf der Couch gilt, gilt auch jetzt. Einmal bin ich sogar einem Patienten bis zum Lift nachgelaufen. Ich habe Patienten angerufen und gesagt: »Hören Sie, ich habe über diesen Traum nachgedacht, von dem Sie mir erzählten. Mir kam gerade eine Idee, und ich kann nicht bis morgen warten. Ich möchte Sie Ihnen unbedingt heute abend noch mitteilen, bevor Sie zu Bett gehen.« So was macht man nicht jeden Tag, aber ab und an muß man sich etwas einfallen lassen. So etwas routinemäßig zu machen, wäre völliger Schwachsinn. Diese Methode ist

durchaus sinnvoll, aber sie kann, wie alles andere, mißbraucht werden. Dies zu verhindern ist Ihre Aufgabe.

In der letzten Stunde sprachen wir einen wichtigen Punkt an: die innere Haltung des Therapeuten, während er beobachtet, wie der Fall sich vor ihm entfaltet, und er sich empathisch auf die andere Person einläßt. Das gehört zwar nur ins Vorfeld der Behandlung, aber die dazu erforderliche geistige Einstellung erscheint mir äußerst wichtig. Es erscheint mir besser, sie allgemein zu beschreiben als ins Detail zu gehen. Schließlich kann man alles tun, wenn die richtige Einstellung dahinter steht. Man kann auswendig lernen, was man sagen und was man nicht sagen soll, und die Behandlung wird erfolglos bleiben. Wir sprachen darüber im Zusammenhang mit dem 19jährigen Studenten, als ich erwähnte, daß ich mitunter bei Falldarstellungen Probleme hätte mit den Reaktionsweisen und den Fragen, die gestellt werden. Mir geht es darum, zuzuhören. Ich möchte, daß etwas kommt und dabei stören mich Fragen. Man möchte etwas erfahren, aber wenn man zuhört, ergibt sich alles von selbst.

Kann man sagen, daß ein Patient normalerweise auf die von Ihnen beschriebene Behandlung wie folgt reagiert: Oberflächlich betrachtet steht am Anfang eine Identifikation mit Ihrer Haltung. Er interessiert sich wieder. Dabei steht nicht im Vordergrund, ob er recht hat oder nicht, ob er gut ist oder schlecht, sondern ausschlaggebend ist Ihr Interesse an ihm und seiner Art zu denken und zu fühlen. Er ist zwangsläufig beeindruckt, daß Sie ihn verstehen wollen.

Hoffentlich ist das Ergebnis nicht ganz so. Es könnte so aussehen, wenn man in der von Ihnen beschriebenen Haltung einen engen Kontakt hält und den Patienten mehrmals die Woche sieht. Aber sieht man den Patienten nur einmal die Woche, können Sie ihm meines Erachtens helfen, eine bestimmte Aufgabe besser zu lösen, als er dies alleine könnte, wenn Sie verstehen – oder wenigstens zu verstehen beginnen –, wie er denkt und fühlt, wie er wurde, was er ist, und welche Rolle seine Eltern dabei spielten. Sie machen es ihm so möglich zu sagen:»Jetzt ist mir klar, wie ich denke und fühle und wie sich das in der Interaktion mit meinen Eltern entwickelte. Und dadurch kann ich nun auch in etwa verstehen, wovor ich Angst habe, wenn ich mich von meinen Eltern lösen möchte und wenn ich nun Aufgaben bewältigen muß, wie zum Beispiel mein Lernpensum zu erfüllen und auf mich selbst gestellt zu sein.«
Darum scheint es mir hier im wesentlichen zu gehen. So ist eine größere Distanz möglich und man läuft weniger Gefahr, automatisch zu reagieren. Da er die Behandlung wegen seines Angstproblems suchte, das vor allem bei Prüfungen virulent wurde, bietet sich diese Vorgehensweise an, die seine Angst verringern würde. Er würde dadurch das Wesen seiner Angst besser verstehen.
Ich strebe also nicht wie bei der Analyse den Aufbau einer komplexen zwischenmenschlichen Beziehung an, in der Erfahrungen aus der Vergangenheit

wiederholt werden und man sich dann allmählich aus dem analytischen Setting hinausschleicht. Mir geht es darum, ihm als verständnisvolles Hilfs-Ich die Zusammenhänge etwas zu erhellen und ihm so zu ermöglichen, besser mit den momentanen Spannungen umzugehen und eine Lösung für seine Probleme zu finden. Das wäre mein Ziel.

Die Schwierigkeit liegt nicht so sehr darin, den Inhalt der inneren Konflikte festzumachen. Viel schwieriger, aber meines Erachtens auch viel wichtiger ist es, die Art und Weise festzumachen, wie der Betroffene unabhängig von dem Konflikt denkt und fühlt. In solch diffusen Fällen versuche ich mich genau darauf zu konzentrieren.

Zu einem anderen Zeitpunkt wäre er vielleicht mit einem anderen Problem gekommen. Zufällig steht momentan das im Vordergrund. Aber drei Monate später wäre er unter Umständen wegen etwas anderem gekommen. Doch er wäre noch immer derselbe Mensch, mit denselben grundlegenden Problemen und derselben Art, zu denken und zu fühlen. Und letzteres versuche ich mit meinem eigenen Gefühl festzumachen. Im allgemeinen stellt sich heraus, daß diese seine Art weder positiv noch negativ ist, sondern beides. Das ist ein Beispiel für meine Versuche, mich zu identifizieren oder einzufühlen.

Um es anders auszudrücken, ich deutete sein Gedicht und die Art und Weise, wie er sich selbst im Wohnheim sitzen und hinausblicken sah, wie er die Straße draußen als Fluß sah, die Autos als Schiffe und sich selbst ebenfalls als Schiff. Sein Selbstwertgefühl ist wahrscheinlich leicht zu erschüttern, schließlich sieht er sich als Schiff. Es sagt ziemlich viel aus, daß er sich selbst als etwas Unbelebtes sieht, als ein von Wellen getriebenes Objekt. Er nimmt sich selbst augenscheinlich nicht als Mann der Tat wahr, der die Dinge in die Hand nimmt und sich um alles kümmert. Seine Tagträume handeln nicht wie die anderer Studenten davon, ein Wissenschaftler zu sein, ein großer General oder ein Footballspieler. Er sieht sich als von den Wellen getriebenes Schiff inmitten anderer Schiffe. Diese Phantasie enthält wenig menschliches Leben. Dazu kommt, daß er sein Gedicht herzeigt, um Lob einzuheimsen. Anschließend ist er enttäuscht. Er erwartete eine gute Note von seinem Lehrer, bekam aber eine schlechte. Der Mann hatte also nichts verstanden.

Hierin läßt sich seine Art zu fühlen und zu denken erkennen: seine Sensibilität, seine Selbstzweifel, sein elaboriertes Tagträumen, an das sich das Darbieten dieser Phantasie an andere zum einen als Kontaktangebot und zum anderen als Möglichkeit knüpft, Streicheleinheiten für sein Selbstwertgefühl zu erhalten. Das hat sowohl positive wie negative Seiten. Zu den positiven Seiten zählen seine Intelligenz, seine Differenziertheit und die Differenziertheit seiner Phantasien und seines Denkens. Auf der negativen Seite schlagen seine relative Passivität, seine Unfähigkeit, sich als tatkräftig wahrzunehmen, und seine immense Abhängigkeit davon, inwiefern andere seine Fähigkeiten erkennen können, zu Buche. Mit diesem Beispiel möchte ich Ihnen zeigen, wie ich in so einem Fall vorgehe, und Ihnen keine hieb- und stichfeste Interpretation vorlegen. Ich möchte noch mehr über den Fall hören und weitere Ideen entwickeln. Wenn ich den Patienten solchermaßen verstehe, kann ich ihm dies vorsichtig mitteilen. Dabei vermeide ich es jedoch, zu loben oder zu tadeln. Vielmehr strebe ich an, die Vor- und Nachteile dieser Funktionsweise zu vermitteln, so daß der Patient sich besser versteht. Nicht daß er sich nicht bereits soweit kennen würde, das ist anzunehmen, doch wahrscheinlich hat er dies sich selbst gegenüber noch nie verbalisiert. Falls er dies aber getan hat, falls er zu den psychologisch hochbegabten Menschen gehört, deren Einsichten jede Erwartung übersteigen, schadet es auch nicht, wenn ihn auch ein anderer verstehen kann.

Eine Art Bündnis entsteht, wodurch er sich selbst noch klarer erkennen und dadurch wiederum seine gegenwärtigen Probleme besser angehen kann. Er hat einen Verbündeten, er erkennt sich selbst und seine Art zu denken und zu fühlen besser. Uns ist klar, daß er gegenüber seinen Eltern standhaft bleiben, sich ihnen entziehen möchte. Ebenso ist uns klar, daß sich seine Eltern jetzt genauso verhalten wie zu der Zeit, als, wie wir nun sagen, seine Art zu denken und fühlen geprägt wurde. Mit anderen Worten: Sie lassen ihn nicht in Ruhe, mischen sich dauernd in seine Angelegenheiten ein und machen ihn höchstwahrscheinlich ständig herunter. Sobald Sie soweit vorgedrungen sind, kommt Ihnen der Patient häufig mit einer Unmenge überzeugendem und, bis zu einem gewissen Grad, bestätigendem Material entgegen.

Er wird Sie nicht zwangsläufig in jeder Hinsicht bestätigen. Am befriedigendsten sind die Reaktionen, die die eigenen Annahmen grundsätzlich zwar bestätigen, sie aber korrigieren.[1] Es ist, als würde der Patient sagen: »Ja, im Prinzip haben Sie recht, aber Sie haben nicht in allem recht. Hier irren Sie.« Dann hat man das Gefühl, man versteht ihn und er fühlt sich verstanden. Wenn er das weiß, versteht er, daß es nun seine Aufgabe ist, sich von seinen Eltern zu lösen. Zugleich erkennt er, daß dies nicht einfach sein wird. Also macht er sich weniger Vorwürfe, er sei zu schwach und zu feige. Wie könnte es anders sein? Schließlich mischen sich seine Eltern, sobald er sich von ihnen lösen will, schon wieder ein.

Seien Sie im übrigen gewarnt davor, Stellung gegen die Eltern zu beziehen. Fangen Sie nicht an, Seite an Seite mit ihm gegen die anderen vorzugehen. Das ist, zumindest am Anfang, eine sehr schlechte Strategie. Sie tun damit dasselbe wie früher die Eltern. Sie übernehmen die Initiative, statt ihm Zeit zu lassen, selbst die Initiative zu übernehmen. Wieder wird er froh sein und mitmachen, aber erwarten Sie nicht, auf diese Weise die erhoffte Änderung herbeizuführen. Ihre Aufgabe besteht darin, eine Art Team mit ihm zu bilden, durch das er eine breitere Grundlage, ein größeres Wissen über sich selbst erhält und die Schwierigkeit der vor ihm liegenden Aufgabe besser erkennen kann. Ihm wird von der Geschichte und der gegenwärtigen Dynamik her klar werden, daß die Eltern, die sich früher einmischten, wenn er seine Angelegenheiten in die Hand nehmen wollte, dies auch jetzt tun werden. Und durch ihre Beflissenheit werden sie es ihm eher noch schwerer machen. Anschließend zeigen Sie ihm die Vorteile auf, die ihm aus dieser Beflissenheit entstehen und erklären ihm, ohne ihn zu tadeln: »Es ist nicht so, daß Sie sich wie ein Baby auf andere verlassen und an sie klammern wollen. Aber Sie sind einfach so geprägt worden und können nicht anders.« Sie versuchen ihn nicht zu überreden, anders sein zu wollen, als er ist. Lassen Sie ihn erst einmal akzeptieren, was er ist. Und machen Sie auf der Grundlage dieser Akzeptanz den nächsten Schritt, zeigen Sie ihm, wie groß die vor ihm liegende Aufgabe ist. »Natürlich haben Sie Angst, wenn das passiert. Aber Angst ist nicht unbedingt etwas Schlechtes. Wir werden uns bemühen, das zu verstehen.« Bei dieser Allianz zielen Sie nicht auf ein hohles, Fähnchen schwenkendes Bündnis ab, sondern auf echtes Verständnis – in aller Bescheidenheit und dem Wissen, daß Sie Fehler machen können. Besonders schwierig wird es, wenn Ihre Art zu fühlen und zu denken sich völlig von der Ihres Patienten unterscheidet.

Meine Therapieerfahrung mit dem zu vergleichen, was ich mir aus Büchern abgeschaut habe, ist problematisch, denn Bücher vermitteln keine Erfahrungen. Das bestgeschriebene, genialste und aufschlußreichste Buch ist nur eine Vorbereitung, um aus der klinischen Erfahrung etwas zu lernen. Um es anders auszudrücken, ohne sozusagen Freud gelesen zu haben, hätte ich von meinen Patienten nichts lernen können. Doch man kann nicht sagen, ich hätte das, was ich von meinen Patienten lernte, im Grunde genommen aus Freuds Büchern bezogen. Dort fand ich nur den Hintergrund, der es mir in all diesen Jahren ermöglichte, meine Erfahrungen einzuordnen. Wie ich bereits früher bemerkte, wer in der Pathologie arbeitete, weiß, daß man beim Mikroskopieren unzähliger Proben lernt. Doch wenn Sie nicht zuvor aus Büchern gelernt haben, nach welchen Hauptkonfigurationen Sie suchen müssen, verfügen Sie über keine Grundlage, auf der Sie aufbauen können.

Ich habe bereits öfters einen meiner Patienten erwähnt, der sich anfangs grob mit mir identifizierte, dann aber nach und nach zu einer differenzierteren Identifikation gelangte (6. Kapitel). Dieser Mann denkt und fühlt völlig anders als ich. Viele Vorzüge meiner Denkweise fehlen ihm, und ich besitze nicht seine hervorragenden Eigenschaften. Sein Verstand arbeitet absolut exakt, und er läßt auf seinem Fachgebiet, das mit Psychiatrie nicht viel zu tun hat, nicht locker, bevor er die beste Definition gefunden hat. Ich habe auch eine Neigung zur Theorie, aber bei ihm ist diese Neigung sehr mathematisch eingefärbt. Folgende Situation entstand: Der Patient assoziierte zu einem Traum und entfernte sich dabei meiner Ansicht nach im Laufe dieser Assoziationen zusehends von der ursprünglichen Bedeutung. Er assoziierte und assoziierte und assoziierte zu den assoziierten Assoziationen. Er griff ein Wort auf und hatte eine Klangassoziation. Schließlich unterbrach ich ihn und sagte: »Mir scheint auf diese Weise entfernen Sie sich immer mehr von der ursprünglichen Stimmung des Traums. Am Anfang wußten wir mehr darüber als jetzt.« Er wurde wütend auf mich, weil ich ihn unterbrochen hatte. Es ging hier um den Kampf zwischen seiner und meiner Denkweise. Er war der Meinung, es würde ihn weiterbringen. Und meine Ungeduld hing damit zusammen, daß ich nicht nachgeben konnte, weil er nicht nachgab – etwas in der Richtung. Damals war ich nicht in bester Form und stritt eine Weile mit ihm. Schließlich hörte ich auf. Das war nicht einfach für mich. Es gibt gute und schlechte Tage.

Wir befinden uns am Ende einer langen Analyse, in deren Verlauf der Patient einen enormen Fortschritt machte. Zweifelsohne befriedigte mich seine Identifikation mit mir auf die eine oder andere Weise, die mir nun wohl zu fehlen beginnt, wo er allmählich unabhängig wird. Seine Assoziationen waren wie die Karikatur von Unabhängigkeit und zwischen uns entstand dieser Kampf. Mir fielen eine Menge wunderbarer Interpretationen ein. Schließlich hielt ich mich an den Rat, den ich meinen Studenten und in der Supervision zu geben pflege: »Wenn Sie etwas sagen wollen, beißen Sie sich auf die Zunge.« Ich biß mir also auf die Zunge und schwieg. Obwohl ich recht hatte, war es ein Kampf darum geworden, wer das letzte Wort bekommen sollte. Und das war offensichtlich er, nicht ich. So errang ich diesen enormen Sieg über mich selbst.

Die Belohnung kam in der nächsten Sitzung in Form einer Flut von wichtigen Erinnerungen. Wie ich später merkte, hatten diese Erinnerungen eine Menge zu tun mit unserer Kabbelei über sein freies Assoziieren am Tage zuvor und mit Geschehnissen aus seinem Leben. Das war uns bereits bekannt. Diesen Vorgang, wenn etwas immer wieder auftaucht wie bei diesem Patienten, dabei jedoch stets tiefer geht, neue Bedeutungen und Gefühle erhält, nennt man Durcharbeiten. Das hervorstechende Gefühl war, daß er sich am Tag zuvor mir gegenüber anders verhalten konnte, so wie er sich noch nie verhalten hatte. Er spürte, wie wütend er auf seinen Vater gewesen war, weil ihn dieser immer heruntergemacht oder sich in seine Angelegenheiten gemischt hatte. Und er setzte sich durch. Der kleine Unterschied, das Neue war, daß er zum ersten Mal die Wut voll fühlen konnte und sich in der Übertragung – und das ist das Wichtigste – in seinem Aufbegehren gegen mich, weil ich ihn unterbrochen hatte, behaupten konnte. Ich hatte ihn auf eine ganz bestimmte Weise beim freien Assoziieren unterbrochen und das hatte zu dieser Differenz geführt. Am Schluß hatte ich es geschafft, mich zurückzunehmen, was mir sehr schwergefallen war.

In dieser Sitzung, die auf diese Kabbelei folgte, kam nun die Belohnung in Form einer interessanten Erinnerung. Sein Vater hatte eine große Abneigung gegen eine bestimmte politische Partei, über die er sich oft lustig machte. Im College lernte der Patient einen ziemlich liberalen Professor kennen und besuchte viele Veranstaltungen, auf denen dieser sprach. Hier begann er sich zum ersten Mal mit ausgeprägten Auffassungen über die Regierung zu befassen. Vor allem soziale Fragen wurden für ihn wichtig, eine Art später adoleszenter Erfahrung. Seine Eltern besuchten ihn und der Patient wollte sie gerne zu einem Vortrag dieses Mannes mitnehmen. Als sie den Vortrag verließen, kam dieser Moment, der sich für immer in sein Gedächtnis einprägte, als sein Vater sagte: »Diesen gottverdammten Schwachsinn höre ich nun seit 20 Jahren.« Der Patient fühlte sich nicht depressiv, aber leer und ausgelaugt. Das Selbstwertgefühl wich aus dem vorbewußten Selbstkonzept, das er sich bei diesen unabhängigen Schritten zu erwerben begonnen hatte. Wichtig daran ist, daß er damals nicht wütend wurde auf seinen Vater, den er immer idealisiert und für fehlerlos gehalten hatte. Er ging nie mehr zu einem Vortrag dieses Professors, obwohl er noch einige Jahre an dem College blieb.

Hier sehen Sie gewissermaßen den Unterschied zwischen dem, was gestern geschah, und dem, was heute in der Analyse geschieht. Das sind nicht die entscheidenden Dinge, dir für das Gelingen oder Scheitern einer Analyse maßgeblich sind. Das ist nur eine von vielen Kleinigkeiten. Hätte ich gestern meinen Weg aus diesem Schlamassel nicht herausgefunden, wäre daran nicht die Analyse zerbrochen. Diese Analyse läßt sich nicht mehr zerbrechen. Aber wenn man ausschließlich Fehler macht, ist das eine andere Geschichte. Das ist ein Beispiel, wie man sich in einen anderen empathisch einfühlt, was um einiges schwieriger wird, wenn der andere eine ganz andere Mentalität hat. Dieser Patient kommt wie der im Seminar vorgestellte Patient und erzählt von seiner Forschungsarbeit. Er hat äußerst interessante Ideen, denen zu folgen für mich sehr anstrengend ist. Mir fehlen die dazu nötigen mathematischen und physikalischen Kenntnisse, doch das ist gar nicht so sehr das Problem. Das Problem ist, daß wir verschieden denken. Nichtsdestotrotz muß ich meinen Weg finden, ihm zuzugestehen, anders zu sein und nicht zu versuchen, auf seinem Gebiet darzustellen, was ich auf meinem Gebiet bin. Das entspricht weder dem Gebiet noch seiner Persönlichkeit.

---

[1] Das *angenäherte* Verstehen des Therapeuten dient als optimale Frustration. Der Patient wandelt anschließend die Selbstobjektfunktion des Therapeuten in eine Selbstfunktion um. Er versteht nicht nur die gegebene Interpretation, er vergrößert, modifiziert und korrigiert sie. Ein verläßliches Selbstverständnis bildet sich heraus.

13. Die Rolle der Empathie bei der Bildung des Selbstwertgefühls und bei der Wiederherstellung der Initiative

Die Probleme des im folgenden vorgestellten 18jährigen Mädchens finden sich häufig bei Studenten im ersten College-Jahr. Es kann sich dabei um eine überstürzte Verlobung, den Plan, die schulische Ausbildung abzubrechen, oder den plötzlichen Verlust von Interesse an einem lange verfolgten Berufsziel handeln. Das damit verbundene Unwohlsein und Gefühl der Verwirrung reicht aus, um den Studenten in die Klinik zu führen.

Hier geht es um ein 18jähriges Mädchen, das neu ans College gekommen ist. Sie stammt aus New York und ist Protestantin. Sie wollte drei Dinge besprechen. Erstens machte sie sich Sorgen wegen ihrer Verlobung; zweitens wußte sie nicht, ob sie die Schule abbrechen sollte; und drittens war ihr unklar, ob sie einen ihr angebotenen Job annehmen sollte, der es ihr ermöglichte, genug Geld zu verdienen, um das College zu verlassen und ein Jahr lang durch Europa zu reisen. Ich sah sie viermal. Die Sitzungen fanden wöchentlich statt, nur zwischen der dritten und der vierten Sitzung war eine Woche Pause.

Sie sieht älter als 18 aus. Sie ist attraktiv, intelligent und in ihren Schilderungen sehr lebhaft. Ich brauche nur wenig zu sagen, um zu erfahren, was in ihr vorgeht. Anfangs zögerte sie, zu uns kommen, wegen einiger, wie sie sagte, unglücklicher Vorfälle in ihrer Vergangenheit. In der High-School sei sie ein paarmal zum Englischlehrer gegangen, weil sie unglücklich gewesen sei. Dieser habe ihre Schwierigkeiten als einen ödipalen Konflikt gedeutet. Als Ausgangslage hätten ihm ein paar ihrer Aufsätze gedient. Als sie hier an der Universität noch immer unglücklich gewesen sei und eine Ankündigung gelesen hätte, graduierte Psychologiestudenten würden gerne mit Menschen in Krisensituationen Gespräche führen, sei sie zweimal hingegangen. Sie habe über den ödipalen Konflikt gesprochen und der Berater habe gesagt:»Kam Ihnen je der Gedanke, Ihr Vater könnte diese ödipalen Gefühle Ihnen gegenüber empfunden haben?« Das habe ihr derartige Alpträume verursacht, daß sie nie mehr hingegangen sei.

Sie habe also etwas Angst, dasselbe könne hier geschehen. Weihnachten habe sie zu Hause verbracht, habe sich jedoch als außenstehend empfunden. Als Beispiel führte sie an, daß abends beim Essen ihr Bruder und ihre Schwestern mit den Eltern redeten, sie aber eine Art Außenseiter war.

Sie erzählte sofort von ihrer Familie. Sie sei die älteste von vier Geschwistern. Ihr Vater sei während der ganzen Zeit ihres Heranwachsens ihr Held gewesen. Er sei der Beste seines Jahrgangs gewesen und habe an einer der renommiertesten Unis studiert. Am Schluß sei er zum »Vielversprechendsten Studenten« gewählt worden. Er sei groß, gutaussehend und jeder sehe zu ihm auf.

Früher hätte ihr Vater an einer privaten New Yorker Schule unterrichtet, jetzt unterrichte er an einer öffentlichen High-School. Er sei auch der Trainer dort. Die ersten Worte über ihre Mutter lauteten: »Oh, sie ist so kindlich.« Die Schwierigkeiten mit ihrem Vater begannen, als sie von der Gegend, in der sie aufgewachsen war, wegzogen, weil ihr Vater an einem anderen Ort eine Stelle angenommen hatte. Sie ging damals in die achte Klasse und war etwa 13 Jahre alt. Damals habe er sich über ihr mangelndes Verantwortungsgefühl beschwert. Statt der Familie beim Umzug zu helfen, habe sie soviel Zeit sie konnte mit ihren Freunden verbracht. Sie habe nicht umziehen wollen und sei deshalb unglücklich gewesen. Durch ihre ganze Adoleszenz hindurch habe ihr der Vater vorgeworfen, verantwortungslos zu sein. Sie habe gemerkt, daß sie mit ihrem Vater nicht reden konnte, und sei von zu Hause weggerannt. Sie sei nicht sehr weit gekommen, aber es habe gereicht, daß alle ganz aus dem Häuschen waren. Einer ihrer Freunde habe ihren Eltern gesagt, wo sie zu finden war, und sie haben sie zurückgeholt.

Mit etwa 16 begann die Beziehung zu ihrem jetzigen Verlobten, der zehn Jahre älter ist als sie. Je länger sie hier an der Universität sei, um so mehr lasse das Interesse an ihm nach und um so häufiger spreche sie davon, wie sie die Beziehung beenden wolle. Im Moment sei die Frage, ob sie mit ihm Schluß machen soll oder nicht, in den Hintergrund getreten. Jetzt würden sie eher die Jungs an der Universität beschäftigen. Sie kenne eine Menge Jungen, aber bis auf eine alte Freundin aus New York, mit der sie über alles reden könne, keine Mädchen. Bisher habe sie hier noch keinen Jungen näher kennengelernt, es bleibe alles eher oberflächlich. Allerdings träume sie von einem Mann, der mit dem Theater an der Universität zu tun hat – Phantasien vom weißen Ritter, der zu ihrer Rettung kommt. Sie sagt: »Wenn ich einen weißen Ritter finden würde, der mir zuhört und mich versteht und mich in die Arme nimmt, wenn ich durcheinander bin, würde ich keine Therapie brauchen.« So brachte sie ihre Zweifel über die Behandlung hier an der Klinik zum Ausdruck.

Bei den ersten drei Gesprächen gewann ich den Eindruck, sie sei deprimiert. Ihre Stimme hörte sich gedrückt an und sie sah unglücklich drein. Ich sprach sie darauf an und sie meinte, sie sei einsam. Sie sei wie ihr Vater, der sich auch ständig beschäftige, um den Menschen besser aus dem Weg gehen zu können. Sie habe entweder an der Uni zu tun oder müsse als Sekretärin arbeiten. Das ginge bis auf zwei Tage jeden Tag so, von halb elf Uhr in der früh bis um sechs Uhr abends. An den zwei Ausnahmetagen fange sie erst um halb zwölf an. Das ist ein ziemlich

anstrengendes Pensum für einen Studenten. Sie komme jedoch zurecht und ihre Noten seien in Ordnung.
Sie sprach über ihre Tagträume vom weißen Ritter. Es beschäftigte sie sehr, was sie mit diesem Theaterregisseur anfangen solle, der sie interessiere. Auch er scheine an ihr interessiert zu sein. Sie habe das Gefühl, was immer sie tun würde, wäre schlecht, und sie wolle nichts mit ihm zu tun haben. Sie konnte nicht sagen, inwiefern es schlecht wäre, nur daß sie dann nicht sie selbst wäre, sondern eher eine Rolle spielen würde. Ich glaube, sie löste dieses Problem schließlich dadurch, daß sie sich entschloß, ein Stück zu schreiben. Das tat sie auch und soweit ich das beurteilen kann, half ihr das über ihre Gefühle ihm gegenüber hinweg. Sie schreibt häufig, um mit ihren Problemen fertig zu werden. Jetzt hat sie jemand anderen kennengelernt, der sich ebenfalls für das Theater interessiert. Sie hat ihm ihr Stück gezeigt, weil er etwas mit einer Jury für Theaterstücke zu tun hat.

Sind das autobiographische Stücke?

Nein, sie haben eine Handlung – aber mehr weiß ich nicht. Ich habe das Gefühl, sie hat ein sehr reiches Phantasieleben, über das sie mir noch nicht viel erzählt hat. Im letzten Gespräch erhielt ich ein paar weitere Hinweise darauf, was eigentlich vor sich geht. Sie sah völlig verändert aus, viel jünger und lebhafter. Dieses Gespräch fand nach der zweiwöchigen Pause statt. Sie begann die Stunde mit der Mitteilung, es sei eine Menge passiert. Sie sei zu dem Schluß gekommen, daß sie eine falsche Vorstellung von Therapie gehabt habe. Sie hätte gedacht, Therapie sei wie Öl auf dem Wasser, das langsam weggeschwemmt würde. Nun sei sie zu dem Schluß gekommen, daß das nicht ganz stimme, daß man selbst etwas tun könne, wenn einem Dinge über sich selbst klar geworden seien. Und das habe sie die letzten zwei Wochen über versucht. Sie habe ihr Stück fertiggeschrieben. Sie habe den Mann getroffen, der mit diesem Wettbewerb zu tun habe, und interessante Gespräche mit ihm geführt. Sie seien sich nicht besonders nahe gekommen, aber sie habe das Gefühl, er verstehe sie. Sie hätten sich in Phantasiesprache miteinander unterhalten, wobei sie so getan habe, als sei sie die Hexe. Das sei etwas, worüber sie oft nachdenke. Ich sagte: »Erzählen Sie mir etwas mehr über diese Hexe.« Sie beschrieb dieses Selbst so: »Die Hexe fliegt durch die Luft und schaut den Leuten in die Fenster. Ihr gefällt, was sie machen, aber sie hält sich raus. Das ist eine sehr schüchterne Hexe.« Ich warf ein: »Und sie bleibt auf Distanz.« Worauf sie zustimmte. Sie sei auf ein Kostümfest gegangen und habe sich als lüsterne Hexe verkleidet. Der junge Mann, von dem sie gesprochen habe, sei als lüsterner Zauberer gekommen. Unglücklicherweise sei er in Begleitung eines Mädchens gewesen. Der Mann, mit dem sie gekommen sei, wäre ein sehr guter Freund, aber nach einiger Zeit sei es ihr so schlecht gegangen, und sie habe das Fest verlassen. Nicht daß sie sich abgewiesen gefühlt habe. Sie habe sich nur so als Außenseiter empfunden, deshalb sei sie nach Hause gegangen.

Sie fuhr fort: »Ich bin nicht mehr so einsam wie früher. Ich habe mich einer Mädchenclique angeschlossen, das ist wirklich nett. Es geht mir richtig gut. Ich habe mich entschlossen, diesen Job anzunehmen. Das sollte machbar sein, wenn ich einen Kurs sausen lasse.« Dabei handelt es sich um einen Job als Sekretärin bei einer Gruppe, die im Sommer hier ein Musikfestival organisieren möchte. Sie wollen ihr 5000 Dollar für die Arbeit zahlen. Sie glaubt, die Arbeit und die Schule ließen sich miteinander vereinbaren. Sie müßte im nächsten Quartal zu arbeiten anfangen. Mit der Ausbildung aufzuhören oder nach Europa zu gehen sei kein Thema mehr.

Wir kamen noch mal auf die Party zurück, die sie frühzeitig verlassen hatte. Sie meinte, es fiele ihr manchmal schwer, sich feminin zu fühlen. Am wohlsten fühle sie sich in Jeans und einem Hemd. Sie hätte ganz hübschen Schmuck, aber sie lege ihn einfach nie an. Dann sprach sie über ihren Vater, welche Wut sie auf ihn habe und daß er eigentlich Frauen nicht ausstehen könne. Er behandle ihre Mutter von oben herab, genauso mache er es mit seinen Töchtern. Er möchte, daß sie ganz toll sei, intellektuell, kultiviert und rundum auf allen Gebieten gebildet. Aber was er wirklich wolle, könne sie nie sein: ein Junge. Sie sei immer ein rechter Wildfang gewesen, doch das habe ihm auch nicht gepaßt. Sie drückte es zwar nicht in diesen Worten aus, aber es lief darauf hinaus.

Über ihre Mutter sprach sie in warmen Worten, im Gegensatz zu einem früheren Gespräch. Sie sagte: »Mutter scheint sich endlich aus Vaters Vorherrschaft befreit zu haben.« Sie habe angefangen, sich für den Unterricht von Kindern zu begeistern und sei ganz enthusiastisch. Und sie stehe nicht mehr völlig unter dem Pantoffel. Früher habe sie alles getan, was Vater sagte. Aber sie habe ständig herumgejammert und sei mürrisch und wütend gewesen. Die Kinder hätten das Gefühl gehabt, die Mutter sei sauer über alles, was sie für sie tue. Aber nun habe Mutter sich geändert. Sie beginne sich ihr näher zu fühlen als früher. Sie kümmere sich jetzt auch mehr um ihre jüngere Schwester, versetze sich an deren Stelle. Ihr erster Impuls sei gewesen, die Schwester so zu behandeln, wie ihr Vater sie behandelt habe. Aber das werde sie nicht tun. Sie werde ihre jüngere Schwester ermutigen, ihren eigenen Weg zu finden, sich auszudrücken, und sich dabei so wenig wie möglich von der Meinung der anderen beirren zu lassen. Soweit sind wir im Augenblick.

Werfen wir schnell einen Blick auf die herausragenden Fakten. Ihr Hauptproblem war anfangs ihre Unentschlossenheit, ob sie am College bleiben sollte und ob sie mit ihrem zehn Jahre älteren Verlobten Schluß machen sollte. Und sie war deprimiert. Sahen Sie das so?

So sah ich das. Sie war sich unklar, ob sie den Job annehmen sollte, was bedeuten konnte, daß sie die Ausbildung abbrechen mußte.

Sprechen wir also darüber. Haben Sie ein Gefühl für den Fall bekommen? Sehen Sie den herausragenden Punkt dieses Problems, dieser Persönlichkeit und dieser Lebensgeschichte? Jeder hängt sich an etwas anderem auf. Einer greift ein Detail der Erscheinung oder des Problems auf, ein anderer ein Detail aus dem Lebenshintergrund. Gibt für Sie etwas den Gefühlston dieses Falles an?

Diese Studentin kommt herein und sagt:»Man hat mir gesagt, ich hätte einen Ödipuskomplex.« Und das regt sie völlig auf.

Sie denken zuerst an den Vater – die Persönlichkeit des Vaters.

Glauben Sie, daß sie einen Ödipuskomplex hat? Ich meine damit, ob er dabei eine Rolle spielt?

Es spricht einiges dafür. Sie ist mit einem zehn Jahre älteren Mann zusammen. Ihr Vater wurde als groß, gutaussehend und männlich beschrieben. Das klingt eher wie die Beschreibung eines Freundes als die eines Vaters. Mit anderen Worten, sie halten die Beziehung zum Vater nicht für unwesentlich. Und sie würden sich besonders für die Persönlichkeit eines Mannes interessieren, der ein so hervorragender Student und dermaßen beliebt war und als Sportlehrer an einer High-School endet. Man sollte wohl keine Vorurteile haben. Das ist unter Umständen gar nicht so schlecht. Oberflächlich betrachtet sieht es nicht aus wie die größtmögliche Karriere, aber vielleicht lebt er seinen Idealen entsprechend. Ich möchte mehr wissen, bevor ich sage, er ist ein Versager. Möglicherweise ist er das nach unserem Verständnis, aber nicht notwendigerweise nach seinem.

Ich würde das weniger als Versagen denn als Diskrepanz sehen. Weiterhin fällt auf, wie sehr sie erschrak, als diese etwas unangebracht erscheinende Bemerkung fiel, möglicherweise sei ihr Vater an ihr interessiert bzw. sie sei an ihm interessiert. Das führte bei ihr zu Alpträumen und der Vorstellung, Psychotherapie sei etwas Grauenhaftes und Bedrohliches.

Natürlich hat sie dabei nicht ganz unrecht. Das war eine etwas wilde Analyse. Es erinnert mich ein wenig an den Mann, der Angst vor dem Chirurgen hatte, weil der einfach das Messer herausgezogen und in sein Geschwür gestoßen hatte, ohne jede Vorwarnung oder Betäubung.

Wir stimmen wohl alle darin überein, daß dieser Ritter eigentlich ihr Vater ist. Dieses Stück wilde Analyse bezog sich auf die Beziehung zu ihrem Vater und die Deutung, der Vater sei möglicherweise sexuell an ihr interessiert gewesen.

Als sie darüber sprach, blickte ich bestimmt leicht skeptisch drein.

Weswegen?

Wegen des angeblich zentralen Ödipuskomplexes.

Und wie reagierte sie darauf?

Sie reagierte, indem sie wieder kam.

Entweder drückten Sie damit Ihre Zweifel über die Aussage zum Ödipuskomplex oder das Vorgehen dieses Therapeuten aus, vorschnell mit seiner wagemutigen Deutung herauszuplatzen.

Mich beschäftigt ihre Beschreibung, wie sie Weihnachten zu Hause verbrachte und sich als Außenseiter im Vergleich mit ihren Geschwistern empfand. Zwei davon stehen ihr im Alter sehr nahe, eines wurde geboren, als sie zehn war. Dann war da noch eine Äußerung in einem späteren Gespräch, sie sei eine schüchterne Hexe, die von außen durchs Fenster blickt. Es war dieser Vorfall, als sie 13 und in der achten Klasse war, der mir ins Auge sprang. Sie bemerkte, damals hätten ihre heftigen Auseinandersetzungen mit ihrem Vater begonnen. Es habe ihn geärgert, daß sie beim Umzug nicht ihren Teil mit beigetragen habe, sondern die Zeit lieber mit ihren Freundinnen verbrachte, widerwillig mitmachte bei dem Umzug. Dabei drückte sie meines Erachtens auch ihr Bedürfnis nach Zugehörigkeit aus, ihren Wunsch, dort zu bleiben, wo sie hingehörte. Zu diesem Vorfall hatte ich auch eine wilde Phantasie. Der manifeste Inhalt ist wohl derselbe wie zu Weihnachten, da gibt es einen Ort, an den sie gehört, und der Vater zerrt sie fort. Meine wilde Phantasie war, daß sie, als sie 13 war und zu pubertieren begann, für ihn eine Art Bedrohung darstellte. Ich gehe hierbei von der durch die wilde Interpretation ausgelösten Alptraumreaktion aus. Der Vater hat darauf möglicherweise reagiert, indem er überkritisch wurde, wie dies bei Vätern pubertärer Mädchen öfters vorkommt. Von daher gesehen erscheint mir das zentrale Thema zu sein: »Wohin gehöre ich und wovon zerrt man mich weg?« Im weiteren Therapieverlauf – so meine Phantasie – wurde ihr genug Gefühl entgegengebracht, so daß sie Freundinnen finden konnte. Für mich ein Beweis, daß sie versucht, sich heimisch zu fühlen.

Ich habe ganz ähnliche Gefühle dazu. Aber ich möchte noch eine weitere Dimension hinzufügen. Für Ihre Beschreibung spricht meines Erachtens ganz besonders, was Sie über diesen Punkt in der Entwicklung sagen, als diese Bitternis sich zwischen sie und ihrem Vater einschlich, als der Vater auf ihr herumhackte, weil sie nicht ausreichend Verantwortung übernahm. Das kommt häufig vor. Wenn die Brüste zu schwellen beginnen und die ersten körperlichen Zeichen äußerer Weiblichkeit sichtbar werden, entwickelt der Vater Schuldgefühle, weil er dem Mädchen früher so nahe war. Und als Reaktion auf diese Schuldgefühle verhält er sich ihr gegenüber überaus kritisch. Aber was kritisiert er an ihr? Das ist äußerst auffallend. Natürlich sollte man dazu den Vater kennen, aber lassen Sie mich ein paar Mutmaßungen anstellen zu dieser Hexe, dieser Verführerin. Sie wird eine inzestuös verführerische Frau, und er kritisiert sie, weil sie nicht pflichtbewußt, solide arbeitet, ohne verführerisch zu sein. Sie kann nichts dafür, ihr Körper verändert sich. Dies ist typisch für die Entwicklung der Tochter-Vater-Beziehung. Soweit würde ich zustimmen. Ich würde ihr nicht sagen, daß der Ödipuskomplex das zentrale Problem ist, doch auf gewisse Weise trifft das zu. Für mein Gefühl ist auch die Wut zwischen ihr und ihrem Vater in gewisser Weise als Abwehr zu verstehen, was den Vater angeht.

Aber das ist nur der Anfang, denn das eigentliche Rätsel ist, wie sie das alles beeinflußte. Ist bereits eine Theorie, eine breiter gefaßte Vorstellung zur Entwicklung ihrer Persönlichkeit möglich? Es gibt noch mehr Material. Es muß noch andere Theorien als diese geben. Diese Theorie erklärt nicht dieses Gefühl der Leere, als sie Ihre Familie besuchte oder ihre Depressionen. Ich vermute, daß die Wurzeln für beides weiter in die Vergangenheit reichen, die sich zu diesen relativ späten Störungen gesellten. Aber fangen wir an der Oberfläche an und arbeiten wir uns von da an weiter vor.

In diesem besonderen Fall erscheint mir das nicht die Oberfläche, sondern ein entscheidender Moment ihres Lebens und ihrer frühen Adoleszenz gewesen zu sein. Häufig tritt eine Regression auf den Punkt auf, der kurz vor dem emotionalen Desaster lag – hier also auf die Zeit, als der Vater zum letztenmal freundlich war. Regrediert sie auf eine Phase, als der Vater noch nicht mit einer verführerischen Hexe konfrontiert war, sondern mit einer kindlichen, bezaubernden Hexe, die noch keinen Busen hat und keine breiteren Hüften, die nicht verführerisch wirkt auf einen erwachsenen Mann, sondern noch das kleine Mädchen ist und noch denkt und fühlt wie ein kleines Mädchen?

Mir scheint – und Sie müssen das bestätigen oder widersprechen, denn ich kenne das Mädchen nicht –, daß es sich hier um ein attraktives Mädchen mit einer prä-adoleszenten Mentalität handelt, das durch Schreiben sublimiert und versucht, ohne sexuelle Untertöne zu bezaubern. Dann gibt es noch die lüsterne Hexe und etwas an einen Geist erinnerndes, das schien mir noch zwischen dem Gesagten durchzuschimmern. Vielleicht täusche ich mich, aber das ist mein erster Gefühlseindruck. Dazu kommt noch eine weitere Persönlichkeitsebene, die ein tiefergehendes, weiter zurückliegendes Trauma vermuten läßt – weiter zurückliegend als das ödipale und wiederbelebte pubertär-ödipale Trauma. Mit Pubertät meinen wir hier eine teleskopartige Neuauflage dessen, was etwa im Alter von fünf Jahren geschah. Die Art und Weise, wie sich ödipales Material in der Pubertät präsentiert, läßt uns ahnen, was in der ödipalen Phase selbst ablief.

Meines Erachtens spielt die Persönlichkeit des Vaters hier eine nicht unbedeutende Rolle. Wahrscheinlich kommt er mit Männern besser zurecht als mit

Frauen – Sie kennen das, Sportler und Körperkult. Um in meinen Mutmaßungen fortzufahren: An seinem College gab es keine Mädchen. Selbst wenn es dort Koedukation gegeben hätte, bleibt der entscheidende Punkt, daß er ein bei anderen Männern beliebter Mann war. Womöglich spielten ab und an an den Wochenenden Prostitutierte samt den dazugehörigen Prahlereien eine Rolle, doch es gab keine Gefühlsbeziehungen zum anderen Geschlecht. Er war wahrscheinlich ein guter Sportler und machte seinen Abschluß als Sportlehrer. Das ist sein Spezialgebiet. Wir wissen nichts darüber, aber ich habe den Verdacht, daß es nicht unwichtig ist, welche Art von Frau er heiratete. Ich vermute, daß dieses Mädchen ohne die Zuwendung einer Mutter aufwachsen mußte – die Zuwendung fehlte nicht völlig, war aber eingeschränkt. Im Augenblick erscheint sie mir, als präsentiere sie eine ödipale Problematik, die leicht überlagert ist von einer Depression. Die Depression ist nur leicht, sie ist nicht der zentrale Punkt.

Uns ist bekannt, daß zwei Geschwister kurz hintereinander geboren wurden. Die Mutter war also mit den Kleinen beschäftigt und konnte ihr nicht soviel Aufmerksamkeit schenken. Sie erzählte ebenfalls, daß die Mutter bis vor kurzem äußerst ungern Dinge für die Kinder erledigte. Zählt man das zusammen, scheint die Mutter früher ziemlich überlastet gewesen zu sein.

Diese zwei Erfahrungslinien zusammen sind ungemein wichtig. Vielleicht bekam die Mutter ein Baby nach dem anderen, weil dies der Weltsicht des sportlichen Vaters entsprach. Ich weiß nicht, welche Art Frau er heiratete, vielleicht den Typ ältere Schwester. Doch unter den gegebenen Umständen konnte sie dem kleinen Mädchen möglicherweise nicht genug geben. Vielleicht tritt hier etwas von der Leere zutage, von der sie im Zusammenhang mit dem Besuch bei ihrer Familie erzählte. Ich habe das Gefühl, da steckt noch mehr dahinter, auch wenn es oberflächlich betrachtet im wesentlichen ein ödipales Problem zu sein scheint.

Der Grund, in die Beratung zu kommen, war, daß sie sich nicht entscheiden konnte, ob sie ihre Verlobung auflösen sollte, ob sie ihr Studium abbrechen und eine Stelle annehmen sollte, die es ihr finanziell ermöglichte zu reisen. Darüber wollte sie sich klar werden.

Sie wünschte sich einen Ratgeber, einen älteren Freund, der ihr hilft, über ihr augenblickliches Leben nachzudenken. Sie gewannen den Eindruck, sie sei chronisch deprimiert, leide unter Stimmungsschwankungen und fühle sich bei den Unternehmungen der anderen als Außenseiter. Die Patientin hatte das Gefühl, nicht dazuzugehören. Zu Hause hatte sie dasselbe Gefühl gehabt, ständig glaubte sie, eine Außenseiterin zu sein: in ihrer Familie, bei ihren Altersgenossen und vor allem was ihre Beziehungen mit Jungen anging.

Sie hatte viele Freunde, aber es war keine wirklich ernste Freundschaft darunter. Und sie hatte keine Freundinnen, bis auf die eine von zu Hause. Aber wenn ich mich nicht täusche, hat sich das etwas geändert. Mit anderen Worten, als sie zu Ihnen kam und sich nicht mehr so unausgeglichen fühlte, gewann sie den Eindruck, daß Sie sie verstehen und ihr zuhören. Als sie wieder kam, glaubte sie, Freundinnen gefunden zu haben, eine Reaktion, die bereits stärker ihrem Entwicklungsstand entsprach. Die verzweifelte Suche nach einem Freund war eher imitierendes Verhalten und entsprach nicht dem aktuellen Stadium ihrer Persönlichkeitsentwicklung, die, da sind wir uns wohl einig, etwas auf einer frühen adoleszenten Stufe stehengeblieben ist. Trotz ihrer körperlichen Reife und ihrer Attraktivität leidet sie psychisch ein klein wenig unter dieser frühen Zurückweisung ihrer Sexualität durch den Vater. Er begann sie zu kritisieren und mit ihr herumzustreiten, als er sich damit konfrontiert sah, daß ihre Brüste zu wachsen anfingen. Sie hatten also drei Sitzungen mit ihr und inzwischen fand eine weitere Sitzung statt.

Bevor ich mit der letzten Sitzung anfange, möchte ich vorausschicken, daß ich mit dem Mädchen über ihre Einsamkeit sprach. Ich erwähnte, daß sie den Eindruck zu haben schien, ihre Familie möchte einerseits, daß sie schon ganz erwachsen sei, und behandle sie andererseits häufig, als wäre sie ein kleines Mädchen. Weiterhin erwähnte ich, daß sie anscheinend so große Schwierigkeiten habe, sich mit ihrem Vater verbal zu verständigen, daß sie sich manchmal in Handlungen flüchtete wie zum Beispiel bei ihrem Ausreißversuch.
In der letzten Sitzung begann sie zu erzählen, daß sie mit der Entscheidung ringe, ob sie nun über die Frühlingsferien nach Hause fahren solle oder nicht. Sie würde gerne ihre Unabhängigkeit zeigen und nicht heimfahren, andererseits aber würde sie ihrem Vater gerne klarmachen, daß sie ein eigenständiger Mensch mit eigenen Rechten ist. Das möchte sie ihm selbst sagen, und zwar nicht nur deshalb, um wieder besser mit ihm auszukommen, sondern auch, um ihre Geschwister davor zu bewahren, dasselbe wie sie durchmachen zu müssen. Wenn sie ihm klarmachen könnte, daß Kinder erwachsen und unabhängig werden, dann hätten ihre jüngeren Geschwister es womöglich leichter mit ihm. Sie glaube, für ihre Geschwister wären ihre ständigen Streitereien mit Vater belastend gewesen, in denen sie sich gegen seine Anforderungen zur Wehr gesetzt habe. Sie habe Angst davor, heimzufahren und bei dem Versuch, dies richtig zu stellen, wie an Weihnachten zu scheitern. Das möchte sie nicht noch einmal durchmachen. Sie wisse nicht, was vernünftiger sei und was sie tun soll. Ich sagte, mein Eindruck wäre, es ginge um die Entscheidung, ob sie – wie früher – handeln solle oder ob sie versuchen solle, mit dem Vater zu reden.

Sie erwiderte: »Genau das versuche ich Ihnen zu sagen mit der ganzen Geschichte mit meinem Bruder und meinen Schwestern.« Darauf wechselte sie das Thema und erzählte, ihr Verlobter besuche sie am Wochenende, worauf sie sich freuen würde. Sie fuhr fort und erzählte, daß sie mit einem Professor gesprochen habe, den sie sehr bewundere. Zum Teil habe sie ihn sprechen wollen, um mehr über seine Einstellung zu seinem Fach zu erfahren, und teils, weil sie mit ihm über ihre Zukunftspläne sprechen wollte, in welchem Fach sie ihr Studium abschließen sollte. Er empfahl ihr ein Studium generale, das würde ihrer Kreativität entgegenkommen. Sie sei enthusiastisch, aber ihr Vater wäre sicher dagegen. Zwar rede er dauernd darüber, wie wichtig ein solider Hintergrund an Allgemeinwissen für sie sei, aber genauso betone er immer, sie müsse bei ihrer Ausbildung eine Karriere im Auge haben. Das sei eine doppelte Botschaft, und sie wisse nicht, auf welchen Teil sie nun hören solle. Sie habe Angst, daß er sie, wenn sie den Rat des Professors befolge, kritisiere und sie ihm nicht werde klarmachen können, warum das eine gute Idee sei. Sie habe einen Brief von ihm erhalten, in dem er ihr ihrer Meinung nach schreibe, ihre Noten seien nicht gut genug, weil sie ihm nicht die Briefe schreibe, die er haben wolle. Sie sei zu unpersönlich und flüchte sich in Allgemeinheiten, wenn sie von sich berichte. Das wolle er nicht hören. Sie berichtete, beinahe hätte sie mich während der Woche angerufen, weil sie so zwanghaft geworden sei und nicht verstanden hätte, warum sie das alles machte. Sie hätte viel zu viel gegessen, was sie häufig mache, wenn sie Angst habe. Sie habe Dinge getan, die sie nicht habe tun wollen und von denen sie geglaubt habe, sie habe sie überwunden. Sie sei mit einem Jungen ausgegangen und habe ihn dann in sein Appartement begleitet, wo sie die Nacht mit ihm verbracht habe, obwohl sie das nicht wollte. Sie ärgere sich über sich und schäme sich. Sie verstünde nicht, warum sie sich immer alles kaputtmache.

Wegen dieser Eßattacken habe sie sich einer Tanzgruppe auf dem Campus angeschlossen. Sie sei entschlossen, abzunehmen, damit sie da mitmachen könne. Und statt dessen gehe sie hin und esse. Das passiere ihr immer wieder. Sie frage sich, ob sie Angst vor dem Erfolg habe, und deshalb immer alles kaputtmache. Aber eigentlich glaube sie das nicht. Ihr fiel ein, daß ich das vielleicht gesagt habe. Dann meinte sie, nein, das habe jemand anders gesagt, aber sie wisse nicht mehr wer. Aber sie halte es sowieso nicht für richtig.

Ich sagte: »Vielleicht ist es etwas anderes.« Sie dachte darüber nach und entgegnete, sie glaube nicht, daß es etwas damit zu tun habe, ob sie Erfolg verdiene oder nicht. Sie denke, es habe etwas damit zu tun, zu einer Elite zu gehören. Wenn man Erfolg habe, gehöre man zu einer Elite, und dabei fühle sie sich nicht wohl. Sie begann, von ihrer Freundin June zu erzählen, die auch aus New York komme. June rauche Haschisch und sei in der Drogenszene. Sie mache eine Lehrerausbildung. Sie wolle nach New York gehen, wo sie etwas mit einem 50jährigen Mann angefangen habe. June habe sie nach ihrer Meinung gefragt und im Gegensatz zu früher habe sie ihr gesagt, was sie denke. Daß sie sich ruiniere. Früher habe sie immer nur zugehört. Jetzt mache sie sich deshalb Gedanken. Wird sie ihre Freunde verlieren, wenn sie ihr »Inneres« entwickelt? Sie habe Angst, ihr Inneres zu entwickeln.»Sehen Sie sich zum Beispiel den Professor an, der sein Inneres entwickelt hat«, und den sie sehr bewundert. Sie glaube, daß seine Kinder ziemlich gestört sind. Und was bedeute das im Hinblick auf die Entwicklung des Inneren? Wenn man sein Inneres entwickle, kann man sich nicht mit so Äußerlichkeiten aufhalten wie Femininität, schicke Kleidung und Schmuck etc. Man müsse sich auf die eigene Entwicklung konzentrieren. Und wenn man das tue, gehöre man zur Elite. Man erkenne die Begrenztheit der anderen und verliere die Geduld mit ihnen. Man könne sich nicht in sie einfühlen und würde zum Außenseiter.

Und was für eine Mutter wäre man dann? Man wäre mit Sicherheit seinen Kindern intelligenzmäßig überlegen. Wie könnte man sich dann in sie einfühlen und sie verstehen? So hätte sich ihr Vater gegenüber ihrer Mutter verhalten. Er habe sie nie verstanden, weil Mutter ihre Grenzen hatte – er aber nicht. Deshalb habe er eine Art überlegene, verständnisvolle Toleranz für ihre Mutter entwickelt, sie seien also nie richtig zusammen gewesen. Sie habe den Eindruck, sie könne einem anderen nie richtig nahe sein, wenn sie sich in diese Richtung entwickle. Sie habe Angst, ein elitäres Inneres könne sich herausbilden.

Ich bat sie, mir mehr darüber zu erzählen, was sie über das Innere dachte, um es besser verstehen zu können. Ich hatte den Eindruck, daß sie eigentlich über eine Art Grandiosität sprach, die sie in sich spürte. Doch das behielt ich für mich. Das Gespräch endete damit, daß sie mir erzählte, sie freue sich schon auf den Besuch ihres Freundes. Er erlaube ihr, Dinge für sich auszuprobieren. Sie glaube, daß dieser Besuch gut wäre, unabgesehen davon, ob sie die Verlobung nun löse oder nicht. Hier hörten wir auf.

Das ist unter mehreren Gesichtspunkten ein sehr interessantes und aufschlußreiches Gespräch. Es zeigt, wie viel ein Patient von sich offenbart, wenn man ihn nur läßt.

Ich möchte, daß Sie nun etwas aktiver werden. Es gibt unzählige Möglichkeiten, damit umzugehen. Was denken Sie über die Haltung der Therapeutin? Diese Haltung spiegelt sich meines Erachtens recht gut in der Art und Weise, wie sie diese Sitzungen schildert. Wie reagiert die Patientin darauf? Was genau am Verhalten der Therapeutin und an der Interaktion zwischen den beiden hilft der Patientin? Meines Erachtens geht es der Patientin offensichtlich besser, sie vertraut der Therapeutin und wird fähiger, Freundschaften einzugehen, und so weiter. Und dann kommt diese Regression, sie wird sich selbst irgendwie untreu. Was meint sie mit all dem Gerede über die Entwicklung des Inneren und der Zugehörigkeit zu einer Elite. Ihr Professor gehört zu der Elite, aber was für ein elitärer Lehrer ist das, dessen Kinder offensichtlich ernsthaft gestört sind? Das Material scheint einige Anhaltspunkte zu bieten.

Ich denke, die Patientin erfuhr die Therapeutin als grundsätzlich verschieden von diesem sehr involvierten, aktiven, schon beinahe aufdringlichen Vater. Die Patientin rührt daran, wenn sie fragt: »Warum mache ich mir immer alles kaputt?« Sie spielt mit dem, was sie von den anderen zu hören bekommt. Darauf die Bemerkung der Therapeutin: »Vielleicht ist es das nicht.« Sie sagten nicht: »Vielleicht ist es das«, sondern ermöglichten ihr die für sie immer häufigere Erfahrung, die sie auch bei ihrem Verlobten macht: selbst etwas ausprobieren dürfen. Also probiert sie in der Stunde etwas aus. Sie stellt die Vermutung an, es könnte bedeuten, zu einer Elite zu gehören. Und dann, eine kleine Ermutigung reichte bereits, tritt die ganze Dimension zutage. Ich denke, in dieser Stunde ging es um die Erfahrung, selbst etwas auszuprobieren.

Ich habe den Eindruck, das Mädchen spürt die prinzipielle Achtung, die Sie für sie zu empfinden scheinen. Sie sind eine Art ältere Schwester. Da ist eine gewisse Verwandtschaft zu spüren – nicht daß sie dieselben Probleme hätten oder so etwas, sondern eine Verwandtschaft und ein Verstehen. Ich denke, dieses Gefühl entsteht bei der Patientin, weil sie Ihren Respekt spürt. Sie stärken ihr Selbstwertgefühl nur durch Ihre Anwesenheit, Ihre Sympathie und Ihren Verzicht auf Kritik und weil Sie ihr stets voller Respekt zuhören und herauszufinden versuchen, was sie meinen könnte. Mir scheint da eine unausgesprochene Haltung da zu sein, die der Patientin ungemein hilft. Sie sahen darin einen Gegensatz zu dem sehr involvierten, schon beinahe aufdringlichen, dominanten und manipulierenden Vater. Das stimmt meines Erachtens, erklärt aber noch nicht alles. Ich denke, ihr Kampf mit dem Vater hat einen sehr realen Hintergrund. Irgend etwas macht ihr sehr zu schaffen und verwirrt sie. Möglicherweise sind es ihre Werte. Was ist diese Elite? Da ist eine narzißtische, eine grandiose Note, wobei weniger eine großartige Leistung, sondern das Gefühl gemeint ist, etwas Besonderes zu sein.

Versucht ihr Vater zu rechtfertigen, warum er sein Leben anders gelebt und die Erwartungen seiner Kommilitonen nicht eingelöst hat, nicht zur Elite gehört? Läuft in seinem Kopf dieser ständige Streit ab: »Wenn ich weitergemacht und das und das getan hätte, hätte ich mich von meinen Mitmenschen abgesondert und mich ihnen überlegen gezeigt.« Gibt es da so eine Art Pseudo-Auseinan-

217

dersetzung, die sie mitbekommen hat? Wenn sie ihr Inneres entwickelt, kann sie nicht feminin sein.

Sehr früh fiel mir etwas Interessantes daran auf, das ich für ein gutes Zeichen halte, daß sie nämlich eigentlich nicht über ihr Inneres spricht, sondern eher über eine Art Fremdkörper, den sie aus sich herausholen muß. Da ist etwas Wertvolles, das zur Persönlichkeit des Vaters gehört. Bis zu einem gewissen Grad liebt und bewundert sie den Vater wirklich. Diesem Inneren nicht treu sein hieße, den Vater aufzugeben. Den Vater zu lieben bedeutet, das Innere anzunehmen.

Was ist dieses Innere? Wir haben hier eine dieser merkwürdigen und gar nicht so seltenen Situationen, in denen man für die Behandlung des Patienten mehr über die Persönlichkeit eines anderen wissen muß. Wie haben wir uns den Vater vorzustellen? Wir kennen ihn zwar nicht, aber die Patientin kennt ihn, daher ist es nicht so schwierig. Sie hat eine enge Beziehung zu ihm, mit der sie sich herumschlägt.

Was wir über die Lebensgeschichte des Vaters und die Beziehung zwischen Vater und Tochter erfahren haben, führt mich zu der Vermutung, daß dieser Mann, ähnlich wie die Patientin, auf eine frühe Phase der adoleszenten Entwicklung fixiert ist. Er hat nicht den entscheidenden Schritt getan, erwachsen zu werden. Ihm haftet ein College-Fluidum an, das Fluidum, überlegen zu sein. Es mag für einen Heranwachsenden sehr schwer sein, allgemein gültigen Wertvorstellungen gerecht zu werden – wie unerreichbar und aufopfernd politisch Gutes zu tun oder wissenschaftlich Herausragendes zu leisten. Solche Ziele sind schwer zu verwirklichen, doch man wird deshalb in der Regel nicht krank. Man versucht sie zu erreichen und man ist vielleicht nie ganz mit sich zufrieden, aber man wird deshalb nicht krank. Problematisch wird es, wenn eine besondere Idiosynkrasie wie das Elitedenken dieses Vaters vorliegt. Worin besteht sein elitärer Anspruch? Dieser Mann wurde zum »vielversprechendsten Studenten« gewählt und ist jetzt Trainer in einer High-School. Es ist eine Sache, wenn jemand aus einem ausgeprägten Idealismus heraus finanzielle Erwägungen außer acht läßt und sein Leben in den Dienst der guten Sache stellt. Das könnte einen großen Konflikt darstellen für ein Kind, das dann während des Studiums mehr anstrebt, ein größeres Einkommen im Visier hat, als sich mit dieser Art Laufbahn erreichen ließe. Er würde sich mit einem ausgesuchten Ziel herumschlagen. Aber das trifft auf diesen Fall nicht zu, nicht weil das Ziel so hoch ist, sondern weil es etwas seltsam ist. Es hat meines Erachtens viel mit den abwehrbetonten Phantasien des Vaters zu tun. Ihr Problem ist ihre Liebe zu einem Vater, der mich sehr stark an den Protagonisten in »Tod eines Handlungsreisenden« erinnert – eine Analogie, die zutrifft und auch wieder nicht. Hier haben wir keinen Mann vor uns, der dem Geld hinterher rennt, sondern den ewigen College-Studenten. Daran klammert er sich.

In dem hier vorliegenden Fall wurde der Vater offensichtlich aufgeschreckt, als das Mädchen eine Frau wurde. Und mir scheint, die Vorstellung, die Schulsituation zu verlassen, schreckte ihn desweiteren auf. Er ist das lebenslange Schulmitglied, wie es viele, nicht alle, Lehrer sind. Doch in seinem Fall kommt anscheinend noch eine Fixierung auf eine bestimmte Entwicklungsstufe hinzu, die er mit einem diffusen elitären Anspruch vermengt. Und weil er nicht genau weiß, was er will, schubst er ständig seine Kinder herum. Unsere Studentin bekam das wohl am meisten zu spüren, da sie die älteste ist und ihre jüngeren Geschwister zu schützen versucht. Ihre Probleme haben mit der Frage zu tun, ob sie nie von diesem Ideal loskommen wird, ein elitäres Inneres zu entwikkeln, das beinhaltet, nicht zu rauchen, nicht zu trinken und mit dem Sex zu warten, bis der richtige kommt. Sie kennen diese saubere Einstellung mit der hoch erhobenen Schulfahne? Schlägt sie statt dessen eine andere Richtung ein, für die sie meines Erachtens durch ihr körperliches und psychisches Potential prädestiniert zu sein scheint – wird sie eine Frau, eine Ehefrau und Mutter, und genießt sie das Leben auf einer anderen, einer tieferen Ebene, als es ihrem Vater möglich war? Es gibt einen Ansatzpunkt, um dies zu bewerkstelligen, und an dem sie auch ansetzt: Sie ist das älteste Kind. Sie kann sich im Augenblick nur mit Hilfe eines Tricks vom Vater absetzen, indem sie sich zum Beschützer der jüngeren Geschwister erklärt. So kann sie sich dem Vater widersetzen.

Man kann der Patientin hier immens helfen, indem man ihr die Problematik erklärt – auf intelligente und nicht intellektualisierende Weise. Theoretisch ausgedrückt, ist Ihnen klar, wie Sie diesem Mädchen Ihr Wissen darum vermitteln können, daß Ihr das, was sie jetzt durchmacht, enorm weiterhelfen kann? Möchte jemand dazu etwas sagen?

Sie sagten etwas über die Notwendigkeit, ihre Reaktionen abzuschwächen. Darum geht es meines Erachtens beim empathischen Verstehen der Probleme des anderen. Man leiht ihr sozusagen etwas von der eigenen gesunden Psyche.

Aber wie geht das?

Wahrscheinlich durch eine Art grobe Identifikation mit dem Therapeuten, zumindest anfangs.

Ich sehe es so, daß die Therapeutin ihr ihr Verständnis signalisierte, so alleingelassen sie sich auch fühlte mit ihrem Problem. Das kann weit zurückgehen, bis zu frühen positiven Aspekten in der Beziehung zu ihren Eltern oder älteren Geschwistern. Wir sehen es häufig in der Klinik, daß es den Studenten besser zu gehen beginnt, nachdem sie einen Beratungstermin ausgemacht haben. Ich weiß nicht, ob dies hier auch der Fall ist. Die Erwartung, diesen Termin einzuhalten, hat eine heilende Wirkung.

Das ist mit Sicherheit richtig.

Meines Erachtens sollten wir dahingehend differenzieren, daß dieser Prozeß nicht notwendigerweise mit der Pathologie einer Persönlichkeitsstruktur zusammenhängt, sondern daß diese wärmende und aufrichtende Erfahrung, verstanden zu werden, auch in den sogenannten normalen Situationen zu finden ist.

So war es gemeint.

In dieser Hinsicht ließe sich das als eine Dyade sehen, die bis zur Mutter-Kind-Dyade zurückreicht, aber nicht im Sinne einer Spiegelung oder einer vorhandenen Verletzung.

Dabei schwingt auch mit, daß man Anteil an der Stärke eines unterstützenden Ichs hat, wenn man vom Gegenüber verstanden wird und dieses nicht von derselben Angst gepackt wird.

Ich kann allem, was Sie sagten, zustimmen, aber ich hatte mit dieser Frage etwas Übergeordneteres, Allgemeineres im Sinn. Wenn das eine stimmt, muß deshalb das andere nicht falsch sein. Es hängt von der Theorieebene ab. Es ist vollkommen richtig, daß wir hier über ein normales Phänomen sprechen und kein pathologisches. Doch es kann auch hier etwas Pathologisches geben, zum Beispiel eine zu große Bereitschaft, sich trösten zu lassen, und, das andere Extrem, die Unmöglichkeit, getröstet zu werden.

Ich ziele auf die »Regression im Dienste des Ichs« (Hartmann 1939) ab, wie vor einiger Zeit der populäre Ausdruck dafür lautete. Ein treffender Ausdruck, an dem es jedoch einiges auszusetzen gibt.

Ich habe bereits einigemale erwähnt, daß geistige Gesundheit – wenn sie sich denn überhaupt definieren läßt – meines Erachtens am besten an der *Vielfalt der Positionen* ablesen läßt, die einem Menschen intern wie extern zur Anpassung zur Verfügung stehen. Mit anderen Worten: einem Menschen, der sich nur durch Handlungen, durch Veränderung der äußeren Umgebung ausdrücken kann, fehlt etwas. Für mein Dafürhalten gehört zum geistigen und psychischen Instrumentarium die Fähigkeit, je nach Situation auf beide Arten reagieren zu können: sich autoplastisch oder alloplastisch anpassen zu können – die Umgebung zu ändern oder sich selbst zu ändern.

Manche Situationen verlangen eine interne Änderung und andere eine externe Änderung. Bei der Verwendung von Begriffen, die sich auf die Entwicklung oder die Reife beziehen, darf man die Richtung der Entwicklung beziehungsweise der Reife nicht mit dem Übergang von Normalität zu Abnormalität verwechseln. Durch den gegebenen Entwicklungsablauf wird es meines Erachtens möglich, je nach Situation auf frühere Positionen und Haltungen zurückzugreifen. Um es kurz zu fassen: die *Reaktionsvielfalt* ist entscheidend. Das trifft mit Sicherheit auf die Fähigkeit zu spielen, zu regredieren und sich gehenzulassen zu.

Wenn wir nun davon reden, einem Menschen in einer Krise die eigene Persönlichkeit leihweise zur Verfügung zu stellen, liegen sie mit den von Ihnen dargestellten Mechanismen und Bedeutungen absolut richtig. Meines Erachtens dürfen Sie dabei aber eine *freiwillige* Regression nie außer acht lassen, was die Beziehung dieser beiden Menschen zueinander anbelangt. Sie regredieren freiwillig auf eine Stufe, auf der eine Art Verschmelzung stattfindet. Dabei handelt es sich um die freiwillige, teilweise und reversible Wiederbelebung einer sehr frühen Entwicklungsstufe. Eine freiwillige Regression wird von *beiden* Beteiligten eingeleitet. Am stärksten regrediert der sich in der Krise Befindende. Er ist bereit zur Regression, weil er Angst hat und es ihm schlecht geht.

Im Prinzip ist jeder, der Angst und Probleme hat, in gewisser Weise bereit, Kind zu sein, sich einer größeren Macht zu überlassen, um so Erleichterung zu finden. Das trifft auf den hilflosen Patienten beim Arzt zu. Dabei handelt es sich im allgemeinen um Übertragungen auf einer regressiven Stufe. Der Helfer zieht großen Gewinn für sein narzißtisches Gleichgewicht daraus, weil man zu ihm wie zu einem Gott aufblickt. Entscheidend ist, daß das Trauma durch das Verstehen des Gegenübers gelindert wird, das zu einer allmählichen Beruhigung führt.

Warum ist Verständnis so wichtig? In Ihrer Darstellung bleiben Sie, zurecht, auf der phänomenologischen Ebene. Warum fühlt man sich besser, wenn man verstanden wird. Es reicht nicht, verstanden zu werden. Verstanden zu werden ist im wesentlichen der Ansatzpunkt für den anderen, die Grenze zwischen sich und dem Gegenüber niederzureißen und so diese weitere Regression, diese Verschmelzung zu ermöglichen. Durch Verständnis fällt eine Grenze zwischen zwei Menschen. Empathie ist, so differenziert sie ist, in hohem Grade verbal. Doch zum wichtigsten empathischen Werkzeug gehört nach wie vor die Verschmelzung. Und die Ursachen für die tiefsten Empathiestörungen sind in frühen Enttäuschungen, den mißglückten Versuchen früher Empathie zu finden.

Der regressive Aspekt beim Patienten ist mir klar, aber inwiefern regrediert der Therapeut?

Er regrediert insofern, als er ansatzweise mit dem anderen verschmilzt, um in verstehen zu können.

Er läßt es zu.

Er läßt es beim anderen zu. Aber um den anderen verstehen zu können, muß er ansatzweise mit ihm, seinem Gefühlszustand, verschmelzen. Natürlich muß er darüber stehen, er darf es nicht zulassen, daß ihn die Ängste des Patienten überwältigen. Er nimmt eine Kostprobe von der Angst seines Patienten und sagt dann, aber ohne Angst zu zeigen: »Ich gewisser Weise bin ich wie Sie, denn ich verstehe, was Sie fühlen.« Im Gegenzug wird der Patient nun Teil einer Einheit, die versteht, was so beunruhigend daran ist, Angst zu haben.

Das erinnert mich an einen Vorfall, als ein Mädchen hier in der Klinik einem Mitarbeiter ihre lange und tragische Geschichte erzählte und der Therapeut zu weinen anfing. Darauf wurde das Mädchen schrecklich wütend und stürmte aus dem Zimmer – er war zu weit gegangen.

Nicht nur, daß er zu weit gegangen ist, die Patientin hatte auch etwas anderes erwartet. Der Patient möchte verstanden werden, aber das Gefühl soll nicht zurückgeworfen werden, womit die Panik nur größer würde. Er wünscht sich die Pufferlösung.

Was fällt Ihnen zu der zuvor gefallenen Bemerkung ein, manchen Patienten ginge es bereits besser, wenn sie einen Termin vereinbaren? Widerspricht das dem hier Gesagten? Wie würden Sie das erklären? Meines Erachtens kommt es recht häufig vor und ist ein gutes Zeichen.

Da spielt einiges herein. Zum einen ist da die Tatsache, daß sie etwas getan haben, um gegen ihre Angst anzugehen. Das gibt ihnen ein gewisses Selbstvertrauen – einfach weil sie sich zusammennehmen konnten, integriert genug waren, um einen Termin auszumachen. Das hat bereits einen therapeutischen Nutzen.

Das stimmt. Aber welche Rolle könnte das in dem hier besprochenen Zusammenhang spielen?

Das liegt für mein Gefühl daran, daß da ein Ort ist, wo man einen Termin vereinbaren kann, wo Menschen sind, die einen verstehen können und mit denen man über seine Probleme sprechen kann. Das ist eine Vorbereitung, für das, was kommen wird, die Verschmelzung.

Natürlich! Diese Menschen wissen, was auf sie zukommt, und es geht ihnen besser in Erwartung dessen, was auf sie zukommt. Das ist eine allgemein bekannte menschliche Erfahrung. Es ist sehr wohl möglich, daß man weniger Angst hat, weil man weiß, daß da jemand ist, der einen verstehen und beruhigen wird. Erfüllt sich diese Erwartung nicht, ist man enttäuscht. Aber meines Erachtens ist diese Erwartungshaltung ein gutes Zeichen. Sie bedeutet, daß der Patient für diese Art Erfahrung aufgeschlossen ist und sie in Gedanken bereits erwartet.

Es gibt Patienten, die sich nie mehr so wohl fühlen wie nach der Vereinbarung des Termins. Ab da geht es nur bergab, weil der Therapeut die erwartete Verschmelzung nicht herbeiführen kann. Der Patient wird durch die Wirklichkeit enttäuscht.

Aber dennoch ist die Erwartungshaltung ein gutes Zeichen. Im großen und ganzen würde ich es stets für ein günstiges Zeichen halten, wenn mir jemand

erzählt, es wäre ihm besser gegangen, nachdem er einen Termin vereinbart hätte. Vielleicht erwartet er zuviel und Sie enttäuschen ihn, aber das können Sie ihm erklären. Immerhin ist diese Art Reaktion möglich.
In diesem Zusammenhang sind die verschiedensten Abläufe denkbar. Meines Erachtens ist es wichtig zu erkennen, daß zur Behandlung ein gewisses Maß an freiwilliger Regression gehört. Eine zwischenmenschliche Situation wird geschaffen, in der ein paar der Barrieren, die Erwachsene haben, die die Menschen voneinander trennen, etwas abgebaut werden. Und dabei ist das Verständnis des Therapeuten ein Ansatzpunkt. Ich stimme damit überein, was Sie am Schluß sagten: zweifellos gibt es ein Optimum. Manche Menschen können nicht einmal so weit gehen. Sie sind zur Regression nicht fähig. Ihnen fehlt das Vertrauen oder sie haben Angst davor, die Regression zuzulassen.
Es gibt viele verschiedene Gründe, warum Menschen sich nicht gestatten zu regredieren. Daher ist eine Diagnose notwendig. Vielleicht ist die Sucht, verführt zu werden, zu groß. Die Betroffenen hätten dann zu sehr Angst, sich einem warmen Bad des Angenommenseins hinzugeben, aus dem sie sich nie mehr befreien können. Möglicherweise gab es frühe Erfahrungen, in denen sie verführt wurden, ihre Angst schrittweise aufzugeben, um dann tief enttäuscht zu werden – sei es, daß ein Familienmitglied starb, die Mutter sich seltsam verhielt oder was immer es gewesen sein mag.
Und es gibt Menschen, die sich beinahe rückhaltlos in die Begegnung stürzen. Hier hat man von Anfang an das Gefühl: »Halt, warte einen Augenblick, das geht zu weit.« Sie beten einen vom ersten Augenblick an an. Sie verschmelzen sofort mit dem Therapeuten, mit oder ohne sexuelle Komponenten. Es ist von Anfang an unangenehm. Der empathische Therapeut reagiert darauf mit Zurückhaltung – nicht, um den Patienten gezielt durch seine Kälte und sein abweisendes Verhalten zu verletzen, sondern um klarzumachen, daß eine solche Regression zu Angst führen kann. Man muß sich jederzeit aus der Verschmelzung zurückziehen können.
Daher heißt es am Anfang aufpassen bei den Interpretationen und Deutungen. Ein erfahrener Psychiater oder Analytiker ist fast immer in der Lage, wenn er will, den Patienten nach dem ersten Treffen mit einer korrekten und relativ tiefschürfenden Deutung zu überraschen, ihm etwas zu sagen, was er bisher noch nicht über sich wußte. Dabei muß man sehr vorsichtig vorgehen. Manchmal kann so etwas sehr wichtig sein, nicht weil die Deutung selbst so bedeutsam wäre, sondern weil durch den Zugang, den man dadurch erhält – nicht durch Zauberei, sondern durch das gezeigte Verständnis. Mit anderen Worten: Sie geben dem Patienten das Gefühl: »Dieser Mensch versteht mich besser, als ich mich selbst verstehe. Und das nach so kurzer Zeit.«
Anders ausgedrückt, Sie helfen einem Menschen zu regredieren, der ansonsten große Probleme hätte, sich diese therapeutische Anfangsreaktion zu gestatten.

Es ist nur ein erster Ansatz, von dem aus Sie weiter arbeiten können. Im großen und ganzen bin ich vorsichtig und verwende diese Methode nur sparsam. Und wenn ich sie einsetze, bin ich mir absolut klar darüber, daß dies sein muß, um diesen Patienten für die Therapie zu motivieren. In manchen Fällen ist dieses Vorgehen absolut kontraindiziert – und je richtiger die Deutung ist, um so mehr Schaden kann sie dann anrichten. Das heißt, wenn die Selbstabgrenzung des Patienten ohnehin schwach ist und er sich suchtartig in Verschmelzungen mit anderen stürzt, kann so eine tiefe und zu schnell gegebene Deutung zu einer nicht mehr rückgängig zu machenden Beziehung voller Anbetung und übertriebenen Vertrauens führen. Am besten ist es, wenn der Patient konfliktfähig ist – den Wunsch hat, zu vertrauen und sich auf diese Verschmelzung einzulassen, aber dies gegen einen Widerstand tun möchte. Ich streite nie mit einem Patienten, er solle sich auf die Situation einlassen. Er wäre nicht da, wenn er das nicht wollte. Ich denke, es ist ein gutes Zeichen, wenn er sich nicht ganz sicher ist, wenn er ein Quentchen Widerstand spürt. Man kann auf die verschiedensten Weisen vorgehen, aber Einsicht und Verständnis bergen, zumindest am Anfang, ein gewisses regressives Potential. Das kann in manchen Fällen gut, in anderen weniger gut sein. Manche Menschen bringen einem von Anfang an Vertrauen entgegen, doch man hält etwas Abstand. Manche Menschen sind eher reserviert. Teilt man ihnen aber eine tiefe Erkenntnis über sie mit, zu der man gelangt ist, und geschieht dies nicht von oben herab, sondern auf eine bescheidene und normale Art, dann spüren sie: »Hier ist ein Mensch, der den Durchbruch schafft und damit keinen Mißbrauch treibt, mich nicht überwältigt.«

Von diesem empathischen Verständnis aus kann man zu weiteren Erkenntnissen gelangen und dem Patienten zu einer größeren Einsicht und einem tieferen, dynamischeren Verständnis verhelfen, warum er das spürt, was er ist. Der Versuch, solche Erklärungen zu früh zu geben, würde als intellektualisierende Distanzierung aufgefaßt.

14. Emotional erlebtes Verstehen von Verletzlichkeit

Wenn Sie über die Fluktuationen des Selbstwertgefühls und die Abgrenzungsprobleme des Selbst sprechen, wie setzen Sie dieses Konzept mit Eriksons (1956, dt.: Das Problem der Ich-Identität, 1966) Konzept der Ich-Identität in Verbindung? Er beschreibt die Ich-Identität ebenfalls als in der Adoleszenz von Auflösungszuständen bedroht. Nach seiner Beschreibung ist die Adoleszenz das kritische Stadium, in der Identität auf sehr problematische Weise aufgelöst wird.

Was Erikson beschreibt, entsteht vermutlich in der späten Adoleszenz und dem frühen Erwachsenenalter, ist also, anders ausgedrückt, eine Struktur, die es im wesentlichen zuvor nicht gab und die die Persönlichkeit mit etwas Neuem bereichert. Er spricht von einer Vielfalt von Identifikationen, einer Reifephase, in der man sich schließlich von seiner Ursprungsfamilie entfernt, eine soziale Rolle und einen Beruf wählt, bereit ist, zu heiraten, und so weiter: eine Phase, in der man eine Art innerer Konfiguration dessen formt, was man ist. Und diese Konfiguration bleibt im wesentlichen so, obwohl natürlich die eine oder andere Variation möglich ist. Ich habe den Eindruck, Erikson beschreibt eine bestimmte und möglicherweise sehr wichtige vorbewußte Repräsentation des Selbst. Er greift aus der Vielzahl von Selbst-Repräsentationen und Selbst-Konfigurationen, die es in uns gibt, eine führende heraus, die bewußt oder unbewußt ist, die bestätigt ist, die dem Bild entspricht, das sich die anderen von uns machen und das wir selbst von uns haben.
Als beschreibenden phänomenologischen Schritt habe ich nichts dagegen einzuwenden, ich halte es für ein bereicherndes Konzept. Unter dem Gesichtspunkt der Entwicklungskontinuität und des Gegensatzes zwischen verschiedenen Selbst-Konfigurationen finde ich, daß es einiges zu wünschen übrig läßt. Mir geht es um folgendes: die frühesten Erfahrungen des Selbst, die frühesten Erfahrungen der eigenen Grandiosität, des eigenen Exhibitionismus, der Reaktionen des bewundernden Umfelds lassen einen Kern subjektgebundener Sicherheit[1] entstehen, der sich allmählich ändern muß und sich allmählich ändert. Das ist zweifellos ein Faktor in der letztendlichen, vorbewußten Konfiguration der Ich-Identität, der nicht außer acht gelassen werden sollte. Allerdings verhält sich dies meiner Ansicht nach viel komplexer. Es bringt mehr, die mannigfaltigen Entwicklungsrichtungen zu betrachten, die Vielfalt der Fixierungen auf frühere Stufen des Selbst, die verschiedenen Möglichkeiten, wie sich Selbst-Konzepte Seite an Seite entwickeln und bestehen. Man sollte sich also nicht auf ein vorbewußtes Konzept beschränken, das beinhaltet, was das Selbst sein soll.
Ich betrachte die Ich-Identität als bedeutsames Konstrukt im Rahmen einer soziokulturell orientierten Psychologie, in der die vorbewußten und bewußten

Haltungen des Menschen sich selbst gegenüber in der Abgrenzung von anderen während der Adoleszenz und des Erwachsenenalters erfahren werden. Mit anderen Worten: innerhalb Eriksons eigenen Bezugsrahmens ist Ich-Identität ein vernünftiges Konzept. Allerdings erklärt es meines Erachtens nicht die Entwicklung der narzißtischen Übertragungen.[2] Was die Therapie angeht, läßt sich mit dem Konzept der Ich-Identität nicht arbeiten, außer bei bewußter Überzeugungsarbeit, bewußter Erklärung und bewußter Anpassung. Sie können einem Patienten auf der Ebene, auf der sein vorbewußter Konflikt stattfindet, erklären, was mit ihm geschieht. Sie können es ihm auf der Ebene erklären, auf der er es erfährt – also im Hier und Jetzt, auf der Oberflächenebene, eine für den Anfang äußerst geeignete Ebene. Sie können ihm erklären, daß er sich als Heranwachsender auf die eine oder andere Art sah und daß er sich nun als Erwachsener auf die eine oder andere Art sehen kann und wie er zwischen diesen zwei Möglichkeiten festsitzt.

Solche Erklärungen können dem Patienten in seinem verstandesmäßigen Verstehen sehr weiterhelfen, wenn zwischen ihm und dem Therapeuten eine Bindung entsteht, die er nicht verstehen muß, die ihm aber in seinem Gefühl der Verwirrung und der Unsicherheit, was ihn selbst angeht, eine Stütze ist. Für den Patienten kann eine Erklärung auf der empathischen Verschmelzungsebene eine enorme Hilfe sein. Eine starke Persönlichkeit hilft bei der Erklärung. Aber auf der Grundlage von Eriksons Modell läßt sich niemals die tiefe Integration der alten Fixierungen erreichen. Sie beruhen auf den frühesten Erfahrungen von Zurückweisung, als die frühesten Größenphantasien nach Bestätigung drängten.

Erikson erwähnt, man habe Ideale, die zu hoch wären, um erreicht werden zu können. Aber er erwähnt nicht, daß möglicherweise noch kein Ideal internalisiert wurde. Viele Menschen suchen noch nach einem externen Ideal, weil sie nie eines internalisiert haben. Anders ausgedrückt, hier handelt es sich wieder um alte Fixierungen, die durchgearbeitet werden müssen, um dann die Persönlichkeit zu bereichern und Strukturänderungen herbeizuführen. Ich-Identität ist gewissermaßen eine hoch entwickelte Konfiguration auf der äußersten Persönlichkeitshülle. Was kein Werturteil sein soll. Oberflächenpsychologie ist notwendig.

Eriksons Erkenntnis ist wichtig, aber sie hat nichts zu tun mit den Beschreibungen der Entwicklung und der Reife der narzißtischen Konfigurationen[3]. Das ist meine persönliche Meinung. Es läßt sich viel Gutes zu Erikson sagen, doch häufig sind seine Beschreibungen der einzelnen Entwicklungsstufen im Grunde genommen in wissenschaftliche Begriffe gekleidete Werturteile.

Anscheinend versucht er neuerdings, etwas mehr zu differenzieren. Statt Stellung zu beziehen zwischen Vertrauen versus Mißtrauen, schreibt er, beides sei zur Anpassung nötig. Im großen und ganzen jedoch sind das Werturteile. Zum

Beispiel seine Aussage, man brauche eine Identität. Ich bin mir da nicht so sicher. Es sind durchaus äußere Umstände denkbar, wo man hier flexibel sein sollte, in denen das beispielsweise unter dem Gesichtspunkt der Anpassung eine Frage von Leben und Tod sein könnte. Kann man sich auf etwas Neues einlassen oder nicht?

Soweit ich es beurteilen kann, gibt es Genies, die selbst noch im Alter zu einer völligen Persönlichkeitsveränderung fähig sind. Meiner Meinung nach ist bei einem großen Künstler eine totale Stiländerung gleichbedeutend mit einer Identitätsänderung. Bei vielen großen Künstlern zeigt sich in den verschiedenen aufeinanderfolgenden Phasen, daß sie ständig um neue Identitätsformen ringen. Auf der anderen Seite haben wir großen Respekt zum Beispiel vor der preußischen Offizierskaste. Preußische Offiziere werden immer preußische Offiziere sein, sie sind fürs Leben gekennzeichnet, es ist ihre Familientradition. Das ist eine feste, beständige Identität – und möglicherweise eine ausgezeichnete Identität. Ich will hier keine Werbung für preußische Offiziere machen, aber im besten Falle war ihr Stil bewundernswert – ihre Gentlemanhaltung, ihre Beschützerrolle und ihr Großmut, ganz abgesehen von dem Mut, den sie im Krieg an den Tag legten. Dieser Stil entsprach einem bestimmten Typus der nationalen und kulturellen Entwicklung, der vom Staat gebraucht und daher kultiviert wurde.

Solche Menschen können sich nicht mehr ändern. Mit dem Abschluß der militärischen Ausbildung haben sie eine festgeformte Identität, und diese Identität behalten sie. Dasselbe mag auf einen Gelehrten zutreffen, der aus einer Gelehrtenfamilie stammt. Gelehrter zu sein ist seine Bestimmung und diese Bestimmung lebt er. Manche Menschen haben also eine definitive Identität. Bei anderen wiederum ist die Identität weniger festgefügt, flexibler. Nach Erikson hieße das, eine Krise jage hier die andere, der Zustand sei einer Pathologie sehr ähnlich, ohne pathologisch zu sein. Daher meine vorherige Aussage, es handle sich hier um verborgene Werturteile. Ich-Identität wird als der Gipfel der Reife dargestellt. Es geht nicht darum, ob das nun falsch oder richtig ist, sondern der springende Punkt ist, daß dieses Konzept mit einer vorbewußten Konfiguration arbeitet, sowohl was das Ich-Ideal wie die Ich-Identität angeht. Es ist schwierig, beide einander gegenüberzustellen. Auf die Frage, um welche Art Selbst es mir im Vergleich zur Ich-Identität geht, kann ich nur mit den Erkenntnissen antworten, die ich mir im Hinblick auf eine Vielzahl klinischer Phänomene – und nicht nur klinischer Phänomene – erworben habe.

Wie würden Sie in Begriffen wie der endgültigen Ich-Identität das Phänomen erklären, daß manche Menschen sich in dem einen Moment ein ungemein hohes Selbstwertgefühl haben und im nächsten ein ungemein niedriges? Ihre alte Arroganz und kindlichen Fixierungen brechen durch, worauf sie diese

Gefühle unterdrücken müssen und nun bar jeder narzißtischen Unterstützung sind. Ich weiß nicht, ob dieses Beispiel sehr gut ist, aber es gibt unzählige andere.
Bis zu einem bestimmten Punkt ist jedes Konzept nützlich. Das Konzept von der Ich-Identität als Reifephase ist ebenso nachvollziehbar wie die Zurückverfolgung verschiedener Selbstkonzepte beziehungsweise idealisierter Konzepte, einschließlicher derer, die dem zugrundeliegen, was letztendlich als eigene Identität akzeptiert wird.
Mir erscheint die letztendliche Konfiguration, über die Erikson spricht, durchaus nützlich. Mit anderen Worten, eine Minimum an Abgrenzung oder eine durchschnittliche Abgrenzung dessen, wer man ist und was man ist, gehört bei den meisten Menschen zur geistigen Gesundheit. Und wenn sie fehlt, ist das sicherlich ein Zeichen von Krankheit, auch wenn es sich dabei nur um eine Erklärung an der Oberfläche handelt. Was ist die Grundlage dafür, daß diese Abgrenzung da oder nicht da ist? Die Beschreibung ist der erste Schritt. Man muß nachforschen, wie sich dieses Selbst bildete. Was geschah in der Kindheit mit diesem Selbst? Was ist noch da vom alten Selbst? Was ist bereits verschwunden? Was wurde vom Hauptteil der Persönlichkeit abgespalten? Kämpfen gegensätzliche Selbstkonzepte miteinander? Gibt es geliehene Selbstkonzepte? Falls ja, wurden sie geliehen aus Abwehr gegen andere oder um eine Leere zu füllen? Es gibt unzählige Möglichkeiten und es hilft nicht, Selbstidentität einfach zu akzeptieren. Das wäre nur eine Einschränkung.

Der von mir ausgewählte Fall ließe sich im Lichte von Eriksons Identitätskrise untersuchen, aber es ist meines Erachtens fruchtbarer, ihn unter dem Blickwinkel unserer Studien über das Selbstwertgefühl und die Ideale zu sehen, in der Entwicklungslinie des Narzißmus.
Es handelt sich hier um eine 20jährige Mathematikstudentin im zweiten Jahr. Sie ist groß und sommersprossig, wirkt gesund und robust. Als sie zum ersten Mal zur Besprechung kam, trug sie eine Jeans und ein weites Hemd. Ihre Probleme brachte sie mit grüner Tinte zu Papier:
»Seit dem letzten Jahr in der High-School schlage ich mich mit Depressionen herum, einem Gefühl der Entfremdung. Ich habe das Gefühl, mein ganzes Leben entzieht sich meiner Kontrolle, ich fühle mich absolut unfähig, selbst mit den einfachsten Sachen fertigzuwerden (zum Beispiel Ausgabenbuch führen). Mich interessiert kein einziges Studienfach. Ich kann nicht mehr unbefangen sein, denke ständig über mich nach, dabei ändere ich meine Weltanschauung alle paar Tage ... Ich komme morgens nicht mehr aus dem Bett. Ich weine viel. Wenn ich meine Gefühle kontrollieren könnte, hätte ich wenigstens das Gefühl, wieder zu funktionieren. Neulich kam ich zu dem Schluß, daß meine Liebhaber ein Mittel sind, permanent vor der Wirklichkeit davonzulaufen ... Ich kann mich selbst

nicht ausstehen und verbringe deshalb meine Zeit lieber mit diesen Fremden. Letzte Woche dann trennte ich mich von demjenigen, mit dem mich das engste Verhältnis verband, und beschloß, allein zu bleiben ... Ich stürzte in eine tiefe Depression und brauche Hilfe.«

Sie erklärte, sie habe bestimmt seit dem letzten High-School-Jahr, wenn nicht länger, unter Depressionen gelitten und unter der Unsicherheit, nicht zu wissen, was ihre Interessen und Ziele seien. Sie ist das älteste von drei Mädchen und beschreibt ihre Beziehung zum Vater als sehr viel näher als die zur Mutter. Der Vater sei intelligent und lese viel, habe aber nur eine High-School-Ausbildung. Er arbeite als Vorarbeiter in einer Elektrofabrik.

Über ihre Beziehung zur Mutter berichtet sie nur, daß sie, als das jüngste Kind zur Welt kam, eine Zeitlang zu Verwandten geschickt wurde. An die Schwangerschaft der Mutter kann sie sich nicht erinnern. Sie weiß nur noch, daß sie die Verwandten nicht mochte.

Ihren schnellen Verstand habe sie seit jeher im schulischen Konkurrenzkampf eingesetzt. In der katholischen Grundschule sei sie ruhig und gewissenhaft gewesen und habe hart gearbeitet, um bei den Klosterschwestern gut dazustehen. In der High-School sei der Wettbewerb schärfer geworden, aber es habe ihr gefallen, zu zeigen, was sie könne und wisse. Anscheinend hängt ihr Selbstwertgefühl zu einem großen Teil mit ihrer Arbeit zusammen.

Sie habe sich in großem Maße anders gefühlt als die anderen Mädchen in der High-School. Sie habe sich als zu groß, zu robust und zu ungehobelt empfunden: »Ich wußte, daß ich nicht dazu paßte.« Sie habe sich nicht im entferntesten soviel wie die anderen Mädchen um ihr Äußeres, Kleidung und Make up, gekümmert. Dabei habe sie die anderen hübschen, zierlichen, tollen Cheerleader-Typen zugleich beneidet und verachtet. Sie sei viel durchsetzungsfähiger gewesen als diese. Beim Turnen habe sie sich am liebsten abreagiert, während die anderen immer nur rum gesessen seien. Was die Schulfächer angehe, habe sie sich am meisten in den »männlichen« Fächern wie Mathematik, Physik und Chemie engagiert, die anderen dagegen hielten sich an Hauswirtschaftslehre.

Der Übergang an die Universität habe einen schweren Schlag für ihren akademischen Ehrgeiz bedeutet. Nun sei sie nicht mehr die beste gewesen und habe unglücklich auf die Mitstudenten geguckt, die sie übertrafen. In ihren Mathematik- und Physikkursen gäbe es einige Leute, die intelligenter seien als sie. Sie habe das Gefühl, sie nie erreichen, geschweige denn überholen können. Ein wirklich erfolgreiches College-Mädchen müsse sich ihrer Vorstellung nach auf ihrem eigenen Gebiet durch hervorragende Beiträge auszeichnen, sich in ihrer Freizeit künstlerisch hervortun und auf vielen Gebieten bewandert sein. Verglichen mit diesem nicht erreichbaren Standard, fühlt sie sich unfähig.

Sie schwingt also zwischen zwei Gegensätzen hin und her: (1) sie versucht hart zu arbeiten und leidet unter der Last unerreichbarer Ziele und (2) sie vergißt die Arbeit, denkt darüber nach auszusteigen und verbringt ihre Zeit auch mit College-Aussteigern, die sie aber nicht wirklich mag.

Eine ihrer Methoden, mit diesen Gefühlen umzugehen, besteht darin, sich an einen Mann anzuschließen – gewöhnlich einen, der klüger als sie ist –, (1) um sich im Glanz seiner Errungenschaften zu sonnen, (2) um ihn ständig dazuzubringen, ihr zu versichern, daß sie sexuell begehrenswert, begabt, kreativ und intelligent sei und (3) einfach um besser bei sich selbst sein zu können und ihr über die Angst hinweg zu helfen, die sich in einsamen Beschäftigungen mit sich selbst entwickelt.

Nach einiger Zeit denkt sie dann, sie müsse eigenständig werden, und bricht ihre Beziehungen ab, nur um ein paar Wochen darauf wieder eine anzufangen.

Der zentrale Punkt dieses Falles sind die Depressionsgefühle, unter denen diese 20jährige seit ihrer High-School-Zeit leidet. Die Depression verstärkte sich mit dem Eintritt in die Universität. In der High-School konnte sie ihr Selbstwertgefühl aufrechterhalten, indem sie Klassenbeste war, kluge Fragen stellte und so weiter. Sie geriet immer mehr außer Tritt, was die Entwicklung gleichaltriger Mädchen anging, für die intellektuelle Leistung weniger wichtig war. Für Prestige und ein hohes Selbstwertgefühl wurde zusehends ausschlaggebend, ob man hübsch war, Erfolg bei Jungen hatte und bei den Gleichaltrigen gut ankam. Für ihr Selbstwertgefühl wurde daher ihr Stolz auf ihre Leistungen immer bedeutender.

Wir gehen davon aus, daß die Wurzeln dieser intellektuellen Tendenz zum Teil in ihrer Kindheit zu suchen sind. Vielleicht hängt es damit zusammen, daß sie die älteste in der Familie ist. Als die Mutter sich den jüngeren Kindern zuwandte, empfand sie das, als ersetze man sie, worunter ihr Selbstwertgefühl litt. Das ist sehr wichtig. Man vergißt, daß das Selbstwertgefühl ursprünglich davon abhängt, was andere für einen tun und über einen denken[4]. Wie wir sahen, beruht die libidinöse Besetzung des frühen Selbstkonzepts nicht zuletzt darauf, daß das Kind andere Menschen als Teil seiner selbst wahrnimmt. Die spätere Fähigkeit, sich selbst zu lieben, ist damit die Neuauflage der ursprünglichen narzißtischen Beziehung.

Hier handelt es sich nicht um eine objektlibidinöse, sondern eine narzißtische Beziehung, in der die Mutter das Kind als eine Erweiterung ihrer selbst erfährt und das Kind die Mutter als vergrößertes Selbst. Wenn sich daher diese äußere Quelle des Angenommenseins plötzlich zurückzieht, dann leidet darunter das Selbstwertgefühl. Wegen des enormen Schmerzes der Selbstzurückweisung, des mangelnden Sich-selbst-Annehmens bildet sich nun ein Kern des Nicht-Angenommenseins im Selbst.

Das ist ein sehr wichtiger Punkt. Wird ein älteres Kind mit einer solchen Situation konfrontiert, versucht es, den plötzlichen Verlust an Selbstwertgefühl durch lobenswertes Verhalten wettzumachen. So hofft es, die verlorene Anerkennung zu ersetzen. Das ist Teil der normalen Entwicklung. Die pathologische Entwicklung, mit der wir es zu tun haben, kann zweierlei Ursachen haben. Vielleicht liegt hier eine angeborene Schwäche zugrunde, was einen normalen Entzug von Bestätigung angeht. Unter Umständen reagiert dieses Mädchen, wie es öfters vorkommt, mit einer traumatischen Depression oder Depressionsvorläufern auf äußere Umstände, die für andere Kinder nicht traumatisch wären. Auf der anderen Seite hat ihre Depression möglicherweise mehr mit den äußeren Gegebenheiten zu tun, vor allem der Persönlichkeit des wichtigen Elternteils. Im Moment spielen wir nur mit Konzepten, um etwas herauszufinden.

Es würde gut zu ihrer Geschichte passen, wenn wir auf eine Mutter stießen – und das ist nicht ungewöhnlich –, die jeweils zu einem Baby eine sehr gute Beziehung herstellen kann, aber dem älteren Kind ihre Liebe entzieht, wenn sie das nächste erwartet oder spätestens bei dessen Geburt. Das ältere Kind sieht sich plötzlich mit einem Verlust an Selbstwertgefühl konfrontiert. Der nächste Schritt hängt stark vom Alter des betroffenen Kindes ab. Aber im Alter zwischen drei und sieben versucht das Kind, mit Hilfe bereits entwickelter Ich-Funktionen oder -fähigkeiten dieses durch den plötzlichen Rückzug der Mutter entstandene Gefühl der Zurückweisung oder der Selbst-Zurückweisung auszugleichen. Dabei werden diese Funktionen überlastet. In diesem Sinne wäre dies ein Parallele zu dem bereits besprochenen Fall der ehrgeizigen Mutter, die dem Zweieinhalb-, Dreijährigen Lesen und Rechnen beibringt. Doch im Gegensatz zu letzterem steht hier weniger der Ehrgeiz der Mutter als das Bedürfnis des Kindes im Mittelpunkt. Wird das Kind im Alter zwischen drei und sieben leicht oder spielerisch angeleitet und dem Hin- und Herpendeln zwischen Ich-Leistung und babygleicher Regression überlassen, können sich diese Funktionen angemessen entwickeln und neue, dauerhafte Funktionen erworben werden – neue Quellen für das Selbstwertgefühl. Bei einem plötzlichen Rückzug der elterlichen Unterstützung jedoch wird die neue Funktion überlastet. Dabei spielt auch eine wichtige Rolle, daß die Ausgleichsbestrebungen des Kindes mit früheren Wünschen vermischt sind.

Nehmen wir an, da ist ein sechs- oder siebenjähriges Kind, das noch etwas unreif ist, weil es das einzige Kind ist. Es stand bisher im Mittelpunkt, bekam alle Aufmerksamkeit, ist noch ein rechtes Baby und nicht so entwickelt, wie es seinem Entwicklungsstand entspräche. Das wäre anders, wenn von Anfang an Geschwister dagewesen wären oder die Eltern andere Persönlichkeitsspezifika aufgewiesen hätten. Mit sechs oder sieben Jahren bekam es dann eine Schwester. Es ist bemerkenswert, daß dieses ungemein intelligente Kind sich nicht im mindesten an die Schwangerschaft der Mutter oder Umstände der Geburt erinnern kann – bis auf ein Detail. Es wurde von Zuhause weg zu Verwandten geschickt. Wahrscheinlich war das in etwa zur Zeit der Entbindung, als die Mutter ins Krankenhaus ging, sich auf alle Fälle nicht um die Tochter kümmern konnte, weshalb sie bei Verwandten bleiben mußte, die sie nicht mochte. Das ist die Spitze des Eisbergs ihrer Erinnerungen. Die Patientin kann sich bewußt nur daran erinnern, weg von Zuhause zu sein und diese Familie nicht zu mögen. In diesem Geschehen liegt der Kristallisationspunkt ihrer ganzen weiteren Entwicklung: ihre Bedürfnisse in bezug auf Selbstwertgefühl, die enorm waren, konzentrierten sich auf schulische Erfolge.

Um es kurz zu fassen: wenn dieses Mädchen voller Ehrgeiz die beste Arbeit der Klasse schrieb oder sich freiwillig für einen Vortrag meldete, spielte der orale Neid auf die kleine Schwester mit eine Rolle. Das heißt, ihr intellektueller Ehrgeiz war vermengt mit Resten oraler Konkurrenz. Bei einem normalen siebenjährigen Kind finden wir diese Wettbewerbshaltung nicht mehr.

Bei Menschen mit einem so ausgeprägten intellektuellen Ehrgeiz, die nie zugeben können, etwas nicht zu wissen, sondern immer alles wissen müssen, findet sich häufig ein ähnlicher Hintergrund. Sie können keine Fragen stellen, sondern müssen immer alles selbst herausfinden, weil es sie kränkt, daß ein anderer mehr weiß. Die Tricks, mit denen sie sich Wissen aneignen, sind bemerkenswert. Es gibt eine Art von Sehschwäche, bei der man im Blickzentrum nichts sieht. Die Betroffenen sehen stets etwas seitlich auf ein Blatt, weil sie nichts lesen können, wenn sie direkt hinsehen. Sie lernen gewissermaßen, anders hinzusehen, im Vorbeigehen. Auf dieselbe Weise lernen die gerade beschriebenen Menschen im Vorbeigehen. Weil sie häufig recht intelligent sind, lernen sie sehr viel. Aber um wieviel leichter täten sie sich, könnten sie der Tatsache ins Auge blicken: »Das weiß ich nicht. Ich möchte es wissen. Er weiß es. Deshalb höre ich ihm zu.« Sie müssen immer so tun, als wüßten sie es ohnehin. Sie sehen es sich im Vorbeigehen an und schnappen etwas auf: »Natürlich wußte ich das bereits.«

In den ersten Stunden wird Ihnen zum Beispiel auffallen, daß der Patient unwichtige Details in der Praxis bemerkt, die wesentlichen Dinge ihm aber entgehen. Er wird hereinkommen, sich hinsetzen oder -legen, und eine Menge Dinge wahrgenommen haben, ohne daß sie es merkten. Aber er wird etwas Wichtiges übersehen haben. Das hat durchaus etwas mit dem hier präsentierten Fall zu tun. Dieses Mädchen ist empfindlich, was ihre ansonsten erwachsenen Ziele angeht.

Bei Menschen, die zu starken Einbrüchen im Selbstwertgefühl neigen, stößt man häufig auf eine enge Beziehung zwischen dem Ehrgeiz und den kindlichen Zielen des direkten Zurschaustellens, des direkten Genährtwerdens. Mit anderen Worten: die Empfindlichkeit wird zu einem gewissen Grad bestimmt von der oralen Qualität, der exhibitionistischen Qualität oder was zur Zeit des ursprünglichen Einbruchs im Selbstwertgefühl gerade die aktuelle Triebkomponente gewesen war. Die ursprüngliche Gegenbewegung, Zielstrukturen zu schaffen, wurde beeinträchtigt.

Erwiesenermaßen werden zum Beispiel Menschen, die mit starken anal-sadistischen Konflikten beschäftigt waren, als durch die Geburt eines Geschwisterchens oder aus anderen Gründen die Stimulation intellektueller Fähigkeiten einsetzte, in ihrem Wettbewerbsverhalten sadistische und sarkastische Züge entwickeln. Sie werden dazu neigen, andere herunterzumachen oder, wenn sie selbst ihren Ansprüchen nicht genügen zu glauben, sich beschämt oder sadistisch behandelt zu fühlen. Um ausloten zu können, was die Erwachsenen antreibt und was hinter ihren Reaktionen auf Versagenserlebnisse steckt, muß man also über die historischen Wurzeln Bescheid wissen.

Was unseren Fall angeht, vermuten wir also, daß in der frühen Kindheit dieser jungen Frau etwas geschehen sein muß.

Ihre Erzählungen unterstützen diese Vermutungen. Sie erzählte mir in den darauffolgenden Stunden, sie habe vor kurzem von ihrem Vater erfahren, daß, als sie etwa zwei Jahre alt war und ihre Schwester geboren wurde, irgend etwas mit ihrer Mutter gewesen sein muß. Die Mutter benahm sich merkwürdig und wurde krank, möglicherweise gemütskrank. Sie weiß nicht genau, ob ihre Mutter damals für längere Zeit von Zuhause weg war. Sie stellte ihrem Vater dazu keine Fragen. Es war also nicht allein die Geburt der Schwester.

Ich bin sehr dankbar für diese Information. Es ist ungewöhnlich, daß man so etwas schon zu Beginn der Behandlung erfährt. Ich erfahre das normalerweise erst nach jahrelanger Behandlung. Natürlich ist das ein interessanter Aspekt der Lebensgeschichte, aber für die Therapie ist entscheidend, wie das Kind damit umging, was immer es nun genau war. In der Regel handelt es sich dabei um die Depression eines Elternteils.

Der zentrale Punkt eines Falles, über den ich schrieb, Mr. B., (1971b, dt.: Narzißmus, 1973), war die Geburt von Zwillingen, als der Patient dreieinhalb Jahre alt war. Ich bin sicher, die Zwillinge wurden kein Jahr alt. Uns erschien entscheidend, daß sich die Mutter mit der Schwangerschaft von ihrem älteren Sohn abwandte und auch nach der Geburt und dem Tod der Zwillinge abgewandt blieb. Sie war eine sehr narzißtische Mutter. Dafür hatten wir Indizien, weil sie zur Zeit der Analyse noch immer präsent war. Ihrem Sohn gegenüber, der sich zu diesem Zeitpunkt auf akademischem Gebiet betätigte, war sie nicht zur Empathie fähig. Später erfuhren wir, daß seine Mutter damals barbituratabhängig war. Ihr Mangel an Empathie war also nicht nur die übliche Einfühlslosigkeit einer narzißtisch fixierten Mutter, die wohl zusätzlich nach dem Tod der Zwillinge unter Depressionen litt, sondern auch das Unvermögen einer Frau, die völlig aufgelöst und unattraktiv war und ihren Körper haßte, weshalb sie ihrem Kind nicht gestattete, sie zu berühren. Sie war zu zornig auf sich selbst. Wenn sie zum Frühstück herunterkam, stand sie unter der Wirkung von Barbituraten. Mit anderen Worten: ein ganz anderes Verständnis für die Empfindsamkeit dieses Patienten wurde möglich, als wir erfuhren, daß er früh mit unvorhersagbaren und in vielfacher Hinsicht empörenden Reaktionen seiner Mutter konfrontiert worden war.

Wer war in diesem Fall die Ersatzperson, als die Mutter nicht da war? War jemand anders da? Grobe Informationen zur Lebensgeschichte geben nur Hinweise. Sie liefern keine Antworten. Es macht einen Riesenunterschied, falls vor der Hospitalisierung der Mutter bereits eine Hausangestellte da war, die dann die Mutterrolle übernimmt. In dem einen Fall kann das Kind unversehrt bleiben und in dem anderen Fall kann es ernsthafte Störungen erleiden. Ob etwas angeboren ist oder nicht, läßt sich bei so vielen unbekannten Faktoren im Umfeld schwer entscheiden.

Dennoch steht es außer Frage, daß Vererbung mit einen Beitrag leistet. Nehmen wir zum Beispiel an, der Vater spielte in diesem Haushalt eine übermäßige Rolle als Bezugsperson. Offensichtlich ist er in gewisser Hinsicht ungewöhnlich. Er ist sehr intelligent und kommt aus einfachen Verhältnissen, liest große Literatur und genießt es. Ich spiele aus pädagogischen Gründen mit diesen Ideen und weil ich damit in diesem Fall therapeutisch weiterzukommen hoffe. Nehmen wir also an, der Vater war die Quelle für das Selbstwertgefühl des Mädchens. Ein Vater, der sich für intellektuelle Herausforderungen interessierte und sich zu Hause weiterbildete, kann sehr wohl auch die Bedürfnisse des kleinen Mädchen abgeschätzt haben. Ich spreche über die Zeit zwischen ihrem zweiten und siebten Lebensjahr. Die Bindung zum Vater war möglicherweise sehr stark und beruhte auf Gegenseitigkeit. Warum? Weil hier ein Mädchen war und der Vater im Prinzip gerade seine Frau verloren hatte, wenn die Mutter hospitalisiert war. Man muß im Auge behalten, daß die Familie aus dem Gleichgewicht geraten war. Anders ausgedrückt, kann es sehr wohl sein, daß der Vater ebenfalls eine libidinöse Bestätigung sucht und sie in seiner Tochter findet, die er damit überlastet. Was ein kindliches Verhätscheln in der Dreierbeziehung Vater-Mutter-Kind hätte sein sollen, bei dem die Mutter einen großen Part übernimmt, wäre damit von Anfang an eine übermäßige Anstrengung gewesen, den Vater zufriedenzustellen. Die Richtung für die Entwicklung war vorgegeben, was dazu führte, daß sie ein intellektuell und schulisch erfolgreiches Mädchen wurde. Die Anpassung an die Bedürfnisse ihres Vaters funktionierte ausgezeichnet, bis biologische und soziale Einschnitte eine Änderung herbeiführten.

Die auslösenden Faktoren in den höheren High-School-Klassen sind uns nicht bekannt. Wir wissen nur, daß die anderen Mädchen andere Interessen verfolgten. Möglicherweise reichen ihre intellektuellen Fähigkeiten nicht aus, um die gesteckten Ziele zu erreichen oder zu sichern. Eine weitere Vermutung wäre, daß diese Eltern, wie es häufig der Fall ist, eine bestimmte Eigenschaft des Kindes förderten, um sich dann, wenn sie sehen, daß sie eine Entwicklung forcierten, die mit den gesellschaftlichen Normen nicht konform geht, schuldig zu fühlen und den Kurs zu ändern:»Warum versuchst du nicht, mehr wie ein Mädchen zu sein?« Aber zehn oder fünfzehn Jahre lang förderten die Eltern alles andere als Mädchenhaftigkeit. Das führt zu einem weiteren Bruch mit den üblichen Stützen des Selbstwertgefühls.

Diese Vermutungen basieren auf einer soliden Grundlage. Mich interessiert mehr die Verzahnung von Entwicklungs-, Reife- und gesellschaftlichen Faktoren des frühen und späteren Lebens mit den biologischen Gegebenheiten, den biologischen Trieben und den stets vorhandenen Belangen des Selbstwertgefühls. Die daraus resultierenden Gleichgewichtsstörungen sind derart schmerzhaft, daß der Betroffene beinahe alles tun wird, um Linderung zu finden, wodurch die Entwicklung unerbittlich vorangetrieben wird.

Falls ein Junge sein Selbstwertgefühl aus intellektuellen Leistungen zieht, wäre dies meines Erachtens kein solches Problem, weil intellektuelle Leistungen hier besser zur Karriere passen als bei einem Mädchen.

Es ist gesellschaftlich akzeptierter, damit stimme ich bis zu einem gewissen Grad überein. Ich denke, heutzutage wird die Karrierefrau gesellschaftlich mehr akzeptiert. Und für zukünftige Generationen wird es angesichts der Überbevölkerung wohl eine der wichtigen Entwicklungsaufgaben sein, denn immer weniger Frauen werden Kinder haben können. Dagegen wird es Druck geben und möglicherweise wird in einem weiteren Zug die weibliche Rolle stärker nivelliert werden. Mit anderen Worten: es werden Sublimationen gefunden werden müssen, damit die berufliche Karriere der Frau zur Regel wird, statt eine Ausnahme zu sein.

Wie dem auch sei, meines Erachtens ist der Unterschied zwischen den Geschlechtern nicht der entscheidende Punkt. Der entscheidende Punkt ist die spezifische Geschichte jedes einzelnen. Ich habe eine Menge unglücklicher Männer gesehen, die vorzeitig zu intellektuellen Leistungen gezwungen wurden.

Ich möchte einen Frage stellen, die wir bereits mehrmals berührten, und zwar: Wie formbar ist die Latenz? Angenommen, in dem besprochenen Fall hätte die Mutter das älteste Kind und die jüngeren angemessen behandeln können und die Entwicklung wäre optimal verlaufen. Sie erwähnten einen Patienten, der mit sechseinhalb oder sieben Jahren ein Geschwisterchen bekam. Zu diesem Zeitpunkt weiß er, daß er anders ist als die Mutter und die Wurzeln für das Selbstwertgefühl sind bereits angelegt. Wann läßt die narzißtische Verwundbarkeit nach? Narzißtische Kränkungen treten früher oder später auf. Aber bis zu welchem Zeitpunkt führen sie zu einer unbewußten Determinierung und so zu einer permanenten Schädigung, die eine Behandlung erfordert? Wenn ein Baum früh gekrümmt wird, wird er zu einem sehr krummen Baum heranwachsen. Aber ab einem gewissen Zeitpunkt schwingt er zurück oder es werden nur die obersten Ästchen gekrümmt. Gibt es Ihrer Ansicht einen Zeitpunkt – mir ist klar, daß Sie nicht zehn Jahre oder acht Jahre sagen können – wo das alles vorbei ist? Vielleicht die Pubertät?

Das Problem bei dieser Frage ist, daß sie sich nicht nach der von Ihnen vorgeschlagenen Achse beantworten läßt. Eltern, die sich in einer späteren Phase plötzlich zurückziehen, waren mit Sicherheit auch früher keine idealen Eltern. Zwar gibt es einen historischen Einschnitt, der eine Wende zu sein scheint, aber dieser Einschnitt geschah vor einem bestimmten Hintergrund. Wenn wir von einer einigermaßen gesunden frühen Entwicklung bis etwa zum Alter von sieben Jahren ausgehen, mit einer gewissen Festigung des Über-Ichs und der Latenz, einer einigermaßen problemlosen Schulzeit, dann, denke ich, wird ein wirklich traumatisches Ereignis die Persönlichkeit im Grunde nicht erschüttern können. Was nicht heißen soll, daß die Betroffenen nicht unglücklich sein können. Aber das war nicht Gegenstand Ihrer Frage. Ich denke, die grundlegende Struktur des Kindes geht unbeschadet aus einem solchen Trauma hervor, wenn die ersten sieben Jahre ungestört verliefen. Natürlich sind Traumata im späteren Leben denkbar, sogar im Erwachsenenalter, die zu irreversiblen Schädigungen führen, wie zum Beispiel bei den Menschen, die Jahre in Konzentrationslagern verbrachten. Abgesehen davon jedoch, denke ich, daß das Alter von sieben oder acht Jahren die Zeitspanne markiert, die Gegenstand Ihrer Frage war.

Das wäre die hanebüchenste und mißverständlichste Antwort, die ich nur irgendwie geben könnte, beließe ich es bei dieser Aussage. Wenn wir bei der Rekonstruktion der Kindheit über Traumata sprechen, müssen wir eine Reihe von sehr bedeutsamen Variablen beachten. Der wichtigste Schritt ist, daß die Traumata des späteren Lebens die sind, an die sich der Patient erinnert und die er in die Behandlung einbringt. Sehr häufig handelt es sich dabei um Neuauflagen oder entscheidende Punkte einer Reihe vorausgegangener, analoger Traumata. In der Behandlung tauchen sie im Zusammenhang mit Erinnerungen an spätere Lebensereignisse auf. Im Fall der Miss K. (Kohut 1971b, dt.: Narzißmus, 1973) wurde mir über diesen Sachverhalt einiges klar. Das ist das Mädchen, das mich nervte, sie ja nicht zu unterbrechen. Sagte ich nichts, paßte es dieser Patientin auch nicht. War die Sitzung zur Hälfte vorbei, mußte ich genau wiederholen, was sie gesagt hatte. Der Großteil der Erinnerungen, an die sich ihre intensivsten Gefühle knüpften, hingen mit den ersten Schuljahren zusammen. Besonders breiten Raum nahmen dabei die Geschichten ein, wie sie gut gelaunt von der Schule heimkam, noch ganz voll davon, was sie eben gelernt hatte, und schon in Vorfreude, wie sie das ihrer Mutter erzählen würde.

Doch wenn die Mutter die Türe öffnete, wich die ganze Freude und Energie aus ihr, weil sie sah, daß die Mutter deprimiert war. Sie versuchte zu erzählen, was sie in der Schule gesagt hatte, aber es dauerte nicht lange, und ohne daß sie es gemerkt hatte, ließ sich die Mutter über ihre Kopfschmerzen und ihre Müdigkeit aus. Dabei sprach sie auf hypochonderhafte Weise über sich und ihren Körper. Der Patientin wurde jedes Selbstwertgefühl entzogen, sie war enttäuscht und wütend. Sich darüber klarzuwerden, fiel ihr noch viel schwerer. Da war also diese Wut gegen mich. »Warum hören Sie mir nicht zu? Warum spiegeln Sie nicht, was ich Ihnen erzählte? Hören Sie auf, über Ihre Intelligenz zu reden. Ihre Deutungen sind ganz wunderbar, aber Sie machen sie nur, um sich daran zu ergötzen, nicht weil Sie mir zuhören.« Im wesentlichen sagte sie mir das. Ich brauchte eine Weile, bis ich verstand.

Was nun den Vorfall im Alter von sieben oder acht Jahren angeht, wäre es der Patientin gegenüber ungerecht gewesen, ihn als nicht ursächlich zu behandeln. Sie erinnerte es wirklich genauso. Aus der Lebensgeschichte ergab sich, daß die Mutter auch in ihrem ersten Lebensjahr deprimiert gewesen war und die ganze Zeit über immer wieder Depressionen hatte. Ohne diese vorausgegangene Geschichte hätte die Depression der Mutter zu diesem Zeitpunkt, als die Patientin sieben Jahre alt war, nicht mehr diesen Schaden anrichten können. Man muß die vorherige Geschichte stets mit in Betracht ziehen, um diese verhältnismäßig spät auftretenden Traumata zu verstehen. Hätte die Patientin keine Störung entwickelt, wenn die Mutter später einwandfrei ihre Rolle erfüllt hätte? Ich glaube nicht. Ich denke, sie hätte genauso eine Störung entwickelt. Vielleicht wäre sie in mancher Hinsicht noch gestörter gewesen ohne diesen Packen Erinnerungen. Schließlich ermöglichte er ihr, etwas durchzuarbeiten, das in einer Zeit geschah, zu der sie noch nicht reden konnte, an die sie keine Erinnerung hat, nur ein vages, verschwommenes Gefühl, nicht gewollt, nicht gut zu sein und daß jede Anstrengung ihrerseits vergeblich bleiben wird. Als sie das durchzuarbeiten begann, fing sie wieder an, sich kindlich zur Schau zu stellen. Das ging soweit, daß ihr Bedürfnis nach Reaktion sie hypomanisch stimulierte und sie sehr empfindlich wurde, was meine Empathie in dieser Hinsicht anging. Ich brauchte nicht zu applaudieren, aber ich mußte den Kern dieser Empfindlichkeit verstehen.

Um auf Ihre Frage zurückzukommen, mit dem, was ich teleskopartige Neuauflage analoger Vorfälle im Alter von sechs oder sieben Jahre nenne, meine ich nicht, daß das das eigentliche Trauma ist. Dieser Vorfall wird der Brennpunkt in einer Reihe analoger Traumata.

Ich stelle diese Frage, weil einige von uns darüber nachdenken, wie wir diese Konzepte nun in der Kurztherapie einsetzen können. Ich verstehe Sie so, daß man in wesentlich weniger Sitzungen mit der Idee arbeiten kann, daß sie, wenn sie sagt: »*Als ich 14 war, passierte das so*«*, die oberste Ebene wiedergibt. Daß* *es dabei jedoch noch eine stärkere und entscheidendere untere Ebene gibt, eine Grundlage. Die müssen wir allerdings nicht kennen, wenn wir eine Vorstellung davon haben, was sie mit 14 erlebte.*

Nicht einmal mit 14. Die Dynamik der *Gegenwart* erweitert die Möglichkeiten eines Menschen, mit sich selbst besser umzugehen und die Situationen zu erkennen, auf die er reagiert. Weil seine Empfindlichkeit und Verletzbarkeit von einem anderen verstanden werden, kann er sie auch selbst annehmen. Er erkennt zum Beispiel, daß sein Depressionen viel mit kindlichem Schmollen zu tun haben. Diese Einsicht kann ungemein hilfreich sein. Wichtig ist, daß Sie Ihren Punkt nicht als Werturteil vorbringen – »Seien Sie nicht eingeschnappt« –, sondern als Analogie zur Kindheit darstellen. Bei meiner Patientin Miss F. zum Beispiel ließ sich die früheste Depression der Mutter, als die Patientin erst ein paar Monate alt war, nicht verbal oder als Erinnerung durcharbeiten. Das geschah alles im Rahmen späterer Erinnerungen an die Beziehung mit ihrem Bruder und ihrem Vater.

Ich bin sicher, daß diese Patientin noch immer bis zu einem gewissen Grad empfindlich und verwundbar ist. Ab und zu sehe ich sie. Sie ist verheiratet, und diese Ehe bedeutet ihr etwas. Ihre früheren Beziehungen waren reine Fassade, was sie wußte. Sie kann nun erkennen, wieviel Bewunderung sie braucht und daß sie diese unmöglich bekommen kann. Ihr ist inzwischen klar, daß dieses Bedürfnis kindlich ist, aber es ist zu einem gewissen Grad noch vorhanden. Als diese Bedürfnisse jedoch zum ersten Mal zutage traten, erlebte sie dies als große Bedrohung: sich zur Schau stellen zu wollen, bewundert, geliebt und ohne die geringste Verzögerung die einfühlsamste und vollkommenste Rückmeldung zu erhalten sind Dinge, die man offensichtlich weder kaufen noch sonst wie haben kann. Der Psychotherapeut muß hieran scheitern. Er kann nicht ständig anwesend sein.

Um zu Ihrer Frage zurückzukehren, hier spielt die Persönlichkeit der Eltern mit eine Rolle sowie die Vielfalt der traumatischen Episoden. Die Konzepte, die wir hier behandeln, eröffnen für die Kurztherapie größere Möglichkeiten als die Konzepte der infantilen objektlibidinösen Triebe. Diese bilden Symptome oder werden unterdrückt. Ersteres kennt jeder von uns. Mit der Homöostase des Selbstwertgefühls schlägt sich jeder herum, unabhängig davon, ob man überaus verletzbar ist oder nicht, bzw. ob man, wenn etwas schiefläuft, verschnupft reagiert oder in einer monatelangen Depression versinkt.

Der vorliegende Fall illustriert Ihren Punkt und beantwortet in gewisser Weise die Frage. Nach der vierten Stunde beendete das Mädchen die Beratung. Seine Symptome waren verschwunden und, ich denke, es befand sich auf einer höheren Organisationsebene. Es griff auch nicht mehr auf die früheren Anpassungsmethoden. Aber die Gründe dafür sind mir nicht bekannt.

Erzählen Sie einmal.

Die zweite Stunde hatte noch etwas von der Atmosphäre der ersten Stunde. Die Patientin trug wieder Jeans und ein weites Sweatshirt. Die Haare trug sie offen. Sie neigt dazu, sich beim Sprechen häufig die Haare aus dem Gesicht zu streichen. Ich kam gerade von draußen herein und sah sie im Wartezimmer sitzen. Ich nickte ihr zu. Sie kam herein, setzte sich hin und schwieg. Ich sagte: »Die Arena gehört Ihnen.« Sie lächelte und erwiderte: »Ich fühle mich schuldig, hierher zu kommen. Auf dem Campus laufen eine Menge Leute herum, die Ihre Hilfe viel nötiger hätten.« Ich wartete darauf, daß sie fortfuhr. Sie erzählte, es sei Examenswoche, es ginge ihr nicht so gut. Manchmal denke sie, sie solle das Studium abbrechen. Sie besuche ab und zu ein Ehepaar. Die beiden seien ihr nicht sonderlich sympathisch. Sie hätten das Studium abgebrochen und wenn sie bei ihnen sei, säße sie nur herum. Wenn sie sie anrufe, freue sie sich auf den Besuch, aber sobald sie dort sei, komme es ihr so vor, als redeten sie immer über denselben alten Kram. Nichts ändere sich und sie verlöre wieder allen Mut. Sie habe sich besonders einsam gefühlt, seit sie vor zwei oder drei Wochen mit ihrem letzten Freund Schluß gemacht habe. Er arbeite an seiner Promotion. Sie fühle sich so geil und hätte gern jemand, mit dem sie schlafen könne. Um ehrlich zu sein, in letzter Zeit habe sie sich ziemlich darüber aufgeregt, die Universität sei ein richtiges Dorf, wo jeder mit jedem geschlafen zu haben scheine. Kürzlich hätte sie herausgefunden, daß ein paar ihrer früheren Freunde mit Mädchen schlafen, die sie kenne. Sie sagte, sie baue sehr auf T., den sie auch häufig sehe. Er sei sehr intelligent, studiere Physik.
Irgendwie ginge es ihr besser, wenn sie mit einem intelligenten und gebildeten Menschen zusammen sei, weil sie sich selbst so ungebildet und unattraktiv finde. Sie sagte: »Ich sauge einen Mann richtig leer. Wenn ich einen Mann habe, klammere ich mich an ihn. Wissen Sie, das ist wirklich komisch, wenn ich mit einem Schluß mache und weiß, daß er wirklich versucht, mich zu vergessen, rufe ich normalerweise am nächsten Abend an und erzähle ihm, es ginge mir nur darum, mit ihm zu telefonieren. Mir ist klar, daß ihn das die Wände hoch treibt. Ich habe keine Ahnung, warum ich das mache. Manchmal habe ich das Gefühl, es wäre besser, ich würde Männern völlig aus dem Weg gehen und versuchen, alleine klar zu kommen. Dann mache ich in der Regel mit einem Jungen Schluß. Ich probiere das eine Weile, und dann lerne ich wieder einen anderen kennen. Um die Wahrheit zu sagen, die letzten drei Wochen waren die längste Zeit seit der High-School, daß ich keinen Mann gehabt habe. T. hat mir oft gesagt, ich sei attraktiv und intelligent. Er brachte mir einmal bei, Kerzen zu machen, und ich konnte das besser als er. Er meinte: 'Siehst du, Tony,

du bist kreativ.'« (Sie heißt Antoinette, wird aber Tony genannt – wie der ältesten Sohn.) Sie fuhr fort: »Manchmal weiß ich einfach nicht, was von mir mein Freund ist und was ich selber bin. Zum Beispiel studierte ich anfangs Politische Wissenschaften, wechselte dann aber zu Mathematik, weil T. das macht und er mich dazu ermutigte. Ich fing mit einem Kurs für Fortgeschrittene an, merkte aber nach einer Woche, daß ich das nicht schaffte. Ich war völlig deprimiert, heulte und wechselte in einen einfacheren Kurs.

In den Winterferien werde ich mit ein paar Leuten Ski fahren. Warum? Weil T. Ski fährt. Er brachte es mir bei, ich finde es gar nicht so toll, aber weil es ihm Spaß zu machen schien, dachte ich, es müßte mir auch Spaß machen. Eigentlich würde ich viel lieber zu meinen Eltern fahren und mit meiner Mutter reden.« Ich fragte sie, warum sie mit T. Schluß gemacht habe und sie erklärte: »Er hatte eine Menge Probleme.« Sie sei wütend geworden, als er mit einem anderen Mädchen zum Campen gefahren sei und mit ihm geschlafen habe. Als sie sich kennenlernten, sei T. verheiratet gewesen. Es habe sie gestört, daß er auch mit seiner Frau geschlafen habe. »Er hat mir gesagt, daß ich ihn dazu gebracht habe, sich zu einer Scheidung durchzuringen. Das war wegen mir.« Anschließend kehrte sie zu dem Thema zurück: »Was bin ich selbst und was ist T.? Sogar daß ich hierher komme, geht auf T.s Veranlassung zurück. Ich erzählte ihm, daß ich durcheinander sei. Er hörte sich um und meinte, ich solle hierher kommen. Oder mein Statistikjob. Ich kümmerte mich darum, weil er es vorgeschlagen hatte. Ich weiß nicht einmal, ob ich Mathematik studieren soll.«

Ich fragte sie, wofür sie sich denn interessiere. Sie meinte: »Ich weiß nicht, wofür ich mich interessiere. Aber ich brauche etwas, wo ich gut bin. Zum Beispiel wenn ich ein Mathematikbuch lese und eine Fußnote zu Newton finde, daß er die wichtigsten Formeln mit 30 ausgearbeitet hatte, denke ich, daß ich das nie könnte.«

Ich warf ein: »Wenn Sie sagen, Sie bräuchten etwas, worin Sie gut sind, dann klingt das, als ob Sie damit meinten, Sie bräuchten etwas, worin Sie großartig sind, und zwar von Anfang an.« Sie lächelte und nickte.

Ich fragte sie, woher das ihrer Ansicht nach käme. Sie erklärte: »Irgendwie geht das zurück bis in die sechste Klasse in der Grundschule. Sie müssen wissen, es ist sehr wichtig, daß die Klosterschwestern mit einem zufrieden sind. Dabei geht es nicht nur darum, seine Arbeit ordentlich zu erledigen. Man muß es genau so machen, wie sie es haben wollen. Sogar das Gehen auf dem Gang war reglementiert – sie schrieben einem vor, wie lange die Schritte sein müssen. Mir machte es wirklich Spaß, sie zufriedenzustellen und alle Regeln zu befolgen. Den Erdkundestoff lernte ich auswendig. Ich war sehr ehrgeizig, aber auf eine zurückhaltende Art. Meine

Eltern waren damals ziemlich überrascht, nach dem IQ-Test, als sie entdeckten, daß ich gar nicht so intelligent war. Sie hatten gedacht, ich hätte so gute Noten, weil ich so intelligent sei. Ich glaube, ich bin einer dieser klassischen Overachiever. Papa sagt noch heute zu mir: 'Tony, du bist kein Genie, du bist nur intelligent«, und er meint, ich solle es etwas lockerer angehen.« Bei dem Wort »intelligent« zog sie ein Gesicht, als sei es nicht gut, intelligent zu sein.

Ich fragte sie danach, und sie meinte: »Na ja, intelligent sein ist nur zweitklassig.« Es war am Ende der Stunde und ich entgegnete: »Wahrscheinlich mußten Sie diese Erfahrung einmal machen – nicht immer die beste sein zu können. Doch ich denke, daraus könnte sich etwas Positives entwickeln, wenn Sie lernen, entspannter mit sich selbst, Ihren Interessen, Stärken und Schwächen umzugehen.«

Sehr gut. Es wundert mich nicht, daß es ihr besser geht.

Möchten Sie wissen, was in der nächsten Stunde geschah?

Sicher.

Sie machte diesen Ski-Urlaub. Sie erzählte, es sei recht schön gewesen. Auf der Heimfahrt überlegte sie sich, mit Mathematik aufzuhören, weil ihr weder die Physikkurse Spaß machten, noch gefielen ihr die Jobs, die nach dem Abschluß für sie in Frage kämen. Überhaupt hätte sie immer lieber philosophische Literatur gelesen. Sie habe ihrem Vater von ihrem Entschluß erzählte und er sei ziemlich wütend geworden und habe gesagt: »Was willst du mit einem Abschluß in Philosophie anfangen?« Sie sagte: »Ich könnte mit Jura weitermachen«, und das habe ihn etwas versöhnlicher gestimmt. Seine Wut gab ihr Rätsel auf. Sie erklärte dazu: »Er las immer viel über Philosophie und schien immer eine liberale Erziehung zu befürworten. Aber wir beide waren stets davon ausgegangen, daß ich einmal etwas Praktisches machen würde, meinen Platz in der Gesellschaft finden würde.«

»Wir beide«, sind damit sie und ihr Vater gemeint?

Ja. Sie sagte: »Ich redete ihm ein, daß ich Mathematikerin werden würde. Jetzt sieht es so aus, als würde ich ihn überreden, wie wichtig Philosophie ist.« Sie nehme an, sie sei verwirrt und wisse nicht, was sie wirklich möchte. Weil er so gereizt gewesen sei, habe er gesagt: »Warum heiratest du nicht einfach?« Sie erklärte dazu: »Sie müssen wissen, er hat mit mir immer so geredet, als würde ich einmal mehr sein als nur eine Hausfrau wie Mama. Aber das meinte er ernst. Meine Schwester – die zwei Jahre jünger ist – durfte ruhig mädchenhaft sein. Für sie schien er keine solchen Pläne zu haben.«

Ich fragte sie, ob er manchmal auf Nur-Hausfrauen herabzublicken schien. Sie meinte, das könne schon sein. Sie frage sich, ob manchmal sein Chauvinismus durchscheine. Neulich, es war ziemlich kalt, sei sie mit ihm im Auto gefahren und sie hätten ein paar Mädchen in Miniröcken gesehen. Es sei der Typ Mädchen gewesen, den sie nicht ausstehen könne: nett, prüde und vorlaut. Ihr Vater hätte gesagt:»Schau dir mal diese dummen Gören an, laufen bei der Kälte in Miniröcken rum.« Das habe sie gestört. Nachdem sie darüber nachgedacht habe, sei ihr klargeworden, daß es nicht nur um Miniröcke gegangen sei, sondern überhaupt um Frauen.

Sie fuhr fort:»In letzter Zeit kritisiert mich Vater sowieso öfter. Er sagt, ich würde unsere Verwandten nicht respektieren.« Sie nenne sie »unsere Faschisten der zweiten Generation«. Er sage, sie sei ekelhaft. Er möchte, daß sie ruhiger werde, ein normales Leben führe und nicht alles so ernst nehme. Letzten Sommer, als T. wollte, daß sie zu ihm ziehe, habe sie Papa davon erzählt. Er sei zornig geworden und habe gedroht, sie zu enterben, falls sie das täte.

Sie sagte:»Das mit dem Enterben könnte ich verstehen. Das wäre nur gut für mich, aber um das Faß zum Überlaufen zu bringen, fügte er auch noch hinzu, das würde Mutter verletzen.« Er habe ihr anvertraut, Mutter müsse geschützt werden, weil sie, als die Patientin eineinhalb Jahre alt war, einen Nervenzusammenbruch gehabt habe, unter dem sie ein Jahr lang gelitten habe.»Das war das erstemal, daß ich ein Wort davon hörte.« Ein paar Wochen später habe er ihr erzählt, er habe sich nicht zuletzt deshalb in dieser Angelegenheit so auf die Hinterfüße gestellt, weil er mit einem Mädchen zwei Jahre zusammengelebt habe, bevor er ihre Mutter kennenlernte. Die Patientin sagte dann, daß sogar die Verwandten glaubten, sie würde als Hippie versumpfen. Ihr fiel das letzte Thanksgiving ein und der schreckliche Streit, den ihr faschistischer Onkel vom Zaun gebrochen habe, weil sie an der Friedenskundgebung in Washington teilgenommen habe. Sie habe alle geschockt, als sie sagte, daß sie nicht mehr an die Kirche glaube. Vater sei ihr gegen den Onkel zu Hilfe gekommen. Später habe er dem Onkel ihre guten Noten gezeigt. Sogar Mutter habe sie verteidigt. Sie sagte, der Onkel würde niemals ihre Mutter angreifen oder mit ihr streiten, weil sie damals diesen Nervenzusammenbruch gehabt habe und seither mit Glacéhandschuhen angefaßt werden müsse. Sie glaubt, sie könne nicht wie Mutter sein und sich mit Haushalt, Kindern und diversen Clubs zufriedengeben. Sie bewundere sie wegen ihrer Fähigkeiten.»Sie kann wunderbar mit Geld umgehen. Ohne Mutter wären wir nie da, wo wir heute sind.« Als Mutter von ihrem Plan letzten Sommer erfahren habe, mit T. zusammenzuziehen, habe sie ihr einen langen Brief geschrieben, der ihr etwas an die Nieren gegangen sei. Sie habe ihr den Rat gegeben, diesen Mann dazu zu bringen, sie zu heiraten, da Männer »sie

sonst nur benutzen würden«. Diese Vorstellung, einen Mann einzufangen, habe sie überrascht und wirklich abgestoßen.
Dann erzählte sie, daß sie manchmal mit ihrem Vater gemeinsam überlege, was sie tun oder werden könnte. Papa habe einmal vorgeschlagen, sie könne nach dem College den auswärtigen Dienst in Erwägung erziehen. Doch während Papa damit ein normales Angestelltendasein gemeint habe, sei ihr sofort die Idee gekommen, Botschafterin zu werden. Sie meinte: »Das bin schon ich, die die Erwartungen hochschraubt, nicht er.« Sie sei es, die so viel Getue mache wegen des Philospohiestudiums. Vater würde ihr Enthusiasmus nur verwirren und sie letztendlich auch.
Ich sagte: »Es sieht so aus, als neigten Sie dazu, ansatzweises Interesse zu einer Karriereentscheidung aufzublasen. Dazu muß es Ihnen schon etwas bedeuten. Aber was Ihr Interesse für Philosophie angeht, hier habe ich den Eindruck, daß diese Entscheidung anders fiel als früher, wo Sie einfach dasselbe machten wie Ihr Freund. Diesesmal scheinen Sie sich wirklich dafür zu interessieren.« Sie erwiderte: »Ja, aber ich bin mir nicht sicher, inwiefern diese Entscheidung dadurch beeinflußt wurde, daß ich vor kurzem Joyce' *Portrait des Künstlers als junger Mann* las, und wie S.D. sein möchte, der soviel über Philosophie las.«

Das ist vielleicht eine gute Stelle um aufzuhören. Was halten Sie von den Informationen, die wir in diesen zwei Stunden erhielten? Wem fällt dazu etwas Intelligentes ein?

Dieses Mädchen erinnert mich an Julius Cäsar, der sich mit 30 Jahren weinend auf den Boden warf und ausrief: »In diesem Alter hatte Alexander die Welt erobert. Und was habe ich getan? Verglichen damit nichts.« Ich habe das schon öfters von Patienten gehört: »Ich bin 21 und habe noch nichts Großartiges geleistet.« Das klingt so ähnlich wie: »Würde ich jetzt sterben, wüßte die Welt in 100 Jahren nicht, daß ich gelebt habe.«

Allgemein gesprochen, freut es mich immer sehr, eine solche Geschichte zu hören. Ihre Vorgehensweise läßt meines Erachtens nichts zu wünschen übrig. Die Atmosphäre war gut, die Akzeptanz war vorhanden. Im großen und ganzen sind diese bewußten Ambitionen, auch wenn sie etwas hypertrophiert sind, nicht so pathogen, wie sie auf den ersten Blick erscheinen mögen. Das ist nicht pathologisch. Sehr oft sind sie die direkten Folgen förderlicher früher Phantasien. Sie haben meines Erachtens etwas sehr Wichtiges aufgedeckt – aber meines Erachtens im positiven und nicht im negativen Sinn.
Dieses Mädchen zeichnet sich durch viele gute Eigenschaften aus. Es ist ein wirklich kluges Mädchen, auch wenn es nicht brillant ist. Sein Verstand ist interessant, man gewinnt den Eindruck von Gesundheit, abgesehen von seinen Störungen. Ich denke, das Leben wird ihm beibringen, daß man nicht einfach

Botschafter werden kann oder was immer die spontanen Phantasien sein mögen. Aber zu diesem Zeitpunkt wäre es ein Fehler, es zu desillusionieren. Es ist weniger wichtig, was Sie dazu sagen, als was Sie dazu fühlen. Wenn Sie über diesen übersteigerten Ehrgeiz beunruhigt sind und ihn für ein schreckliches Persönlichkeitsdefizit halten, ihn mit den unbewußten Größenphantasien verwechseln, die manche Menschen so blockieren, dann berauben Sie die Patientin einer direkten, nach vorne strebenden Ambitioniertheit. Damit würden Sie ihr meines Erachtens Unrecht tun. Sofern ich überhaupt einen Ehrgeiz habe, was unsere Arbeit hier angeht, besteht er darin, Ihnen zumindest ein Gefühl zu geben für *die höhere Kunst, anderen zuzuhören.*

Man braucht ein Gefühl dafür, ob es »gesund« klingt oder »positiv«. Möglicherweise wird sie nie eine Botschafterin. Vielleicht ist es verrückt, so etwas zu denken. Aber warum sollte sich die Patientin nicht wünschen, Botschafterin zu werden? Was ist daran so schrecklich? Ich habe den Eindruck, daß diese »Größenphantasien« möglicherweise Überbleibsel aus der Nähe zum Vater sind, als beide von dem Gefühl getragen wurden, sich ähnlich zu sein und sich zu mögen.

Daraus entwickelte sich eher ein zentraler Kern ihrer inneren Stärke denn ihrer inneren Schwäche, und es erklärt einen großen Teil dessen, was ihre Attraktivität ausmacht. Der Therapeut mag das Mädchen offensichtlich. Das zeigt sich an Ihrer Art, das Material zu repräsentieren. Sie reagieren auf der libidinösen Ebene auf diese Patientin, wie man auf einen anziehenden Menschen reagiert. Sie muß ein anziehender Mensch sein. Ihr Verstand ist anziehend, zum Beispiel wenn sie sagt: »Nur Botschaftsangestellte – das reizt mich gar nicht. Ich will die Botschafterin sein.« Sie möchte brillant sein, nicht nur klug. Der Vater sagt: »Na komm schon, es reicht, wenn du klug bist.« Das stimmt, aber ich finde nichts Schreckliches an ihrem Wunsch, brillant zu sein. Das ist nicht ihre Krankheit. Sie wird deshalb später im Leben möglicherweise die eine oder andere Enttäuschung einstecken müssen und sich ein paar blaue Flecken holen. Aber ich halte das für eine positive Initiative, deren Ursprung sich auf positives gemeinsames Tagträumen über die Zukunft mit dem Vater zurückverfolgen läßt: »Eines Tages bist du vielleicht eine Botschafterin und gehst in das Land zurück, aus dem ich komme. Aber du wirst als Botschafterin nach Polen gehen.« Eltern und Kinder sitzen manchmal so zusammen und denken sich Geschichten aus. Das geschieht in einer liebevollen Atmosphäre voll des Verständnisses und der Zuneigung füreinander, wobei im Hintergrund steht: »Du wirst einige meiner Ziele verwirklichen.«

Es ist nicht nötig, die Menschen vor allen Enttäuschungen zu schützen, die das Leben bietet. Das findet man in der Regel selbst heraus und paßt sich an. Aber dieser Aspekt ihrer Persönlichkeit ist, wie so oft, positiv. Ein erfahrener Therapeut darf etwas Unsinniges nicht akzeptieren. In diesem Fall müssen Sie dem Betroffenen helfen, indem Sie diese negativen Aspekte dämpfen, während Sie gleichzeitig die positiven Aspekte annehmen. Anders ausgedrückt: alle Größenphantasien der Kindheit haben zwei Seiten. Sie sind eine lebensspendende, das Selbstwertgefühl hebende und nach vorwärts drängende Kraft, aber wenn die Umstände falsch sind, werden sie zu einem Hindernis, einer Belastung, der man, was einem von Anfang an klar ist, nie gerecht wird werden können. Aber einem jungen Menschen dieses Alters, der noch die Fähigkeit zum Tagträumen besitzt und denkt: »Ich will Botschafterin werden«, würde ich einen verbalen Schubs geben – allerdings mit einem zustimmenden Lächeln. Daran erkennt man den guten Psychotherapeuten: daß er den dahinterstehenden Geist annimmt und zugleich einen verbalen Schubs gibt.

[1] Kohut prägte dafür später den Begriff des »Kernselbst«.
[2] Der Ausdruck »narzißtische Übertragungen« wurde von Kohut später abgelegt (1984, dt.: Wie heilt die Psychoanalyse?, 1987). Statt dessen verwandte er für Spiegelung, Idealisierung und Alter-Ego-Übertragungen den Ausdruck »Selbstobjekt-Übertragungen«.
[3] Das bipolare Selbst mit den Strebungen nach Macht und Erfolg, die zentralen idealisierten Ziele und die grundlegenden Begabungen und Fertigkeiten, die zwischen Strebungen und Idealen vermitteln.
[4] Selbstobjektfunktionen, die durch optimale Frustration via umwandelnder Verinnerlichung zu Selbstfunktionen werden.

15. Die Rolle der idealisierenden Übertragung (Dankbarkeit) bei der Strukturbildung

Es stellt sich die Frage: Unter welchen Umständen und auf welche Weise ist eine alte unrealistische Kindheitsphantasie hilfreich; wann ist sie ein Antrieb, leistungsstärkend und das Selbstbewußtsein fördernd, und wann ist sie eine Behinderung und hemmend und führt zu einem allgemeinen Rückzug vom Leben? Für den Normalfall ist diese Frage nicht schwer zu beantworten. Der entscheidende Punkt hierbei ist, ob die Integration der frühen Phantasie in die Gesamtpersönlichkeit gelungen ist. Die ursprüngliche Phantasie war wohl unrealistisch, wie sie es anscheinend stets zu sein pflegt; später ist das Bedürfnis, angebetet zu werden wie ein Kind, ganz offensichtlich unrealistisch. Als Erwachsener kann man nicht die Aufmerksamkeit erwarten, die ein Neugeborenes erhält – und mit Recht erhält. Ja, auch frühe verbalisierbare Phantasien, die als Tagträume weiterbestehen und bis zu einem gewissen Grad hilfreich sind, gehören zum Menschen. Sie sind Bestandteil seines geistigen Apparates und mit ein Grund für dessen Widerstands- und Reaktionsfähigkeit, mit der er Enttäuschungen durch Wunschvorstellungen begegnet.

Wir sind uns zwar dessen nicht besonders bewußt, doch wenn wir wollen, können wir durch Selbstbeobachtung leicht herausfinden, wie sehr wir dazu neigen, auf alltägliche Störungen des Selbstwertgefühls mit Tagträumereien zu reagieren, in denen wir uns völlig unwahrscheinlichen Erfolgsgeschichten hingeben. Die allmähliche Integration ermöglicht also eine allmähliche Entwicklung der Persönlichkeit, was die Grandiosität angeht, wobei die ursprüngliche Phantasie beibehalten, aber überlagert wird. Die ursprüngliche Phantasie ist noch immer irgendwo aktiv, samt den damit verbundenen intensiven Wünschen, dem starken Exhibitionismus oder der überschäumenden Freude an sich selbst. Doch die Persönlichkeit hat sich weiterentwickelt und kann nun diese ursprüngliche Phantasie im Zaum halten. Wir können uns durch diese Phantasien beflügeln lassen und sie als Antriebskraft für unseren Ehrgeiz und unsere Aktivitäten nutzen, doch wir sollten zulassen, daß sie sich im Laufe unseres Heranwachsens ändern. Das ist etwas ganz anderes, als überhaupt keinen Zugang zu den alten Gefühlen von Größe zu haben. In diesem Falle ist man zur Gänze von den Oberflächenmotivationen abhängig. Zu Großem ist man ohne prärationale Antriebsquelle nicht fähig.

Doch der prärationale – oder infantile – Antrieb allein reicht nicht. Freuds Analogie vom Reiter auf dem Pferd erzählt von der Notwendigkeit, die immense Kraft auch nutzen zu können, die in der Triebausstattung des Kindes steckt, wozu in der Selbstsphäre der Wunsch nach Erfolg, der Wunsch zu glänzen und der Wunsch, das Unmögliche zu erreichen, gehören. Gleichzeitig muß diese immense Kraft gezähmt werden. Zu Fuß kommt der Reiter relativ leicht voran.

Ihn bedrohen keine Kraftausbrüche seines Tieres, aber er kommt nicht weit. Doch woher kommt die Inspiration dieser Menschen? Sie wird aus der absoluten Überzeugung von der Wirksamkeit der ursprünglichen Größenphantasie genährt, der sich manche Menschen in regressiven Phasen überlassen. Ich möchte darauf hinaus, daß die Grandiosität, falls sie sukzessive integriert und vor allem von einem begabten Ich unterstützt wird, ein Antrieb und eine Motivation ist, die je nach Anlage und Umständen zu mehr oder weniger großen Erfolgen führen kann. Sie kann einen Menschen jedoch auch blockieren.

Ein erfahrener Therapeut sollte je nach Situation entscheiden können, wie auf die Grandiosität zu reagieren ist. Am besten ist es, die positiven Aspekte zu betonen. Größenphantasien sollten nicht belächelt oder von oben herab behandelt, oder gar als eine Sünde hingestellt werden, sondern empathisch akzeptiert werden als angemessen für eine bestimmte Phase des Heranwachsens. Häufig sind solche Phantasien die Nichterfüllung phasengerechter Leistungen, auf die der Patient fixiert blieb. In diesem Fall kann man ihm zeigen, daß sie ihm in dieser unverändert gebliebenen Form zum jetzigen Zeitpunkt im Weg stehen, daß sie deshalb aber trotzdem ihre lebensspendende, motivierende und erfolgsbringende Kraft behalten können. Bei entsprechend begabten Analysanden erscheint dies manchmal als eine endlose Wiederholung, vor allem wenn intellektuell bereits erfaßt wurde, was in der frühen Kindheit beim Betroffenen diese Störung oder dieses Trauma im Bereich der selbstzentrierten oder objektgerichteten Grandiosität auslöste. Ich möchte Sie dabei daran erinnern, daß diese Traumata nicht nur die subjektgebundene Grandiosität betreffen, sondern auch die Grandiosität, die das Kind den Menschen in seinem Umfeld zuschreibt, an die es sich anzuschließen wünscht. Das muß jeweils genau untersucht werden.

Heute morgen habe ich eine solche Problematik mit einem Patienten durchgearbeitet. Offensichtlich hatte der Patient als Kind seinen Vater sehr bewundert. Der Vater war ein ordentlicher Kunsthandwerker, aber in einer Phase seines Lebens bewunderte der Junge ihn außerordentlich, das ging soweit, daß die Werkzeugkiste des Vaters, die im Keller stand, zum Dreh- und Angelpunkt seiner Phantasien wurde. Natürlich kann die Werkzeugkiste auch noch für etwas anderes gestanden haben, die Bewunderung der Genitalien eines erwachsenen Mannes etc., aber ich glaube nicht, daß man das rein auf der Ebene der Verschiebung erklären kann. Die bewußt erinnerte Bewunderung des Vaters galt nicht nur den Werkzeugen, sondern auch dem Geschick des Vaters. Das große Trauma dieses Jungen war, daß beide Elternteile den Vater ihm, dem Jungen, gegenüber herabsetzten. Der Junge sollte etwas Besseres werden als der Vater, der ein Einwanderer war. Die Eltern wünschten sich für ihren Sohn einen gehobeneren Beruf. Doch sein ganzes Leben lang hatte er das Gefühl, daß ihm etwas fehlte. Er mußte gegen übermäßige Größenideale ankämpfen, die ihn zu sehr stimulierten und die Freude am erreichten Erfolg schmälerten. Heute bearbeiteten wir einen Erfolg, den er kürzlich hatte, und auf den er mit einem Gefühl der Enttäuschung reagierte. Er konnte ihn überhaupt nicht genießen. Eigentlich wünschte er sich, mit seinem Vater gleichziehen zu können, und ersehnte keinen Erfolg, der ihn in gewisser Weise wieder zum kleinen Liebling der Mutter machte und durch den der Vater herabgesetzt wurde. Ganz früh in seinem Leben und später in der Adoleszenz gab es solche Zeiten voller Erfolg, Zeiten, in denen er der große Mann und der Vater nichts war. Aber dieses Defizit wurde er nicht los, weil er auch das war, was der Vater war. Und wenn der Vater nichts war, blieb die Stimulation durch seinen eigenen Erfolg etwas Fremdes, Äußeres, Magisches. Es gehörte nicht wirklich zu ihm.[1] Jetzt erlebt er seinen Erfolg als Neuauflage dieser Zeit, als er noch in Vaters Fußstapfen ging. Er wollte zu seinem Vater aufschauen, ihn bewundern und sich so selbst groß und stark fühlen. Bei seinen jetzigen Erfolgen fühlt er sich wieder als kleiner Junge, Mutters Liebling, oder als vorpubertärer oder pubertärer Jugendlicher, der angeblich besser und erfolgreicher ist als der Vater, wobei er natürlich weiß, daß das alles nicht stimmt. Erfolg bedeutet ein großes Problem für ihn. Das durchzuarbeiten war sehr wichtig.

Der entscheidende Punkt scheint mir zu sein, daß eine andauernde alte Größenphantasie allein noch gar nichts bedeutet. Man kann das mit dem Benzin im Auto vergleichen. Man kann in die eine oder die andere Richtung fahren, aber ob das Auto fährt, hängt vom Motor ab. Vergleichsweise unveränderte Größenphantasien aus der Frühzeit wären für manche Menschen zerstörerisch, für andere jedoch sind sie das keineswegs. Meines Erachtens hängt das mit vom Talent ab und den jeweiligen Möglichkeiten, diese enormen Antriebskräfte umzusetzen. Manche Menschen sind dazu in der Lage, andere nicht. Eine Problematik, die es wert ist, darüber nachzudenken, schließlich setzen wir oft Erfolg mit Glücklichsein gleich. Zweifelsohne gibt es jedoch eine Reihe außerordentlich erfolgreicher Menschen, die ganz und gar nicht glücklich sind. Sie fühlen sich ihr Leben lang geradezu gezwungen, einen Triumph auf den anderen zu häufen, aber im Grunde ihres Wesens bleiben sie unglücklich. Wahrscheinlich gab es in ihrem frühen Leben ein schweres Trauma, aus dem sie mit dem Antrieb aus einer frühen Fixierung auf Größenphantasien hervorgingen. Sie sind talentiert und erreichen die geforderte Anerkennung, doch Glück und Freude am Erfolg bleiben ihnen versagt. Dafür lassen sich unter den Genies wohl unzählige Beispiele finden. Nur um eines zu nennen: Beethovens Leben bestand aus einer Aneinanderreihung unglücklicher Phasen und trotzdem hat er ungeheuer viel erreicht.

Wahrscheinlich würden Ihnen viele Genies am Ende ihres Lebens erzählen, sie hätten stets das Gefühl gehabt, ihr Leben nicht wirklich selbst in die Hand genommen zu haben, vielmehr von etwas getrieben worden zu sein, das sie ihre

Begabung nennen. Meines Erachtens treibt sie nicht ihre Begabung, sondern eine Art innerer Befehl, dem ihre Begabung kaum nachzukommen vermag. Sie werden ständig angetrieben, müssen ständig Leistung erbringen und haben kaum die Muße, sich oder das Leben zu genießen. Sie werden von einem Erfolg zum nächsten gehetzt.

Sie erwähnten vorher den Unterschied zu den Menschen, die keinen Zugang zu diesen Größengefühlen haben. Könnten Sie dazu noch etwas mehr sagen?

Wenn ein Trauma vorliegt – also eine gewisse Zeit lang das Echo auf die Grandiosität fehlte –, ist jede spätere Trübung des Wohlbefindens eine Schlag für das Selbstwertgefühl, die Grandiosität. In Ermangelung eines besseren Ausdrucks verwende ich hier das Wort Grandiosität. Es umfaßt, was später vollkommene Schönheit wird, ein schöner Körper, großartige Leistungen, Intelligenz, makellose Moral und eine Zufriedenheit mit sich selbst, ein In-sich-Ruhen.

Zum Beispiel wird eine schmerzhafte Krankheit von einem Kind deutlich als narzißtische Kränkung erlebt und nicht als eine Beeinträchtigung, für die es gewisse Gründe gibt und mit der man auf die eine oder andere Weise umgehen kann. Das Kind reagiert mit Wut, wenn es sich die Zehe anstößt. »Wie können sie mir das antun?« Manche Menschen behalten diese narzißtische Reaktion auf Krankheiten zumindest ansatzweise bei. Angenommen, ein Kind wird sehr früh traumatisch enttäuscht, zu einer Zeit also, wenn das unrealistische frühe Selbstwertgefühl normalerweise bestätigt wird. Die Ursache dafür kann eine Depression der Mutter oder ihre Unfähigkeit sein, ein Problem des Kindes zu lösen, zum Beispiel eine Krankheit (obwohl eine körperliche Krankheit allein als Erklärung kaum ausreichen würde). Der Grad der Selbstwertgefühlsminderung muß unbedingt beachtet werden, selbst wenn eine schwere Krankheit vorliegt.

In der frühen Kindheit, wenn das Selbstwertgefühl und die Selbsterfahrung des Kindes die Eltern oder die Erwachsenen im näheren Umfeld einschließt, muß die Tatsache der Krankheit allein nicht notwendig traumatisch sein. Das Selbstwertgefühl wird nur dann traumatisch beeinträchtigt, wenn die Zurückweisung durch die Eltern wegen dieser Krankheit dazukommt. Aus den wenigen Fälle in meiner Praxis, bei denen eine frühe Krankheit ein wesentliche Rolle in der Persönlichkeitsentwicklung spielte, ließ sich eindeutig schließen, daß nicht die Krankheit an sich entscheidend war, sondern die narzißtische Kränkung, die diese Krankheit des Kindes für die Eltern bedeutete und die zu einer Zurückweisung meines Kindes führte.

Darüber sprach Freud vor langer Zeit. Es gibt eine frühe psychoanalytische Richtung, die sich besonders mit den hier angesprochenen Dingen befaßte, die Adlerianer (Freud 1914c, S. 166-167). Subjektgebundene Minderwertigkeit wurde zum Kern der dynamischen Charakterbildung – Überkompensationen, zum Beispiel, das Überwinden von Minderwertigkeitsgefühlen wegen Organschwächen, und so weiter. Karen Horney variierte diese Gedanken und übertrug sie auf die Psychologie der Frau (1934). Freud war kein Anhänger dieser Betrachtungsweise.

Es gab in Deutschland einen nicht sehr guten, aber ausgesprochen populären Romanautor, Emil Ludwig, der eine Reihe kommerziell recht erfolgreicher Biographien geschrieben hat, darunter einige ganz ordentliche. Unter anderem schrieb er eine Biographie Kaiser Wilhelms II. (Ludwig 1928). Ludwig war ein Anhänger Adlers und erklärte die gesamte Persönlichkeitsentwicklung Kaiser Wilhelms durch eine Geburtsverletzung. Es war relativ bekannt, daß er einen verkrüppelten Arm hatte, und diese Organschwäche war die Ausgangsbasis für Ludwigs Charakterstudie. Er war der Ansicht, der Kaiser konnte nie innehalten und der Weltkrieg sei der endgültige Auswuchs seines Bedürfnisses nach Selbstbestätigung. Er hatte einen verkrüppelten Arm und er versuchte das Gegenteil zu beweisen.

Ich halte die polemische Stellungnahmen Freuds zu Adler für äußerst lehrreich. Einige davon behandeln die Geschichte der psychoanalytischen Bewegung. Wie ich bereits sagte, war es nach Freuds Meinung nicht der verkrüppelte Arm, die Organminderwertigkeit, die aus dem Kaiser einen so ehrgeizigen Menschen machte, der so schnell deprimiert und verletzt war, wenn er auf Widerstand stieß. Er brauchte einen großen Erfolg nach dem anderen. Das kann sehr wohl zu dem Krieg beigetragen haben. Entscheidend war jedoch die Zurückweisung durch die stolze Mutter, die ein verunstaltetes, unvollkommenes Kind nicht ertragen konnte und deshalb von Anfang an nichts mit ihm zu tun haben wollte. Darin sah Freud die Erklärung für die Persönlichkeit des Kaisers.

Das paßt ausgezeichnet zu meinen Erfahrungen mit Patienten, bei denen letztendlich frühe körperliche Verletzungen oder Krankheiten nicht zu einem zentralen Gefühl der Unfähigkeit führten. Statt dessen entstand bei den betroffenen Eltern ein zentrales Gefühl der Impotenz. Aus dieser Hilflosigkeit heraus wiesen sie das Kind zurück. Sie konnten seine Unvollkommenheit nicht heilen und ein behindertes Kind konnten sie nicht ertragen.

Normalerweise reagieren Eltern mit übergroßer Zuneigung auf ein krankes oder behindertes Kind. Psychobiologisch gesehen ist das absolut verständlich, obwohl es soziologisch gesehen zu manch schwerer Ungerechtigkeit führen mag. Die Mutter gibt alles dem behinderten Kind, worunter die anderen Familienmitglieder häufig leiden. Sie haben einen gesunden Körper und sehnen sich nach dem Aufleuchten in den Augen der Mutter, doch die hat nur das bucklige oder hinkende Kind im Sinn. Etwas völlig anderes ist es, wenn dieser Aufmerksamkeitsentzug nur so lange dauert, so lange ein Kind krank ist. Doch wenn es sich um einen chronischen Aufmerksamkeitsentzug handelt, bei denen den gesunden Kindern die Liebe fehlt, die dem kranken Kind gegeben wird, nehmen die gesunden Kinder dies häufig sehr übel. Starke Persönlichkeitsveränderungen können die Folge sein, möglicherweise beginnen sie auch aus Verachtung gegenüber dem behinderten Konkurrenten, der ihnen das so benötigte Echo raubte, mit ihren Leistungen und ihrem Können zu protzen.

Warum ist es notwendigerweise psychobiologisch gesehen vernünftig, daß die Mutter mit einem Übermaß an Liebe statt mit Zurückweisung reagiert? Im Tierreich wird man eher darauf stoßen, daß der behinderte Nachwuchs abgelehnt, nicht gefüttert und dem Tod überlassen wird. Handelt es sich bei diesem Übermaß an Liebe nicht vielleicht um eine Reaktionsbildung?

Eine ausgezeichnete Frage. Natürlich definierte ich den Unterschied, als ich sagte, es könne einerseits, psychobiologisch gesehen, eine gute Reaktion sein, andererseits jedoch, was die Familienstruktur und die anderen Kinder angeht, schädlich sein. Die Betonung liegt auf der ersten Silbe des Wortes psychobiologisch: *psycho*. Die zwischenmenschlichen Reaktionen sind derart differenziert, daß meines Erachtens diese Überreaktion die menschliche Gesellschaft eher aufrechterhält, als es die Zurückweisung des Kindes und der Kindsmord tun würde. Hier lassen sich eine Menge Argumente ins Feld führen.

Die Psyche des Menschen läßt sich nicht so einfach mit dem Verhalten der Tiere vergleichen. Zum einen trägt eine Frau in der Regel nur ein Kind aus, während Tiere häufig einen ganzen Wurf haben, wobei sich dann die Zurückweisung auf ein Mitglied eines größeren Wurfs bezieht. Das ist etwas anderes, als wenn eine Mutter das eine Kind zurückweisen soll, das all diese mütterlichen Gefühle in ihr weckte. Zum anderen spielt eine narzißtische Beteiligung eine Rolle. Das bedeutet, daß das Kind – so wie ein krankes Organ – von einer Schale schützenden Narzißmus umgeben wird. Anders ausgedrückt: das Kind wird samt seiner Behinderung in das Selbst aufgenommen.

Das führt zu dem äußerst komplexen Thema, wie sich der einzelne psychologisch in der komplizierten technischen Gesellschaft zurechtfindet, seinen Platz findet. Offensichtlich wendet sich das menschliche Verhalten zum Schlechteren, wenn keine Opfer mehr zum Wohle des Nachwuchses gebracht werden. Das Zurücklassen der Verwundeten bedeutet das Ende einer Armee, selbst wenn es für die Kampfkraft von Vorteil wäre. Dafür gibt es zwei Gründe. Erstens wäre das das Ergebnis einer falschen Wertordnung, das heißt, die Identifikation mit den Verwundeten und Hilflosen wurde aufgegeben. Zweitens sind die Menschen empathisch mit den Zurückgelassenen verbunden. Sie wissen, was geschieht. Sie wissen, daß ab jetzt auch sie nicht mehr geschützt werden, falls ihnen etwas zustoßen sollte. Damit heißt es, jeder für sich – und das ist der Anfang vom Ende einer organisierten kohäsiven Gruppe.

Als die drei Astronauten in Gefahr waren, sorgte sich die ganze Welt um ihre Rettung. Warum? Weil sich jeder mit der Einsamkeit eines Menschen identifizieren kann, der nicht mehr zur Erde zurückfindet und irgendwo im Raum ersticken muß. Das ist die Neuauflage einer der frühesten Ängste: weg zu sein von daheim, verloren, die Mutter nicht mehr zu finden, Mutter Erde oder was auch immer. Daher ist die Rettung der Astronauten wichtig, selbst wenn sie Millionen kostet. Wirtschaftlich ist es ein Unsinn, aber für die Zivilisation wäre es ein ungeheurer Schaden, nicht den Versuch einer Rettung zu unternehmen. Nicht weil diese drei Männer so schrecklich wichtig sind. Jeden Tag sterben Tausende im Krieg oder bei Autounfällen oder auf andere Art. Doch diese Menschen sind nicht wichtig, was die Gruppenkohäsion betrifft. Doch was die Aufrechterhaltung eines Verantwortungsgefühls angeht, ist Gruppenkohäsion zu ihrer Rettung wichtig. Falls sie nicht gerettet werden können, hat man das Menschenmögliche getan. Aber im Stich lassen kann man sie nicht.

Das ist eine lange Antwort auf die Frage nach der psychobiologischen Bedeutung der menschlichen Reaktion hinsichtlich des verletzten oder behinderten Nachwuchses. Bei den Menschen ist das komplizierter, vielleicht auch wegen des zahlenmäßig geringeren Nachwuchses.

Aber wie endet Ihre Fallgeschichte?

Über das letzte Gespräch gibt es nicht viel zu berichten. Ich war etwas überrascht, daß es das letzte Gespräch war.

Heißt das, die Patientin erklärte, das sei das letzte Gespräch und sie komme nicht mehr?

Ja. In der dritten Stunde begann es ihr bereits besser zu gehen. Als sie aus dem Skiurlaub zurückkam und erzählte, sie wolle von Mathematik zu Philosophie wechseln, wirkte sie schon weniger depressiv. Die Woche drauf blühte sie richtiggehend auf. Ich hatte ein anderes Büro bekommen und als wir den Gang entlang gingen, fragte ich sie, ob sie Probleme gehabt habe, hierher zu finden. Sie sagte nein, sie wisse schon, wie man Fragen stellt. Sie wies mich zurecht, aber auf nette Art. Dann nahm sie im Stuhl Platz, dabei ließ sie die Beine über die Armlehne baumeln. Sie erklärte, es ginge ihr momentan so gut, daß sie gekommen sei, um mir mitzuteilen, daß es wirklich nichts mehr zu besprechen gäbe. Sie brachte das mit ihrem Entschluß in Zusammenhang, von Mathematik zu Philosophie zu wechseln. Die Kurse, die sie jetzt habe, machten ihr wirklich Spaß und sie könne sich hier auch hervortun. Sie führte das alles auf den Skiurlaub zurück, der ihr eine völlig neue Lebensperspektive eröffnet habe. Sie habe beim Skikurs gemerkt, daß sie sehr gut zurechtkomme, wenn sie sich nichts daraus machte, ob sie hinfiel oder nicht. Sie sei zu der Überzeugung gelangt, daß sie ganz gut Skifahren lernen könnte, wenn sie wollte. Auf der Busfahrt zurück habe sie sich wieder depressiv zu fühlen begonnen bei dem Gedanken, wieder in den ungeliebten Physikkurs gehen zu müssen. Dann habe es sie wie aus heiterem Himmel getroffen: Warum ihn nicht einfach sausen lassen? Sie erklärte, das sei eine wahre Offenbarung gewe-

sen. Sie habe Joyce' *Portrait* dabei gehabt und es auf der Heimfahrt mit großem Vergnügen gelesen. Und sie habe sich konzentrieren können. Sie meinte, es mache ihr nicht allzuviel aus, sich endgültig für ein Hauptfach entscheiden zu müssen. Das könne sie noch immer nächsten Herbst machen. Ich fragte sie, ob sie in diesem neuen Fach noch immer das Gefühl habe, die Beste sein zu müssen. Ob sie wirklich ohne Angst lesen könne? Ich erinnerte sie daran, was sie mir darüber erzählte hatte, alle Bücher von Sartre lesen zu müssen. Sie meinte, das könne sie wirklich, sie fühle sich mehr eins mit sich selbst. Ihre Ziele wären nicht so hoch gesteckt. In den letzten Wochen habe sie sich mit dem Lesen und Schreiben leichter getan. Und sie sei nicht mehr so einsam. Mir kam der Gedanke, sie könne vielleicht zu ihrem alten Freund, T., zurückgekehrt sein. Ich war daher etwas skeptisch und fragte sie nach ihm, da ich mich daran erinnerte, daß er bei dem Skiurlaub mit dabei war. Sie sagte, daß sie ihn im Skiurlaub gesehen habe, daß sie aber nur einmal zusammen abend gegessen hätten. Daß sie sich sexuell sehr erregt gefühlt habe und ihn letztes Wochenende angerufen habe. Sie hätten einen sehr schönen Tag zusammen verbracht, sie wären spazierengegangen. Er habe ihr wie immer von seinen Problemen erzählt, was sie bedrückt habe. Dann habe sie sich gedacht: »Nein, später würde es mir leid tun. Außerdem möchte ich die Beziehung nicht aufrechterhalten.« Sie habe sich am Abend von ihm verabschiedete und sich ungemein gut gefühlt deshalb. Ihr sei klar, daß eine Menge Mädchen an der Universität hier jeden Abend mit demselben Typen schliefen. Sie fühle sich deshalb etwas als Außenseiterin, weil sie keinen Freund habe. Aber es gehe ihr besser, schließlich sei das ihre Entscheidung, nicht einfach herumzuschlafen. Sie meinte, sie müsse auch ohne Mann klarkommen. Außerdem stellte sie fest, daß sie nun besser mit den Mädchen im Wohnheim ins Gespräch komme. Sie ginge jetzt auch aus und erzählte mir von einer Verabredung, die sie neulich hatte. Und daß sie sich sogar ein paar Kleider für den Frühling kaufen wolle. Sie trage immer Hosen und Sweatshirts, und ein Freund habe zu ihr gesagt: »Der Frühling kommt, Tony, und wir möchten deine Beine sehen.« Irgendwie sehe sie das nun alles lockerer. Sie mache sich auch weniger Gedanken wegen des B.A.-Abschlusses. Vielleicht mache sie hinterher noch weiter, vielleicht auch nicht. Sie möchte nur etwas für ihren Kopf tun, sich sicher sein, hier etwas gelernt zu haben. Bevor sie ihre Meinung so total geänderte habe, habe sie gedacht, ein Hauptfach bedeute, sich darin spezialisieren zu müssen – Hunderte von Büchern lesen und so sprechen zu müssen, wie die anderen Studenten. Sie habe gemeint, wenn sie Philosophie studiere, müsse sie so reden und so werden wie die anderen Philosophiestudenten. Das sehe sie nun anders.

Ich hörte mir das alles an und achtete dabei auf die allgemeine Stimmung. Sie wirkte wirklich selbstbewußt, kraftvoll, als habe sie alles im Griff. Dann spürte ich plötzlich Trauer. Das ist richtig, die Behandlung ist zu Ende und ich schlage mich damit herum, ob ich nun etwas sagen soll. Ich bedauerte es wirklich. Sie sagte, sie habe das Gefühl, als sei ihr Geist von einer Kruste befreit worden. Ihre Freunde hätten ihr gesagt, sie sei völlig in Ordnung, wenn sie nur aufhören würde, sich selbst fertigzumachen. Jetzt scheine sie zu wissen, wie sie dran ist. Sie würde mich anrufen, sollten Schwierigkeiten auftreten.

Ich sagte:»Sie habe ja meine Nummer.« An der Tür dankte sie mir für die Gespräche. Ich erklärte, daß ich ihr nichts Besonderes gesagt habe, daß Therapie oft eine Selbstentdeckung sei und das das bei ihr der Fall gewesen zu sein scheine.

Das war in Ordnung. Aber schreiten Sie nie ein, wenn ein Patient dankbar ist. Das meine ich ernst. Wenn Sie die Dankbarkeit verstehen, kann Ihnen das beim Erkennen der psychischen Struktur ungemein weiterhelfen. In diesem Fall hatte sich ihre Persönlichkeit gefestigt. Eine größere Kohäsion und Selbstakzeptanz wurden durch die Beziehung zu einem idealisierten Menschen, dem Therapeuten, erreicht. Sie hatte mitten in der Adoleszenz eine traumatisierende Erfahrung gemacht, als der idealisierte Vater sie enttäuschte und verließ. Aber bis zu einem bestimmten Punkt war alles gut gelaufen. Der Schluß liegt nahe, daß die Beziehung zum Vater zielgehemmt war und sie stützte. Durch ihre Augen betrachtet, war der Vater ein außergewöhnlicher Mensch.

In der Adoleszenz werden die Objekte noch einmal geprüft. Wenn hier eine sexuelle Komponente zugelassen wird, wird letztendlich das sublimierte Werturteil, das durch den Aufschub von Befriedigung hätte entstehen sollen, Schaden leiden. Das Über-Ich wird sexuell korrumpierbar. In diesem Fall durfte die Patientin den Therapeuten idealisieren. Eine stützende Beziehung ermöglichte der Patientin, sich wieder auf sich zu besinnen. Sie konnte es wieder genießen zu lesen und sie konnte ein positives Gefühl für den Therapeuten entwickeln. Es bereitet uns Probleme, idealisiert zu werden, weil wir *unsere eigene Grandiosität in Schach halten müssen*. Deshalb gestatten wir es dem Patienten häufig nicht, seinem Bedürfnis nachzugeben, uns auf ein Podest zu stellen.

Was ist mit Geschenken?

Erst sollte man das Geschenk annehmen und dann sollte man darüber nachdenken. Die Abstinenzregel ist ein altes Mißverständnis. Wer sich danach richtet, daß in der Therapie keine Dankbezeugungen erlaubt sein dürfen, verhindert eine Durcharbeitung und damit mögliche wertvolle Erkenntnisse. Es ist nicht entscheidend, ob sie Geschenke annehmen oder die Fragen der Patienten beantworten. Es ist eine normale menschliche Reaktion auf normales menschliches Verhalten, die Fragen und die Geschenke als das zu nehmen, was sie sind. Die Geschenke nicht anzunehmen oder die Fragen nicht zu beantworten hieße nach dieser Annahme, die Neutralität zu wahren. Aber man verhält sich damit nicht neutral. Die Neutralität des Therapeuten darf nicht mit der Abwesenheit von äußerer Stimulation wie Geräuschen oder Worten verwechselt werden. Schweigen ist zwar rein äußerlich gesehen neutral, schließlich gibt es keine Geräusche. Aber es ist *nicht psychologisch neutral*. Wenn Ihnen der Patient eine Frage stellt und Sie schweigen, wird er das als unhöflich und nicht als neutral auffassen.

Ich denke, Neutralität sollte nicht als die Abwesenheit von Gefühlen oder Geräuschen oder Worten mißverstanden werden. Neutralität zu definieren ist nicht einfach. Es ist ein Versuch, innerhalb des Settings zu reagieren, das der Patient verstehen kann. Es macht keinen Unterschied, ob Sie das Geschenk annehmen oder nicht. Es macht keinen Unterschied, ob Sie die Frage beantworten oder nicht. Entscheidend ist, wie Sie das Geschenk annehmen oder ablehnen und wie Sie die Frage beantworten oder nicht beantworten. Der Patient muß Ihre Reaktion als angemessen erleben. Vielleicht würden Sie eine Frage lieber nicht beantworten, Sie erklären Ihre Gründe und daß Sie die Reaktion des Patienten verstehen. Falls ein Geschenk des Patienten feindselig gemeint war, wird sich das in der Therapie zeigen. Ich befolge die Regel: »Im Zweifelsfall normal verhalten.« Ob Sie ein Geschenk oder eine Frage zurückweisen, ist nicht der zentrale Punkt. Wenn der Patient endlich auftaut und etwas geben kann, werden Sie ihn nicht vor den Kopf stoßen. Wichtig ist die Haltung, die dahinter steht.

Kehren wir zum letzten Gespräch mit der Patientin zurück. In vielfacher Hinsicht ist die Entwicklung klar. Wie sieht das in ihrer Beschreibung aus?

In gewisser Weise und allgemein gesprochen, handelt sie ihrem Alter entsprechend.

Ja, sie handelt ihrem Alter entsprechend. Aber was ist das Besondere daran? Was hebt sie als positiv hervor? Sie macht eine ganze Menge – was ihr Studium angeht, ihre Einstellung gegenüber ihrem Freund, gegenüber dem Skifahren und was Bücher angeht. Doch all diese Aktivitäten scheinen mir psychologisch gesehen etwas gemein zu haben.

Ich meine, sie will es nicht um jeden Preis und erreicht deshalb ihr Ziel nicht.

Das ist ein Aspekt. Sie sagte das über ihr Studium und über das Skifahren.

Und in gewisser Weise auch über den Jungen.

Das sehe ich etwas anders. Sie kam zu dem Schluß, es sei besser, sich von ihm zu trennen.

Ich hatte den Eindruck, sie hat gelernt, zuversichtlicher zu sein und sich nicht zu viele Sorgen zu machen. Sie konnte auf kontrollierte Weise lockerer sein, loslassen, ohne sich ständig Gedanken darüber zu machen, etwas Schreckliches könne passieren. Sie hat das Gefühl, die Dinge in den Griff zu bekommen.

Wir scheinen ziemlich denselben Eindruck gewonnen zu haben: daß sie wirklich aktiv wird. Sie läßt sich nicht länger herumstoßen. Sie übernimmt die Initiative und wählt.

Mir scheint, der Therapeut ermöglichte es ihr, sich auf entscheidende Weise von den Plänen zu lösen, die ihr Vater für sie gemacht hatte, und die intellektuelle Identifikation mit ihm aufzugeben.

Da stimme ich Ihnen zu. Doch mir scheint ihr Gefühl sehr stark, jetzt ganz zu sein. Sie sagte das sogar. Das heißt, sie ist jetzt ganz und man hat den Eindruck, sie nimmt die Dinge in die Hand, sie trifft die Entscheidungen. Noch immer wird sie von dem einen oder anderen Bedürfnis geplagt – zum Beispiel dem Wunsch nach einem Freund. Aber sie entscheidet, nein, das ist nicht das Wichtigste.»Am wichtigsten bin ich. Mit dem mache ich jetzt Schluß. Das bringt nichts.« Ihr Selbstwertgefühl ist erhöht. Zusammen mit dem Gefühl, ganz zu sein, ermöglicht es ihr, die Initiative zu übernehmen, selbst zu entscheiden und Pläne zu schmieden. Sie liest nun aktiv. Sie gibt Kurse auf und beginnt andere und trifft dabei Entscheidungen danach, was am besten für sie ist. Sie steht im Mittelpunkt, und hierbei scheinen mir das erhöhte Selbstwertgefühl und die größere Kohäsion der Selbsterfahrung eine Rolle zu spielen.

Sie sitzt auf dem Pferd.

Sie beschließt, die Therapie zu beenden.

So ist es. Sie sitzt auf dem Pferd und sie bestimmt, wo's lang geht. Das ist eine dynamische Diagnose. Wir können diese Entwicklung ihres Selbstwert- und Kohäsionsgefühls feststellen. Aber woher kommt diese Entwicklung? Ist das Zufall? Das Ergebnis der Psychotherapie? Hat beides dazu beigetragen?

Ich frage mich, ob diese Entwicklung nicht schon früher einsetzte und bereits dazu beitrug, daß sie die Beratung aufsuchte. Sie befand sich im Übergang zwischen den beiden Modi. Und dieses Ungleichgewicht war die Ursache, warum es ihr so schlecht ging. Sie versuchte mit aller Kraft, auf der alten Schiene weiterzumachen, hatte jedoch das Gefühl, dabei das Falsche zu tun. Weshalb sie sich nicht mehr dazu zwingen konnte.

Bei näherer Betrachtung stellt man fest, daß dieses Stimmungstief – nach ihrer Schilderung – nichts Neues war. Und ich habe keinen Anlaß, ihre Schilderung in Frage zu stellen, auch wenn es hier oft zu falschen Darstellungen kommt. Sie erzählte, die Depression habe im letzten Jahr an der High-School begonnen.

Ihnen ging es wohl darum, daß ihre Motivation, in die Therapie zu kommen, bereits Teil des Aufschwungs war. Das mag so gewesen sein. Ich weiß nicht, ob sie bereits zuvor versuchte, Hilfe zu erhalten. Es wäre auch möglich, daß es ihr zu diesem Zeitpunkt besonders schlecht ging, daß sie stärker deprimiert war als zuvor. Mir scheint, daß diese allgemeine Verbesserung eine Folge der Therapie ist. Die Frage ist nur, wie und warum sie zustande kam.

Ich vermute, es lag daran, daß der Therapeut nichts von ihr forderte, sondern sie sein ließ. Sie konnte aus sich selbst auftauchen und sich zeigen, wie sie war, statt irgendwelchen Erwartungen entsprechen zu müssen, so wie sie es bei ihrem Vater mußte. Sie verstand, daß sie sich auf die eigenen Füße stellen und den Kokon ihre Vaters abstreifen durfte.

Ich denke, es war viel einfacher. Meines Erachtens reagierte der Therapeut, aus welchen Gründen auch immer, positiv auf sie. Sie reagierten nicht so sehr mit Worten, aber Sie waren auf derselben Ebene wie die Patientin. Ihnen gefiel ihre Art zu denken, Sie fanden ihre Persönlichkeit anziehend. In diesen Begegnungen wurde etwas Positives wiederholt, das es ihr ermöglichte, einen Gefühlsumschwung herbeizuführen. Ob das nun unbewußt oder durch den Einsatz bestimmter Techniken geschah, die man sich erwirbt und dann bewußt und doch auch wieder ganz natürlich einsetzt, sei dahin gestellt. Das läßt sich erreichen, ohne daß man im geringsten unnatürlich ist, wenn man die Bedürfnisse des Patienten erkennt. Es gibt immer etwas, auf das man ganz natürlich reagieren kann.

Ich habe den Eindruck, daß dieses Mädchen in vielfacher Hinsicht von der Beziehung zu ihrem Vater profitiert hatte, der sie bewunderte und dem sie sich eng verbunden fühlte, aber daß ein Gutteil der unterstützenden Aspekte dieser Beziehung für sie verloren gingen, als sie in die höheren Klassen der High-School aufrückte, wo sie nicht mehr so erfolgreich war. Ihr Vater zog sich offensichtlich von ihr zurück und wollte mehr Distanz zu ihr. In der konkurrenzgeladenen Atmosphäre hier am College schließlich wurde es noch schlimmer.

Die Art und Weise, wie Sie sie akzeptierten, ihre Geschenke annahmen, Freude an ihr hatten – wie sie aussah, wie sie erzählte und vor allem, wie sie dachte –, erlaubte es ihr, sich selbst besser anzunehmen, sich wohler zu fühlen. Das Gegenteil eines Teufelskreises wurde gewissermaßen in Gang gesetzt. Weil sie sich etwas besser fühlte, erreichte sie etwas, weshalb sie sich wieder besser fühlte. Und durch diese Erfolge ermutigt freute sie sich plötzlich wieder über intellektuelle Dinge – sie ging aus sich heraus, philosophierte mit ihrem Vater und diskutierte. Das wiederholte sich auch etwas in der Beziehung zu Ihnen. Sie kehrte wieder zu dem alten Gleichgewicht zurück und hatte die Dinge plötzlich wieder im Griff. Nun kann sie wieder gemäß ihren Bedürfnissen leben und muß sich nicht mehr herumstoßen lassen. Sie braucht sich nicht länger mit Fächern wie Physik und Mathematik herumschlagen, die ihr ohnehin nicht liegen. Ihre Sache sind vielmehr die Geisteswissenschaften und diese Art zu denken.

Ist es nicht auch so, daß sie nicht mehr Vaters Sohn sein muß, als den sie sich früher beschrieb, sondern durch das Verständnis und das Akzeptiertwerden durch den Therapeuten auch anfangen kann, die Schwierigkeiten und frühe Krankheit ihrer Mutter wahrzunehmen. Sie kann auch erkennen, daß ihr Vater zwar ihrer jüngeren Schwester Feminität und so weiter zugestand, ihr jedoch Schranken auferlegte. Durch den Therapeuten jedoch wurden ihr diese Bereiche eröffnet.

Das ist sehr wohl möglich. Am Schluß sprach sie über Dinge der Frauenwelt. Sie möchte sich neue Kleider kaufen und sie scheint sich darüber zu freuen. Da ist der Eindruck, einerseits Vaters Lieblingstochter in intellektueller Hinsicht zu sein, und andererseits weit genug von ihm weg zu sein, um aufzublühen und sich an sich selbst freuen zu können. Bemerkten Sie den entscheidenden Unterschied: die Freude an sich selbst? Sie will hübsch aussehen. Nicht, um jemand bestimmtem zu gefallen. Das Bedürfnis, den Freund anzurufen, um jemand fürs Bett zu haben, läßt nach, je sicherer sie wird – intellektuell, als Skifahrerin und als hübsches Mädchen. Sie ist weniger auf andere angewiesen und es geht ihr besser. Damit ist sie tatkräftiger und damit ist sie wahrscheinlich für andere anziehender.

Ich habe den klaren Eindruck gewonnen, daß diese Verbesserung auf die Psychotherapie zurückzuführen ist. Sie haben alles richtig gemacht, nur ihre Dankbarkeit hätten Sie akzeptieren sollen. Wenn sie sich darüber freut, daß ihr ein bedeutender Mensch ihr geholfen hat, dann rührt das an etwas, woraus sie früher Kraft bezog. Warum sollte man das nicht so lassen? Die Patientin hat Ihnen die Rolle des großen, liebevollen und bewundernden Vaters zugewiesen, und Sie haben diese Rolle ausgefüllt. Und wenn sie Ihnen dafür dankt, sollten Sie diesen Dank annehmen.

Was ist mit diesem Austesten der Beziehung, der Erneuerung und Umstrukturierung der alten, für den Vater gehegten Gefühle?

Während der ödipalen Phase verschwindet das Äußere und die inneren Werte und Ideale gewinnen an Festigkeit und Macht. In der Adoleszenz wird das noch einmal durchgerüttelt, um sich schließlich wieder zu setzen und die grundlegende Persönlichkeit zu bilden. Noch einmal wird das äußere Objekt getestet. Die Verführung des Erwachsenen wird erneut durchgespielt. Fehlt eine zielgehemmte Beziehung, wird die Fähigkeit, das Triebgeschehen zu kontrollieren und auszuagieren elementar geschädigt.

Bei ausagierenden Patienten kann man davon ausgehen, daß dies tatsächlich passiert ist, zum Beispiel in einem Ferienlager mit Heranwachsenden. In der Beziehung mit einem Gruppenleiter, der einen kühlen Kopf bewahrt, können Mädchen idealistisch die Welt verbessern, Pfadfinderfertigkeiten und Pioniergeist entwickeln. Das ist alles zielgehemmt. Dem heterosexuellen Kind, das eine tatsächliche Verführung erlebt, wird eine tiefe Liebesbeziehung vorenthalten. Erwachsene Liebesbeziehungen sind vielschichtig. Ungezügelte Sexualität oder extreme Abneigung gegen Sexualität behindern die Entwicklung der Persönlichkeit und die Entwicklung einer differenzierten Liebesbeziehung. In dem hier zur Diskussion gestellten Fall war der Vater nicht nur ein Liebesobjekt, sondern auch ein Ideal. Der Vater mußte einen Teil der Idealisierung der Mutter übernehmen, die krank war. Dadurch ging dem Mädchen etwas verloren, was Teil seiner selbst hätte werden sollen. Im Vater fand sie einen Mann, den sie lieben und idealisieren konnte. Zwar wird ihre Zielstruktur einen männlichen Impetus haben, aber das ist nicht weiter abträglich. Nicht alle müssen sich gleich entwickeln: entscheidend ist es, Werte zu haben, der Inhalt muß nicht formelhaft gleich sein.

Kann man bei ausagierenden Patienten von einer Verführungserfahrung ausgehen, wenn die Anamnese sonst keine Anhaltspunkte für das Ausagieren bietet?

Es gibt verschiedene Formen des Ausagierens. Sie können bei ausagierenden Patienten nicht die Schlußfolgerung ziehen, es müßten bestimmte frühe oder spätere Erfahrungen vorhanden sein, nur weil sie ausagieren.
In der Adoleszenz können noch einmal Traumata auftreten, wenn auch in abgeschwächter Form und nicht ganz so destruktiv. Allerdings sollten Sie stets zu differenzieren versuchen und nicht von einfachen Ursache-Wirkungs-Schemata ausgehen. Damit wird man in der Regel der Komplexität psychologischer Realität nicht gerecht.
Ich habe nichts gegen eine vergleichsweise einfache Formulierung einzuwenden, wenn es darum geht, komplexe Vorgänge etwas verständlicher darzustellen. Ich habe nichts dagegen einzuwenden, wenn man sagt, falls ein Leiter eines Ferienlagers sich sexuell mit einem Mädchen oder einem Jungen einläßt, dessen Wunsch es ist, die Beziehung zu idealisieren, dies gewissermaßen die Ursache für das aktuelle Über-Ich-Problem sein kann. Das ist soweit richtig, aber es vereinfacht die Sachlage unzulässig. Das kann eine dynamische oder strukturelle Erklärung für das spätere Verhalten des Patienten darstellen. Später werden wir feststellen, daß der Patient im Notfall sein eigenes Gewissen bestechen kann, wie er früher den Leiter des Ferienlagers bestach. »Ich bin so ein Schatz und so nett, ich muß das doch nicht machen? Ich bin etwas ganz Besonderes.«
Ein idealisierter Ferienlagerleiter wird diese Idealisierung zulassen, aber er wird es nicht zulassen, daß sie zu einer tatsächlichen Liebesbeziehung ver-

kommt. Seine Führungskraft wird durch diese Idealisierung und diese Liebe, die ihm entgegengebracht werden, zunehmen. Aus Liebe zu ihm wird man sich diszipliniert benehmen, beim ersten Läuten aufstehen und abends das Licht ausmachen, selbst wenn man noch gerne schwätzen möchte. Aber wenn hier eine grobe Sexualisierung stattfindet, wird diese Disziplin schnell verkommen. Dieses Benehmen dem Leiter des Ferienlagers gegenüber oder in ähnliche Situationen in der Schule oder zu Hause, können eine spätere Schwächung der Beziehung zwischen Ich und Über-Ich mitverursachen. Der Betroffene wird Probleme mit der Disziplin haben und schwer Spannungen ertragen können. Die Schwierigkeit ist folgende: Welcher Jugendliche im Ferienlager hat eine sexuelle Beziehung zum Leiter? Das passiert nicht allen Jungen oder Mädchen, sondern nur denen, die sich bereits verführerisch gegenüber Erwachsenen verhalten.

Mit anderen Worten: welche frühere Erfahrung prädisponierte dieses Kind dafür, die neue Elternfigur daraufhin zu überprüfen, ob sie auf die Verführung reagiert? Das pathogene oder pathologische Verhalten der idealisierten Figur in der Adoleszenz fügt einer bereits vorhandenen Pathologie nur eine weitere Schicht hinzu. Andererseits könnte man sagen, daß möglicherweise ein Umschwung herbeigeführt worden wäre, wenn der Leiter sich nicht hätte verführen lassen. Das hätte etwas Standhaftigkeit erfordert. Vielleicht macht das den Unterschied zwischen einem Menschen aus, der sich erfolgreich einer Psychotherapie unterzieht, und jemandem, der sein Leben lang weiter ausagiert, ohne überhaupt zu merken, daß hier etwas nicht ganz richtig ist. Ein Bewußtsein von Pathologie kann das beste Anzeichen von Gesundheit sein, das aus einer positiven Ferienlagererfahrung stammt. Eine negative Erfahrung dagegen kann zu einer völlig ungefestigten Persönlichkeit ohne jede Krankheitseinsicht führen, wobei niemals eine Psychotherapie erwogen würde.

---

[1] Die Erfahrung eines kohäsiven bipolaren Selbst, bei dem die Ambitionen durch den Spannungsbogen der Begabung in erkennbaren Zielen ausgedrückt werden, fehlte hier.

16. Der Unterschied zwischen Ausagieren und ich-dominiertem Agieren

Zuletzt beschäftigten wir uns mit dem Thema Ausagieren. Wir wollen dieses Thema im folgenden etwas allgemeiner behandeln. Wahrscheinlich spielt Ausagieren in der von Ihnen betreuten Altersgruppe eine große Rolle. Sollten Sie dazu Fragen haben, würde ich sie gerne hören. Auf welche Formen des Ausagierens stoßen Sie am häufigsten? Wie ernst sind die Probleme? Wie weit beeinträchtigt das Ausagieren den Therapieprozeß? Wie gehen Sie damit im allgemeinen um? Greifen Sie zu Erklärungen? Übernehmen Sie die Funktionen einer äußeren Kontrollinstanz, die das Ich und das Über-Ich des Patienten unterstützt? Verschwindet es, während sich die therapeutische Beziehung entwickelt, ohne daß Sie etwas Besonderes dazu unternehmen? Muß im allgemeinen etwas dagegen unternommen werden? Oder ist es nur ein besonderer Lebensstil? Das scheint mir ein wichtiger Punkt zu sein, vor allem bei Heranwachsenden und Studenten.

Vielleicht sollte ich den Ausdruck zuvor kurz definieren, wobei ich allerdings vorausschicken möchte, daß dieser Ausdruck von den meisten Menschen sehr viel freier gebraucht wird, als es die ursprüngliche Definition nahelegt. Es ist eine Übersetzung eines von Freud gebrauchten Ausdrucks – Freud sprach von »abreagieren« beziehungsweise »reagieren«. Die allgemeine Bedeutung wäre »so tun als ob, oder handeln als ob«, aber Freud meinte damit etwas anderes. Er äußerte sich darüber in einer bestimmten Veröffentlichung, in der er die Erinnerung an die Vergangenheit mit dem Ausagieren der Vergangenheit im analytischen Prozeß verglich (1914a, S. 127). Das sei eine von unbewußten Prozessen gesteuerte Aktivität, die der Patient nicht verstehe, die ihn aber motiviere. Offensichtlich müsse zuerst das Ausagieren kommen, bevor der Weg für das Erinnern frei werde. Das Ausagieren sei nicht wünschenswert, das Erinnern sei wünschenswert.

In anderen Worten: es entspricht einem Versprecher oder einem Traum. Wir haben hier eine Struktur, in der eine unbewußte Motivation, eine unbewußte Szene einfach dargestellt wird. Statt erinnert zu werden, statt stückweise bewußt zu werden, wird es in einer Sprache mitgeteilt, die etwas von einer dummen Show oder Aufführung hat.

Der entscheidende Punkt in der klassischen Definition des Ausagierens ist die strenge Abtrennung der zugrundeliegenden Motivation in der Psyche. Am einfachsten läßt sich dies in der Analogie zu einer posthypnotischen Suggestion zeigen. Der Patient wird zuerst in Trance versetzt, geht also eine besondere Beziehung zum Hypnotiseur ein. Der Hypnotiseur und seine Anweisungen werden gewissermaßen zeitweilig Teil des endopsychischen Prozesses des Patienten. Das ist eine sehr primitive Beziehungsform. Man kann dem Patienten sagen: »Sie werden jetzt aufwachen und zehn Minuten später zu dem Schirm dort in der Ecke gehen, den Schirm öffnen und wieder schließen. Das ist alles. Aber Sie werden sich an diese Anweisung nicht erinnern.« Dieses Beispiel ist aus folgendem Grund wichtig. Etwa acht Minuten nach dem Aufwachen wird der Patient unruhig. Er sieht zum Fenster hinaus und sagt: »Sieht aus, als würden Wolken aufziehen. Vielleicht wird es regnen. Ich sehe mal nach, ob mein Schirm noch in Ordnung ist.« Er sieht, daß der Schirm in Ordnung ist, und stellt ihn wieder zurück. Jeder im Zimmer weiß, daß er den Schirm nicht überprüfte, weil er sich wegen möglicherweise aufziehender Wolken Gedanken machte oder wissen wollte, ob der Schirm funktionierte – nur er selbst weiß es nicht. Und doch wird niemand der Anwesenden, der Zeuge der posthypnotischen Suggestion wurde, überzeugt sein. Wenn jedoch ein Kollege später ins Zimmer kommt, um zu sehen, wie der Patient den Schirm öffnet, schließt und wieder wegstellt, und nach seiner Meinung gefragt wird, dann sagt er unter Umständen: »Es sieht nach Regen aus und er war sich nicht ganz sicher wegen des Schirms.« Er hätte nicht den geringsten Zweifel an seiner Erklärung.

Und genauso ist es mit dem Ausagieren. Häufig kann Ausagieren im klassischen Sinne als solches erst erkannt werden, nachdem der Strukturzusammenhang zwischen der Handlung und der Motivation durchschaut wurde. Solange dies nicht der Fall ist, wird man die Motivation für dieses Verhalten wahrscheinlich für durchaus nachvollziehbar halten. Mit anderen Worten: es gibt eine integrative Ich-Funktion, die auf einer rationalen Basis für solche Handlungen besteht.

Ausschlaggebend ist, daß man als Beobachter nicht entscheiden kann, ob es sich um Ausagieren oder Agieren handelt. Worin besteht der Unterschied? Die wahre Motivation für das Agieren liegt in der Beziehung zwischen dem Ich und der Umgebung. Anders ausgedrückt: wenn jemand wirklich sieht, daß Wolken aufziehen, und nicht unter einer posthypnotischen Suggestion steht, wird er sich vielleicht tatsächlich fragen, ob sein Schirm in Ordnung ist, und ihn überprüfen. Auch wenn dieses Verhalten etwas merkwürdig wäre. Aber wenn der Betreffende dies genau auf die Art und Weise und zu dem Zeitpunkt macht, wie es ihm aufgetragen wurde, ist allen klar, daß die Gründe, die er angibt, nebensächlich und nur vorgeschoben sind. Sie sind nur eine Erklärung für ein Verhalten, das der Patient sonst selbst nicht verstehen würde und nicht tolerieren könnte, weil solche Widersprüche in der eigenen Persönlichkeit nur schwer zu ertragen sind. Man versucht sie zu verdecken.

Ich habe das schon öfter im Zusammenhang mit Versprechern erwähnt – da ist plötzlich dieser Widerspruch in der Persönlichkeit, obwohl uns diese Art von Widerspruch weniger Schwierigkeiten bereitet als andere. Wir wissen, daß Versprecher vorkommen, und lachen darüber. Wir versuchen, sie zu erklären: »Mir ist klar, warum ich mich versprach«, und so weiter. Wenn wir jemanden sehen, der in der klassischen Weise auszuagieren scheint, sollten wir aus den Erklärungen desjenigen, dieses Verhalten sei mit seinem Ich vereinbar, nicht ohne weiteres schließen, daß dem so ist. Wie kann man sicher gehen, was ausagierendes Verhalten ist und was nicht? Sie kennen die traumatische Situation nicht, die nach Wiederholung ruft, die das Ich auf eine Art und Weise bedrängt, daß es nachgeben muß. Es ist völlig klar, daß Sie sich nicht sicher sein können, weil sie nicht dabei waren, als durch die Kindheitserfahrungen des Patienten der Grundstein für die posthypnotische Suggestion gelegt wurde. Sie können das Ausagieren unmöglich verstehen, auch wenn es ein an sich vernünftiges Verhalten zu sein scheint, Sie können es genausowenig verstehen wie das hysterische Symptom. Die Struktur ist die gleiche – eine Mischung aus vorgeschobener, an das Ich angeglichener Motivation und eine dahinterstehende Initiative, die viel tiefer geht.

Wie kann man ausagierendes Verhalten von einem hysterischen Symptom unterscheiden? Es gibt Wege und Möglichkeiten dazu, unter anderem das Stereotype und die Wiederholungen in diesem Verhalten. Zum Beispiel: Ein Mädchen geht eine Beziehung zu einem 25 oder 30 Jahre älteren Mann ein – einem verheirateten Mann – und wird nach ein paar Monaten sitzengelassen. Sie beklagt sich bitterlich darüber und man würde vielleicht sagen: »So etwas geschieht nun mal.« Hört man dann aber, daß es ihr schon unzählige Male so erging, daß sie sich immer diesen Typ Mann aussucht, auch wenn sie das als Zufall darstellt, dann wird man etwas anderes vermuten: daß sie etwas in Szene zu setzen sucht, was sich ihrer Kontrolle entzieht. Etwas, das einer posthypnotischen Suggestion nicht unähnlich ist, treibt sie an, das mit der ödipalen Situation zusammenzuhängen scheint, diese zu wiederholen scheint.

Klassisches Ausagieren bezieht sich auf eine unbewußte Konstellation, eine Wiederholung oder einen Ausdruck eines frühen Kindheitsgeschehens, das nun im aktuellen Leben dramatisiert wird. Die Frage stellt sich, warum manche Menschen diese Art Symptom entwickeln und andere weniger dramatische Symptome. Warum wiederholen sie Szenen, indem sie sich in komplexe soziale Situationen begeben, während andere Lähmungen entwickeln, bestimmte Charakterzüge oder psychosomatische Krankheiten? Wir berühren hier Fragen der vordersten Front unserer Wissenschaft, die nicht einfach zu beantworten sind. Allgemein sollte man sich in diesem Zusammenhang vielleicht daran erinnern, daß das Aufführen einer dummen Show, das Schauspielern, womöglich eine ältere Form der Kommunikation als die Sprache ist und daß manche Menschen – vor allem Hysteriker –, die sich sehr über den Körper ausdrücken und Szenen machen, theatralische Menschen sind mit einem offensichtlichen Hang zu dieser Art Verhalten, was bei zwanghaften Neurotikern nicht der Fall ist. Ich kann nicht sagen, ob hier erbliche Faktoren eine Rolle spielen, ob die Betroffenen in einer Umgebung aufwuchsen, in der Szenen an der Tagesordnung waren. Vielleicht drücken die Eltern darin ihre eigenen Bedürfnisse aus, gegen die das Kind bereits sehr früh Widerstand leisten mußte. Wahrscheinlich spielen all diese Faktoren zusammen, inklusive der erblichen Veranlagung. Viele Ausagierer sind hysterische Persönlichkeiten und reagieren auf Zurückweisung mit hysterischen Symptomen, mit Szenen, zum Beispiel mit hysterischen Selbstmordgesten, doch keiner echten Suizidalität. Die dem Ausagieren zugrundeliegenden zentralen strukturellen und dynamischen Beziehungen sind also als tiefe Spaltung der Psyche zu verstehen – eine horizontale Spaltung, die bewirkt, daß die obere Ebene sich wie eine Marionette bewegt, wobei die untere Ebene die Fäden zieht. Der oberen Ebene sind indessen die Gründe für ihr Verhalten nicht bekannt, aber sie rationalisiert es mehr oder weniger.

Ich versuche hier, eine bestimmte Beziehung zwischen zwei verschiedenen psychischen Ebenen oder Bereichen zu erklären. Die posthypnotische Suggestion stellt dazu eine experimentelle Parallele dar. Wir nehmen an, daß ein mit unterdrückten Dingen zusammenhängender Überrest einer Erinnerung, einer Haltung, eines Wunsches oder Dranges aus der Kindheit dieselbe Auswirkung auf das Ich des Betroffenen hat wie die posthypnotische Suggestion auf das posthypnotische Ich. Das heißt, es zwingt das Ich zum Handeln, doch das Ich gibt vor, aus eigener Initiative zu handeln. Freud machte öfter Witze über diese Beziehung, um sie in Analogien zu fassen. Ein Beispiel dafür ist die Geschichte vom Clown im Zirkus. Der Clown sieht, was die großen Schauspieler machen und läuft dann hinter ihnen her, um dasselbe zu tun. Freud sagte, das Ich würde sich in diesem Fall wie der Clown im Zirkus benehmen. Die wirklichen Schauspieler sind die Kindheitsszenen, die Kindheitsprobleme und die unbewußten Motivationen.

Ein noch besseres Beispiel ist die Geschichte vom Sonntagsreiter. Sie handelt von dem Mann, der nur sonntags reitet (1932, S. 83). Eines Sonntags sitzt er wieder stolz auf seinem Pferd und trifft einen Freund, der zu Fuß unterwegs ist. Dieser ruft: »Hallo, wohin reitest du denn?« Worauf er antwortet: »Das darfst du nicht mich fragen, das mußt du das Pferd fragen.« Mit anderen Worten, er ist kein wirklicher Reiter. Er sieht nur so aus, als habe er die Sache im Griff, aber eigentlich muß er machen, was das Pferd will.

In dertonoen Analogie vom Reiter und vom Pferd – dem Ich und dem Über-Ich – bestimmt in dieser Beziehung das Unbewußte, wo es langgeht, der Reiter rationalisiert nur. Er erklärt: »Ich will dahin reiten, weil das Pferd dahin will.« Und er hofft, daß das Pferd, wenn es endlich Hunger bekommt, zurück in den Stall will. Und wenn es soweit ist, wird er so tun, als sei es seine Absicht gewesen.

Ich denke, Ihnen allen ist der Unterschied klar zwischen einer vom Ich initiierten, realitätsangepaßten Handlung, die einem autonomen Ich-Ziel folgt, auf der einen Seite und einem rationalisierenden Ich auf der anderen Seite, das sich wie der Clown im Zirkus oder der Sonntagsreiter benimmt. Natürlich gibt es in diesem Bereich eine ganze Bandbreite verschiedenster Beziehungen. Manche Menschen können sogar diesen unbewußten Drang für ihre Zwecke nutzen, obwohl sie keine Wahlmöglichkeit besitzen.

Ich kannte einen Neurologen, der hatte mehr Ticks, als ich jemals sonst bei einem einzelnen Menschen vorgefunden habe. Er bestand fast nur aus Ticks. Das ging so weit, daß ich zu sagen pflegte, wenn er etwas tun wolle, warte er nur auf den passenden Tick hierzu, der die Angelegenheit dann für ihn erledige. Es gibt also Menschen, die von unbewußten, stereotypisierten Motivationen angetrieben werden. Das Ich arbeitet gewissermaßen als Vertriebsagentur und überwacht diese Triebe. Im Notfall setzt es sie dann für eigene Zwecke ein.

Wir haben jetzt über die Beziehung gesprochen zwischen dem, was wir Ausagieren nennen, und echtem Handeln, das wirklich vom Ich dominiert wird und im Einklang steht mit der Beziehung des Ichs als Mittler zwischen den psychischen Bedürfnissen und den äußeren Möglichkeiten. In extremen Fällen ist das eindeutig. Offensichtlich handelt es sich um Ausagieren oder dem Ausagieren ähnliches, wenn jemand in das Schlafzimmer nebenan schlafwandelt. Der Betroffene weiß nicht, daß hier der alte Kindheitswunsch dahintersteht, sich etwa in den Geschlechtsverkehr der Eltern zu mischen. Er wird einfach dazu getrieben. Angenommen jedoch, jemand wird dazu getrieben, sexuelles Verhalten wissenschaftlich zu erforschen. Er kann das als wissenschaftliche Forschung rationalisieren. Die Frage bleibt: wo ist die Grenze zu ziehen? Es ist dasselbe wie bei dem posthypnotischen Experiment: wenn man die Bildfläche betritt, nachdem der posthypnotische Befehl gegeben wurde, wird man nicht wissen, daß er das Verhalten steuert. Es bedarf der sorgfältigen Nachforschung, will man herausfinden, inwieweit ein bestimmtes Verhalten einfach ein rationalisiertes Zugeständnis des Ichs und inwieweit es eine wirklich autonome Ich-Aktivität ist.

Ich habe bereits öfter darauf hingewiesen, daß Ich-Aktivitäten kein Oberflächenverhalten sind, daß die Wünsche und Handlungen der Psyche sehr wohl in die Tiefe gehen können, und daß die wichtigeren dies in der Regel auch tun. Das heißt, die tiefen Schichten der Psyche, einschließlich der Kindheitserfahrungen, wirken in die Handlungen hinein, vor allem in die wichtigen Handlungen. Sie greifen keineswegs die Bedeutung einer Berufswahl an, wenn Sie dem Betreffenden zeigen können, daß die Motivation aus sehr wichtigen Kindheitserfahrungen gespeist wurde. Sie greifen genausowenig die Bedeutung einer wichtigen Objektwahl an, die Wahl eines Lebenspartners zum Beispiel, wenn Sie beweisen, daß dies die Fortsetzung einer wichtigen Objektwahl des frühen Lebens ist. Es ist nicht dasselbe, ob man einen Partner nach dem Bild der geliebten Mutter, Schwester oder Freundin wählt, oder ob man bei einer solchen Wahl ausagiert und diese frühe Beziehung ständig wiederholt, zum Beispiel durch mehrere Ehen und Scheidungen oder in Freundschaften. Worin

liegt der Unterschied? Verstehen Sie das Problem? Das Verständnis des Problems ist unumgänglich, um es lösen zu können.
Eine starres Wiederholen wird Ihnen manchmal den Verdacht nahelegen, es mit Ausagieren zu tun zu haben, aber Sie können sich nicht sicher sein. Verhalten ist einfach kein zuverlässiges Kriterium. Sie haben das Gefühl, es handle sich um Ausagieren, der Patient würde nur rationalisieren, aber ein Zweifel bleibt.
Wie kann man unterscheiden, ob die Beziehung zwischen einer Kindheitserfahrung und den aktuellen Ich-Aktivitäten ein bloßes Ausagieren sind oder nicht, das heißt, echtes Agieren mit tiefreichenden Wurzeln? Stehen gewaltige Emotionen und Motivationen dahinter, die weit in die frühe Kindheit zurückreichen? Natürlich gibt es Verhalten, das nicht so tief motiviert ist. Absolut angemessene und wichtige Tätigkeiten und Verhaltensweisen können von der Psychenoberfläche ausgehend auf bestimmte Bedürfnisse reagieren. Abstraktes Problemlösen könnte dazu zählen, obwohl ein Leben, das dem Lösen abstrakter Probleme gewidmet ist und davon nicht loskommt, in dem ein entsprechender Beruf gewählt, wieder eine andere Deutung nahelegt. Dahinter können sehr tiefe und starke Gefühle stehen, zum Beispiel die Identifikation mit einem bewunderten, abstrakt denkenden Vater.
Augenscheinlich gehört diese Diskussion in den Bereich der höheren Mathematik unserer Wissenschaft. Die Antwort liegt in der Definition des Differentials zwischen den *Spannungen*, die seit der frühen Kindheit die Initiative bilden, und der *Aktivität* des Ichs. Ziehen wir als Beispiel das Kind heran, dessen Interesse an den Vorgängen im elterlichen Schlafzimmer geweckt wird. Die rhythmischen Geräusche, die Identifikation mit beiden Beteiligten der vage wahrgenommenen Aktivität, die Angst, einer der beiden werde dabei schrecklich verletzt oder getötet, wühlen das Kind zutiefst auf. Die Aufregung übersteigt die Möglichkeiten der Psyche, das Ich schottet sich dagegen ab, es verbietet sich die Wahrnehmung. Dadurch bleibt dieser unveränderte Erfahrungsrest vom Ich ausgeschlossen, aber er kämpft darum, sich auszudrücken. Mit anderen Worten: es besteht eine große Divergenz zwischen dem Ich, das nichts von dieser Kindheitsszene weiß, und der Intensität dieses aus der Kindheit stammenden Triebes, diese Szene zu wiederholen, emotional daran teilzunehmen und sie zu stören. Die ganzen Gefühle von Angst und Aufregung darum wurden im Unbewußten abgeschottet. Die beiden können zueinander nicht kommen, nur ein zeitweiliges kurzes Aufflackern der unveränderten Kindheitserinnerung im aktuellen Verhalten des Erwachsenen ist möglich. Dann geschieht etwas. Das Ich versucht mit Notmaßnahmen schnell etwas gegen das Eindringen dieser fremden Motivationen zu unternehmen. Das unterscheidet sich grundsätzlich von Antrieben und Interessen aus der Kindheit, die allmählich in die Psyche integriert wurden. Zum Beispiel kann eine starke Liebe zur Mutter oder zur Schwester langsam bei der Verwirklichung

ihres Triebziels gehemmt werden, ohne daß sie sich mit einer Angst auseinandersetzen muß wie: »Wenn du mich liebst, wird Vater dich töten.« Statt dessen herrscht das Gefühl vor: »Du kannst mich lieben und du kannst Vater lieben. Es stimmt, daß das Probleme macht, aber du liebst mich auf eine andere Art.« Anders ausgedrückt, es gibt eine allmählich zielgehemmte Akzeptanz.

Das bedeutet nicht, daß die alten, tiefreichenden emotionalen Wurzeln verschwunden wären, sondern daß sie langsam in die Psyche integriert wurden und nun gewissermaßen die Ich-Aktivitäten nähren, mit denen sie ständig in Kontakt stehen. Aber je mehr die Psyche an Tiefe gewinnt, desto mehr stellen sich Filterschichten und neutralisierende Kräfte zwischen die alten Kindheitswünsche und das Ich, das noch immer unter dem Einfluß der alten Kindheitswünsche und -bedürfnisse steht.

Um es mit der Elektrizität zu vergleichen: Das ist, als würde Hochspannungsstrom plötzlich mit Niederspannungsstrom zusammenkommen, was zu einem Kurzschluß führen würde. Im Gegensatz dazu läßt sich Hochspannungsstrom durch Transformatoren in die Art von Strom ändern, die das zu aktivierende System benötigt. Genauso sind die entsprechenden Abläufe – Übertragungen und zunehmende Neutralisierungen – im Modell der Psyche, wo in beiden Fällen Triebe und Erfahrungen aus der Kindheit nach oben drängen (Kohut und Seitz 1963, dt.: Begriffe und Theorien der Psychoanalyse, 1977). Mit stufenweisen erzieherischen »Neins« – »Nicht das, sondern das; hier wäre es besser, es anders zu machen« – kann man schließlich den Punkt erreichen, an dem der alte Kindheitswunsch, die alte Kindheitserfahrung, die alten Kindheitsmotivationen die Erwachsenenhoffnungen unterstützen. Die ursprüngliche unmodifizierte, inzestuöse Liebe geht nun in die zielgehemmte, oder zumindest reife, erwachsene Objektliebe über. Diese ist nicht mehr zu vergleichen mit der inzestuösen Bindung an die Mutter, der ein starker Widerstand entgegengebracht wurde. Hier ist noch die alte Hochspannungssexualität und -aggression der Kindheit am Werk, die ab und an kurz durchbricht – in einem Symptom ausagiert wird. Aber im Symptom blitzt noch immer auf die eine oder andere Art die alte Hochspannungsenergie auf, die sogleich rationalisiert und mit Erklärungen zugedeckt wird. Sie konnte nicht integriert werden.

Ich hoffe, daß Ihnen diese Erklärung bei Ihren klinischen Erfahrungen weiterhelfen, da sie nicht nur eine abstrakte Erkenntnis darstellen, sondern den Blick auf eine Reihe klinischer Beobachtungen ändern können. Natürlich werden Sie dadurch nicht sofort entscheiden können, ob es sich bei dem fraglichen Verhalten um Ausagieren handelt oder nicht.

Ich versuche meine Erklärungen auf die Pathologieformen abzustimmen, auf die Sie wohl am ehesten stoßen. Es gibt andere Störungen, in denen das Verhalten des Patienten im Vordergrund steht, die ich aber nicht unter dem Oberbegriff dieser Art des Ausagierens behandeln möchte. Davor versuche ich Sie zu warnen: der Begriff Ausagieren wird auf sehr vieles angewandt. Manche bezeichnen so einen Mangel an Impulskontrolle. Doch Ausagieren beinhaltet eine ganz bestimmte Symptomstrukturalisierung ohne moralische Implikation. Noch andere Verhaltensformen werden unter diesen Oberbegriff gefaßt, die jedoch mit Ausagieren nichts oder nur sehr wenig zu tun haben.

Das keinen Unterschied machende promiskuitive Verhalten, das man bei jungen Menschen antrifft, scheint mir, vor allem wenn es offensichtlich etwas Freudloses und Zwanghaftes an sich hat, etwas ganz anderes zu sein. Hier steckt nicht die Motivation durch ein unbewußtes Bedürfnis dahinter, eine traumatische Szene oder zwischenmenschliche Konstellation aus der Kindheit oder eine traumatische Erfahrung zu wiederholen, wie ich sie Ihnen bereits in einigen Beispielen beschrieb. Hier haben wir es mit einem Verhalten zu tun, das viel mehr mit Sucht zu tun hat. Hier wird etwas gesucht, Vergnügen oder Zerstreuung, oder vielleicht soll einer sich sonst bemerkbar machenden Depression entgegengewirkt werden. Mich erinnert dieses Verhalten eher an die endlosen, zwanghaften, masturbatorischen Handlungen deprivierter Kinder als an die hysterischen Szenen hysterischer Patienten. Hier wird nicht unzählige Male eine Szene wiederholt, sondern ein Gefühl des Getriebenseins, der Versuch, etwas Unerreichbares zu erhalten, steht im Mittelpunkt. Das hat mehr mit dem Bereich niedrigen Selbstwertgefühls, sich schlecht oder sich leer und ohne Unterstützung fühlen. Diese Menschen versuchen, etwas zu erhalten, vielleicht orale Befriedigung.

Bei solchem Verhalten spielt häufig eine Über-Ich-Problematik eine Rolle. Allerdings muß es sich dabei nicht unbedingt um einen Defekt des Über-Ichs handeln, eher handelt es sich um einen Defekt des Ichs: den verzweifelten Versuch des Ichs, Geborgenheit zu finden, sich lebendig und angenommen zu fühlen, von jemanden berührt zu werden, die Einsamkeit zu vertreiben und das niedrige Selbstwertgefühl loszuwerden. Diese Menschen leiden nicht nur unter einem niedrigen Selbstwertgefühl, sondern auch unter einer sehr labilen Idealstruktur. Häufig wollen sie durch ihre sexuelle Promiskuität Wärme und Berührung finden und ihren Kontakthunger stillen, darüberhinaus gehen sie aber auch oft anscheinend masochistische Beziehungen ein. Sie fühlen sich minderwertig und depriviert und werfen sich idealisierten Menschen vor die Füße. Zumindest geben sie vor, es handle sich um Ideale. Sich selbst halten sie für leer und wertlos, aber zu ihren Leitfiguren blicken sie auf. Gleichzeitig entwerten sie sich, wie sie sich damals im Vergleich mit dem Ideal ihrer Eltern entwertet fühlten. Dadurch können sie Kontakt aufnehmen.

Mir ist nicht klar, warum dies der Definition von Ausagieren nicht entsprechen sollte, was das stereotype Wiederholungsverhalten angeht, das sich der Wahrnehmung des Betroffenen entzieht.

Der wesentliche Punkt fehlt, Motivation und ausführendes Organ sind nicht getrennt. Die gesamte Persönlichkeit ist weitaus stärker regrediert. Nicht das hoch spezifische, unterdrückte Material drängt nach Ausdruck, den es in einem ganz bestimmten Verhalten findet, sondern eine äußerst deprivierte Persönlichkeit wird nach einem bestimmten Umfeld süchtig. Die Sucht könnte bestimmten Drogen oder Nahrungsmitteln gelten, also zu Übergewicht führen. Sie könnte auch freud- und ruhelosem Lernen gelten. Es findet sich keine frühe Konstellation, in der das Selbst und die Eltern getrennt sind, und die nun in diesem zwanghaften Verhalten wiederholt würde. Hier haben wir vielmehr ein Selbst und ein vage verstandenes archaisches Umfeld, das dem Kind die früheste Unterstützung vorenthielt: der Betroffene verhält sich aktuell zum Umfeld, in toto, mit seiner ganzen, ungebrochenen Persönlichkeit, wie damals, mit demselben Bedürfnis nach Geborgenheit und Aufmerksamkeit. Er will, wie damals, eine Bezugsperson, die ihn hält, die ihn füttert, er wünscht sich ein Ideal, zu dem er aufblicken kann auf dieselbe primitive Art, wie ein Kind, das einsam in der Ecke masturbiert, wenn es von den Eltern wieder allein gelassen wird. Die Persönlichkeit ist anders strukturiert und die Beziehung zur Umwelt ist weitaus weniger differenziert.

Doch es gibt eine Parallele. In beiden Fällen ist die Fähigkeit, innere Spannungen zu ertragen, sehr beeinträchtigt. Das geht soweit, daß das Phantasieren und Verbalisieren von Phantasien extrem behindert wird. Der Hysteriker hat keine Tagträume, wenn er ausagiert, denn der Tagtraum ist das Ausagieren. In der Therapie geht es darum, das Ausagieren in die Tagträume zurückzuverwandeln, um von diesen Phantasien dann vielleicht langfristig gesehen an die Erinnerungen zu kommen.

Anders ausgedrückt: man folgt endopsychischen Konstellationen. Bei dem angeführten Beispiel der archaischeren Persönlichkeitsorganisation des süchtigen, promiskuitiven Typs fehlt ein externes Symptom, das die Bedeutung und Struktur des Gesamtsymptoms erhellt. Zwanghaftes Verhalten kann das Symptom für die Abwehr feindlicher anal-sadistischer Besudelungen sein, es kann aber auch ein Versuch sein, mit einer nur ansatzweise verstandenen Umwelt zurechtzukommen, wie man es bei einem primitiven Stamm findet, der die verschiedensten Rituale begeht, damit der Regen die Dürre beendet. Das Verhalten ist gleich, doch die Struktur ist jeweils eine andere.

Der zweite Fall, auf den sich Ihre Frage bezog, zeichnet sich durch eine primitive Beziehung zur Umwelt aus. Diese ist mit ein Grund dafür, daß die abgegrenzten Konzepte in der Form von Bildern und Phantasien noch nicht fähig sind, den Druck aufzunehmen und zu verarbeiten. In der frühen Kindheit wird noch nicht zwischen Gedanken und Handlung unterschieden. Wie das Kind beim Beobachten eins wird mit dem beobachteten Gegenstand, so wird es auch eins mit den Trieben und Wünschen: sie müssen sofort erfüllt werden. Viel Arbeit ist also nötig, bis diese Menschen eine ausreichende Spannungstoleranz entwickeln, um die entsprechende Verhaltensweise einzustellen. Die therapeutische Beziehung ist hier von eminenter Bedeutung. Sogar die stärkste

Sucht hört auf, oft sehr schnell, einfach weil der Therapeut dem Patienten tatsächlich das gibt, wonach er sucht – wie es bei diesem Mädchen der Fall war. Das Interesse des Therapeuten, seine Offenheit, seine Reaktionen, die Tatsache, daß er sich an die vorhergehenden Stunden erinnert, führen dazu, daß eine Verhaltensweise von einem Augenblick auf den anderen vorbei ist, die bis dahin nicht beendbar schien. Das liegt nicht an neu gewonnenen Erkenntnissen, sondern an einer zumindest teilweisen Befriedigung des dynamischen Bedürfnisses danach. In der therapeutischen Situation wurden bestimmte Wünsche erfüllt. Es bleibt zu hoffen, daß der Patient dadurch auch Ideale erhielt, die ihm als Kind fehlten, weil keine ausreichende Beziehung zu idealisierten Erwachsenen da war. Solchen Kindern – wie diesem Mädchen – fehlt es an Selbstwertgefühl und Idealismus.

Diese Art von Verhaltensweisen wird oft fälschlicherweise mit Ausagieren gleichgesetzt, obwohl es sich dabei um etwas ganz anderes handelt. Doch der Begriff »Ausagieren« wird so häufig eingesetzt, daß er oft nur bedeutet: »Benimm dich nicht so schlecht.« Das ist Unsinn. Kinder agieren nicht aus. Sie machen vielleicht etwas kaputt oder sind aufmüpfig, aber das ist kein Ausagieren. Möglicherweise sind sie überstimuliert, aber der Ausdruck »Ausagieren« ist hier, vor allem bei kleinen Kindern, nicht angebracht.

Und schließlich fällt eine ganze Reihe in die Kategorie mangelnde Impulskontrolle. Das sieht man selten in reiner Form, aber manchmal, zum Beispiel bei Jähzorn, läßt sich die Unfähigkeit, Wutausbrüche zu kontrollieren, am besten als mangelnde Impulskontrolle beschreiben.

Aber seien Sie gewarnt, man müßte die gesamte Persönlichkeit untersuchen, wollte man die genauen Gründe für die mangelnde Impulskontrolle herausfinden. Liegt es an einer schizophrenen Persönlichkeitsstörung, daß eine bisherige starke Hemmung wegfällt? Gibt es plötzliche Ausbrüche, bei denen Gegenstände durch die Luft fliegen und der Betroffene außer Kontrolle zu geraten droht? Handelt es sich dabei um eine völlige Regression? Oder ist es nur ein kulturelles Phänomen, wird also das, was wir »mangelnde Impulskontrolle« nennen, als angemessenes Verhalten betrachtet? Das muß alles genau untersucht werden. Wahrscheinlich ließe sich noch viel mehr zu diesem Thema sagen, aber ich möchte mich nicht in Einzelheiten verlieren. Das Thema, scheint mir, läßt sich besser an Hand von Fallgeschichten behandeln.

Eine Fallgeschichte, bei der eine moralische Verfehlung eine besondere Rolle spielt, wäre hierfür ein gutes Beispiel. Symptome wie Plagiieren, Betrügen oder Lügen bieten sich an, um die Hintergründe zu erforschen.

Vor allem bei jungen Menschen treten Situationen auf, die scheinbar psychotische Zustände sind. Diese Zustände entziehen sich der Diagnose, werden aber in der Regel als Überlastung, Überstimulation und extreme Irritierbarkeit beschrieben. Mit anderen Worten: unter enormem äußerem Druck desintegriert die Psyche vorübergehend. Ein wahnsinniger Gefühlsausbruch erweckt den Eindruck eines permanenten Persönlichkeitszerfalls, aber diese Desintegration ist nur temporär. Sie ist die Reaktion der überlasteten, überstimulierten und überreizten Psyche. Es genügt hier, den Betroffenen aus der Streßsituation herauszunehmen und durch die Anwesenheit einer temporären Bezugsperson zu beruhigen, um ihn wiederherzustellen. Solche Menschen weisen zwar paranoide Züge auf, sind aber keine Paranoiker. Diese paranoiden Züge, die sich in Mißtrauen dem Umfeld gegenüber zeigen, sind nur eine Folge der schwachen Reizbarriere.

Während des Zweiten Weltkriegs waren die Soldaten im Dschungelkrieg im Südpazifik über lange Zeit hin einer feindlichen Umgebung ausgesetzt. Es herrschte ständig die Angst, von einem Feind umgeben zu sein, der auf sie schießen und sie töten würde. Dies ließ sich eine Zeitlang ertragen, aber an einem bestimmten Punkt brachen viele von ihnen zusammen.

Sie werden auf Studenten aus Kleinstädten treffen, die sich in der fremden Umgebung einer Großstadt mit einer Unmenge Versuchungen und akademischer Anforderungen konfrontiert sehen. Alles ist neu und das überfordert sie, überstimuliert sie. Sie reagieren darauf mit einem allgemeinen, diffusen Mißtrauen dem Umfeld gegenüber. Sie scheinen schrecklich krank zu sein. Sie scheinen narzißtisch regrediert zu sein und am Rande eines paranoiden Zusammenbruchs zu stehen. Doch dieser Eindruck trügt! Sie können diesen Prozeß umkehren, indem Sie ganz einfach die Reizflut eindämmen, dann kann mit Ihrer Hilfe die Reizbarriere wieder stärker werden. Dadurch geht diese Überempfindlichkeit und die Anfälligkeit für diffuse Wutausbrüche und Reaktionen der Umwelt gegenüber zurück. Es handelt sich hierbei eher um einen traumatischen Zustand als um eine beginnende Schizophrenie.

Ausagieren und der Zusammenhang zwischen Ausagieren und Symptombildung, beziehungsweise der Unterschied zwischen Ausagieren und Agieren stellen ein wichtiges Thema in Ihrer Arbeit mit Studenten dar. Wahrscheinlich fragen Sie sich, worin der Unterschied liegt zwischen der strukturellen Änderung, wie er nach einer jahrelangen Psychoanalyse erreicht wird, und den plötzlichen und intensiven Änderungen, wie Sie sie in Ihrer Arbeit mit Studenten an der Klinik erleben. Beides hat seine Vorteile, aber die Ergebnisse sind völlig verschieden. In der Analyse hoffen wir, die Möglichkeiten des Analysanden zu erweitern, bis dahin nicht verfügbares Potential voll auszuschöpfen. Wir streben an, daß der Analysand sich in allen Facetten auf seine Umwelt beziehen kann, statt einfach Symptome durch die Stärkung der Abwehr und eine starke Identifikation mit einem schützenden Erwachsenen zu beseitigen. Meiner Ansicht nach sollte die normale, gesunde Psyche fähig sein, spontan aus dem Ich aufsteigende Verhaltensweisen zu wählen und diese von reinem Ausagieren zu unterscheiden.

Ich möchte als weiteres Beispiel die Tätigkeit des Psychotherapeuten bringen. Dieses Schema eignet sich nach meinem Dafürhalten hervorragend, um sich selbst und andere in der Tätigkeit als Psychotherapeut zu untersuchen. Was ich bisher über Agieren sagte, läßt sich ohne weiteres auf das Verstehen – das empathische Verstehen – übertragen. Das ist unsere Aufgabe. Das machen wir ein Leben lang. Wir wollen verstehen, und wir wollen so gut wie es nur irgend geht unsere Arbeit als Psychotherapeut verstehen.

Es gibt drei Methoden, sich empathisch in andere einzufühlen. Am wichtigsten ist es, den anderen in der Tiefe auszuloten. Das heißt, wenn wir dem Gegenüber zuhören, einem Studenten, der hierher in die Klinik kommt, entspannen wir uns in gewisser Weise. Wir machen ziemlich genau dasselbe, worum wir in der Analyse den Analysanden bitten. Die sogenannte freischwebende Aufmerksamkeit ist eine Neuauflage der freien Assoziation. Das bedeutet, daß wir bis zu einem gewissen Grad die starren obersten Schichten unserer Persönlichkeit lockern. Unser Selbst löst sich etwas auf und wir versenken uns in die Persönlichkeit unseres Gegenübers.

Aber diese Versenkung muß natürlich unter der Dominanz des Ichs ablaufen. Die Persönlichkeit soll nicht ganz aufgegeben werden. Es handelt sich um eine temporäre, kontrollierte Verschmelzung mit einer anderen Persönlichkeit, wie sie etwa auch bei einem Kunsterlebnis stattfindet, zum Beispiel im Theater, wenn man in den Tragödien Shakespeares aufgeht. Das Verstehen kommt gewissermaßen auf halbem Wege zustande, wenn sich die Anklänge an unsere eigenen frühen Erfahrungen mit den Erfahrungen des Patienten treffen. Durch dieses Erkennen wird das psychologische Verstehen des anderen möglich, da wir zumindest ähnliche Erfahrungen gemacht haben. Es müssen nicht dieselben Erfahrungen sein, aber sie sollten einen Bezug zueinander haben. Vor 15 Jahren schrieb ich über Introspektion und Empathie (Kohut 1959, dt.: Introspektion, Empathie und Psychoanalyse, 1971), wobei ich aufzuzeigen versuchte, daß es – abhängig davon, wie sehr sich Beobachter und Beobachteter unterscheiden – eine ganze Hierarchie geminderter Fähigkeiten gibt. Man kann sich unter Umständen noch in eine wachsende Pflanze empathisch einfühlen, die zur Sonne strebt, aber nicht in einen Bach. Es gibt dazu das berühmte Beispiel von dem Dichter, allerdings einen sehr kranken Dichter – Keats -, der behauptete, er leide mit den Billardkugeln, wenn sie zusammenstoßen (Gittings 1968, S. 152).

Mir geht es hierbei um folgendes: die grundsätzliche Art, die Psychologie der anderen, ihren Zustand zu erkennen – also wenn wir uns die Frage stellen: »Handelt es sich hier um Agieren oder Ausagieren?« – besteht zuerst darin, daß wir uns einzufühlen versuchen – was nicht einfach ist. Erst nachdem wir zu einem Schluß gelangt sind, werden wir die nächste Frage stellen: »Stimmt das?« Es kann nur ein Anhaltspunkt sein, nicht die ganze Antwort. In diesem zweiten Schritt wollen wir das näher ergründen, doch zuvor muß der erste Schritt kommen, das Erkennen, das empathische Einfühlen.

Die Methode, die Sie interessiert, würde der Formel entsprechen:»An welchen drei Punkten erkennt man Ausagieren? Zählen wir nach: dazu brauchen wir das und das. Trifft das hier zu?« Ein durchaus korrektes Vorgehen. Hier setzen wir nicht den empathischen Teil der Psyche ein, sondern einen autonomen, in sich abgespaltenen Aspekt unserer Persönlichkeit, das Denken, ein Sekundärprozeß. Dieser Teil des Ichs steht bei wissenschaftlichem Arbeiten ständig im Mittelpunkt – in beinahe allen Wissenschaften, nur nicht beim Verstehen in der Tiefenpsychologie. Eine Psychologie, die sich mit der Komplexität des menschlichen Geistes und psychologischer Zustände auseinandersetzt, ist auf die empathische Seite der Psyche angewiesen. Dazu kommt dann der Sekundärprozeß, das Ich, das Kriterien beachtet und Merkmale klar benennt. Falls wir uns in unser Gegenüber nicht einfühlen können, uns die Empathie im Stich läßt, dann gehen wir häufig systematisch vor. Wird der Betroffene von etwas getrieben, ohne es zu wissen, oder steckt da ein Bedürfnis dahinter, das ich einfach nicht verstehe? Wir denken darüber nach, doch die Tiefen unserer Seele sind an diesem Denken nicht beteiligt. Das geschieht ständig, zumindest mir passiert es.

Als Analytiker weiß man, daß man zu denken beginnt, wenn man nicht mehr auf einer Ebene mit dem Patienten ist. Man holt sich die letzten fünf Träume des Patienten ins Gedächtnis zurück und denkt über den Anfang der Analyse nach oder ob sich Bezüge zur Kindheit herstellen lassen. Man denkt aktiv nach, um eins und eins zusammenzuzählen, bis man wieder auf einer Ebene mit dem Patienten ist. Ideal wäre, zuerst mit dem Patienten empathisch verbunden zu sein, und darüber dann zu reflektieren.

Die dritte Methode entspricht dem Ausagieren – und manchmal ist es nichts anderes als das. Es unterläuft einem nicht ein- oder zweimal, mir passierte es unzählige Male, daß ich bei meinen Patienten ausagierte. Zum Beispiel ließ ich Bemerkungen fallen, die ich besser unterlassen hätte, ich kam zu spät in die Stunde, ich irrte mich, etwas unterlief mir. Natürlich ist das schlecht. Ich möchte hier nicht behaupten, Fehler wären etwas Positives, aber wenn man richtig mit ihnen umgeht, kann man aus der Notwendigkeit eine Tugend machen. Möglicherweise vergessen Sie eine Stunde und kommen 15 Minuten zu spät, oder etwas in der Richtung, weil der Patient etwas sagte, das Ihnen, ohne daß Sie es gemerkt hätte, unter die Haut ging. Versuchen Sie nun, sich kurz selbst zu analysieren. Eine eingehende Selbstanalyse ist unter solchen Notfallbedingungen natürlich nicht möglich, aber eine kleine Selbstanalyse, wie man sie ständig macht. Und, lassen Sie sich gesagt sein, je älter und erfahrener Sie werden, umso symbolischer werden Sie ausagieren. Sie werden sich meist selbst ertappen, noch bevor Sie ausagieren. Sie erkennen die Symptome und sagen sich:»Nein, ich werde jetzt nicht ausagieren.« Und dann lassen Sie es.

Der Rat, den ich Studenten am häufigsten gebe, lautet: »Wenn Sie forsch herausgeben möchten, beißen Sie sich auf die Zunge. Sie gewinnen Zeit, über Ihre Gründe nachzudenken.« Entscheidend ist, daß Sie dann sagen können: »Ich war wütend auf den Patienten. Deshalb wollte ich zu spät kommen. Deshalb habe ich diese Sitzung beinahe vergessen. Was war gestern?« Sie erkennen allmählich, daß der Patient Ihnen zu nahe gekommen war, und Sie erkennen, warum. Nun können Sie anfangen, am Problem des Patienten zu arbeiten – auch wenn am Anfang Ihr eigener Fehler stand, nämlich das unvermittelte Eindringen einer Gegenübertragung aus dem bereits erwähnten Spannungsdifferential.

Damit beziehe ich mich auf die erwähnte Spannungsdifferenz, die im Zusammenhang mit der zu den Ich-Aktivitäten führenden Hochspannungsaktivität steht. Die Kindheitsszene wird allmählich umgewandelt, die aus der Kindheit stammende Initiative und die Motivation werden allmählich in die Ziele der Persönlichkeit integriert. Dazu im Gegensatz steht das plötzliche Hineinspringen, wobei das Ich nur den nächsten Tick für das nächste Ziel einzusetzen versucht, wie ich es zuvor bereits in einem Beispiel skizzierte. Auf diese Weise läßt sich theoretisches Wissen gewinnbringend zur Selbsterkenntnis einsetzen.

Hilft das Verständnis des Unterschieds zwischen ich-kontrolliertem Agieren und Ausagieren als Hochschnellen einer spannungsgeladenen, unterdrückten Kindheitserinnerung, Kreativität zu verstehen?

Durchschnittlich Kreativität, vielleicht sogar die etwas überdurchschnittliche Kreativität, ist wahrscheinlich tief motiviert. Der Bildhauer *muß* bildhauern, der Maler *muß* malen. Kindliche Verhaltensweisen wie Besudeln oder Aggressionen auszuleben werden allmählich integriert in etwas äußerst Bedeutendes. Sie erinnern sich vielleicht noch an mein Beispiel vom berühmten oralsadistischen Meißel Michelangelos – Michelangelo, der sich, weit entfernt von seiner Mutter, nach ihrer Brust sehnte, wütend war auf ihre Brust, und der weiße Marmor, an dem er, in einer männlichen Umgebung, lernte, seine oralsadistische Wut abzuarbeiten. Das hat womöglich alles zu der Begierde Michelangelos beigetragen, etwas Schönes zu schaffen, seine Mutter neu zu erschaffen, die er gleichzeitig zerstören wollte. Das ist oft die Ebene großer Kunst. Wie dem auch sei, ausschließlich von der Oberfläche stammende Kreativität wäre in der Regel flacher – außer es handelt sich um ein rein abstraktes Gebiet wie Mathematik oder Logik. Doch bei den wirklich großen Künstlern, einschließlich Michelangelo, kommt noch etwas anderes hinzu: sie haben eine schlechte Filterung.

Das heißt, die starken Kindheitsspannungen, die an die Oberfläche drängen, werden nicht so wunderbar neutralisiert wie bei den normalen Menschen. Sie explodieren mit einer vulkanischen Leidenschaft und nur dank ihrer außergewöhnlichen Begabung können diese Künstler mit dieser Gewalt umgehen. Sie können also trotz ihres Hochspannungscharakters gut arbeiten. Die Intensität und die Leidenschaft, die oft in die Arbeit solcher Genies eingeht, läßt sich bereits an der Schnelligkeit ablesen, in der diese vonstatten geht – der Anzahl der Stunden, der unglaublichen physischen Kraft, die hierfür bisweilen aufgebracht wird. Ein Beobachter maß die Zeit, als Picasso seine Stierkampfserie schuf, insgesamt 26 Metallgravuren. Im Schnitt brauchte er dafür pro Stück etwa zwei Minuten. Und trotzdem sind diese Gravuren in allen Details durchgestaltet. Die Stimmung des Publikums ist zu erkennen und die Bewegungen des Stiers hin zum Matador wird deutlich allein an der Art, wie die Punkte gesetzt sind! Der Beobachter, der Picasso mit der Uhr in der Hand stoppte, konnte es nicht fassen, obwohl er es mit eigenen Augen sah. Es war ekstatisch. Auch auf anderen Gebieten gibt es dieses ekstatische Schaffen: eine ganze Serie von Gedichten entsteht anscheinend auf einmal. Sogar wissenschaftliche Arbeit wird oft unter einem Druck geleistet, wie ihn die Betroffenen sonst kaum ertragen könnten. Wir sind wohl alle kreativ genug, um dies zumindest ansatzweise aus Erfahrung zu kennen. Ich habe zeitweise mit einem Tempo gearbeitet, zu dem ich normalerweise nicht in der Lage bin.

Solchen Kreativitätsausbrüchen sollte nachgegangen werden, aber sie sind nicht mit Ausagieren zu verwechseln. Kreativität bricht nicht plötzlich durch, weil eine Unterdrückung nachgibt. Sondern es ist einfach so, daß die psychologische Puffermatrix relativ dünn entwickelt ist und dadurch die aus der Tiefe hochschießenden Impulse relativ unverändert ankommen, überarbeitet und von einem enorm begabten Menschen umgesetzt werden. Natürlich kann ein begabtes Ich nicht einfach psychologisch durch die Kindheitsbeziehungen erklärt werden.

Mich würde interessieren, ob die intuitiven Einsichten des Therapeuten ein Ausagieren sind.

Intuition und ihre Bedeutung ist ein interessantes Kapitel. Ich habe mich ausführlicher damit beschäftigt, vor allem ging es mir dabei um die Abgrenzung zur Empathie, mit der sie häufig verwechselt wird, obwohl sie nichts damit zu tun hat. Ich vertrat stets die Auffassung, daß Intuition sich zur Empathie verhält wie ein konvexes Objekt zu einem konkaven. Die Ähnlichkeit ist nur vorgeblich.

Empathie ist eine Form der Wahrnehmung, bei der sich Beobachter und Beobachteter ähnlich sind. Man kann den psychischen oder geistigen Zustand des Gegenübers wahrnehmen, wenn die eigene Psyche einen Bezug zu eigenen Erfahrungen herstellen kann, die ähnlich sind. Man fühlt sich ein. Es gibt noch andere Arten des Verstehens, zum Beispiel Verhaltensbeobachtung. Beides kann intuitiv sein oder auch nicht. Nach meinem Dafürhalten ist Intuition so zu verstehen, daß etwas mit großer Fachkenntnis, sehr schnell und vorwiegend vorbewußt geschieht.

Ein guter Diagnostiker oder ein guter Internist betritt das Zimmer eines Patienten und sagt wie aus der Pistole geschossen, an welcher Krankheit der Patient leidet. Woher weiß er das? Er selbst kann kaum erklären, wie er zu der Diagnose gelangte. Er hat so viele ähnliche Fälle gesehen. In einem Augenblick nimmt er wahr, daß der Patient blaue Fingernägel hat, auf eine bestimmte Art atmet, daß das Fenster offen ist, der Patient also trotz der Kälte ein Bedürfnis nach frischer Luft zu haben scheint, und daß ein bestimmter Geruch in der Luft liegt, aus dem sich auf die Medikation schließen läßt. Ihm ist nicht klar, was alles in seine Blitzdiagnose einfließt, denn wegen seiner Erfahrung und seinem Wahrnehmungsvermögen geht das unglaublich schnell. Später braucht er womöglich 20 oder 30 Minuten, um alles nachzuvollziehen.»Wie konnte ich das wissen?« Dann kann er die intuitive Handlung in ihre rationalen Faktoren zerlegen.

Intuitive Empathie ist möglich, aber Empathie ist nicht notwendigerweise intuitiv. Von ausschlaggebender Bedeutung scheint mir bei der Wissenschaft der Psychoanalyse zu sein, daß die Empathie für die behutsame wissenschaftliche Vorgehensweise ausreichend gezügelt ist. Unsere Empathie zeichnet sich nicht durch plötzliche intuitive Einsichten aus. Die intuitiven Zauberer mit ihren empathischen Einsichtsfeuerwerken sind häufig die Anfänger oder die Angeber, die sich eine Art Jux daraus machen, daß das Publikum über den Meister in Verzückung gerät. Allerdings kann ich nun, mit etwa 20 Jahren Menschenbeobachtung auf dem Buckel, einigermaßen diagnostizieren. Dabei diagnostiziere ich oft sehr schnell und häufig kann ich dabei auf Anhieb gar nicht sagen, wie ich zu der Diagnose kam. Hier kommen einfach die Erfahrung und eine Begabung zusammen. Offensichtlich wählte ich dieses Gebiet – genau wie Sie –, weil ich dafür begabt bin.

Diese Diagnosen sind nur insofern intuitiv, als sie sehr schnell gemacht werden und viele Anhaltspunkte wahrgenommen werden, ohne daß ihnen bewußt Aufmerksamkeit geschenkt wird. Nebenbei bemerkt, bekommt es vielen komplexen Handlungen, wenn sie vorbewußt ablaufen statt bewußt. Mit *vor*bewußt ist nicht *un*bewußt gemeint, sondern nur, daß den Einzelheiten nicht bewußt Beachtung zuteil wird. Sich auf die Einzelheiten zu konzentrieren hat seinen Preis. Wenn Sie den Blick auf ein Detail richten, blenden Sie jeweils den Rest aus. Nehmen Sie jedoch das ganze Bild in Augenschein, sehen Sie zwar alles, aber Sie können die einzelnen Ansatzpunkte nur verschwommen wahrnehmen.

Gelegentlich führe ich ein Aufnahmegespräch, zum Beispiel wenn sich jemand am Institut bewirbt, und dabei muß ich bewerten, ob der Bewerber ein guter Analytiker werden wird oder nicht, also ein umfassende Beurteilung abgeben. Je älter ich werde und je mehr Erfahrung ich auf meinem Gebiet gesammelt habe, um so mehr neige ich dazu, gewissermaßen einen Schritt zurückzutreten und wie bei einem komplexen Bild die Augen etwas zuzukneifen. Ich will die

Details nicht zu deutlich wahrnehmen, vielmehr möchte ich die Gesamtatmosphäre der Persönlichkeit erkennen, eine Ahnung bekommen von ihrer Art zu arbeiten, und so weiter. Sobald mir dies gelungen ist, versuche ich in einem zweiten Schritt diese Ahnung durch Einzelheiten zu untermauern. Aber ich gestehe mir zu, vorbewußt zu einem Urteil zu gelangen und – wenn Sie es so nennen wollen – intuitiv. Diese Intuition ist ganz und gar nicht magisch. Sondern ich vertraue einfach meiner Fähigkeit zu vorbewußtem Wahrnehmen angesichts des komplexen Problems, eine Persönlichkeit mit so vielen positiven und negativen Eigenschaften im Hinblick auf eine zukünftige Karriere als Analytiker zu beurteilen, die in fünf, acht oder zehn Jahren beginnt. Wie kann man sonst zu einem Urteil gelangen? Indem man zwei und zwei zu vier zusammenzählt? Es ist so gut wie unmöglich. Aber mit der Zeit bekommt man ein Gefühl dafür. Man kennt die Anforderungen, die an einen Analytiker gestellt werden, und sieht, was für ein Mensch da vor einem steht, ob er sich zu einem Analytiker entwickeln kann. Und wenn ich dieses Gefühl habe und mir, nachdem ich einige Stunden mit diesem Menschen gesprochen habe, allmählich klar wird, was ihn antreibt, dann sage ich, daß er ein guter Analytiker werden könnte.

Um zu dem Thema Kreativität zurückzukehren: viele junge Erwachsene und ältere Heranwachsende betätigen sich kreativ, um psychisch im Gleichgewicht zu bleiben, ganz unabhängig von ihrem kreativen Potential. Ich würde Augen und Ohren offen halten für ihre kreativen Aktivitäten, um Erkenntnisse daraus zu ziehen. Wie tragen sie zu ihrer psychischen und geistigen Gesundheit bei? Dienen diese kreativen Tätigkeiten tatsächlich dem Spannungsabbau oder sind sie nur bizarrer Ersatz? Allein und ohne Kontakt zu anderen zu sein kann für einen einsamen und unglücklichen Menschen etwas ganz anderes bedeuten als für jemanden, der sich in moderne Poesie versenkt, empfindsam ist für die Welt und seine Empfindsamkeit zumindest zu nutzen versucht.

Bei vielen Genies finden wir eindeutig ein gestörtes Verhältnis zum eigenen Selbst, das läßt sich an ihrer aufgelösten Erscheinung und der offensichtlichen Vernachlässigung der Kleidung und der körperlichen Bedürfnisse ablesen. Ein Beispiel wäre Beethoven mit seinem enormen Perfektionsdrang, was seine Kompositionen anging. Anscheinend geht die Selbstwertgefühlsregulierung, was den Körper und die gesamte Person angeht, in der Arbeit auf.

Anders ausgedrückt, die Arbeit wird der wahre Träger des Selbstwertgefühls, besonders des Perfektionsdrangs. Sobald die Arbeit getan ist, kann es für den Betreffenden einen ungeheuren Verlust bedeuten, sich davon zu trennen. Er ist auf eine ganz merkwürdige Weise eifersüchtig auf sein Werk, auf das Leben, das es nun beginnt, die Bewunderung, die ihm nun gilt. Solange man an seinem Werk arbeitet, solange gehört es einem. Andere wiederum verlieren jedes Interesse an ihrer Arbeit, wenn sie sie abgeschlossen haben. Mir erscheint das Konzept zu eng gefaßt, nach dem der Sinn eines Werkes darin besteht, die

Sterblichkeit in der Begrenztheit des Daseins aufzuheben. Meines Erachtens gehören die Unsterblichkeit und die Unendlichkeit des *Daseins* zu dem frühen gesegneten Stadium, das man in der einen oder anderen Form wieder zu erschaffen sucht, so daß die Unsterblichkeit des *Werkes* wichtig ist.
Ohne Frage wird unter bestimmten Umständen das Werk wichtiger als das Selbst, und zwar nicht deshalb, weil man das Werk so lieben würde, sondern weil das Selbst nun Teil des Werks ist. Das ist der Unterschied. Es handelt sich nicht um Objektliebe. Hier stimme ich überhaupt nicht mit Greenacres Theorie zur künstlerischen Kreativität überein (1957, 1960). Sie vermutet hier eine Fortsetzung einer frühen Form der Objektliebe, ich halte das für falsch. Meiner Ansicht nach handelt es sich hier zwar um eine frühe Form der Objektbeziehung, aber um eine narzißtische Beziehung zum Objekt.[1] Das ist eine Erweiterung des Selbst, die perfekt ist, aber nicht geliebt wird, von der man etwas zurück will und der man ein eigenes Leben gerne zugesteht. Die Beziehung der Eltern zu ihren Kindern ist in diesem Zusammenhang von enormer Bedeutung. Vor allem Sie müssen auf die Elternbeziehung Ihrer Patienten achten, die durch ihren Weggang an die Universität, vielleicht zum ersten Mal in ihrem Leben, wirklich unabhängig sind. Idealerweise müßten Eltern zur Veränderung fähig sein. Sie sollten in der Lage sein, eine narzißtische Beziehung zuzulassen und narzißtisch auf ihre Kinder zu reagieren – sie in ihrem Selbst aufzunehmen und ihr Selbst in dem Selbst ihrer Kinder aufgehen zu lassen, und zwar so lange, solange es die Kinder brauchen und solange es phasengerecht ist.[2] Doch dann, wenn das Kind unabhängiger wird, müssen sie ihre Haltung ändern, ihren Narzißmus zügeln. Jetzt sollten sie fähig sein, sich leise über die Unabhängigkeit und die eigene Initiative des Kindes zu freuen. Diese Freude hat mit narzißtischer Freude nur noch wenig zu tun.[3]
So sollten Sie meines Erachtens diese Theorien in Ihrer klinischen Arbeit nutzen, nicht indem Sie sich Punkt für Punkt danach richten, sondern indem Sie sie als Ordnungsschema im Hinterkopf behalten. Je weniger Ihnen dies bewußt wird, um so besser. Aber am Anfang wird es Ihnen ähnlich wie dem Tausendfüßler gehen, der sich seiner Füße bewußt wird: man kommt nur langsam voran. Der Wissenszuwachs wird zu einem Hindernis, aus gutem Grund. Jede neue Erkenntnis bringt eine temporäre Einbuße in der technischen Geschicklichkeit mit sich. Erst wenn das neue Wissen wirklich integriert wurde, macht sich der Fortschritt bemerkbar.

---

[1] Kohut prägte später dafür den Begriff Selbstobjektbeziehung.

[2] Wechselseitigkeit von Eltern und Kind als Selbstobjekte.

[3] Eine Steigerung des Selbstwertgefühls infolge ihrer Freude über die Fähigkeit ihrer Kinder zur Unabhängigkeit und reifem Narzißmus (Kohut 1966, dt.: Formen und Umformungen des Narzißmus, 1975)

17. Plagiieren als Form des Ausagierens

Im folgenden Fall geht es um einen Studenten, den ein Vorfall beunruhigt, bei dem er sich ganz im Gegensatz zu seinem üblichen Verhalten benahm. Er scheint »ausagiert« zu haben.
Es handelt sich um einen 19jährigen Collegestudenten aus einer Stadt im Osten. Er erklärt, warum er die Klinik aufsucht:
»Mir scheint, meine Einstellung zum Studium an dieser Universität wird einem längeren Aufenthalt abträglich sein, wie eine Zehn-Seiten-Arbeit zeigt, die ich wortwörtlich aus einem Buch abschrieb. Ich würde gerne mit jemandem über meine Einstellung sprechen und mir über andere Standpunkte klarwerden.«
Er ist etwa einen Meter neunzig groß, hat schulterlanges, braunes Haar und einen Bart. Mein erster Eindruck war, daß er aussieht wie der Jesus in unserer Sonntagsschule mit seinem sanften Gesicht. Er ist in vielfacher Hinsicht sehr ernst und reif, aber auch sehr nervös. Mal raucht er, mal kaut er Kaugummi. Er nimmt den Kaugummi aus dem Mund und spielt damit, dann raucht er, und wenn er zuende geraucht hat, schiebt er den Kaugummi wieder in den Mund.
Er sagte, er wolle darüber sprechen, was passiert ist und was momentan los ist, vor allem über seine Einstellung zum College hier. Er sehe keinen Sinn in dem, was er hier lerne. Er sagte: »Ich bekam eine schlechte Note in Französisch, aber das bedeutet nicht, daß ich nicht Französisch kann. Ich lerne seit fünf Jahren Französisch. Inzwischen kann ich französisch lesen und es macht mir Spaß. Aber auf Grammatik legte man keinen Wert, und das scheint das einzige zu sein, was hier interessiert.«
Im letzten Quartal habe er Sozialwissenschaften gewählt. Unter mehreren Themen für eine Abschlußarbeit habe er sich für Gandhi entschieden. Er habe sich durch das gesamte Quellenmaterial durchgearbeitet, alle Reden Gandhis und seine Autobiographie gelesen, und sei dann aufgrund seiner Lektüre zu einer Aussage über Gandhi gekommen. Zufällig sei er auf ein Buch von einer Frau gestoßen, die ebenfalls über Gandhi gearbeitet hatte, und zu seiner Verärgerung habe er feststellen müssen, daß sie zu denselben Schlußfolgerungen wie er gekommen war. Er sei verärgert gewesen, weil man ihn zu einer Arbeit aufgefordert hatte, die bereits gemacht worden war. Und das scheine ihm an einem College keinen Sinn zu machen. Er habe seine eigene Vorstellung davon, wie es in einer Universität zuzugehen habe. Er sagte dazu: »In der High-School bereitet man sich auf das College vor, da regt man sich über sowas nicht auf.« Er habe das Buch passagenweise abgeschrieben und es als seine Arbeit eingereicht. Sein Plagiat sei aufgeflogen, weil die Autorin selbst Vorträge in dem

Kurs gehalten hatte. Daher habe die Kursleiterin auch ihr Buch gekannt. Die Kursleiterin sei sehr verwundert gewesen, weil er im ersten Quartal in ihrem Kurs eine ausgezeichnete Note erhalten hatte, was auch diesmal wieder der Fall gewesen wäre, wenn er seine eigene Arbeit abgegeben hätte. Er habe mit ihr über seine Desillusionierung gesprochen, daß er eine Arbeit schreiben sollte, die schon geschrieben worden war. Sie habe vorgeschlagen, er solle mit jemandem darüber sprechen, der die Probleme der Studenten kenne und ihm vielleicht helfen könne, seine Einstellung und sein Verhalten zu verstehen. Nach mehreren Wochen Überlegung habe sich die Kursleiterin entschieden, ihm eine sehr schlechte Note zu geben, habe ihm aber gleichzeitig erlaubt, weiter an der Kursfolge teilzunehmen, er müsse also im nächsten Jahr nur ein Quartal wiederholen. Das erschien ihm sehr rücksichtsvoll.

Er konnte sich sein Verhalten nicht erklären. Das sei ihm noch nie zuvor passiert. Er denke, es habe teilweise damit zu tun, daß er sich nicht ganz sicher sei, ob er hier an der Universität richtig am Platz sei. Es geschehe soviel.»Vielleicht gibt es in zwanzig Jahren keine Welt mehr, warum soll man sich also mit all diesen Sachen beschäftigen?« Er habe darüber nachgedacht, auszusteigen, aber die Angst, eingezogen zu werden, halte ihn davon ab. Denn zur Armee wolle er nicht.

Ich fragte ihn, was er denn gerne machen würde, wenn das Problem mit der Armee nicht wäre. Er sagte:»Ich würde wahrscheinlich für eine Organisation arbeiten, die etwas gegen die Umweltverschmutzung unternimmt.« Die asiatischen Wissenschaften interessierten ihn, er habe auch angefangen, Chinesisch zu lernen. In Französisch sei er gut, er lerne es seit fünf Jahren. Deshalb habe er mit Chinesisch angefangen, aber wieder damit aufgehört. Chinesisch sei zuviel für ihn gewesen, zusätzlich zu seinen Schwierigkeiten, sich hier anzupassen. Ein weiterer Grund, warum es ihm hier nicht gefalle, sei, daß er in ein Mädchen verliebt sei, die noch zu Hause, an seiner alten High-School ist. Zwar habe er hier Freunde und gehe auch aus, aber sie fehle ihm sehr. Sie sei an der Universität für nächstes Jahr angenommen worden, und er denke, damit würde alles besser. Er verbringe viel Zeit damit, ihr zu schreiben, sie anzurufen und nach Hause zu fahren, denn er vermisse sie sehr. Letzten Sommer sei er sogar sechs Wochen allein nach Europa gefahren, um sich auf die Trennung hier vorzubereiten.

Im Osten sei er an einer sehr guten High-School gewesen, mit kleinen Klassen und viel Freiheit für die Schüler, sich weiterzuentwickeln. Dieses Quartal habe er die Geisteswissenschaften abgelegt. Er habe den Eindruck gehabt, nur den Stoff von der High-School zu wiederholen. Er hat nur drei Kurse belegt.

Er erzählte, es wäre auch in der High-School nicht immer einfach gewesen. Das erste Jahr hatte er ziemliche Schwierigkeiten und sei nicht besonders zurechtgekommen. Erst nach einer Eingewöhnungszeit sei er aktiver geworden. Im letzten Jahr sei er Vizepräsident der Studenten geworden. Er habe sich sehr in der Schauspielgruppe engagiert und dort habe er auch seine Freundin kennengelernt. In der High-School sei es einfacher gewesen, weil er auf ein Ziel hinarbeiten konnte – an das College zu gehen. Er habe diese große Universität wegen ihres guten Rufs gewählt und sei auch angenommen worden.

Er habe sich nirgends sonst beworben, um nicht in die Lage zu kommen, sich entscheiden zu müssen. Er erzählte, er habe einen Onkel und zwei Cousins hier. Er habe sie besucht und gedacht, daß er nicht in einer anderen Stadt sein möchte, wo er niemanden kenne. Aber jetzt, da er hier sei, habe er kein Ziel und viele Zweifel.

Er ist der jüngste von drei Brüdern. Ein Bruder ist 25, der andere 23. In den Unterlagen erwähnte er nur seine Mutter. Sein Vater starb 1960 an Krebs, als der Patient 9 Jahre alt war. Er spricht sehr wenig von ihm und erinnert sich auch an wenig. »Ich stand ihm nicht nahe, aber er war ein guter Vater.« Sein Vater habe ein großes Forschungsinstitut geleitet. Die Mutter ist dort jetzt im Management tätig. Der Onkel unterstützte die Familie finanziell und kommt nun für seine Ausbildung auf. Der Onkel ist der Bruder des Vaters und in das Familienunternehmen eingestiegen. Dem Onkel gehe es finanziell sehr gut. Der Vater habe, statt in das Familienunternehmen einzusteigen, eine andere Laufbahn gewählt. Er sei kurz vor seiner Promotion gestanden, als er starb.

Seinen ältesten Bruder beschreibt er als ungemein intelligent. Er habe im Osten Physik studiert, habe das Studium aber im letzten Jahr abgebrochen, weil er den Gedanken nicht habe ertragen können, den Rest seines Lebens in einem Labor zu verbringen. Statt dessen habe er sich einen Lastwagen gekauft und sei durch das Land gefahren. Vor kurzem habe er einen Kurs in Vogelbeobachtung gemacht, denn er interessiere sich für Biologie. Er denke darüber nach, wieder an die Hochschule zurückzugehen.

Der Patient steht seinem Bruder sehr nahe. Sein Bruder habe ihm auch die asiatischen Wissenschaften nahegebracht. Er interessiere sich sehr für Konfuzius und denke viel nach. Er sagte: »Ich bin meinem Bruder in vielem ähnlich. Wir haben beide braunes Haar, sind groß und ähnlich gebaut. Ich fühle mich ihm nahe.« Der 23 Jahre alte Bruder sei das Gegenteil. Er sei ein adoptiertes Kind und lebe seit seinem ersten Lebensjahr bei der Familie. Er sei klein und dunkel, in der Schule nicht besonders, aber sehr sportlich. Er habe gleich nach der High-School geheiratet und es gehe ihm jetzt recht gut. Man habe ihm gesagt, daß die Ärzte nach dem ersten Kind gedacht hätten, seine Mutter könne keine Kinder mehr bekommen. Deshalb hätten seine Eltern das zweite Kind adoptiert. Er sei glücklich darüber, zwei ältere Brüder zu haben, weil er von ihnen eine Menge lernen könne. Seine akademischen Interessen stammten von seinem ältesten Bruder und sein sportliches Interesse von seinem zweitältesten Bruder.

Am Ende der Stunde sagte er: »Ich erwarte nicht, daß Sie mir erklären, warum ich das getan habe, was ich getan habe. Aber was denken Sie?« Ich sagte, daß viele Studenten seine Einstellung zur akademischen Arbeit teilen. Nur brächte er seine Meinung auf ganz eigene Art und Weise zum Ausdruck. Deshalb sei er zu uns gekommen. Er sagte, darüber wolle er sprechen.

Ich erklärte, es sei nicht einfach und koste viel Energie, sich an neue Erfahrungen anzupassen. Er meinte: »Das fällt mir auch auf. Ich glaube, meine Gefühle haben viel mit der Eingewöhnung hier zu tun. Es ist so grau und so kalt hier.« An dieser Stelle stand er auf und schüttelte mir die Hand, was sehr ungewöhnlich ist. Dann ging er. Nächste Woche kommt er wieder.

Sie sahen ihn erst einmal?

Zweimal.

Welchen Eindruck haben Sie gewonnen?

Als Sie erzählten, der Junge habe von einem Buch abgeschrieben, das ein Lehrer geschrieben hat, war ich schockiert. Ich hatte nicht so etwas Augenfälliges, sondern etwas Subtileres, Verborgeneres erwartet. Aber er war sich bewußt darüber, was er tat. Sehen Sie das als typisches Ausagieren?

Es hört sich so an, als bereite es ihm wirklich Kopfzerbrechen, was er da Merkwürdiges getan hat und warum er es getan hat. Er stellt es so dar, als handle es sich um eine symptomatische Handlung, die sich seinem Verständnis entzieht.

Es ist eher ein neurotisches Symptom als Ausagieren.

So stellt er es dar. Mehr kann ich darüber im Moment noch nicht sagen. Was gibt es noch dazu zu sagen?

Sein Kummer scheint zu sein, daß die Arbeit bereits gemacht worden war. Er hatte das ganze Material durchgearbeitet, um festzustellen, daß jemand das bereits vor ihm gemacht hatte. Da ist er, der dritte von drei Brüdern, und er erklärt, es sei schön, diese Brüder zu haben.

Er ist ihnen dankbar.

Ja, aber ich frage mich, ob das nicht die eine Seite einer ambivalenten Beziehung ist, in der die Arbeit bereits von den Brüdern gemacht wurde. Und jetzt ist er wieder so weit. Vielleicht spielt das bei dem Plagiieren einer Rolle.

Dieser Student und sein ältester Bruder scheinen sich ziemlich ähnlich in ihren Gefühlen zu sein. Ihre Einstellungen der Arbeit und dem gegenüber, was sie im Leben erreichen wollen, scheinen sich sehr zu gleichen. Täusche ich mich hier? Der ältere brach seine sehr anspruchsvolle wissenschaftliche Karriere ab, um einen Lastwagen zu fahren. Mir kommt das Verhalten dieses Patienten recht ähnlich vor.

Mich beschäftigt die Tatsache, daß der Vater kurz vor seiner Graduierung starb.

Ich halte das nicht für so wahnsinnig wichtig. Ich verstehe, was Sie meinen, aber ich habe einfach ein Gefühl, daß das nicht so wichtig ist. Wichtig dagegen scheint mir, daß im Vater mutmaßlich der Ehrgeiz, das Streben nach einer höheren Bildung und intellektuellen Leistungen personifiziert war. Etwas an der Persönlichkeit des Vaters oder sein Tod – oder beides zusammen – scheint im ältesten und im jüngsten Bruder ein Grundgefühl gelegt zu haben. Der mittlere Bruder ist offensichtlich anders, er wurde adoptiert, besitzt andere Gene. Seine Rolle in der Familie scheint eine andere gewesen zu sein. Der älteste und der jüngste Sohn sind die zwei natürlichen Kinder des Vaters. Vielleicht hat sie das beeinflußt – gewissermaßen nach dem Motto: Wie der Vater so der Sohn. Der eine war neun, als der Vater starb, der andere 15. Ein wichtiger Moment im Leben dieser Jungen. Damals stand der jüngere Sohn am Anfang der Pubertät, ihm fehlte die Unterstützung und das Vorbild eines idealisierten Vaters, der akademische Leistungen verkörperte. Der älteste Sohn befand sich schon fast am Ende der Pubertät, am Anfang des Erwachsenenalters, als er den Vater verlor. Es ist, als sei die Zielstruktur nicht ganz zuverlässig, was mit dem plötzlichen Verlust des Vaters zusammenhängen könnte. Starb er plötzlich?

Ich glaube, er war drei Monate krank.

Wie dem auch sei, dieser Mann war nicht jahrelang krank. Mich beeindruckt weniger, daß dieser Junge sich masochistisch und gedankenlos dem Untergang preisgibt, indem er dieses Plagiat abgibt, als daß seine ganze Erscheinung so bar jeden Interesses wirkt. Alles ist bedeutungslos, was soll das alles? Hier fehlt überall der Schwung. Als Helden wählt er sich einen Führer des passiven Widerstands und dann agiert er – wenn ich diesen Ausdruck verwenden darf – den passiven Widerstand bei seinen Überzeugungen aus. »Was soll das alles? Seht euch meinen Vater an – er verschwand auch. Meine Ideale sind bedeutungslos. Da könnte ich genauso gut einen Lastwagen fahren. Ich könnte

genauso gut eine Arbeit abgeben, die meinen Untergang bedeutet.« Und doch sucht er nach Hilfe. Er möchte verstehen. Wenn da eine tiefere Bedeutung dahinter steckt, möchte er sie kennenlernen.
Es ist denkbar, daß er jemanden sucht, der die verwaiste Rolle des Vaters übernimmt, der für die nötige Unterstützung sorgt, für frischen Schwung, Erklärungen und Ziele, der die intellektuelle Arbeit wieder mit Leben erfüllt. Diese Ideale gaben den Jungen einmal sehr viel, und doch schafften sie es nicht, bei der Stange zu bleiben. Der Junge sagte etwas Interessantes: er hätte in der High-School gut arbeiten können, weil es die Vorbereitung für das eigentliche Ziel gewesen. Aber sobald das eigentliche Ziel erreicht ist, stellt sich heraus, daß es nur sinnlose Maloche ist und ohne jede Bedeutung. Er macht Übungen, statt wirklich zu arbeiten. Diese Gebiete müssen noch näher erforscht werden. Wir werden sehen, was die zweite Sitzung bringt. Aber auf den ersten Blick scheint das eine guter Tip zu sein.

Könnte dies ein Fall von Krypto-Amnesie sein – das heißt, daß er die Monographie las und dann vergaß? Oder könnte es sein, daß er seine eigene kreative Leistung herabsetzt?

Meines Erachtens hat dieser Junge kein Leistungsproblem wie Kris (1934) es beschreibt. Es ist nicht so, daß er auf ein Detail stößt, das Ähnlichkeit mit seiner eigenen Arbeit hat, und nun die Bedeutung dem anderen zugute hält statt seiner eigenen Kreativität. In der von Kris beschriebenen Analyse rührte dieses Muster vom frühzeitigen Verlust des Vaters her. Bei diesen Menschen findet man oft eine Sehnsucht nach einer omnipotenten Vaterfigur, nicht nach dem omnipotenten Selbst. Falls sie dann auch noch begabt sind, können sie ihre Kreativität umsetzen, sobald sie die omnipotente Vaterfigur gefunden haben. Diese Menschen haben meiner Meinung nach eine klare Vorstellung davon, was zum Selbst und was zur Außenwelt gehört. Ich glaube nicht, daß der Patient dazu zählt. Dazu ist seine Selbstdarstellung zu wirr. Spielt sein Exhibitionismus bei diesem Vorfall eine Rolle? Er entdeckte, daß jemand anders bessere Arbeit geleistet hatte, als er sie je zu Wege gebracht hätte, und das war eine narzißtische Kränkung. Daraufhin gab er völlig auf. War das eine mildere Form des Ausstiegs, wie ihn sein Bruder gemacht hatte? Fahren wir mit dem Fall fort.

Er sagte die nächste Stunde ab weg der Frühlingsferien und fuhr nach Hause. In der darauffolgenden Woche erzählte er, er habe zu Hause arrangiert, daß er über die Sommerferien einen Psychiater sehen könne. Er kenne diesen Psychiater, weil er als Klassensprecher in der High-School an einer Studie dieses Psychiaters teilgenommen habe. Außerdem habe ihm seine Mutter zu Hause gut zugeredet, an der Universität zu bleiben. Er habe mit ihr über den Studienabbruch seines Bruders gespro-

chen. Seine Mutter rege sich deshalb maßlos auf. Sein Bruder sei zu einem Psychiater gegangen und habe diesen überzeugt, er sei bisexuell. Aber der Patient versicherte seiner Mutter, das stimme nicht. Er selbst habe drei Vorbilder in seinem Leben – Gandhi, Jesus und Martin Luther King. Über das Plagiat sprach er diesmal so, daß eher der Eindruck einer bewußten Entscheidung entstand. Er habe das Buch gelesen und da sei alles dringestanden, was er sagen wollte. Der Abgabeschluß rückte näher und er habe sich gedacht:»Was soll's?« Er habe Abschnitte aus dem Buch genommen und sie etwas anders angeordnet.

Anschließend erzählte er von seiner allgemeinen Desillusionierung, was das akademische Leben anging, wie sehr ihn die Ermahnungen störten, wie wichtig eine Ausbildung sei, und daß er sich Sorgen machte, ihn die Armee eingezogen zu werden. Er sagte, er habe die High-School vorgezogen. Zwar habe er dort nicht so viel gelernt, aber der persönliche Kontakt zu den Lehrern sei enger gewesen. Das sei wichtig.

Im Zusammenhang mit seiner Abneigung gegen Ermahnungen, wie wichtig doch eine gute Ausbildung sei – was ihm an dieser Universität sehr auffällt –, erwähnte er, daß die wichtigen Entscheidungen in der Familie immer vom Vater getroffen worden sind. Als der Vater starb, durften die Söhne selbst entscheiden, nur die finanziellen Angelegenheiten regelte die Mutter.

In der dritten Stunde ging es ihm besser. Die Woche sei gut gelaufen. Er habe sich an dem Streik auf dem Campus beteiligt, dann aber beschlossen, wieder in den Unterricht zurückzukehren. Er sagte, sein Bruder sei ein Aktivist, er aber nicht. Er würde diesen Sommer gern im Bereich Umweltverschmutzung arbeiten. Er wolle nicht gegen das System arbeiten, da er nicht glaube, daß sich die Politik dadurch ändern würde. Die Umweltverschmutzung sei wichtiger. Er habe sich entschlossen, sich an der Universität durchzubeißen. Er meinte, seine Rebellion gegen die akademischen Regeln hänge wohl damit zusammen, daß er seit dem Tod seines Vaters seine eigenen Entscheidungen getroffen habe. Dann erzählte er von den Zeiten, in denen es ihm schlecht ging, wie zum Beispiel im letzten Quartal. Er könne sich das nicht erklären, woher das komme und warum er dann so energielos sei und ihn alles so anekle.

Anschließend beschrieb er seine ständige Suche nach dem, was wir Vaterfiguren nennen. Er erzählte einige Einzelheiten aus der akademischen Karriere seines Vaters und von den gemeinsamen Segelturns, an die er sich noch erinnern konnte. Der Patient erfuhr vom Tod seines Vaters, als er im Ferienlager war. Der Leiter des Ferienlagers benachrichtigte ihn. Er sei zur Beerdigung nicht nach Hause gefahren. Als er heim kam, war seine Mutter umgezogen, er kam also in ein anderes Zuhause zurück. Er erzählte, sein Vater habe hier ganz in der Nähe gearbeitet und er habe überlegt, seine frühere Arbeitskollegen zu besuchen und zu sehen, ob sie sich noch an seinen Vater erinnern konnten.

Der Vater studierte hier?

Nein, er arbeitete in einem Institut, das mit der Universität zu tun hatte.

Als Angestellter der Universität?

Ja. Sein Vater verließ die Universität, bevor er den Ph.D. gemacht hatte. Er arbeitete in Washington und kehrte dann zurück, um den Ph.D. zu machen, wurde aber nicht fertig.

Er erklärte, sein Bruder sei ein härterer Bursche als er, er käme mehr nach seiner Mutter, würde sich wie diese für Kunst und Geschichte interessieren. Der älteste Bruder habe es schwerer gehabt, er habe niemanden gehabt, der ihm half. Letztes Jahr sei er alleine nach Europa gereist und habe immer Ausschau nach Leuten gehalten, die er kannte.

Hier scheint der Verlust des idealisierten Vaters eine Rolle zu spielen. Das Plagiieren scheint in Zusammenhang zu stehen mit dem zusehends sich herausschälenden Ressentiment gegen die Mutter, die Lehrerin, die Autorin des Buches, als wolle der Patient sagen: »Ich stehe da allein mit der Mutter, was ich brauche, ist ein Vater.« Diese Tendenz ist beim ältesten Bruder ebenso vorhanden. Die akademischen Ideale des Vaters sind in dieser Familie noch immer stark und auch wichtig für sie, obwohl der Vater starb, bevor er seine Arbeit beenden konnte.

In den letzten Sitzungen sprachen wir auf der Grundlage dieses und anderer Fälle über das weite Feld des Ausagierens. Diese Themen scheinen von diesem Studenten und seinem Bruder heraufbeschworen zu werden, und durch den in ihrer Kindheit und Jugend erlittenen Verlust. Mir scheint, diese Jungen wandten sich von ihrer Mutter ab, die vielleicht ein strukturierteres, zielorientierteres Leben erwartet hätte. Sie wenden sich ab, verachten gewissermaßen ihre Ziele, wodurch es gleichzeitig aufgewertet wird, sich treiben zu lassen .

Anders ausgedrückt, wir finden hier eine homosexuell getönte Verehrung so großer passiver und zugleich allmächtiger Figuren (Gandhi, Jesus, King), vielleicht eine Neuauflage des Vaters. Gleichzeitig wird die Forderung der mütterlichen Figur zurückgewiesen, die den Vater beseitigte: »Sie rief mich nicht einmal an, als er starb.« Möglicherweise schlummert tief im Unbewußten dieses Jungen die Vorstellung, daß die Mutter den Vater beseitigte. Sie überlebte schließlich, während der Vater verschwunden war, als der Junge zurückkam.

Im Augenblick kann ich nicht mehr zu diesem Persönlichkeitstyp sagen. Auch bei dem Gesagten stütze ich mich nicht nur auf das hier vorgestellte Material, sondern auf ähnliches Material, wie ich es immer wieder höre. Zwar gehören nicht viele meiner Patienten dieser Altersgruppe an, aber viele von ihnen sind im Grunde ihres Wesens Heranwachsende geblieben. Die Suche nach einem starken personifiziertem Ideal geht in eine religiöse Einstellung zur Welt über, ein religiöses Sich-treiben-Lassen. Das findet sich bei diesen Menschen sehr häufig.

Auf diese Tatsache wurde ich im Verlauf einer Analyse aufmerksam, bei der der Patient mich idealisieren wollte und ich diese Idealisierung in Verkennung seines Wunsches zurückwies. Der Patient konnte nicht akzeptieren, daß ich mit einer Deutung reagierte. Sie war verfrüht, oder er fand einen anderen Einwand. Am nächsten Tag hatte dieser verträumte Patient wenig zu berichten, sprach über die Natur und einen allumfassenden Pantheismus.

Wenn so etwas passiert, pflege ich mich zu fragen: »Was habe ich gestern gemacht, daß aus diesem zielgerichtet und engagiert an seiner Analyse arbeitenden Menschen hier solch ein zielloser Träumer wurde, der zu seiner Rechtfertigung die Religion heranzieht?« Ich habe diesen alten Fall noch einmal durchgesehen, bei dem ich mir über manches nicht in dem Maße im klaren war wie heute. Am Ende der Analyse wurde der Patient zunehmend religiös orientiert – aus meiner heutigen Sicht ein äußerst unbefriedigendes Ergebnis. Ich weiß von mehreren meiner Patienten, die nach der Analyse diese Entwicklung hin zur Religion machten. *Sie* waren zufrieden. Von einem Patienten weiß ich, daß er sehr gut zurechtkommt. Doch offensichtlich ist die unvollständig analysierte, idealisierende Übertragung mir gegenüber in eine umfassende Religiosität geflossen. Ich habe den Eindruck, daß ich diesem Menschen heute besser helfen könnte, und zwar nicht, weil ich gegen Religion bin, sondern weil ich denke, daß dies keine freiwillig getroffene Wahl war, sondern ein Zwang, der gegen eine offensichtlich andere Realität aufrechterhalten werden muß. In seinem Job ist dieser naive Optimismus und dieses Heile-Welt-Getümel unangebracht, hier würde er mit einem ausgeprägteren Realitätssinn besser fahren. Er stellt die Menschen ein und feuert sie wieder. Man kann nicht ständig heile Welt spielen und glauben, alle Menschen seien gut. Die Menschen sind nicht alle gut.

Die ganze letzte Stunde beschäftigten wir uns mit dem Thema Ausagieren und der Beziehung zwischen Ausagieren und Symptombildung, dem Unterschied zwischen Agieren und Ausagieren. Selbst nachdem wir nun einiges über diesen Jungen erfahren haben, kann ich mich noch nicht in ihn einfühlen. Dazu fehlt noch der entscheidende Kick. Wir betrachteten sein Plagiieren bisher von zwei Seiten. Die eine Sichtweise wirkte recht überzeugend – die vom wütenden, zornigen, die mütterliche Autorität in Frage stellenden Jungen, der sozusagen ausdrückt: »Was ich brauche und was ich will, ist ein starker, idealisierter, hilfreicher Vater. Statt dessen habe ich dich.« Und so knallt er ihr das Plagiat hin.

Das scheint mir jedoch nicht im Widerspruch zu stehen zu unserer Diskussion über den Verlust des Vaters. Durch diesen Verlust wurde seine Persönlichkeit nicht ganz ausgebildet. Er sucht den Teil, der seiner Persönlichkeit fehlt – eigene Ideale und eine Zielstruktur, eine feste, idealisierte im Über-Ich verankerte Führung. Diesen Teil, der in ihm sein sollte, sucht er noch immer draußen. Es scheint, daß seine zaghaften Versuche mit diesen idealisierten Figuren Gandhi, Christus und Martin Luther King diesem Zweck dienen. Warum seine Wahl auf genau diese Typus fiel, ist eine interessante Frage. Doch darüber, was sie in seiner Phantasie für ihn bedeuten, kann man nur Vermutungen anstellen.

Es wäre interessant herauszufinden, was hinter der Wahl des Ideals steckt, des gewaltlosen, unaggressiven und doch omnipotenten Vaters, dessen größte Schwäche sozusagen zugleich die Quelle seiner größten Stärke ist. Mit anderen Worten: hier handelt es sich um den Versuch, verschiedene, miteinander unvereinbare Erfahrungen in der Sehnsucht nach einem solchen Mann zu integrieren.

In gewisser Weise hat er recht, und in gewisser Weise nicht, wenn er sagt, daß es seinen ältesten Bruder am härtesten getroffen habe. Er hat recht, wenn er sagt, er hätte wenigstens seinen ältesten Bruder als eine Art Vaterfigur oder Vaterersatz verwenden können. Er war neun, und der Bruder war 15, also beinahe schon ein Mann. Aber ein 15jähriger ist, in der Regel, kein guter Vaterersatz. Vielleicht erfüllt er diese Aufgabe ganz ordentlich, aber er wird kein guter Vaterersatz sein. Ein 15jähriger hat soviel mit sich selbst zu tun, daß er die jüngeren als Belästigung empfindet.

Man sieht dies häufig ganz deutlich bei jüngeren Brüdern, die ständig einen Vorwand suchen, um bei den älteren und deren Freunden sein zu können. Sie machen Botengänge, einfach alles, nur um dabei sein zu dürfen. Diese Konstellation führt zu einer bestimmten Charakterentwicklung. Manche dieser jungen Menschen sind von der Anschauung durchdrungen, daß sie nie als sie selbst akzeptiert werden. Sie werden nur am Gruppenrand toleriert werden. Wenn sie der Gruppe irgendwie nutzen können. Sie würden so gerne dazugehören, aber die älteren machen zunehmend ihre eigenen Erfahrungen, beispielsweise sexuelle Erfahrungen, für die sie deutlich zu jung sind.

Ich denke hierbei an bestimmte Fälle, bei denen solche Erfahrungen eine ungeheure Rolle spielten und die Charakterbildung sehr beeinflußten. Mit 15 den Vater zu verlieren ist sicherlich traumatisch und bleibt nicht ohne Auswirkungen auf die Festigung des Über-Ich-Ideals. Doch der Verlust des jüngeren Bruders wiegt schwerer, der nun im wesentlichen ohne ein verläßliches, starkes Vaterideal aufwachsen mußte. Der ältere Bruder hat meines Erachtens wohl etwas weniger gelitten, er war nicht so lange dem überwältigenden, alleinigen Einfluß der Mutter ausgesetzt. Im Augenblick wissen wir noch zu wenig über die Persönlichkeit der Eltern, um das beurteilen zu können.

Aber die Ähnlichkeiten zwischen diesen beiden Jungen beziehen sich nicht nur auf ihr frühes Leben, sondern auch auf die Charakterbildung. In entscheidenden Momenten agierten beide aus, auf eine ganz spezifische Weise, zumindest scheint es so. Man müßte genauer untersuchen, was das für den älteren bedeutete. Falls es beispielsweise Idealisten gibt, die sich ihren Weg aus der Armee lügen, scheint mir dieser Bruder dazuzugehören. Weiter könnte ich mir vorstellen, daß diese Aussage des Jungen, er sei bisexuell, obwohl er es in Wirklichkeit nicht ist, mit der eines Simulanten zu vergleichen ist, der auf der bewußten Ebene lügt, auf einer anderen Ebene jedoch nicht. Bei solchen Menschen stellt sich bei näherem Hinsehen oft heraus, daß sie in gewisser Weise überhaupt nicht gelogen, sondern eine unbewußte Wahrheit geäußert haben. Natürlich müßten wir mehr über die Persönlichkeit des älteren Bruders wissen.

Am meisten jedoch springt die Ähnlichkeit zwischen den Brüdern ins Auge, diese Easy-Rider-Mentalität oder Idealismus. Der ältere wurde ein Lastwagenfahrer. Wirft er die Werte der Gesellschaft über Bord und läßt sich romantisch treiben? Man stößt häufig auf diese mehr oder weniger schlecht strukturierten Persönlichkeiten, die eine Art poetisches Leben führen, das alle engergefaßten Ideale abgestreift zu haben scheint. Es wirkt hedonistisch, ist es aber nicht. Es ist die bloße Abwesenheit von Aggression, von normalem Kampf.

Diese Art unscharfen Idealismus findet man nicht selten bei Menschen, die früh eine idealisierte Bezugsperson verloren haben. Hier handelt es sich um eine Art Naturreligion, eine Naturphilosophie à la Thoreau, die sich durch ein verschwommenes, unkämpferisches, friedfertiges Verhältnis zur Welt auszeichnet. War die Wahl der Gandhi-Christus-King-Persönlichkeit ein Ideal? War es eine Wahl, sich nomadenhaft durch das Land treiben zu lassen und nirgendwo hinzugehören?

Wie paßt sein Gefühl dazu, er käme besser mit der Mutter zurecht als der ältere Bruder? Die beiden stritten ständig. Er sagte: »Ich hatte Glück, weil ich gut mit Mutter auskam.« Darin unterscheidet er sich von seinem Bruder.

Dazu müßte man wissen, worum der Streit ging. Der ältere Bruder, der seinen Vater im Alter von 15 Jahren verlor und allein mit der Mutter war, mußte sich wahrscheinlich gegen die verführerische Situation wehren, sich plötzlich in Vaters Schuhen wiederzufinden. Ganz ähnlich mußte sich wohl seine Mutter verteidigen. Häufig sind solche Streits ein Versuch, den inzestuösen Gefahren einer solchen Situation zu entrinnen.

Als dieser Fall vorgestellt wurde, hatte ich das Gefühl, in seiner Jugend zeige sich in einem gewissen Sinn ein ödipaler Sieg. Sie sprachen darüber, daß er sich treiben läßt, aber ich frage mich, ob das Ihrer Ansicht nach nicht an die Menschen erinnert, die meinen, die Welt schulde ihnen etwas, ihr Verhalten sei gerechtfertigt und sie sollten damit davonkommen. In der Fallgeschichte deutete meines Erachtens einiges daraufhin. Ich denke, möglicherweise spielen hier ödipale und präödipale Themen eine Rolle, vielleicht liegt hier eine Schädigung des Über-Ichs vor.

Vor allem handelt es sich hier um keine ödipale Situation. Er war neun Jahre alt. Das ist keine ödipale Situation mehr, er war bereits weit in der Latenz. Mit neun Jahren beginnt schon die Präadoleszenz. Für die ödipale Situation ist das eindeutig zu spät. Aber die Frage ist sehr interessant. Die Erfüllung eines Kindheitswunsches bringt ein Kind vorzeitig in eine schwierige Lage. Das läßt sich leichter an Hand von Altersgruppen erklären, in denen die Erinnerung kein Problem mehr darstellt und auf Rekonstruktionen verzichtet werden kann. Die ödipale Situation wird natürlich in der Pubertät wiederholt.

Als Beispiel möchte ich Ihnen einen Fall schildern, den ich sehr gut kenne. Der Patient verlor seinen Vater nicht, weil dieser starb oder krank war, aber der Vater erlebte einen starken Machteinbruch, als der Junge 13 war. Der Vater mußte plötzlich verschwinden und zog in einen anderen Teil des Landes, um eine Weile unterzutauchen. Nur noch die Mutter und die Schwester waren da und der Junge fand sich unvermittelt als Herr im Hause wieder, im Alter von 13 Jahren. Die Leute, die hinter seinem Vater her waren, waren nun hinter ihm her, und er mußte ziemlich lange mit dieser schwierigen Situation fertig werden, während der Vater verschwunden blieb.

Doch die Situation barg noch mehr Schwierigkeiten. Der Vater wollte nicht, daß sein Sohn wird wie er. Er war ein einfacher Mensch und sein Sohn sollte etwas viel Besseres werden. Deshalb stieß er ihn von sich, als dieser wie er werden wollte. Dazu kam, daß der Vater von der Mutter stets herabgesetzt wurde, während der Sohn ihr Augapfel war. Der Vater war klein und untersetzt, der Sohn dagegen groß und schlaksig. Der Sohn sah gut aus, der Vater nicht so. So empfand der Sohn das. Ich hatte sehr stark den Eindruck, daß das keine Phantasievorstellung war, sondern weitgehend der Realität entsprach.

Das Kernstück der Erinnerungen, mit dem wir uns so oft beschäftigten, gehörte in die Zeit, als er 13 Jahre alt war und der Vater plötzlich zusammenbrach, verschwand und der Sohn die Last tragen mußte, die Familie zusammenzuhalten. Er machte das wunderbar, aber es kostete ihn ungemein viel. Es half ihm sehr, nicht von der Angst überwältigt zu werden, keine Panik zu entwickeln, doch gleichzeitig wurde es ihm dadurch unmöglich gemacht, sich wirklich lebendig zu fühlen. Danach spürte er nur noch sehr wenig. Daran mußten wir sehr lange arbeiten.

Dieser Patient hat nun mit zwei Problemen zu kämpfen, die ihn zu zerreißen drohen. Auf der einen Seite ist er durch den ödipalen Sieg tief überzeugt, etwas ganz Besonderes zu sein. Obwohl er erst 13 war und nur einen Meter sechzig groß, hatte er die Sache gemeistert. Er war stärker als der Vater. Er war omnipotent, nicht der Vater. Die Omnipotenz des Vaters hatte sich als ein

Nichts herausgestellt. Er verschwand, versagte. Doch auf der anderen Seite erlitt der Sohn einen riesigen Verlust, denn der Vater war wirklich stark gewesen und hatte ihn beschützt. Der Vater hatte für die Familie sorgen und die Entwicklung seines Sohnes in die richtigen Bahnen lenken können. Am Ende stand ein ungeheures Verlangen nach Größe, nach dem Ausleben von unkontrolliertem Exhibitionismus und Größenphantasien. Gleichzeitig hatte er Angst, überstimuliert zu werden. Diese Angst ist eine Folge der Größenphantasien. Er wurde manisch und unerträglich. Er sehnte sich nach einem Außenstehenden, der der Mensch sein konnte, der er zu sein vorgab. Für seine Kragenweite war er zu groß.

Es ist wunderschön zu beobachten, wenn dieses Problem im Verlauf einer Analyse immer wieder durchgearbeitet wird. Der Patient sehnt sich nach der Erfüllung seiner Phantasie und wünscht sich zugleich das Gegenteil: »Verhindern Sie, daß ich das mache. Lassen Sie sich nichts gefallen und zeigen Sie mir, daß Sie der Stärkere und der Ältere sind, daß das nur meine Phantasien sind, die ich nicht mit der Wirklichkeit verwechseln darf.« Nach diesem Unbehagen entsteht schließlich der Wunsch, diese idealisierte Figur möge Teil seiner selbst werden, damit er sein Schicksal und seine Gefühle selbst steuern kann. Dadurch müssen die Größenphantasien nicht mehr völlig unterdrückt werden und sie müssen auch nicht mehr in der Suche nach einer externalisierten Idealfigur ausgelebt werden. Der Patient wird vollständig und kann das nun für sich selbst erledigen.

Der schönste Momente in der Behandlung ist dabei, wenn dieses Problem beinahe ganz durchgearbeitet ist – nach dem Abklingen der gewaltigen Ausschläge zwischen Grandiosität oder Exhibitionismus und dem Wunsch: »Setzen Sie mich herab und bleiben Sie stark. Lassen Sie zu, daß ich Sie idealisiere. Schützen Sie mich davor, wieder so zu sein wie zuvor, wieder Angst zu haben, daß sie mich beseitigen, weil ich nur ein Kind bin.« Das ist offensichtlich nicht wirklich. Es ist nur eine Phantasie, die in der Realität nirgends hinführen würde. Nachdem dies alles durchgearbeitet ist, können die Betroffenen in der Regel wesentlich mehr leisten. Sie müssen sich nicht mehr so viele Gedanken darüber machen, daß es nur ein Phantasie ist. Ihre Leistung wird realistisch, und wenn sie begabt sind, erreichen sie sehr viel. Doch es gibt weiterhin enorme Schwankungen.

Ich möchte das an zwei Träumen illustrieren, die mir ein Patient erzählte. Der erste Traum handelte davon, daß der Patient eine Hose anhatte, die aus allen Nähten platzte – sie war ihm zu klein. Es muß die Erfüllung der Größenphantasien gewesen sein, aber ich kann mich nicht mehr an den manifesten Inhalt des Traums erinnern. Wie es so häufig beim Analysieren von Träumen der Fall ist, vergißt nicht nur der Patient den Traum, sondern auch der Analytiker. Die Arbeit ist getan, und der Traum fällt der Vergessenheit anheim. Der zweite Traum handelte davon, daß der Patient beim Zahnarzt drei Goldfüllungen

erhalten hatte. Plötzlich stellte er fest, daß diese Füllungen herausgefallen waren und er war wütend auf den Zahnarzt, weil dieser die Füllungen nicht fest genug eingepaßt hatte. Mit anderen Worten: er beschwerte sich bei mir, daß ihm die Arbeit mit mir in der Analyse noch nicht geholfen hatte, seine infantile Grandiosität hinreichend in erwachsene, realistische Ambitionen umzuwandeln. Es handelte sich also um eine Durcharbeitung, wie wir sie beide bereits zur Genüge kannten.
Doch fahren wir nun mit unserem Fall fort.

In dieser Stunde fiel mir wieder auf, wie groß der Patient ist. Dabei spielte er die ganze Stunde mit seinem Kaugummi. Dadurch wirkte er wie ein kleiner Junge. Er erzählte, er hätte am Vormittag eine Französischprüfung gehabt und sei sich sicher, sie bestanden zu haben. Am Montag müsse er eine Arbeit über die abendländische Zivilisation abgeben, und dann könne er über den Sommer nach Hause fahren. Zu Hause wolle er auf alle Fälle auf dem Gebiet der Umweltverschmutzung arbeiten. Die einschlägigen Organisationen bräuchten immer Leute, um Interviews zu machen und ähnliches. Er halte das für sehr wichtig.»Wenn wir nichts dagegen unternehmen, wird es bald keine Luft zum Atmen mehr geben und wir müssen unter der Erde leben.« Dann sagte er noch:»Ich habe beschlossen, wieder hierher an die Universität zurückzukommen. Das ist das beste für mich. Und das sage ich nicht wegen der Armee. Mir ist klar, daß ich mehr wissen muß.«
Er hat sich erneut eingeschrieben und hat für nächstes Jahr vor, weitere Kurse in asiatischen Wissenschaften zu belegen. Er zählte diese Kurse auf. Ich fragte ihn, ob er das Gefühl habe, wählen zu können. Er sagte:»Ja. Ich muß nur ein paar Pflichtkurse belegen und dann kann ich mit dem Hauptstudium anfangen.« Ich fragte ihn, wie er sich für dieses Gebiet zu interessieren begonnen habe, und er erzählte, in der High-School habe er an einem speziellen Kurs teilgenommen, der von einem Chinaexperten gegeben wurde. Zu diesem Kurs seien nur ganz wenige Schüler zugelassen gewesen und die wären aus der ganzen Stadt gekommen. Insgesamt seien sie nur zehn gewesen. Sie hätten sich einmal in der Woche getroffen. Dieser Professor wäre an seinem Fach und seinen Schülern sehr interessiert gewesen. Der Patient habe ihn näher kennengelernt und sei von ihm ermutigt worden, eine Fachbibliothek zu besuchen und dort die Übersetzungen der Pekinger Zeitungen zu lesen. Er mochte sein High-School gerne und fühlte sich dort gut aufgehoben. Die paar Dinge, die er zu kritisieren habe, seien unwichtig, schließlich sei das Ziel gewesen, an das beste College zu kommen.
Er erzählte, wie gewissenhaft er in der High-School gewesen sei. Er habe sehr viel gearbeitet, ja, er sei mit seinen Arbeiten schon früher fertig

gewesen. Aber hier im Winterquartal sei ihm das schwer gefallen und das habe ihn reizbar gemacht. In Geschichte habe er eine Arbeit über China geschrieben, seine eigene Interpretation über die Lage dort, und er habe überhaupt keine gute Note bekommen. Er habe mit dem Lehrer darüber gesprochen und gesagt bekommen:»Sie haben geschrieben, als wären Sie ein Kommunist aus Peking. Das ist Propaganda und stimmt nicht.« Er habe das Gefühl gehabt, der Lehrer wäre selbst zu einer anderen Analyse der Lage gelangt, die man genauso als Propaganda abtun könne, was die Chinesen angehe. Das sei seiner Ansicht nach ungerecht. Er hasse Arbeiten, weil man da anscheinend immer zeigen müsse, was man im Kurs alles gelernt habe.
Ich fragte ihn, ob das bei der anderen Arbeit auch das Problem sei. Aber er entgegnete, diese Lehrerin wisse eine Menge über ihr Gebiet. Er fuhr fort:»Vielleicht war ich im Winterquartal zu faul oder zu müde.« Dann begann er den Unterricht zu kritisieren. Er kenne einen Jurastudenten, der neulich sein Examen gemacht habe, und erzählte, es sei so wenig verlangt worden, daß er das Gefühl habe, vier Jahre verschwendet zu haben.»Das beweist, daß man nichts Neues lernt oder nur sehr wenig.« Er habe auch mit Studenten von anderen Colleges gesprochen und erfahren, daß sie viel mehr Pflichtkurse belegen mußten als er. Hier sei es nur ein Minimum. Er sagte:»Nächstes Jahr, glaube ich, wird es mir gefallen. Ich wußte, daß dieses Jahr nicht einfach sein würde.«
Wir sprachen über den Onkel, der hier lebt und seine Ausbildung finanziell unterstützt. Ich fragte ihn, ob ihm dieser Onkel eine Stütze sei. Er erklärte:»Er ist ein feiner Mensch.« Aber da er der älteste Sohn war, blieb ihm nur übrig,»Geld zu machen«. Er sei kein bißchen intellektuell und könne ihm deshalb auch mit dem College nicht helfen. Sein Onkel habe gesagt, daß sein Vater der Intelligenteste in der Familie gewesen sei und der Vielversprechendste. Er lächelte wehmütig und fuhr fort:»Ich wünschte, er wäre noch am Leben, und ich könnte das selbst sehen.«
Er freue sich nun darauf, nach Hause zu kommen und sich eine Arbeit bei einer Umweltorganisation zu suchen. Er werde auch ein paar Jobs in der Gegend erledigen wie Rasenmähen, das habe er früher schon gemacht. Damit könne er 300 bis 400 Dollar verdienen.
Dann sagte er:»Ich bin froh, daß ich gekommen bin. Mir ist klar geworden, warum ich das getan habe.« Ich fragte ihn, was ihm klar geworden sei, da ich mir nicht sicher wäre. Er antwortete:»Ich war mein ganzes Leben lang auf Privatschulen mit kleinen Klassen. Hier an der Universität bekam ich die Aufmerksamkeit nicht, die ich gebraucht hätte. Die Lehrer hier wissen sehr viel und sie beantworten alle Fragen, aber man muß ihnen hinterher laufen.« Das sei neu für ihn. Er wisse, daß er sich umstellen müsse und lernen müsse, mehr auf sich gestellt zu sein. Deshalb sei er auch

letzten Sommer allein nach Europa gefahren. Weil er sich darauf vorbereiten wollte. »Und weil ich sehen wollte, ob ich alleine klarkomme.« Ich sagte, er habe dieses Jahr geschafft. Er entgegnete: »Ja, und es war gar nicht so schlimm. Nächste Woche ist es vorbei.« Ich wünschte ihm alles Gute für den Sommer, worauf er sich bedankte und mir die Hand schüttelte.

Das war der glückliche Schluß einer kurzen Psychotherapie.

Dieser Patient schwankt enorm in seinen Leistungen, je nachdem, ob er das Gefühl hat, mit jemand verbunden zu sein, der sich für ihn interessiert und den er bewundern kann, oder ob er sich alleine treiben läßt und sich verloren vorkommt in der Welt. Die Schnelligkeit dieser Umschwünge ist erstaunlich, aber keineswegs ungewöhnlich. Die Beziehung zwischen der Kohäsion der Selbsterfahrung und der Kohäsion der idealisierten Leitfigur als Organisator der Ich-Funktion und der Ich-Aktivität ist bei manchen Menschen sehr eindrucksvoll.

Es wäre interessant zu wissen, welche Beziehung dieser Junge zu seinem Vater kurz vor dessen Tod hatte. Schenkte ihm der Vater damals seine ganze Aufmerksamkeit? War der Verlust deshalb so traumatisch? Lernte er, als er acht war, auf eine noch kindliche Weise mit seinem Vater zu philosophieren und zu forschen? Wurde die Beziehung an diesem Punkt beendet und er damit hilflos zurückgelassen, unfähig, alleine weiterzumachen, ohne die Unterstützung einer Leitfigur, wie der Vater es war? Möglicherweise beschäftigte er sich allein damit, fühlte sich aber unsicher dabei.

Hier stellt sich meines Erachtens die wichtige Frage nach der Rolle der Kurztherapie und wie man diese Thesen integrieren kann, um den Patienten besser helfen zu können. Nach meinem Gefühl kann man in der Psychotherapie wirklich helfen, wenn man solche Muster findet und sich in das Auf und Ab des Selbstgefühls einfühlen kann. Man kann ihm helfen festzustellen, in welchen Situationen er am besten arbeiten kann und in welchen er sich verloren fühlt. In der Kurztherapie bietet es sich als Ziel an, dem Patienten zu einer besseren Selbstregulation zu verhelfen. Dadurch kann er sein Leben so gestalten, daß er sein Potential optimal ausnutzen kann. Das ist mit Sicherheit ein weitaus enger gefaßtes Ziel, als Sie in der Psychoanalyse zu erreichen hoffen . . .

Ihre Aussage ist durchaus berechtigt. Ich stimme Ihnen unbedingt zu. Man sollte seine Hoffnungen nicht zu hoch hängen und denken, diese Hilfe könne einen Menschen durch dick und dünn tragen. Das Selbstwertgefühl schwankt enorm, selbst wenn man sehr viel weiß über diese Schwankungen und ihre Ursachen. Sogar in der Analyse, und mit aller Einsicht der Welt, fällt man diesen Ausschlägen zum Opfer. Und dennoch kann man, wie Sie sagten, dem Betroffenen etwas erklären, warum es ihm besser geht, sobald man diese Erfahrung einmal gemacht hat.

Ich würde so einem Patienten folgendes sagen: »Wenn Sie auf jemanden treffen, den Sie sehr respektieren und der sich für Sie interessiert, dann bin ich mir sicher, daß das etwas damit zu tun hat, was zwischen Ihnen und Ihrem Vater geschah. Manchmal überkommt Sie das alte Gefühl des Verlustes, und dann bringen Sie nichts mehr zuwege. Aber wenn Sie jemanden finden, der Ihnen hilft, sich darüber klarzuwerden, dann wird Ihnen das helfen.« Ich würde dem Patienten zu der Selbsterkenntnis gratulieren, zu der er unter diesen Umständen gelangte und sagen: »Es scheint, Sie haben da etwas entdeckt, was in Ihrem Leben eine sehr wichtige Rolle spielt und Sie sehr prägte.« Geschieht dies auf eine warme und herzliche Art, geben Sie ihm damit etwas an die Hand, an das er sich halten kann und das ihm weiterhilft. Er kann lernen, sein Selbstwertgefühl und auch sein Arbeitspotential besser zu regulieren. Und das ist das positive Gegenstück zum Teufelskreis. Wenn er besser arbeitet und mehr erreicht, steigt sein Selbstwertgefühl. Das ist dann genau andersherum als früher, als er sich treiben ließ, nichts mehr leistete, zu schwindeln begann und so chaotisch wurde, daß er Hilfe suchte. In der kleinen Privatschule war er es gewohnt gewesen, viel Aufmerksamkeit zu erhalten. In der unpersönlichen Universitätsatmosphäre fühlte er sich dagegen verloren.

Wahrscheinlich ist Ihnen dies schon seit langem klar, und es ist überflüssig, Ihnen zu sagen, welch eine wichtige Rolle das bei den Studenten spielt, die zu Ihnen in die Klinik kommen. Aber je mehr Sie darüber wissen, wie sich das in die Persönlichkeitsstruktur und die Probleme der Betroffenen einfügt, desto größeren therapeutischen Gewinn können Sie daraus ziehen.

Wir wissen nicht, wie die Beziehung dieses Jungen zu seinem Vater aussah. Wir können darüber nur spekulieren. Die Eltern rechneten nicht mehr mit einem Kind. Dann bekamen sie diesen Sohn und sie hatten immer mindestens zwei Kinder gewollt. Man kann also davon ausgehen, daß er mit großer Freude erwartet wurde.

Das ist eine ausgezeichnete Idee. Das könnte wirklich eine völlige Überraschung für sie gewesen sein: »Mein Gott, wir können noch ein Kind kriegen.« Das hat dem Vater möglicherweise sehr viel bedeutet.
Ich möchte Ihnen noch von einem Fall delinquenten Verhaltens erzählen, bei dem ein Patient sich widerrechtlich Geld aneignete. Er machte Sachen kaputt und belangte anschließend die Versicherungen. Das geschah stets im Zusammenhang damit, daß der Analytiker in Urlaub ging oder ihn nicht verstanden hatte. Sein Verhalten hing etwas mit seiner Nummer vom »unschuldig Verfolgten« zusammen. Ihm »passierte immer etwas«. Aber hier kommen wir zum Unterschied zwischen dem, was Sie betonen, und dem, was ich noch ein bißchen mehr betone – diesen Aspekt des »unschuldig Verfolgten«, dem immer etwas zustößt. Das hat nichts mit Verziehen, sondern mit einer großen Ungerechtigkeit in der Vergangenheit zu tun. Diesem Mann war offensichtlich

Unrecht geschehen durch eine Mutter, die den Körper des kleinen Jungen nicht bewundern konnte. Gegen Ende der Analyse lösten sich die Rätsel, als der Patient mit einemmal das Material lieferte, daß die Mutter drogensüchtig gewesen war, was uns in den ganzen Jahre der Analyse nicht bekannt gewesen war. Wir hatten nur gewußt, daß die Mutter morgens nie ordentlich angezogen war, dem Jungen kein Frühstück machte, und so weiter. Doch in dieser Zeit nahm sie oben Drogen. (Kennen Sie O'Neills *Eines langen Tages Reise in die Nacht?* Ich empfehle es Ihnen allen. Es zeigt den Einfluß einer drogensüchtigen Mutter für die Struktur und den Zusammenhalt der Familie.)

Aber in diesem Fall wurde aus dem schuldlosen Ausagieren ein wütendes An-sich-Raffen all dessen, was man ihm einfühlsam hätte geben müssen. Wenn der Analytiker die einfühlslose Mutter zu wiederholen schien, dann packte er zu, ohne Schuld. Erst als dies im Kontext der Analyse verstanden worden war, verschwand dieses Ausagieren und an seine Stelle trat ein sehr interessantes, neues Symptom. Statt zu stehlen begann er nun zu lügen, aber er log sehr charmant. Er log auf eine Weise, die seinen alten Wunsch nach Aufmerksamkeit wieder aufnahm. Er erzählte wildestes Jäger- und ähnliches Latein, um das Augenmerk eines bewundernden Publikums auf sich zu lenken, und allmählich wurde es ein Spiel, dessen er sich voll bewußt war. Einmal erzählte er seinem Analytiker: »Neulich war ich auf der Toilette und urinierte. Ich merkte, wie der Mann neben mir mich ganz erstaunt ansah. Er konnte den Blick gar nicht von mir wenden. Ich sah an mir herunter und konnte es kaum fassen, mein Urin war knallgrün.« Das war eine seiner typischen Geschichten. Sie sehen, er benahm sich wie der witzige kleine Junge, der bewundert werden möchte. Das spielte sich nun auf einer wesentlich akzeptableren und freundlicheren Ebene ab und verschwand nach einiger Zeit ebenfalls.

Sie sehen, wie eine Situation im Zuge der Reifung des Narzißmus zunehmend integriert und akzeptabel wird.. Verleitet der Narzißmus den Betroffenen dazu, sein Haus zu zerstören, um die Versicherung belangen zu können, ist das offensichtlich krank. Aber seine Geschichten, wie beispielsweise die über den grünen Urin, hatten Witz und dieser Witz verdrängte das Kranke daran zusehends. Die Lügengeschichten wurden weniger und er trug sie mit einem Augenzwinkern vor, und allen war klar, daß er witzig zu sein versuchte. Daraus entwickelte sich schließlich eine kreative Produktivität und er schrieb ein substantielles Buch über ein sehr interessantes Thema.

Kennen Sie Freuds wunderbare Veröffentlichung »Einige Charaktertypen aus psychoanalytischer Sicht« (1916)? Ich denke, Freud schrieb sie vor der Einführung des Narzißmuskonzepts, denn es gibt darin überhaupt keine Bezüge zur Narzißmustheorie. Freud beschreibt darin bestimmte Charaktertypen, vor allem aus der Literatur, und führt ihre Gefühllosigkeit, ihr späteres Ausagieren und ihre Selbstgerechtigkeit auf eine ihnen früher widerfahrene Ungerechtigkeit zurück. Das hat nichts mit einer langen und umfassenden Analyse zu tun, sondern läßt sich relativ einfach herausfinden. Solche selbstgerechten Menschen, die den Bedürfnissen anderer meistens gefühllos gegenüber stehen, gehören einem von zwei Typen an. Der eine davon ist abwehrbetont und schwer zu erreichen. Diese Menschen sind sich unsicher über ihr Selbst, ob andere es annehmen können. Diese Unsicherheit suchen sie zu verbergen. Häufig entsteht diese Unsicherheit, wenn das Kind sich zwei widersprüchlichen Haltungen ausgesetzt sieht. Zum Beispiel wenn die Mutter mit dem Kind angibt, ihm aber keine eigene Initiative zugesteht, es darin nicht bestätigt. Dadurch fühlt sich das Kind deprimiert, was sein Selbst angeht, wenn es unabhängig zu handeln versucht. Doch wenn es gewissermaßen mit der Mutter verbunden ist, ist es voll Überschwang. Der andere Typ ist, wie gesagt, die Ausnahme – diese Menschen haben das Gefühl, in ihrem frühen Leben eine schwere Ungerechtigkeit erlitten zu haben.

18. Selbstwertgefühl und Ideale[1]

An den Anfang dieser Zusammenfassung unserer Arbeit möchte ich einen theoretischen Exkurs stellen. Selbstwertgefühl und Ideale? Was wissen wir über diese Konzepte? Wir alle kennen die Schwankungen unseres Selbstwertgefühls, aus der klinischen Erfahrung und aus dem täglichen Leben. Wir sind im Einklang mit uns selbst, wir sind nicht im Einklang mit uns selbst. Wir sind zufrieden damit, wie alles läuft, und das steigert unser Selbstwertgefühl. Uns geht es schlecht, weil wir auf Abneigung stießen, man uns nicht zuhörte oder sich von uns abwandte. Vielleicht geht es uns schlecht, weil wir ein Ziel nicht erreichten, das wir uns gesetzt hatten, und dadurch leidet unser Selbstwertgefühl Schaden.

Das Selbstwertgefühl (zu den »*Idealen*« kommen wir sogleich) ist also für Beobachtung offen. Es läßt sich durch Empathie beobachten, das Wesen aller Beobachtung, was unsere Wissenschaft angeht – was immer nun Wissenschaft bedeutet. Ob damit Psychoanalyse gemeint ist, mein eigener Bereich, oder Tiefenpsychologie, um einen etwas breiteren Begriff zu verwenden, oder eine andere Form oder der Psychologie oder Psychiatrie, die sich mit den inneren Erfahrungen des Menschen, der Komplexität seiner inneren Welt auseinandersetzt –, das Phänomen des Selbstwertgefühls ist offen für die Selbstbeobachtung und die Introspektion. Besonders gut zu verfolgen sind die Schwankungen, denn das, was sich bewegt, läßt sich leichter beobachten als das, was stillsteht. Weiter können wir das Selbstwertgefühl in den anderen beobachten. Dazu bietet sich die Erweiterung der Introspektion an, die stellvertretende oder mitempfindende Introspektion, bei der wir uns in die anderen, ihre Empfindungen, einfühlen, uns in sie hinein versetzen: was wir Empathie nennen.

Schwankungen zeichnen auch unsere Ideale aus, dieses hochgepriesene über uns stehende Etwas. Wir suchen nach neuen Idealen und Werten. Wir sind uns unsicher über die alten. Und wir reagieren genauso darauf, wenn sie angegriffen oder in Frage gestellt werden, wie auf einen Angriff auf oder ein Infragestellen unseres Selbstwertgefühls oder unserer Selbstorganisation. Unsere Ideale schwanken also genauso wie unser Selbstwertgefühl. Allerdings scheinen Selbstwertgefühl und Ideale, soweit man ihnen ohne theoretisch voreingenommen zu sein gegenübertritt, sehr unterschiedliche Phänomene zu sein.

So wie die Unterschiedlichkeit äußerer Phänomene für den Wissenschaftler, der sich eingehend mit der Struktur dahinter beschäftigt, den Blick auf die innere Beziehung dieser Phänomene freigeben mag, offenbaren sich auch oft die inneren Beziehungen der psychologischen Prozesse. Zwar sind Selbstwertgefühl und Ideale völlig verschieden voneinander, doch eine theoretische Erkundung, die unter die Oberfläche dringt, deckt gewisse Gemeinsamkeiten dieser nach außen hin so unterschiedlichen Phänomene auf.

Die Verwandtschaft unvereinbarer Elemente tritt zutage, sobald man mehr über sie erfährt, sie theoretisch besser verstehen lernt. Nehmen wir zum Beispiel etwas so Einfaches wie Kohle und Diamant, offenbar zwei ganz verschiedene Dinge. Ihr Aussehen ist unterschiedlich. Das eine ist schwarz, das andere durchsichtig. Ihr Wert ist unterschiedlich. Das eine ist sehr teuer, das andere sehr billig. Ihre Funktion ist unterschiedlich. Doch wenn Sie einen Chemiker fragen, ob eine Ähnlichkeit zwischen Kohle und Diamanten besteht, wird er Ihnen antworten: »Aber ja. Die zugrundeliegende Struktur ist verwandt mit dem Kohlenstoffatom und seiner Struktur.« Mit diesem Hintergrund wird klar, daß auch die beiden miteinander verwandt sind. Wir können sogar versuchen, aus Kohle Diamanten herzustellen, was vor kurzem gelungen ist.
Die Beziehung zwischen Theorie und den äußeren introspektiven und empathischen Phänomenen in der Tiefenpsychologie läßt sich damit vergleichen. Wir betrachten die Phänomene und versuchen sie unter einer anderen Wertigkeit zu verstehen, als unsere Sinne sie uns nahelegen. Die Alltagsbeobachtung und die wissenschaftliche Beobachtung unterscheiden sich durch die Theoriebildung, nicht in der Meß- oder Klassifizierungsmethode.
Theorie beeinflußt also unsere Beobachtung. Verschiedenes wird ähnlich und Ähnliches wird verschieden. Das Blatt des Gingkobaums sieht aus wie ein Blatt, aber wir wissen, sobald wir uns mit seiner Entstehung befassen, daß es näher mit einer Fichtennadel als einem normalen Blatt verwandt ist. Entsprechend verhält es sich bei den Phänomenen, mit denen wir uns hier beschäftigen. Der Unterschied ließe sich mit dem zwischen einem wahllosen Durcheinander an Pflanzen und der Erstellung eines botanischen Systems vergleichen. Gemeinsamkeiten in der Abstammung oder den Funktionen müssen gesucht werden. Heinz Hartmann, hat in seinem Buch *Die Grundlagen der Psychoanalyse*, das leider nicht den Bekanntheitsgrad hat, das es verdient, auf den Unterschied zwischen dem Studium der Phänomenologie und dem Schaffen einer zugrundeliegenden Theorie hingewiesen, wodurch aus einer Sammlung phänomenologischer Daten eine tiefenpsychologische Wissenschaft wird.
Verfolgt man diesen Gedanken weiter, stellt sich als nächstes natürlich die Frage, wie man bei der Auswahl anscheinend unterschiedlicher Phänomene und ihrer Untersuchung auf Gemeinsamkeiten vorgeht. Beginnt man mit der Theorie oder den Phänomenen? Natürlich beginnt man mit den Phänomenen. Unsere Wissenschaft ist empirisch und wir beziehen unsere Anhaltspunkte für theoretische Forschung aus der Untersuchung von Phänomenen.
Bei der näheren Betrachtung der Phänomene, die mit den Begriffen *Selbstwertgefühl* und *Ideale* zusammenhängen, entdecken wir einige Gemeinsamkeiten. Ich möchte mit den der Beobachtung zugänglichen Phänomenen beginnen. Ausgedehnte Forschungsarbeit, die viel Zeit und Engagement erfordert, ist, soweit ich es beurteilen kann, ohne eine tiefere Motivation nicht möglich. Dazu kam jedoch in meinem Fall, wie ich Sie vielleicht erinnern darf, die für mich

fremde Organisationsarbeit in der nationalen Psychoanalytikervereinigung, die mein Interesse am Phänomen des Narzißmus weckte. In vielfacher Hinsicht bedaure ich es zwar, fünf Jahre intensiven Engagements nicht in den wissenschaftlichen Dienst gestellt zu haben, allerdings denke ich, daß diese Erfahrungen mir gut zustatten kamen und ein Ansporn für meine Arbeit waren.
Das Ausmaß des Streitpotentials in einer psychologisch so gebildeten und vermeintlich zur Kontrolle der diversen Triebtendenzen fähigen Gruppe überraschte mich sehr. Ich begann mich zu fragen, was zu diesen Auseinandersetzungen über diffizile theoretische oder organisatorische Probleme führte. Selbstverständlich waren diese Meinungsverschiedenheiten legitim, aber was lief hier ab? Die Schärfe, mit der der Streit geführt wurde, die Intensität der Feindschaft und der Kummer schienen unvereinbar mit dem, was ich rationalisierte Erklärung nenne. Ich begann zusehends den brillanten theoretischen Begründungen weniger Aufmerksamkeit zu schenken, wenn sich ein früherer Freund der Psychoanalyse nun kritisch abwandte oder gegen die Organisation opponierte. Es gibt eine Menge kluger Köpfe, und je klüger sie sind, um so besser klingen ihre Erklärungen, auch wenn sie letztendlich nicht viel erhellen. Ich begann darüber nachzudenken, an welchem Punkt die Differenzen auftraten. Zu welchem Komitee wollte der Betreffende ernannt werden und wurde nicht ernannt? Bei welcher Wahl mußte er eine Niederlage hinnehmen? Ging dies vielleicht seiner Meinungsänderung über beispielsweise die theoretische Validierung der Libidotheorie voraus? In der Regel, stellte ich fest, stieß ich auf ein solches Vorkommnis. Damit möchte ich nicht sagen, daß ein irrationales Motiv nicht zu einem guten Gedanken führen könnte. Ebensowenig möchte ich sagen, daß beispielsweise die Kritik an der Libidotheorie ungültig ist, nur weil sie durch eine Wahlniederlage ausgelöst wurde. Nein, die Argumentationslinien und Gedanken müssen dennoch ernst genommen werden. Aber die Irrationalität und die Vehemenz der Gefühle, mit der diese theoretischen Differenzen ausgetragen werden, lassen sich durch diese vorgegebenen Gründe nur schwer rechtfertigen und werfen ein anderes Licht auf das Geschehen.
Es gibt eine bestimmte Art und Weise, wie Menschen mit Erwartungen umgehen und mit ihrem Wunsch, sich selbst darzustellen, vor allem in der Gruppe. Warum? Was ist anders in der Gruppe, als wenn man zu zweit ist? Wenn ein Erwachsener in einer Gruppe, besonders in einer Gruppe von Berufskollegen ist, begibt er sich in eine leicht regressive Situation. Sein Selbstwertgefühl ist gefordert. Anklänge an eine weitentfernte Vergangenheit werden geweckt, als das sich gerade entwickelnde Selbstwertgefühl tatsächlich von der äußeren Stützung abhängig war. Die Wurzeln unseres Exhibitionismus, oder des Exhibitionismus unseres Körpers, aus dem später der Exhibitionismus des Intellekts hervorgeht, unserer Leistungsfähigkeit und unserer Moralität liegen im Akzeptiertwerden – der Rückmeldung von außen. In der leicht regressiven Gruppensituation sind wir auf das zustimmende Nicken angewie-

sen, ärgern uns gleichzeitig über dieses Bedürfnis und sind verzweifelt, wenn es nicht gestillt wird.

In bestimmten Gruppensituationen wird dieses alte Gefühl aufs schmerzlichste wiederbelebt. Unter solchen Umständen regredieren wir bei Enttäuschungen. Unser Selbstwertgefühl sinkt, es geht uns schlecht und wir wollen uns an denen rächen, die uns nicht geben, was wir uns wünschen und uns von ihnen erwarten – Lob, die Wahl in ein Amt, die Entsendung in einen Ausschuß, die Anerkennung unserer Theorie oder worum immer es gehen mag. Diese Wut oder Empfindlichkeit hat also einen bestimmten phänomenologischen Beigeschmack, etwas ganz Eigentümliches, das sich der exakten Beschreibung entzieht, so wie es unmöglich ist, Sinneswahrnehmungen genau zu Papier zu bringen. Ein psychologischer Zustand wird, richtig ausgelöst, von jedem erkannt. Doch sollen wir ihn narrensicher definieren, scheitern wir unweigerlich. Allgemeingültige Erfahrungen sind für uns in der Psychoanalyse oder Tiefenpsychologie ausgesprochen wichtig. In unserem Bereich geht es nicht um eine ausgeprägte Genauigkeit der Details oder der Beschreibung. Es mag merkwürdig erscheinen und ist bedauerlich, daß wir uns in dieser Hinsicht von anderen Wissenschaften unterscheiden. Bei uns liegt die entscheidende Fähigkeit darin, bei anderen die Erinnerung an grundlegende Erfahrungen zu wecken.

Nachdem ich nun die Verletzbarkeit des Selbstwertgefühls und damit seine Phänomenologie skizziert habe, möchte ich mich den Idealen zuwenden. Erleben wir unsere Werte und Ideale ähnlich wie wir gemeinhin das soeben beschriebene Selbstwertgefühl erleben, vor allem unseren Ehrgeiz, vorwärts zu kommen und unseren Erfolg von anderen bestätigt zu bekommen? Auf den ersten Blick erscheint dies nicht so. Trotzdem möchte ich Ihr Augenmerk auf eine Gemeinsamkeit lenken, ohne die Ihnen bereits sattsam bekannte theoretische Unterfütterung dieser Gemeinsamkeit erneut zu strapazieren. Die Bedürfnisse unseres Selbstwertgefühls zeichnen sich durch eine Absolutheit aus, und wir müssen mühsam lernen (was wir ohnehin nie vollständig oder ausreichend schaffen), Abstriche zu machen und unsere Grenzen zu erkennen. Was auch immer wir an die Stelle des ursprünglichen Selbstwertgefühls setzen, selbst der beste Ersatz, was ich als Weisheit bezeichnen würde, ist nur eine neue Form des Narzißmus, wie Ihnen bekannt ist. Es handelt sich dabei um keine wirkliche Einschränkung, sondern bloß um einen Wechsel auf eine andere, möglicherweise höhere Ebene. Weisheit erfüllt uns mit Stolz, aber auch Weisheit hat etwas Narzißtisches an sich. Die direkte Erfahrung unserer Ideale und ihrer Schwankungen ist ähnlich.

Der Mensch ist sehr empfindlich, was seine Ideale angeht. Im Laufe eines Lebens mögen sich die Werte ändern, aber, wie auch immer das Wertsystem im Kern beschaffen sein mag, es wird stets eine Schwelle geben, die nicht überschritten werden darf, auf deren Verletzung man mit Zorn und Wut reagiert.

Ich möchte Ihnen dafür ein zeitgemäßes Beispiel geben. Bekanntermaßen stoßen im Augenblick die Wertsysteme, die Ideale aufeinander. Das sind zum einen die neuen Ideale, wie besonders von den Studenten vertreten werden, übergeordnete Ideale, die die nationalen Ideale transzendieren. Und da sind zum anderen starke nationale Gefühle, wie sie die amerikanische Flagge symbolisiert und wie sie beispielsweise von Bauarbeitern vertreten werden. Es ist einfach, wenn man für ein bestimmtes Wertsystem einsteht, die Werte der anderen als altmodisch und rückständig abzutun. Und doch bleiben uns die Reaktionen bestimmter Gruppen verschlossen, wenn wir uns in ein neues Wertsystem und seine Absolutheit nicht einfühlen können. Wie sieht die zentrale Bevölkerungsgruppe aus, die sich jetzt im Innersten verletzt fühlt, wenn die amerikanische Fahne umgedreht oder verbrannt wird? Wer ist zutiefst getroffen, wenn Idealisten sich weigern, ihrem Land im Krieg in Vietnam zu dienen? Natürlich denken eine ganze Mengen Menschen so, doch mir erscheint es ganz besonders wichtig, eine Gruppe zu verstehen, nämlich die Bauarbeiter. Wer sind sie? Normalerweise gehören sie der Mittelschicht an und wohnen in ihrem eigenen Haus in einer relativ günstigen Wohngegend am Stadtrand. Sie sind die Söhne oder Enkel von Immigranten. Sie wissen von ihren Vätern und Großvätern, daß diese unsicher waren, was ihren Status und ihr Selbstwertgefühl anging. Sie selbst haben nun eine gewisse Sicherheit und Festigkeit erreicht.

Einer der Pfeiler, auf dem dieses neue Selbstbewußtsein ruht, besteht in der Tatsache, daß sie Amerikaner sind. Die Fahne bedeutet ihnen ungeheuer viel. Sie fühlen sich in ihrer Sicherheit zentral bedroht durch den schieren Anblick von Menschen, die sich anders kleiden, als sie es, gewissermaßen erst in dieser Generation, gelernt haben – die sich die Haare nicht so schneiden, wie sie sich gerade daran gewöhnt haben, es für ordentlich zu halten, die die Fahne herunterreißen, die sie gerade zum Mittelpunkt ihres Wertsystems gemacht haben. Sie reagieren genauso wütend und destruktiv auf Menschen, die sie herabsetzen und die Ideale angreifen, um die sie ihren Wert aufgebaut haben, wie wir, wenn eine theoretische Position zurückgewiesen wird, für die wir uns eingesetzt haben, oder wir eine andere berufliche Niederlage einstecken müssen. Damit will ich nicht sagen, daß Werte grundsätzlich als relativ zu sehen und damit in gewissem Sinne wertlos sind. Nein. Werte sind es wert, daß man über sie nachdenkt und sich für sie einsetzt, aber man sollte sie auch verstehen. Sonst ist keine Verständigung darüber möglich.

Die zwischenmenschlichen narzißtischen Spannungen spielen im Gruppenleben eine Rolle – im Gruppenleben der Nation und unter den Nationen. Das ist eine Entsprechung zu den Triebkonflikten, den strukturellen Konflikten in der Neurose des einzelnen (Kohut 1966, dt.: Formen und Umformungen des Narzißmus, 1975). Die Wut und die Einstellung »lieber sterben zu wollen« –

und wirklich lieber sterben zu wollen – haben tiefreichende Wurzeln, Wurzeln, die bis an die Grundlagen der menschlichen Entwicklung reichen.

So unterschiedlich Selbstwertgefühl und Ideale phänomenologisch betrachtet also auch sein mögen, weisen sie doch, bei näherem Hinsehen, eine gewisse Gemeinsamkeit auf. Sie sind miteinander verwandt und sie zeichnen sich beide durch einen Absolutheitsanspruch aus. Werte oder Ideale können sich im Laufe eines Lebens ändern, aber sobald ein neues Wertsystem geschaffen wird, ist es absolut, zentral – so wie eine Mode. Überhaupt haben Wertsysteme und Moden einiges gemeinsam. Es ließe sich auch sagen, daß manche Menschen dem zentralen Wertsystem anhängen, Werte seien als relativ zu sehen oder müßten wissenschaftlich überprüft werden. Es gibt kein Entkommen. Denn damit ist die leidenschaftslose Einstellung selbst den bedeutsamsten Belangen der Menschheit gegenüber zum wichtigsten Wert im Leben geworden. Das kann in zehn Jahren anders sein, wenn man sich zu einer anderen Meinung durchgerungen hat. Aber dieses neue zentrale Wertsystem wird dann mit derselben Vehemenz vertreten und mit derselben Entrüstung gegen Angriffe verteidigt werden.

Wenden wir uns nun, nachdem Sie ein Gefühl – oder zumindest eine Ahnung – für die Ähnlichkeit nach außen hin so verschiedener Dinge wie Werte und Selbstwertgefühl bekommen haben, ihrer gemeinsamen Wurzel zu. Wie Sie wissen, verfügt die Psychoanalyse über eine bedeutende theoretische Methode – nämlich die Entwicklungspsychologie. Wir untersuchen nicht nur den aktuellen Stand der Dinge, sondern auch ihre Geschichte, wenn es geht, zurück bis an ihren Anfang. Natürlich gibt es Veränderungen. Der Anfang kann gleich sein, aber die Entwicklung kann verschieden verlaufen. In der Entwicklungspsychologie nennt man das Funktionsänderung. Der gemeinsame Ursprung kann, wie wir wissen, Aufschluß geben über sonst unverständliche gemeinsame Eigenschaften, über die Wahrscheinlichkeit einer Funktionsänderung und über ähnliche Reaktionsweisen.

Wir behandeln diese Konzepte der Ideale und des Selbstwertgefühls auf die traditionelle psychoanalytische Weise, die, wie ich Sie vielleicht erinnern darf, ursprünglich von Sigmund Freud (1908) und Karl Abraham (1927, dt.: Ergänzungen zur Lehre vom Analcharakter, 1969) entwickelt wurde. In ihrem, trotz mancher Unzulänglichkeiten großartigen Beitrag stellten sie einen Zusammenhang her zwischen Charaktertyp und Triebelementen. Bei den Begriffen analer Charakter, urethraler Charakter, phallische oder orale Persönlichkeit ist Ihnen sofort klar, was gemeint ist. Über die frühen Unzulänglichkeiten können wir heute mit einem wohlwollenden Lächeln hinweggehen.

Selbstverständlich läßt sich die Entwicklung der Persönlichkeit nicht einfach durch die Dominanz eines Triebes oder einer Trieborientierung erklären. Doch möchte ich Ihr Augenmerk von diesen Unzulänglichkeiten weg auf den unglaublichen Fortschritt hinlenken, der durch die Entdeckung dieser Persönlichkeitstypen gemacht wurde. Wie läßt es sich erklären, daß so völlig verschiedene Eigenschaften wie Geiz, Höflichkeit, Genauigkeit, Freundlichkeit, übermäßige Freundlichkeit, Ordentlichkeit zusammen auftreten? Es war ein ungeheurer Fortschritt zu konzeptionalisieren, daß sich hinter der Entwicklungsgeschichte der Triebe etwas verbirgt, das zu komplexen Mustern aus Eigenschaften wie Genauigkeit, Höflichkeit und Sauberkeit führt. Mir scheint dieser Sprung nach vorne in der Konzeption mit der Erkenntnis vergleichbar, daß Kohle und Diamanten trotz ihrer offensichtlichen Unterschiedlichkeit etwas gemeinsam haben.

Inwiefern hilft uns das in einem Verständnis des Selbstwertgefühls und der Ideale weiter? Seien Sie daran erinnert, daß sowohl das Selbstwertgefühl wie das, was später unsere Ideale werden, dieselbe Wurzel haben. Wir gehen von einem vorpsychologischen Stadium aus, für das häufig der Begriff primärer Narzißmus verwendet wird und in dem die psychobiologische Einheit sich manchmal im Gleichgewicht, einem nahezu perfekten Gleichgewicht, befindet, dann aber wieder Störungen und Schwankungen auftreten, was zusammengehört. Die Psychologie soll hier außen vor bleiben, denn in diesem Stadium ist nicht einmal eine rudimentäre Selbstbeobachtung – und damit auch keine Empathie – möglich. Ob es sich hier um die fötale Periode oder die Zeit nach der Geburt handelt, in der die Mutter oder die äußere Umgebung für dieses Gleichgewicht sorgen, wissen wir nicht. Aber es ist wahrscheinlich, daß hier die gemeinsamen Wurzeln für die späteren Differenzierungen liegen.

Außerdem wissen wir, daß diese anfängliche Ausgewogenheit nicht von Dauer sein kann. Dazu ist das wichtigste Instrument zur Erhaltung des narzißtischen Gleichgewichts zu unvollkommen – dieses Instrument ist bei Kleinkindern wie Erwachsenen die Empathie. Die Mutter kann nicht immer einfühlsam die Bedürfnisse ihres Kindes erkennen und darauf reagieren, sie kann sich nicht vollkommen einfühlen, früher oder später muß sie versagen. Sie wird zu spät reagieren und das Kind wird mit einer Unausgewogenheit konfrontiert. Die ursprüngliche Glückseligkeit, Vollkommenheit oder Balance ist verschwunden. Es reagiert darauf auf zwei völlig verschiedene, aber gleichzeitig entstandene Arten: einerseits schafft es in sich selbst Vollkommenheit, worin der Kern für das zukünftige Selbstwertgefühl, das Streben nach Selbstperfektion und den zukünftigen Ehrgeiz liegt; andererseits schafft es diese Vollkommenheit in der Außenwelt, worin der Kern für die zukünftige Omnipotenz und Perfektion der Außenwelt und damit der Kern für die Ideale liegt.

Das Selbstwertgefühl entsteht durch das Gefühl eines vollkommenen Körpers, eines vollkommenen Selbsts und einer vollkommenen Selbsterfahrung. Von Anfang an jedoch wird diese Vollkommenheit des Selbstwertgefühls, dieser Wunsch, sich zur Schau zu stellen und zu sagen: »Seht her, was immer ich bin, ich bin ich«, durch die empathische Reaktion der Mutter unterstützt, durch den

Glanz in ihren Augen, ihre Reaktionen auf den kindlichen Exhibitionismus. Diese empathische Verbundenheit ist ständig vorhanden. Wir könnten uns nie von diesem Bedürfnis befreien.[2] Man könnte zu der Überzeugung gelangen, daß dies theoretisch angebracht wäre und daß wir unser eigenes Selbstwertgefühl schaffen sollten. Bis zu einem gewissen Punkt machen wir das auch. Wir werden unabhängiger von anderen und vor allem lernen wir trotz unseres Bedürfnisses zu warten. Wir können über vergangene Erfolge nachdenken, ohne uns deshalb über den momentanen Mangel an Reaktionen aufzuregen. Doch im Prinzip sind wir ganz Ohr und haben alle Antennen ausgefahren. Während ich hier spreche, achte ich darauf, ob Sie mir zuhören. Und Sie sehen hoch zu mir und möchten wissen, ob ich wirklich zu Ihnen spreche oder völlig in meinen Ideen aufgehe. Deshalb ist es einfacher, einem frei gehaltenen Vortrag oder einem Gespräch zuzuhören als einem vorgelesenen Vortrag. Wer vom Blatt liest, ist mit seinen Gedanken nicht beim Publikum. Er hat mit sich zu tun. Das Publikum strengt sich an zuzuhören, fühlt sich aber letztendlich außen vor, unbeteiligt. Weiter denkt es: »Der Kerl gibt sich Mühe. Er hat das sehr sorgfältig vorbereitet. Das hat er für uns gemacht. Das lohnt sich schon. Ich werde davon profitieren.« Und dabei schläft es dann ein. Soviel zum Selbstwertgefühl.

Der andere ist natürlich der omnipotente andere – die allmächtige äußere Person, die vom Kind noch nicht als völlig verschieden von sich wahrgenommen wird. Der andere trägt das Kind und seine Omnipotenz. Viele große narzißtische Phantasien – zum Beispiel die Phantasie, man könne fliegen – hängen mit dem Hochfliegen unseres Intellekts, unserer Freude an neuen Ideen, der Erkundung neuer Bereiche zusammen. Das ist einer der Beiträge aus unserer Frühzeit für das ganze Leben, das von dem omnipotenten anderen abhängt, der uns empathisch trägt. Der heilige Christopherus, der das Christuskind trägt (die Mutter, die das Baby trägt), ist hierfür ein christliches Symbol. Bei einer Störung der omnipotenten Empathie des anderen, wird sich diese in den später internalisierten Idealisierungen spiegeln. Freuds große Entdeckung auf dem Gebiet der Gruppenpsychologie war, daß Gruppen durch Ideale zusammengehalten werden. Die einzelnen Gruppenmitglieder identifizieren sich mit einer Idee, einem Ideal oder einem Menschen, der die Personifikation eines gemeinsamen Ideals darstellt.

Die gemeinsame Wurzel des Selbstwertgefühls und der Ideale zu verstehen ist für Ihre Arbeit mit Jugendlichen und jungen Erwachsenen an der Student Mental Health Clinic deshalb nützlich, weil in der zweiten Lebensdekade die Probleme der ersten Dekade wiederholt werden, bevor sich eine einigermaßen stabile Persönlichkeit konsolidiert. Diese wechselnde Konflikte, die Leidenschaften der ödipalen Phase, die Eifersucht, die Konkurrenz, die Niederlagen und die Siege dieser Zeit werden in der frühen Adoleszenz, der frühen Pubertät wiederholt. In dieser Phase des Übergangs werden unter dem Einfluß des neu erlangten Triebgleichgewichts und der erreichten Geschlechtsreife die alten ödipalen Konflikte wiederbelebt. Und ähnlich läßt sich meines Erachtens bei der späten Adoleszenz ein Bezug zur frühesten Entwicklungsphase des Selbst herstellen, der frühesten Phase der Schwankungen und Konflikte des Selbst und seiner Vorläufer – den omnipotenten, idealisierten Objekten.

Die Gründe dafür sind offensichtlich. In dieser Zeit muß man sich großen Anforderungen stellen. Der Abschied von der Kindheit ist gekommen. Die Schulzeit ist bald vorbei. Man wird unabhängig. Die äußere Erscheinung ändert sich, eine neues Selbstkonzept will geschaffen werden und neue, den neuen Aufgaben entsprechende Werte sind vonnöten. Jeder tiefe und plötzliche Umbruch, sei es nun in der persönlichen Entwicklung oder der Entwicklung eines Volkes, führt zu einem starken Balanceverlust. Unter dem Einfluß dieses bedeutsamen Übergangs von der Adoleszenz in das Erwachsenenalter werden viele der alten Unsicherheiten wiederbelebt, was das Selbst und die eigenen Ideale angeht. Das ist normal und muß bis zu einem gewissen Grad so sein. In dieser Phase auftretendes intensives Leiden oder intensive Psychopathologie hängen mit den frühesten Unsicherheiten zusammen. Das frühe Vertrauen in omnipotente Objekte und ihre Inkorporation in der Form fester Ideale wurde gestört.

Die Unsicherheiten der späten Adoleszenz und des frühen Erwachsenenalters sind der Auslöser für die Wiederbelebung der tiefreichenden Fixierungen psychopathologischer Unsicherheiten oder Unsicherheiten im frühen Leben. Unter diesen Umständen also werden diese alten Unsicherheiten wiederbelebt, treten zugleich Selbstwertgefühlseinbrüche und ein arrogantes Selbstbewußtsein auf. Dasselbe spielt sich im Bereich der Ideale ab: einerseits ist man sich absolut sicher in bezug auf die sich herausbildenden Ideale und gleichzeitig stellt man Ideale an sich in Frage.

Die bekannten Phänomene der Adoleszenz, durch die jede Generation geht, mit den jeweils verschiedenen Inhalten, Arten, sie zu erdulden und unterschiedlichen Lösungen sind Ihnen allen vertraut. Die Beziehung zwischen Vergangenheit und Gegenwart, Tiefstruktur und Oberfläche, unreif und reif, archaisch und nichtarchaisch, ist natürlich *der* Gegenstand unserer Erforschung der Pychopathologie. Beim Studium der Psychopathologie können wir den Einfluß der früheren Entwicklungsphasen beobachten, die die reifen Funktionen stören. Liegt eine masturbatorische Fixierung vor, ergibt sich daraus vielleicht ein Schreibkrampf, weil gewissermaßen der alte Masturbationstrieb einbricht – oder welche Entwicklung auch immer das einfache hysterische Symptom nimmt. Obwohl sie öfter erwähnt wird, wird ihr meines Erachtens nicht die verdiente Beachtung zuteil: die Beziehung zwischen archaisch und nichtarchaisch, zwischen unreif und reif.

Gegen den Mythos vom vernünftigen Menschen läßt sich, wie gegen den Mythos vom wirtschaftlich denkenden Menschen, unglücklicherweise nur schwer angehen. Dafür gibt es einen narzißtischen Grund. Wir lieben die Vorstellung nicht, von irrationalen und unreifen Kräften unterstützt zu werden. In der neueren analytischen oder tiefenpsychologischen Theoriebildung nahm dieses Vorurteil eine besondere Form an: die sogenannte Ich-Autonomie. Dieses Konzept verheißt, daß ein Teil der Persönlichkeitsoberfläche völlig unabhängig funktioniert. Ein gesunder, sich im Gleichgewicht befindender Mensch ist in der Lage, ein autonomes Ich einzusetzen, mit der Oberfläche seines Geistes zu arbeiten.

Vielleicht erinnern Sie sich an die Analogie, die Freud bei seinem theoretischen Neubeginn in den 20er Jahren gebrauchte, als er die Beziehung von Ich und Es, das Strukturmodell des seelischen Apparats einführte: die wunderbare Analogie vom Reiter und vom Pferd (Freud 1932, S. 83). Wenn er zu Fuß geht, wird der Reiter kaum abgeworfen. Er kann alles mögliche machen, aber vieles kann er nur tun, wenn er auf dem Pferd sitzt. Er muß das Pferd ständig führen, außer er läßt es frei laufen, wozu er nicht fähig ist. Das autonome Ich hält das Pferd in Schach. Aber bestimmte Dinge kann es nicht tun. Es kommt nicht schnell voran oder kann nicht über Hürden springen. Er kommt nicht in den Genuß des Triumphes, in neue Bereiche vorzupreschen. Wünschenswert wäre der Reiter *auf* dem Pferd, der das Pferd *im Zaum* hält. Anders ausgedrückt: meines Erachtens gibt es einen Unterschied zwischen Ich-Autonomie und Ich-Dominanz.

Ich-Dominanz bedeutet die enorme Kraft des Pferdes, seine Wildheit, seine Vitalität. Diese Kraft wird eingesetzt, aber gezügelt, sie ist dem Reiter zu Diensten. Er läßt das Pferd frei laufen, wenn er will, zügelt es, wenn er langsamer vorwärts kommen will, und steigt gegebenenfalls auch ab. Freud wußte das, obwohl er sich nie systematisch damit beschäftigte. Warum er dies nie tat, wäre interessant herauszufinden. Er wußte das, als er bemerkte – was oft genug zitiert wird –, daß der erstgeborene Sohn einer jungen Mutter aus der Reaktion der Mutter das Gefühl bezieht, ein Eroberer zu sein, ein Gefühl, das oft zu tatsächlichem Erfolg führt. Das kleine Kind, das der Augapfel einer biologisch gutfunktionierenden und gut reagierenden Mutter ist, dieser erstgeborene Sohn erhält Selbstvertrauen im Übermaß. Es muß gezügelt werden. Es muß sich der Ich-Dominanz unterordnen im Laufe einer langen und wechselvollen Entwicklung, über die wir sehr viel wissen. Und doch bleibt tief unten etwas davon erhalten, auch wenn es durch noch so viele Filter enttäuschender Erfahrungen gefiltert wird.

Ich habe betont, daß Narzißmus nichts Schlechtes ist. Dieser Gedanke steht im Gegensatz zum Altruismus des alten abendländischen Wertesystems, das sich unter jüdisch-christlichen Einflüssen im Lauf der letzten 2000 Jahre herausbildete. Wir sollten allmählich erkennen, daß unsere höchsten Leistungen und Werte zum Teil eine Weiterentwicklung aus dem Bereich des Narzißmus selbst unter dem Einfluß der Ich-Dominanz sind.

Damit bleibt nur noch eine negative Schlußfolgerung, und zwar, daß pathologischer Narzißmus ganz offensichtlich nicht wünschenswert ist. Selbst hier habe ich Einwände. Zumindest möchte ich mich näher damit beschäftigen. Natürlich ist pathologischer Narzißmus negativ zu sehen bei klinischen Fällen wie den Schizophrenien, den Depressionen und den weniger eindeutigen, allgemeinen und analysierbaren Persönlichkeitsstörungen, mit denen wir alle zu tun haben, besonders den sogenannten narzißtischen Persönlichkeitsstörungen mit ihren Fixierungen und Überempfindlichkeiten. Dieser Narzißmus, so könnte man sagen, sollte überwunden werden, er ist schlecht und führt zu einer Störung der Funktionen. Aber selbst hier bin ich mir nicht ganz sicher, und zwar aus folgenden Gründen.

Sehen wir uns den Normalfall an – ich weiß zwar eigentlich nicht, was das ist, aber ich denke, daß wir uns alle darunter etwas vorstellen können.

Es gibt Veröffentlichungen über das normale Leben von Menschen, denen es gut geht. Sie mögen Baseball. Sie trinken gerne Bier, aber nicht zuviel. Sie lesen gerne zur Unterhaltung, aber nicht zuviel. Sie mögen ihr Haus, ihre Frau, ihre Kinder ziemlich gern. Mit anderen Worten: es gibt so etwas wie anstrebenswerte Normalität. Bei diesen Menschen stellt Narzißmus in seinen groberen oder archaischeren Formen kein Problem dar. Und wir sollten laut »Bravo!« rufen, denn das ist wirklich ein lohnenswertes Ziel.

In unserer Arbeit versuchen wir uns und unseren Patienten dabei zu helfen, archaischere narzißtische Fixierungen zu überwinden und eine gewisses Maß an Normalität zu erreichen. Das muß nicht diese Normalität sein, über dessen etwas humoreske Beschreibung wir gerade lächelten. Ich möchte das nicht wirklich heruntersetzen. Aber woher kommt dieses Übermaß an narzißtischer Fixierung? Ich habe noch keine Patienten getroffen, der frei von narzißtischen Problemen wäre. Bei mindestens einem Drittel unserer Patienten sind narzißtische Probleme das führende Symptom, das zentrale Kernproblem, an dem es den Hebel anzusetzen gilt. Einige widersprechen hier und sagen, es wären zwei Drittel der Patienten. War das immer so oder ist das eine neuere Entwicklung? Sind wir dafür nur sensibler geworden und diagnostizieren sie deshalb häufiger oder handelt es sich um eine tatsächliche Zunahme? Ich kenne die Antwort darauf nicht, glaube aber, daß diese narzißtischen Probleme möglicherweise zunehmen. Die Frage stellt sich: Warum?

Ich denke, daß Normalität und Ausgeglichenheit, so erstrebenswert sie sein mögen, in gewisser Weise am Leben vorbei gehen. Normalität ist nicht experimentierfreudig. Sie ist stabil, gesetzt. Ich habe den Eindruck, daß es bei jeder Psychopathologie darum geht, eine neuen Balance zu finden. Die Natur geht nicht systematisch vor, unter Millionen von Fehlversuchen wird das eine positive Ergebnis gesucht. Das ist die Übertragung von Darwins Kernaussage auf die Psychologie.

Trifft das auf die Aufgabe der Menschheit zu? Meines Erachtens ja. Denken Sie nur an die Probleme, mit denen wir uns auseinandersetzen müssen: Überbevölkerung, das ungeheuere Zerstörungspotential und die ganzen Klischees, die jede Möchte-gern-Kassandra anführt, die ihre narzißtische Gratifikation aus der Vorhersage des baldigen Untergangs der Menschheit beziehen möchte. Diese Klagen sind nicht völlig unberechtigt. Schließlich werden die heutigen Ausdrucksmöglichkeiten des menschlichen Organismus oder der menschlichen Seele bald nicht mehr mit dem Überleben vereinbar sein. Früher war das anders, man konnte mit dem Speer töten, und viele überlebten. Bei Wasserstoffbomben überlebt niemand. Man konnte umherziehen, so lange es Platz gab, aber jetzt gibt es keinen Platz mehr.

Mit anderen Worten: die Forderung, der wir uns jetzt stellen müssen, ist nicht die Entwicklung neuer sozialer Institutionen. Hiermit befinde ich mich wohl im Gegensatz zu den meisten soziologisch orientierten Menschen. Natürlich braucht man auch neue soziale Einrichtungen. Doch die Anpassung, die jetzt von uns gefordert wird, ist ein entscheidender innerer Wandel: wir müssen fähig werden, das Leben zu genießen – schließlich ist Genuß auch bis zu einem gewissen Maß ein Indikator für ein erfolgreiches Leben. Wir müssen lernen, innere Aktiväten zu entwickeln, die an die Stelle äußerer Aktivitäten treten. Das, was wir Kultur nennen, ist häufig genau das. Die Freude an einem Stück von Sophokles oder Shakespeare oder das Hören von Musik ist keine Handlung, sondern eine innere Freude. Ein Genie hat einen Weg gefunden, uns eine tiefe Erfahrung zu schenken, ohne daß wir dafür kämpfen oder uns anstrengen müssen, wir müssen uns dazu nicht einmal bewegen. Dies ist eine Möglichkeit, ein neues Gleichgewicht zu finden in einer Zukunft, in der meines Erachtens unser Innenleben eine große Bereicherung erfahren und vieles ersetzen muß. Mit diesem Gedanken möchte ich schließen. Ich frage mich, ob diese Zunahme narzißtischer Psychopathologie nicht zum Teil der Versuch der Natur ist, durch die Verschwendung Millionen und Milliarden fehlgeschlagener Versuche vielleicht die eine Mutation zu einem reicheren Innenleben zu finden, die uns wirklich beim Überleben helfen kann. Dankeschön.

---

[1] Dieses Abschlußseminar wurde als der zweite Charlotte-Rosenbaum-Vortrag präsentiert. Die Mitglieder der Psychiatrieabteilung und geladene Gäste nahmen daran teil.

[2] Hier lassen sich die Anfänge von Kohuts späterer Konzeptionalisierung des Selbstobjekts erkennen – seine Notwendigkeit zur Schaffung des Selbst beim Kleinkind, die Konsolidierung des Selbst beim Kind und die Aufrechterhaltung des Selbst das ganze Leben über.

Literaturverzeichnis:

Abraham, K. (1927), Contributions to the Theory of the anal character, in: *Selected Papers of Karl Abraham*, London Hogarth Press; New York, Basic Books, 1953, (dt.: Ergänzungen zur Lehre vom Analcharakter, in: J. Cremerius (Hrsg.), *Psychoanalytische Studien*, Bd. I, 184-205, Frankfurt a.M., Fischer 1969)

Abraham, K. (1949), Object loss and introjection in normal mourning and in abnormal states of mind, in: *Selected Papers of Karl Abraham*, S. 442-443, London Hogarth Press; New York, Basic Books, 1953, (dt.: Objektverlust und Introjektion in der normalen Trauer und in abnormen psychischen Zuständen, in: J. Cremerius (Hrsg.), *Psychoanalytische Studien*, Bd. I, 127-134, Frankfurt a.M., Fischer 1969)

Burlingham, D. und Robertson, J. (1966), *Nursery School for the Blind*, von der Hampstead Child-Therapy Clinic, London, produzierter Film. (Vertrieb in U.S.A.: New York University Film Library, 26, Washington Place, New York, N.Y. 100003)

Camus, A. (1961), *Der Fremde*, Reinbek b. Hamburg, Rowohlt

Churchill, W. S. (1965), *Meine frühen Jahre, Weltabenteuer im Dienst*, München, List 1965

Coleridge, S.T. (1907), *Biographia Literaria*, Oxford, Clarendon Press

Deutsch H. (1965), *Neurosis and Character Types*, New York, International Universities Press, S. 262-286

Deutsch, H. (1942), Some Forms of Emotional Disturbances and Their Relation to Schizophrenia, *Psychoanalytic Quarterly,* 11:301-321

Elson, M.: *Self Esteem and Ideals: The Development of Narcissism and Its Vicissitudes in Youth*, Chicago 1974

Erikson, E. H. (1956), The Problem of Ego Identity, *J. Amer. Psychoanal. Assn.*, 4:56-121, (dt.: Das Problem der Ich-Identität, in: *Identität und Lebenszyklus,* Frankfurt a.M., Suhrkamp 1966)

Ferenczi, S. (1950), On influencing the patient in psychoanalysis: *Further Contributions to the Theory and Technique of Psychoanalysis*, New York, Brunner/Mazel 1980, 235-237, (dt.: Johannes Cremerius (Hrsg.), Zur Frage der Beeinflussung des Patienten in der Psychoanalyse, in: *Schriften zur Psychoanalyse*, Bd. I, Frankfurt a.M., Fischer 1970, S. 269-271)

Freud, A. (1963), The Concept of developmental lines, *Psychoanalytic Study of the Child*, 18:245-265

Freud, A. und Dann, S. (1951), An Experiment in Group Upbringing, *Psychoanalytic Study of the Child*, 6:127-168 (dt.: Gemeinschaftsleben im frühen Kindesalter, in: *Schriften Anna Freud*, Bd.VIII, Fischer, Frankfurt a. M. 1980)

Freud, S. (1900), Die Traumdeutung, in: Freud, Anna u.a. (Hrsg.), *Sigmund Freud: Gesammelte Werke. Chronologisch geordnet*, Frankfurt a.M., Fischer 1976

Freud, S. (1905a), Drei Abhandlungen zur Sexualtheorie, *G.W. 5*

Freud, S. (1905b), Der Witz und seine Beziehung zum Unbewußten, *G.W. 6*

Freud, S. (1908), Charakter und Analerotik. *G.W.7*

Freud, S. (1910a), Die psychogene Sehstörung in psychoanalytischer Auffassung, *G.W. 8*

Freud, S. (1910b), Über »wilde« Psychoanalyse, *G.W. 8*

Freud, S. (1911a), Formulierungen über die zwei Prinzipien des psychischen Geschlechts. *G.W. 8*

Freud, S. (1911b), Psychoanalytische Bemerkungen über einen autobiographisch beschriebenen Fall von Paranoia (Dementia paranoides). *G.W. 8*

Freud, S. (1914a), Erinnern, Wiederholen und Durcharbeiten, *G.W. 10*

Freud, S. (1914b), Zur Geschichte der psychoanalytischen Bewegung, *G.W.10*

Freud, S. (1914c), Zur Einführung des Narzißmus, *G.W.10*

Freud, S. (1915a), Triebe und Triebschicksale, *G.W.10.*

Freud, S. (1915b), Zeitgemäßes über Krieg und Tod, *G.W. 10*

Freud, S. (1916), Einige Charaktertypen aus psychoanalytischen Arbeit, *G.W. 10*

Freud, S. (1920), Jenseits des Lustprinzips, *G.W. 13*

Freud, S. (1921), Massenpsychologie und Ich-Analyse, *G.W. 13*

Freud, S. (1923), Das Ich und das Es, *G.W. 13*

Freud, S. (1926), Hemmung, Symptom und Angst, *G.W. 14*

Freud, S. (1932), Neue Folge der Vorlesungen zur Einführung in die Psychoanalyse, *G.W. 15*

Freud, S. (1937), Die endliche und die unendliche Analyse, *G.W. 16*

Gittings, R. (1968), *John Keats*, Boston, Little Brown

Glover, E. (1956), The concept of dissociation in the early development of the mind, *International Journal of Psychoanylsis*, 24:7-13

Greenacre, P. (1952): *Trauma, Growth and Personality*, W.W. Norton, New York

Greenacre, P. (1957), The childhood of the artist, *Psychoanalytic Study of the Child*, 12:47-72

Greenacre, P. (1960), Woman as artist, *Psychoanalytic Quarterly*, 29:208-227

Greenson, R.R. (1965), The working alliance and the transference neurosis, *Psychoanalytic Quarterly*, 34:155-181, (dt.: Das Arbeitsbündnis und die Übertragungsneurose. *Psyche* 20, 1966: 81-103)

Greenson, R.R. (1973), *Technik und Praxis der Psychoanalyse,* Stuttgart, Klett

Hartmann, H. (1939), *Ich-Psychologie und Anpassungsprobleme,* Stuttgart, Klett 1975

Hartmann, H. (1972), *Die Grundlagen der Psychoanalyse.* Stuttgart, Klett

Horney, K. (1934), The overevaluation of love: A study of a common present-day feminine type, *Psychoanalytic Quarterly,* 3:605-638

Jones, E. (1957), *The Life and Work of Sigmund Freud,* Vol. 3:144-145, 246, New York, Basic Books, Inc., (dt.: *Sigmund Freud. Leben und Werk.* Hrsg. und gekürzt v. Lionel Trilling u. Steven Marcus, Frankfurt a.M. 1969, Fischer)

Klein, M. (1932), Die Psychoanalyse des Kindes, Wien, Internationaler Psychoanalytischer Verlag

Klein, M. (1957), *Envy and Gratitude,* London Tavistock Publication, (dt.: Neid und Dankbarkeit, *Psyche 11,* 1957: 241-255, verkürzte Fassung)

Kohut, H. (1959), Introspection, Empathy and Psychoanalysis. *J. Amer. Psychoanal. Assn.,* 7:459-483, (dt.: Introspektion, Empathie und Psychoanalyse, *Psyche 25,* 1971: 831-855)

Kohut, H. (1966), Forms and transformations of narcissm, in P. Ornstein (Ed.), *The Search of the Self,* Vol. II:547-561, New York, International Universities Press, 1978, (dt.: Formen und Umformungen des Narzißmus, in: H. Kohut, *Die Zukunft der Psychoanalyse,* Frankfurt a.M., Suhrkamp 1975)

Kohut, H. (1968), The psychoanalytic treatment of narcissistic personality disorders, *Psychoanalytic Study of the Child,* 23:86-113, (dt.: Die psychoanalytische Behandlung narzißtischer Persönlichkeitsstörungen, *Psyche 23,* 1969: 321-348)

Kohut, H. (1970), Narcissm as resistance and a driving force in psychoanalysis, in: P. Ornstein (Ed.), *The Search of the Self,* Vol. II: 547-561, New York, International Universities Press, (dt.: Narzißmus als Widerstand und Antriebskraft in der Psychoanalyse, in: H. Kohut, *Introspektion, Empathie und Psychoanalyse, Aufsätze zur psychoanalytischen Theorie, zu Pädagogik und Forschung und zur Psychologie der Kunst,* Frankfurt a.M., Suhrkamp 1977)

Kohut, H. (1971a), Thoughts on narcissm and narcisstic rage, in: P. Ornstein (Ed.), *The Search of the Self,* Vol. II: 615-658, New York, International Universities Press, (dt.: Überlegungen zum Narzißmus und zur narzißtischen Wut, in: H. Kohut, *Die Zukunft der Psychoanalyse,* Frankfurt a.M., Suhrkamp 1975)

Kohut, H. (1971b), *The Analysis of the Self: A Systematic Approach to the Psychoanalytic Treatment of Narcissistic Personality Disorders,* New York, International Universities Press, (dt.: *Narzißmus, Eine Theorie der psychoanalytischen Behandlung narzißtischer Persönlichkeitsstörungen,* Frankfurt a.M., Suhrkamp 1973)

Kohut, H. (1977), *The Restoration of the Self*, New York, International Universities Press, (dt.: *Die Heilung des Selbst*. Frankfurt a.M., Suhrkamp 1981)

Kohut, H. (1978), *The Search for the Self: Selected Writings of Kohut, H.: 1950-1958*, Vols. I & II, hrsg. von Ornstein, P., New York, International Universities Press

Kohut, H. (1984), *How Does Analysis Cure?* Chicago, University of Chicago Press, (dt.: Wie heilt die Psychoanalyse? Hrsg. von Arnold Goldberg, Frankfurt a.M., Suhrkamp 1987)

Kohut, H. und Seitz, P. (1963), Concepts and theories of psychoanalysis, in: J.W. Wepman and R.W. Heine (Eds.), *Concepts of Personality*, Chicago, Aldine, (dt.: Begriffe und Theorien der Psychoanalyse, in: H. Kohut: *Introspektion, Empathie und Psychoanalyse, Aufsätze zur psychoanalytischen Theorie, zu Pädagogik und Forschung und zur Psychologie der Kunst*, Frankfurt a.M., Suhrkamp 1977)

Kohut, H. und Wolf, E.S. (1978), Disorders of the self and their treatment, *International Journal of Psycho-Analysis*, 59:413-425, (dt.: U. H. Peters (Hrsg.), Die Störungen des Selbst und ihre Behandlung, in: *Kindlers »Psychologie des 20. Jahrhunderts«*, Psychiatrie Bd. 2, S. 97-112, Weinheim, Beltz 1983)

Kohut, H.: *Introspektion, Empathie und Psychoanalyse, Aufsätze zur psychoanalytischen Theorie, zu Pädagogik und Forschung und zur Psychologie der Kunst*, Frankfurt a.M., Suhrkamp 1977

Kris, E. (1934) *Psychoanalytic Explorations in Art*, New York, International Universities Press, 1952

Krystal, H. (1968), *Massive Psychic Trauma*, New York, International Universities Press

Ludwig, E. (1928), *Wilhelm II.*, München, Berlin, Herbig 1976

O'Neill, E. (1956), *Eines langen Tages Reise in die Nacht*, Stuttgart, Klett 1986

Reik, T. (1953), *The Haunting Melody: Psychoanalytic Experience in Life, Literature and Music*, New York, Farrar, Straus and Young

Schreber, D.P. (1903), *Denkwürdigkeiten eines Nervenkranken*, Leipzig, Mütze

Spitz, R. A. (1945), Hospitalism: An inquiry into Genesis of psychiatric conditions in early childhood. *Psychoanalytic Study of the Child*, 1:53-74, (dt.: Hospitalismus I, in: Günther Bittner, Edda Schmid-Cords (Hrsg.): *Erziehung in früher Kindheit*, München 1971, 77-98)

Spitz, R. A. (1946), Hospitalism: A follow-up report. *Psychoanalytic Study of the Child*, 2:113-117, (dt.: Hospitalismus II, in: Günther Bittner, Edda Schmid-Cords (Hrsg.): Erziehung in früher Kindheit, München 1971, 99-103)

Tolstoj, L. N.: *Der Tod des Iwan Iljitsch*, in: *Leo N. Tolstoj*, Sämtliche Erzählungen in 8 Bdn., Bd. 5, Frankfurt a.M., Insel 1961

Winnicott, D. W. (1951), Transitional objects and transitional phenomena, *International Journal of Psychoanalysis*, 34:89-97, (dt.: Übergangsobjekte und Übergangsphänomene, *Psyche* 23, 1969: 666-682)

Winnicott, D. W. (1968), *Through Paediatrics to Psychoanalysis*, 18. Kapitel, London; Hogarth Press; New York, Basic Books, (dt.: *Von der Kinderheilkunde zur Psychoanalyse*, München, Kindler 1976)